社会工作：理论、实务和案例

范明林　邓文龙　范舒云　著

華東理工大學出版社
EAST CHINA UNIVERSITY OF SCIENCE AND TECHNOLOGY PRESS
·上海·

图书在版编目(CIP)数据

社会工作：理论、实务和案例/范明林，邓文龙，范舒云著. -- 上海：华东理工大学出版社，2023.12
ISBN 978-7-5628-7122-4

Ⅰ. ①社… Ⅱ. ①范… ②邓… ③范… Ⅲ. ①社会工作—研究 Ⅳ. ①C916

中国国家版本馆 CIP 数据核字(2023)第 240066 号

策划编辑／刘　军
责任编辑／秦静良
责任校对／王雪飞
装帧设计／居慧娜
出版发行／华东理工大学出版社有限公司
地址：上海市梅陇路 130 号，200237
电话：021-64250306
网址：www.ecustpress.cn
邮箱：zongbianban@ecustpress.cn
印　　刷／上海市崇明县裕安印刷厂
开　　本／787 mm×1092 mm　1/16
印　　张／28
字　　数／559 千字
版　　次／2023 年 12 月第 1 版
印　　次／2023 年 12 月第 1 次
定　　价／128.00 元

目　　录

上编　总　　论

中编　社会工作理论

下编　社会工作实务

上编

总论

社会工作是一门充满价值理念和人文关怀的专业。它的本质与利他主义的社会互动、政治实践和道德实践密切相关。正因为如此，社会工作的知识充分表现出其实践性和反思性，使社会工作与其他许多专业区别开来。理论和实践的联系，对社会工作这类具有特殊性质的专业来说尤其重要，任何轻视理论或者忽视实践的思想和做法，都会对社会工作专业的发展带来严重不良影响，任何片面理解社会工作理论的来源、形成和作用的做法同样对社会工作的发展有害无益。本编的主要内容涉及社会工作及其知识的本质、社会工作价值和理论，并且着重讨论了社会工作理论和社会工作实务的相互关系。

第一章 社会工作及其知识的本质

社会工作的本质是什么？社会工作知识又有什么特点？探讨这些问题，其实也就是在探索社会工作这个专业的性质及其特殊性。深入探讨这些问题，既有利于了解、把握社会工作理论，又有助于社会工作实践的开展。

一、社会工作的本质

社会工作的本质是什么？就中国而言，对这个问题的探讨和解答，关系中国社会工作领域的界定和划分，影响对以往中国服务工作经验的总结，同时又与中国目前的“半/准社会工作服务”如何与国际社会工作对话和沟通密切相关。归根结底，它事关中国社会工作的发展方向，也影响着中国社会工作专业水平的提高。

学界在讨论社会工作的本质时至少有三种具有代表性的观点：利他主义的社会互动说、道德实践和政治实践说、建构主义说。本节着重对前面两种观点进行阐述。

（一）社会工作：利他主义的社会互动

王思斌（2000）认为，社会工作最深刻的本质特征是利他主义。理由是，就规范性和合法性而言，社会工作一直被视为福利性的专业助人活动。这里的规范性和合法性是指社会工作不但将专业助人活动作为自己的旗帜而昭示于社会——社会工作者把它作为普遍信守的理念，而且这种专业助人活动也是被社会辨识和认可的标志，借此社会工作才得以“安身立命”并被赋予合法性。我们说社会工作的基本内涵是具有福利性的专业助人活动，就是指社会工作不是一般地帮助他人的行为，不是商业合作式的互利行为，也不是以利他为名而谋取个人私利的行为，而是以助人为出发点，并且可以使受助者得到某种非同一般的好处（如生存状况得到改善）的行为。

上述关于社会工作本质的论述，有两点尤其需要重申：一是“利他主义”；二是“社会互动”。

社会工作领域所强调的利他主义是一种无私地关心他人福利的伦理原则，行动者以奉献为特征而不求索取。然而，这样的表述并不是说助人的社会工作者完全进行义务劳动。事实上，社会工作者都需要获取一定的经济收入以维持自己的生活。即便如此，社会工作者的利己也不同于商业性质的利己。一般而言，商业经营者是为了利己而利他（提供服务），社会工作者则是由于利他（向求助者提供服务）才利己。一个称职的社会工作者所实施的助人行为并不是基于自己获利，而是受其职业信念的驱动才去帮助他人。他的助人活动的首要出发点是利他，而自己获得的薪资收入和声誉则是社会（并不一定是受助者本人）的报偿。

在利他主义的专业助人活动过程中，没有受助者的参与和配合，很难达到预期的助人效果。具体来说，社会工作者是基于助人的愿望来设计自己的助人行为，达到助人自助的预期目标的。但是，他是否真正能够实现这一设想或目标，不仅取决于他的愿望和助人技巧，还取决于受助者对社会工作者的行为和“帮助—受助”过程及其结果的理解。因此，助人自助具体而深入地指出了社会工作所包含的价值导向的互动性质，而这种互动又表现出了社会工作的本质。

（二）社会工作的本质：道德实践和政治实践

朱志强（2000）认为，社会工作本质上是一种道德实践和政治实践，它的意识形态介入以及它进行专业介入时所涉及的道德价值和政治观念，使它有别于一般专业。

1. 社会工作的道德实践

社会工作的道德实践包含以下两层含义：

第一，社会工作所标榜、倡导的价值，如尊重、接纳、非批判等，在实务过程中得以落实，便是一种道德实践。众所周知，社会工作是一个充满人文色彩的行业，它把人的尊严、与生俱来的价值和权利都放在一个极高的位置上，故而社会工作极其关注人的自决权利和无条件享有的被尊重权。虽然从表面上看，社会工作介入的目的是解决服务对象的困难，但最终还是人文价值的体现，这些人文价值绝大多数成为社会工作者在介入时的指南与工作原则。因此，在实务过程中，社会工作者要服务受助者，除了协助他们解决实际问题，还必须涉及上述这些价值的落实。

第二，社会工作者对于事物和现象的理解，对于问题的界定，甚至是实施某种干预，都蕴含着一种道德实践的意味。英国学者惠恩（Whan M, 1986）指出，社会工作所涉及的服务基本上是富于道德性的。因为社会工作者必然介入受助者的福利，这种为对方福利而操心和努力的行为，便体现了社会工作实务的道德性，所以涉及对方福利的知识，本质上并不是技术性的知识，而是道德知识。他进一步指出，这些涉及对受助者福利的理解，是不会像技术知识那样在获取后仍然无动于衷的，道德知识的获取必然蕴含着行动的责任。

对于上述观点，稍稍展开来说，就是社会工作者在运用某些介入理论和技巧时，除了要确保介入的效果，还要用以下一些问题时时提醒自己：这种介入效果的促成，真的可以造福受助者吗？社会工作者如何确保所谓福利确实不是自己的一厢情愿而是真的出于受助者的需要？换言之，社会工作者在介入过程中，不仅要知道怎样的技术才是可行的，更要知道怎样的介入才是善的，即怎样介入和什么样的介入效果才算是为受助者的福利尽了最大的努力？要能够妥善地回答这类问题，社会工作者必须对受助者的困境有深入理解，不能只停留在学理知识层面。只有对受助者个人有深入的了解，体谅、思量与揣摩受助者的各种心境，才可能觉晓为什么这种社会工作介入对受助者而言是善的。这就会涉及社会工作者的自我反省和自我批判，这种意义上的反省是富于道德实践意义的。这才是社会工作的核心活动，正是这种特性把社会工作与其他只是强调科学技术的专业区分开来。

2. 社会工作的政治实践

社会工作的政治实践包含以下两层含义：

第一，从狭义上说，社会工作的政治实践就是对于国家、政府施于人民身上的种种社会政策（比如社会福利政策）运作的介入，即对某种政策的落实，在人民与社会、政府之间起着中介的作用。对狭义的政治实践的理解，我们可以从社会工作在历史上的表现以及它所持守的理念和理论等方面来考察。社会工作一贯主张和倡导社会公义，认定人享有自由的权利，且人人生而平等。因此，它必然对不平等、有悖公义的社会现象持批判的态度，其背后往往就是对公义、自由、权利的理解与思索。

第二，从广义上说，社会工作的政治实践是指涉及有关权利关系（如社会工作者介入婚姻辅导的两性之间权利分布和运作）时，个人问题其实是与更广泛的社会政治过程息息相关的，即“个人的就是政治的”。

二、社会工作知识的本质特征

上述讨论指出，社会工作是一种利他主义的社会互动，是道德和政治的双重实践。这里所说的“社会互动”，其实也是一种社会工作有别于其他专业或学科的实践活动。因此，从对社会工作的本质的论述中，我们可以引申出社会工作知识的本质特征：实践性和反思性。

（一）社会工作知识的实践性

有人把社会工作的知识划分为四大类：社会工作者关于自我、专业和干预的知识；社会工作者关于案主的知识；社会工作者关于案主问题及其改变领域的知识；社会工作者关于社会和文化环境的知识（夏学銮，2000）。这种划分虽然给出了一个比较明确的定义范围，但是也容易让人误解，以为一个社会工作者所需要的知识就像书本放在那里随时可以取用，其实这种想法并不符合社会工作的实际。

社会工作是一种社会互动。按照大众所认可的“互动”的定义，互动是传送与接收姿态的过程，而以人类的互动来说，就是传递具有共通意义的文化象征（乔纳森·H. 特纳，1987）。社会学家布鲁默（H Blumer）更是提出了社会互动的三个重要思想：① 人类对事物的行动是以事物对人类的意义为基础的；② 事物的意义产生于人们与其伙伴的社会互动当中；③ 事物的意义是通过遇到该事物的人在应付该事物时所使用的解释过程来把握和修饰的。（景熙，1992）

具体而言，互动理论认为，人类行为的特点在于人类行为是有意义的行为。而这些意义的来源不是静态地待在事物本身或行动者的内在心理结构里，而是动态地在人与人的互动中衍生的。此外，演绎的过程也不是一个单一且单向的过程，而是一个循环的过程，包含了“处境—行动者—演绎—事物（包括他人）—意义—行动—新处境”这一连串的步骤。

同样，社会工作者在助人的过程中，对一个问题的看法、界定、评估直至介入方法的选择和修正，这些并非已经固定地存在于社会工作者的头脑中，恰恰相反，是社会工作者与受助者在同一个互动情境中，对所面临的问题共同讨论、反复诠释和不断找寻意义后获取的。例如，对受助者语言表述及其背后含义的领悟、对受助者表情的理解、对受助者特殊的肢体行动等符号所蕴含的真正的态度和感情等，这些知识很难在教科书中生动再现，也绝少在教室里能够学习到，只有在与受助者的真实互动情境中才有可能掌握，同时在不断的实践过程中才有可能被灵活运用。

进一步来说，在与受助者互动和达成共识的过程中，社会工作者更需要通过沟通对受助者的生活文化有深入的理解。生活文化是社会生活共同体（家庭、社区、社会群体）形成的生活方式、生活价值的共相，决定或制约着人们的现实选择。因此，要寻找有效的助人途径和方法，社会工作者就需要了解、研究受助者个人及其生活共同体的生活史。而这些知识与技能也需要社会工作者在与受助者的互动过程中，依赖真实的实践环境才能掌握。

正因为社会工作知识具有“实践性”这个鲜明和突出的本质特征，所以在海外，学界针对社会工作开展了大量的行动研究。借助行动研究，社会工作者可以有效地推进助人过程，同时也可以积累理论性经验、修正原有知识或形成新的知识和概念。

（二）社会工作知识的反思性

社会工作者在实践过程中增加了反思性因素。通过反思，社会工作者不断批判、修正、汲取知识。由此，社会工作知识的另一个极其重要的本质特征即反思性就形成了。

我们将社会工作知识视为反思性实践的原因如下：

第一，反思性实践的构成因素是行动和反思。知识本身是通过行动和反思之间的动态性相互作用而产生的。在这个过程中，知识的汲取、运用、发展和评价等环节是相互联系并整合在一起的。

第二，反思性实践是在真实的世界而非虚假的世界中发生的。如果把知识视作一种社会的"反思性实践"产物，而不是一种静态的产品，那么知识的构建就必须放在真实的而非虚假的学习情境之中，并且与实际的而非想象的服务对象一起思考和探索。社会工作实务的经验表明，许多涉及服务对象的问题解决方法的获取和相关知识的建构，并非在课堂上和书本中完成的。它形成于真实的社会工作服务环境中，产生于社会工作者和服务对象的互动之中。朱志强(2000)认为，对于社会工作实务的核心——活动道德和伦理价值——的种种考虑与思量，尤其是涉及困境和两难局面的疏解与处理，将不是任何一种书本上的介入理论或助人科技所能包办的。可惜的是，社会工作界越来越以实证主义作为知识建构的典范，而这种重科技理性的偏向，不仅造成了社会工作理论与实践的分离，更扭曲了社会工作实务的属性，割裂了社会工作实务的本质，也使大众对社会工作的认识变得僵化了。

第三，反思性实践的世界是被建构的世界，而非自然的世界。因此，社会工作知识源于社会性建构，通过互动和相互学习，社会工作者和服务对象都成为自我知识建构过程中的积极参与者。在这个过程中，双方不仅需要从批判性的角度来区分从属于自然世界的知识和从属于文化世界的知识，还需要认识到，即便是自然世界的知识内容，也只是对自然世界的一种表征和解释，而不必是完全的"真理"。

第四，反思性实践是在相互作用的情境中进行的。这句话至少包含两层意思：第一，社会工作知识只有从社会性行为中获取才是有用的知识。这就意味着反思性实践的核心之一是要把学习环境构建成一个社会性环境而非物理性环境。第二，如果把社会工作看作一种反思性实践，就应该把助人过程中社会工作者和受助者双方的关系看作一种平等的对话关系，而不是一种垂直的隶属关系。

第五，反思性实践表现为一种具有创造意义的过程，该过程把意义看作一种社会性建构。意义创造和诠释是社会工作知识的核心，因此当我们从事反思性实践的时候，对所有知识包括现存的社会工作知识持一种批判态度非常必要。比如，许多助人专业(如个人心理咨询、家庭婚姻辅导)的教科书上都清楚地写明：对助人价值原则的落实，要从工作的情境和助人者个人的日常生活环境中区分开来。但是，从反思性实践的角度来看，作为一个社会工作者，在提供社会工作服务时就需要扪心自问，社会工作的人文价值仅仅需要在实务中工具性地予以落实，还是同时需要在专业以外的个人生活实践中有所认同和体现？再比如，社会工作及其知识究竟是为了维护现存的制度还是倡导社会改革？如果社会工作仍然要为各类弱势群体或深受各种社会问题困扰的服务对象提供服务，如果它仍然坚持以捍卫社会公义为使命的话，那么它的知识必然涉及对资源分配背后的哲理和原则的思考，福利哲学以至社会运作背后的理念，很难不成为社会工作关注和介入的重点。对服务对象的关注和种种增权的做法，对有悖公义的社会政策的批判和影响，以及动员服务对象和其他关心社会福利的社会人士向社会政策制定者争取合理权益等实践，理所当然成为社会工作知识的孵化地，成为社会工作实务的重要组成部分。因此，社会工作的反思性实践本质上是一种政治实践、道德实践和批判实践。

小　结

社会工作的政治实践也包含了两层意思。就狭义而言，社会工作的政治实践是针对社会政策运作的介入，在人民、社会与政府之间发挥着联结作用。就广义而言，所有涉及权利关系的行动都可以被纳入社会工作的政治实践范畴中，对个人问题的分析一定程度上也能揭示宏观层面的社会政治过程。

从对社会工作本质的论述中，我们可以引申出社会工作知识的本质特征，即实践性和反思性。所谓实践性是指社会工作知识与技能的形成、汲取、掌握和完善，基本上需要在与受助人的现实互动过程中获取，需要依赖真实的助人环境。而反思性实践的含义主要包括：(1) 反思性实践的构成因素是行动和反思。(2) 反思性实践是在真实的世界而非虚假的世界中发生的。(3) 反思性实践的世界是被构建的世界，而非自然的世界。(4) 反思性实践是在相互作用的情境中进行的。(5) 从社会建构的视角来看，反思性实践实际上属于创造意义的过程。

参考文献

[1] 王思斌. 社会工作：利他主义的社会互动[M]//何国良，王思斌. 华人社会社会工作本质的初探. 香港：八方文化企业公司，2000.

[2] 朱志强. 社会工作的本质：道德实践和政治实践[M]//何国良，王思斌. 华人社会社会工作本质的初探. 香港：八方文化企业公司，2000.

[3] WHAN M. On the nature of practice[J]. The British Journal of Social Work, 1986, 16(2): 243－250.

[4] 夏学銮. 社会工作的三维性质[M]//何国良，王思斌. 华人社会社会工作本质的初探. 香港：八方文化企业公司，2000.

[5] 乔纳森·H. 特纳. 社会学理论的结构[M]. 吴曲辉，等译. 杭州：浙江人民出版社，1987.

[6] 景熙. 欧美现代社会学说新编[M]. 成都：四川大学出版社，1992.

第二章 社会工作价值、理论与实践

我国社会工作教育界一直存在重理论轻实践、重灌输轻反思、重课堂环节轻实地操作、重空洞说教轻道德体验的倾向。其实，这种教育观念和教学方法在根本上忽视了社会工作专业的特殊性。从本质上来看，社会工作是一个融价值、理论和实践为一体的专业。

一、价值和社会工作价值观

（一）价值的含义和特点

1. 价值的含义

所谓价值，就是对个人或群体的偏好行为的系统表述。它显示了个人或群体对生活的特定手段、目标、条件等的一般偏好，并常常伴随着强烈的情绪体验。通俗地说，价值就是个人或群体对某类事、物或人的是非、善恶、美丑、好坏等的评价和偏好。

2. 价值的基本特点

根据上述定义，我们可以概括出价值的基本特点：

第一，价值具有感情支配性。价值是个人对事物的偏好，所以价值包含个人强烈的情感活动。价值的实现与否也会影响个人的情绪。

第二，价值具有抽象性且不可证明。个人对某一事物的偏好基本上是一个主观赋予的过程，不是具体的或可以观察到的，所以没有客观的尺度能用来比较此人的价值和另一个人的价值的大小。由于不同的人偏好不同的事物，因而难以证明哪种偏好实际上更好。

第三，价值是目标选择的准则。个人如果对某类事物具有强烈的偏好，就有可能通过目标选择行为表现出来。例如，一个人放弃了公司高管的职位而去做一个社会工作者，则很有可能在他的价值体系中，助人比赚钱具有更大的意义。

第四，价值是专业原则的基础。每一种专业（如医学、法学等）都有一些基本的专业原则，在这些专业原则背后就存在着该专业所追求和信奉的价值理念。指导社会工作者的专业原则是社会工作的价值。比如，一个社会工作者在征得案主同意后才进行面谈录音，这一专业行为背后的价值观是尊重案主的权利，尤其是案主的隐私权。

（二）社会工作价值观

关于社会工作的价值观及其组成，不同的社会工作专家有不同的论述。

1. 利维（Levy C S）

利维（1973）把社会工作价值观从抽象到具体划分成三类：

第一类是对人的观念的偏好，主要是指社会工作者在理解人的本性方面的信念和价值观，包括相信人有与生俱来的价值和尊严、人有改变和成长的能力、人有独特性、人有归属的需要、人有对他人的责任。前面三条与人道主义的价值观有关，后面两条则与共处、情谊、信念有关。

第二类是对与人有关的结果的偏好，主要是指社会工作者对社会的看法和致力于建设一个怎样的社会，包括提供一切机会满足人的需要、建立一个负责任的社会、平等参与塑造社会。前面两条涉及正义理念，后面一条则涉及民主的价值观。

第三类是对有关人的工具的偏好，指社会工作者在与人交往时所观察到的原则，这些原则是达到较高层次的价值观的工具手段，包括尊重人、每一个人都是独特的个体、案主自决、秉持社会公义等等。

2. 中国香港社会工作专业守则

中国香港《社会工作者注册条例》第十一条涉及社会工作者的基本价值观及信念：

（1）社会工作者的首要使命是协助有需要的人士及致力于处理社会问题；

（2）社会工作者尊重每一个人的独特价值和尊严，并不因任何人的家庭背景、种族、国籍、性别、性倾向、年龄、家庭岗位、信仰、政治观念、智能、体能、社会及经济地位或对社会的贡献不同而有所分别；

（3）社会工作者相信每一个人都有发展的潜质，因而有责任鼓励及协助个人在顾及他人权益的情况下实现自我；

（4）社会工作者有责任维护人权及促进社会公义；

（5）社会工作者相信任何社会都应为其公民谋取最大的福祉；

（6）社会工作者有责任运用本身的专业知识和技能去推动个人和社会的进步，务求每一个人都能尽量发挥自己的所能；

（7）社会工作者认同人际关系的重要性，会尽力加强人际关系，务求维持、促进及提高个人、家庭、社团、机构、社群的福祉，帮助社会大众预防及摆脱困境，减少痛苦。

3. 毕仁(Butrym Z)

西方社会工作专家毕仁在《社会工作本质》一书中指出,社会工作的基本价值主要由三个部分组成:第一,对人的尊重;第二,相信人是独特的个性;第三,坚信人有自我改变、成长和不断进步的能力(Butrym Z, 1976)。

根据这三项价值,毕仁又提出了在这些价值指导和支配下的五项社会工作实践原则,它们的关系和具体内容如图 2－1 所示(周永新,1998)。

社会工作的基本价值	实践原则
尊重他人	接纳他人
	非批判
人是独特个体	个别化
	保守秘密
人有改进能力	当事人自决

图 2－1　社会工作的基本价值和实践原则

二、社会工作理论

(一)社会工作理论

国内学术界和社会工作实务界普遍对社会工作一直有一种误解,即社会工作没有理论,它只是一门实操性的服务活动。其实,这是一种片面的认识。

由于对经验和事实的抽象与概括程度有高低之分,因而理论的形式也具有多样性。根据这种思路,西方学者彼拉利斯(Pilalis J, 1986)认为,社会工作理论至少可以划分为三种类型。

1. 宏观理论

宏观理论主要是对人与社会的关系及其本质、人的社会行为和社会运行机制进行综合性的阐述,包括马克思主义理论、结构功能主义理论等等。

2. 中观理论

中观理论又由两部分组成:一是解释性理论,着重对人的行为与社会过程的某一侧面进行专门概括,如心理社会理论、道德发展理论、活动理论、标签理论等等;二是介入模式理论,着眼于对社会工作实践本身的性质、目的、过程加以说明和指引,如心理社会治疗模式、理性情绪治疗模式、任务中心理论、危机干预理论、结构式家庭治疗模式等等。

3. 实践理论

实践理论主要是对社会工作具体技巧和操作方法的说明,如循环提问法、问题外化法、重写故事技巧等等。

另一位西方社会工作学者大卫·豪（Howe D, 1987）则把社会工作理论划分为“为社会工作的理论”和“社会工作理论”。

1. 为社会工作的理论

为社会工作的理论着重探讨人与社会的本质和相互关系，人的社会行为发生、变化和社会运行的规则与机制，等等。它们是社会工作实践的理论基础和行动假设。这些理论包括结构功能主义理论、冲突理论、功利主义理论、符号互动理论、女权主义理论、后现代主义、标签理论、社会化理论等等。

2. 社会工作理论

这部分理论着眼于对社会工作实践本身的性质、目的、过程、方法和技巧的说明。它们是只有社会工作专业才需要和能够加以使用的理论，是社会工作专业实践的行动指针。这部分理论包括危机干预理论、任务中心理论、认知行为介入理论等等。

香港学者罗致光依照理论的功能性将其划分为描述性理论（descriptive theory）和指示性理论（prescriptive theory）。描述性理论重点在于解释分析变项或现象之间的因果关系，并且有助于演绎介入方法，建构适当的助人策略，如行为学习理论、心理分析理论等等。指示性理论则强调演绎问题介入的程序和方法，如心理暨社会模式、危机介入模式等等（罗致光，1994）。

本书采用另外一种分类，即把社会工作理论分为应用于实践的理论和实践理论两大类。

1. 应用于实践的理论

应用于实践的理论是指在社会工作实践中借用其他专业乃至自然科学的知识、观念、理论。

2. 实践理论

实践理论是指由社会工作者自己创立，基于社会工作的思想方法和工作标准所构建起来的理论。社会工作的实践理论最主要的特点如下：① 社会工作实践理论是依据特定的社会经济脉络和实务需要而产生的；② 社会工作实践理论基于社会工作的价值观、规范和假设；③ 社会工作实践理论充分显现出实践、理论和研究的相互关联性。

我们使用实践理论时尤其应该注意以下几点：① 理论是经由特定社会经济文化背景而产生的，在不同的处境中应有所调整；② 理论的产生基于一定的假设、基础和倾向，因此需要小心选择以适应不同需要和目标；③ 理论是由社会文化及其中的人物所建构的，社会工作者亦是参与者，因此必须认清自己的角色。

因此，在社会工作实践中，社会工作者必须小心选择用以指导实践的理论。

（二）社会工作理论范式

社会工作理论的诞生不仅受限于社会历史的发展脉络，而且深受该专业领域对世界、人类、社会本质的根本看法的影响，即被专业的研究范式所制约。

1. 范式的基本含义

范式是指所有假定、理论、信念、价值和方法足以形成一种特定观点，即某一特定专业的相关人士所共有的基本世界观。它由特有的观察角度、基本假设、概念体系、研究方式等要素构成，表示相关人士看待和解释世界的基本方式与态度倾向。

（1）自然科学范式和人文科学范式

一般而言，范式可以划分成两大类，即自然科学范式和人文科学范式。这两种理论范式在许多方面都具有根本的差异。自然科学范式的基本特点是，注重客观性和可量度性，强调准确性，注重或然率；人文科学范式的基本特点是，强调主观的理解，主张理论与观念是由社会所决定的、意识形态具有核心影响力、理论受社会经济脉络的影响。

此外，二者在对社会的看法上也有本质区别。自然科学范式认为，社会生活具有规律和秩序，强调社会的基本统一性和凝聚性；不同结构发挥不同的效能，从而形成社会的秩序和稳定；社会规范、标准和价值观使社会有共同的愿望。人文科学范式对社会本质的观念是：斗争和冲突是社会生活的特性；社会上的权力和资源分配不均；应该致力于结构性的社会改变以带来权力和资源的重新分配；所有人应为经济、政治和社会各层面的转变而斗争。

（2）里茨尔的范式划分

在社会研究领域中，美国社会学家里茨尔划分了三种范式（如表 2－1 所示），体现了社会科学家看待社会现象的不同方式或不同的观察角度。

表 2－1　里茨尔划分的三种范式

项　目	社会事实范式	社会定义范式	社会行为范式
研究范畴	社会结构 社会制度	人际互动、心理社会情境、规范	行为的原因与后果、刺激及反应
代表人物	涂尔干	韦伯 米德	斯金纳 霍曼斯
理论学派	结构动能学派 冲突学派 新马克思主义学派	符号互动论 现象学 民俗方法学	行为理论 交换理论
研究方式	历史—比较研究 统计调查	实地研究	实验 统计调查

资料来源：袁方，1997。

2. 社会工作理论的四种范式

在社会工作的领域中，大卫·豪则根据不同的维度，以四个范式(paradigm)对社会工作理论进行分类。大卫·豪以理论是主观还是客观、基变还是规范为标准，将社会工作理论划分为四种范式，即基变的社会工作理论、规范的社会工作理论、主观的社会工作理论、客观的社会工作理论。它们之间的关系如图 2－2 和图 2－3 所示。

基变的社会工作理论

主观的社会工作理论			客观的社会工作理论
	基变人道主义者	基变结构主义者	
	演绎者	功能主义者	

规范的社会工作理论

图 2－2　社会工作理论范式

基变的社会工作理论

主观的社会工作理论			客观的社会工作理论
	意识觉醒提升	革命	
	意义寻索	守成	

规范的社会工作理论

图 2－3　社会工作理论范式和社会工作使命

大卫·豪认为，上述四种社会工作理论范式之间无论是关于人与社会的本质、关于人的行为与社会运行机制的问题，还是关于社会工作实践本身的性质、目的、过程与方法等问题都存在显著的差异。

(1) 守成者(the fixers)

特性：争取在个人事件、社会问题中取得秩序和平衡。

例子：社会系统理论(social systems theory)、行为主义理论(behavioural theories)等。

目的：修正、维持。

方法：治疗、支持、维持。

(2) 意义寻索者(seekers after meaning)

特性：用当事人的视角去了解这个社会。

例子：案主中心的模式(client-centred approach)、互动社会工作(interactionist social work)等。

目的：了解经历。

方法：增进沟通。

(3) 意识觉醒提升者(raisers of consciousness)

特性：认为改变社会应该从改变人的思维意识开始，因为许多社会问题源于社会的非人性化。

例子：女性主义社会工作(feminist social work)、社会意识提升模式(conscientization approach)等。

目的：觉醒、增强自我控制能力。

方法：意识觉醒、增加控制机会及能力。

（4）革命者（revolutionaries）

特性：经济基础决定社会结构及社会中人的心理。

例子：马克思主义社会工作（marxist social work）、结构社会工作（structural social work）等。

目的：财富和权力的重新分配。

方法：革命和结构性改革。

3. 社会工作理论选择准则

在社会工作理论构建和实践过程中，常常存在着不少错误或片面的看法：① 理论是静态的，是一成不变的；② 理论是适合任何处境的，是放之四海而皆准的真理；③ 理论是不会衰亡的，是永恒的定律。

事实上，就社会工作领域而言，理论是建立在社会工作实践基础之上的，社会工作实践在不断变化和发展中，因此理论不可能也不应该是始终不变的。同时，社会工作实践是随着当时当地的情境或需要而开展的，在这个基础上提炼出来的理论无疑具有“当时当地”的烙印，甚至深受实践所处环境中的诸多因素如文化、历史传统、制度、人的心理等的影响，使理论具有时间性、空间性、历史性甚至阶段性等诸多特点。所以，理论不可能是绝对的真理，理论的引用也不可能不做选择或进行本土化的改造。

一般而言，在社会工作实践过程中选择的理论具有以下准则（需要说明的是，所谓准则并非唯一或者不可更改的，它只不过是为了更好地进行社会工作实践而提供一个参考或多一重视角而已）：① 理论的假设及其倾向与社会工作实践目标的一致性；② 理论是否适合社会工作介入的目的；③ 理论是否适合社会工作实践环境的社会经济条件；④ 社会工作的服务对象是否认为这些理论适合和可以接受；⑤ 理论不应给社会工作的服务对象带来不安或不便。

4. 社会工作理论的意义和作用

社会工作与其他专业一样离不开理论的指导。具体而言，社会工作理论对社会工作实践具有以下指导意义：

（1）描述社会工作实践过程中两个或多个因素的相互关系。一方面，理论可以指出关系的种类（如共变、因果、互动等）；另一方面，理论也可以描述关系的方向（如正面与反面，甲 → 乙 → 丙或者甲 → 乙 ← 丙）以及关系的强弱。

（2）社会工作理论可以在社会工作实践过程中解释现象的产生。社会工作者会面对不少社会、群体、个人的问题，因此需要借助理论，以便对社会工作服务双方都有比较清晰的认识。

（3）从社会工作理论所描述的相互关系中希望能够预测。如果社会工作者进行某种介入时，就会产生某些效果；或者就社会工作者现时所知道的事实，通过理论能够比较准确地预计未来可能发生的事情，从而未雨绸缪。

（4）有效和有用的社会工作理论能够在社会工作实践过程中，为社会工作者提供办法和处方，协助社会工作者订立介入的手法和程序。

然而，社会工作专业具有不同于其他专业的特殊性和服务承诺性，所以社会工作理论的重点不在于研究理论基础，而是在于引导社会工作者制定出介入目标、确定任务，提供这一介入对象如何改变的解释，以及介入方法如何带来改变。为此，学者格林等（Greene R R and Blundo R G，1999）指出，社会工作理论尤其是实务理论应该能够回答下列问题：① 理论如何帮助我们了解人类生命循环的发展？② 在人类发展与功能表现上，理论提到生理、心理和社会因素之间如何互动？③ 理论提到哪些健康/功能与不健康/失功能的行为？④ 理论在不同文化或不同社会脉络中运用情况如何？理论是否提到社会与经济的公平？⑤ 理论如何看待家庭、团体、组织和社区中的个人？⑥ 理论如何转化为社会工作实践的参考架构？⑦ 理论对社会工作介入或实务工作策略有什么含义？⑧ 理论的原则是否注重案主的功能和资源？⑨ 理论建议社会工作者要做什么？案主要做什么？⑩ 在扮演变迁媒介上，理论提及社会工作者要扮演什么角色？介入的目标是什么？提到要增强案主、社会哪些方面的功能？

三、社会工作实践

（一）社会工作实践的含义和元素

按照美国全国社会工作者协会的定义，社会工作实践是价值、目的、认可、知识和方法组成的体系。正是这一特殊性使社会工作实践与其他专业的实践区别开来。

由此可知，社会工作实践包含五个重要的元素：价值、目的、认可、知识和方法。其中，价值居于首要位置。

（二）社会工作实践的原则

社会工作实践与价值观紧密联系，进一步来说，社会工作实践是在社会工作价值观的支配下得以开展的。在具体的实践过程中，这些价值观主要有对人的看法、对社会的看法、对正义的看法、对平等的看法等。因此，社会工作实践的原则相应地有接纳、非批判、保密、尊重、个别化、案主自决等等。限于篇幅，此处只能扼要地阐述一下部分实践原则。

1. 接纳他人

接纳并非指消极地、被动地接受他人，而是积极地了解别人的独特之处，并设身处地地考虑别人的需要。很显然，接纳的背后蕴含着对人的尊重和相信人会改变这样的价值观。

2. 非批判的态度

非批判即指如果对方与自己的意见不同甚至相对立，或者服务对象有不合常规的行为表现时，并不加以批驳和排斥，凡事并不以自己的意见为唯一标准。然而，对别人持非批判态度并非代表道德观念的模棱两可或者一味迎合对方，而是尽力去理解别人行事背后的原因。

3. 保守秘密

保密是指保守与服务对象有关的、在助人实践过程中透露给社会工作者的秘密资料。这是社会工作者与服务对象建立良好的专业关系以及有效达到助人目标的前提条件，有助于服务对象放心告知隐私，便于社会工作者更好地为其提供服务。

不过，保密也是相对而言的，当实践过程中涉及生命、安全、法律等方面时，再强调保密恐怕是不合适的。

通常，中国香港的社会工作者在实践中会遵照执行以下四个一般性保密规定：① 社会工作者可以同他人交流案主透露的秘密，前提条件是必须基于一些强制性的专业理由。② 社会工作者应该完全告诉案主在特定情况下保密是有限制的，他们也应该告诉案主获取资料的目的以及怎样使用这些资料。③ 社会工作者在录音、记录或者准许第三方观察他们的活动之前应征得案主的同意。④ 社会工作者不应该在不适当的场合中泄露案主的资料，比如同不相干的人讨论案主的情况。

4. 案主自决

案主自决是指服务对象拥有自主、自由地做选择和做决定的权利。这一原则根植于能力取向的观点，相信案主有能力成长和改变。该原则还认为，在社会工作者对案主能力评估的前提下，当让案主自由抉择时，他们会更投入和更有动力去改变。

但是，案主自决不是绝对的，也有限制性。在以下情形下不能予以案主自决的权利：① 导致监禁的犯罪行为；② 危及生命安全的行为；③ 案主缺乏生理上和心理上自主、自由决定的能力；④ 与身份行为相抵触的行动，如需要司法部门干预的离家出走或习惯性逃学；⑤ 导致被剥夺工作权利的不道德行为。

（三）社会工作实践的核心概念

在社会工作实践中，有一些概念至关重要，它们与社会工作实践的开展、深入和有效性关系紧密。

1. 专业关系

这是指服务对象与社会工作者之间在情绪和态度上的动态的相互作用。在服务对象与社会工作者之间发展出来的信任和理解，对社会工作实践来说是极其重要的因素。它的重要性在于，通过这种关系，服务对象能够更好地调整自己和适应环境。同时，社会工作者也能在这种良好关系中，不断地朝着既定的助人目标迈进。

在20世纪40—60年代名噪一时的社会工作理论家波尔曼（Perlman H H）曾经精辟地指出，社会工作关系的特点是有目的的、接纳的、支持性的和培养性的，它被看作培养案主信任社会工作者的核心特质。正因为专业关系的重要性，在实践过程中，有社会工作专家总结出了四个有助于助人专业关系成长的核心条件：同理心、尊重、真诚和具体。这四个条件的构成要素和目的各不相同（详见表2-2）。

表2-2 发展专业关系的条件因素和目的

条件	构成因素	目的
同理心	• 渴望去理解 • 反映案主隐含的意思 • 引证案主的感受 • 讨论什么对案主最重要 • 与案主的感受同步	• 建立友好关系 • 通过表示理解导引出案主的资料 • 培养案主的自我探索能力
尊重	• 承诺 • 努力理解 • 非批判	• 向案主表达愿意一起工作 • 对案主表示关注和有兴趣 • 表达出对案主的接纳
真诚	• 恰当的角色行为 • 表里一致 • 发自内心 • 开放和自我披露 • 支持性的非语言行为	• 缩小案主与社会工作者在情感上的距离 • 增加案主对社会工作者的认同，进而有助于产生信任和吸引力
具体	• 彻底表达 • 特定的表达 • 与案主有关也有意义的表达	• 防止情绪脱离感受和体验 • 修正案主的理解 • 特别关心案主的表达

资料来源：秦炳杰、陈沃聪、钟剑华，2002。

2. 助人过程

这是指循环往复的专业活动，包括与案主建立专业关系、收集用于评估的资料、同有关机构签订契约和进行评估等等，不论是否能够满意地达到当初订立的介入目标。这个助人过程从社会工作者遇到案主的第一刻起就已经开始，直到专业关系终结的那一刻为止。此外，助人过程中的专业活动，类似于研究、收集资料、分析、评估和介入等，不是一个接一个完成的，而是环环相扣的。研究仅仅被视为一个工作假设，随着助人过程中收集的资料越来越多，它会被不断地评估、修正和提炼。为了更好地进行分析，介入可能也需要随时调整焦点。因此，研究、收集资料、分析、评估和介入是一个螺旋式前行的过程。

3. 人在情境中

在20世纪30—40年代中期，杰出的社会工作理论家戈登·汉密尔顿（Gordon Hamilton）强调，在社会工作实践中，社会工作者应该重新考虑案主控制能力以外的因素，由此促进了“人在情境中”这一概念的发展。

“人在情境中”是社会工作实践的焦点。确切地说，在实践中，社会工作者关注的不是个人也不是单独的情境，而是案主和情境之间的相互作用。因为这种互动关系既影响案主又影响情境，所以当与社区内的失学、失业、失管且有行为偏差的青少年一起工作时，社会工作者除了应该关注青少年行为本身外，还应该关注青少年在家庭、社区或者学校等不同环境中的行为。因此，社会系统理论经常被视为分析“人在情境中”的有效工具。

4. 评估

评估是指不断地了解处于特定情境中的案主的状况，它贯穿于从接案到介入的所有阶段，即找出问题、收集信息、产生可选择的方案、比较方案、决定最佳的办法和发展策略、实施选定的方案、评估产出的结果，详见图2－4。

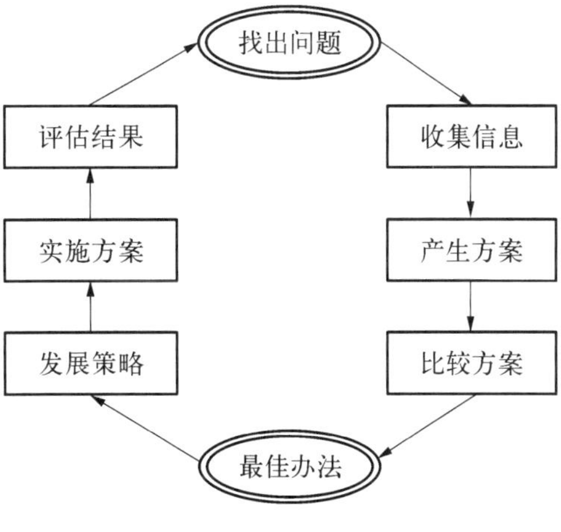

图2－4　社会工作实践中的评估过程

（资料来源：朱眉华，2004）

从“人在情境中”的角度出发，社会工作者在评估案主的同时也评估情境，并决定所做的计划是否会对案主有效。评估作为助人过程中的一部分，是评判全部服务工作是否达到预设目标的手段，更是社会工作者与案主一起拿出介入计划的基础。

5. 介入

介入是指社会工作者通过有步骤地实施行动计划，不仅激活案主和环境系统中的各种资源，不断增添案主的力量，而且需要充分地运用自己的知识、经验和技巧来保持计划的推进并适时地调整计划，以促进案主的改变。这一改变或发生在案主身上，或发生在案主所处的环境中，也可能发生在案主与环境的相互作用上。

6. 技巧

不同的学者从不同的侧面对技巧进行定义。西奥多森（Theodorson G A, 1969）认为，社会工作技巧是通过学习发展出来的复杂而有组织的行为（身体的和口头的）系统，它指向一个特殊的目标，或以一个特殊的活动为中心。另一位专家约翰逊（Johnson）则指出，社会工作技巧是将知识和价值合二为一，并转化为行动去回应社会关注和社会需要的实践性要素（秦炳杰、陈沃聪、钟剑华，2002）。这些定义都指出了社会工作技巧的特点：它是有组织的行为；它以一个特殊的活动为中心；它通过学习发展而来；它与特定的社会工作方法相结合；它将适用的知识与社会工作的价值观融会在一起。

（四）社会工作价值观、理论和实践的关系

以上论述表明，社会工作价值观融合于社会工作的理论和实践中，社会工作理论指导着社会工作实践，而社会工作实践又反过来不断修正、完善和提炼理论，这三者之间的关系如图 2－5 所示。

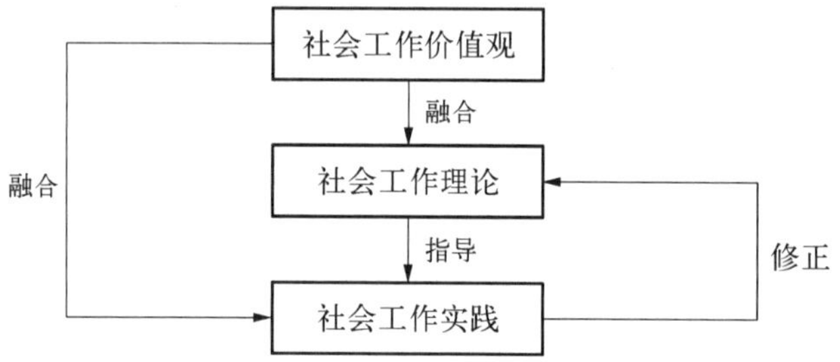

图 2－5　社会工作价值观、理论和实践的关系

此处我们特别需要重申以下两点。

1. 社会工作理论和社会工作实践相辅相成

社会工作理论与实践是一个过程中的两个相互联系、紧密结合的方面。从学者史柏林（Siporin M, 1980）所建构的社会工作实施模式（见图 2－6）中，我们能够比较清楚地看到这一点。

作为社会工作实践的具体体现的社会工作技巧，其背后蕴含着社会工作理论，因为社会工作技巧蕴含了知识与价值，可以说是一种引导完成特殊目标或活动的组织行为。因此，不同的理论会促使人们运用不同的技巧，而技巧的高低以及解决问题的多少也和对理论的理解、掌握与灵活运用具有内在的紧密联系。

2. 经验和反思对社会工作理论与实践的铺垫作用

理论构建和理论研究固然是专业生存和发展的重要组成部分，但社会工作是一个助人的专业和职业，其理论的建设工作明显不同于其他一些思辨性的学科或者专业。它的理论组成更多的是源于实践及其反思、经验观察，以及通过亲身体验对原有理论和经验的总结、提炼、抽象，这个过程如图 2－7 所示。

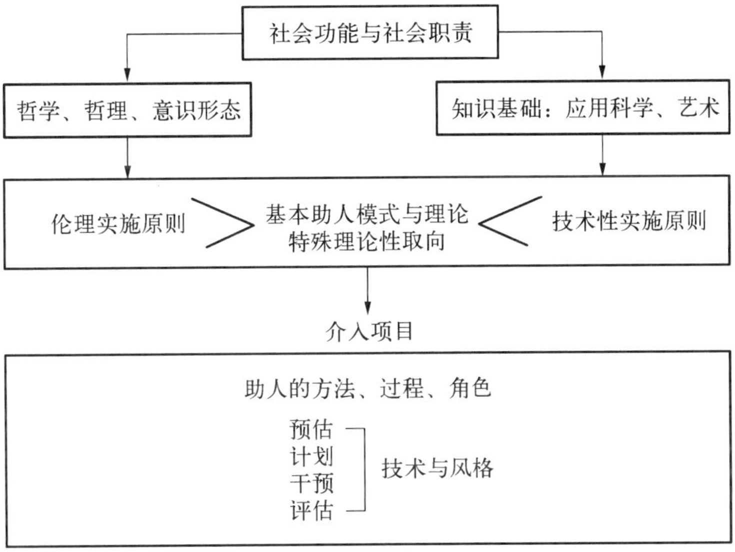

图 2－6　专业社会工作的实施模式

图 2－7 揭示了理论来自具体经验及其积累，是具体经验的抽象化。通过对系统的控制与观察的研究，我们可以进一步确认经验、现象之间的关系。因此，没有具体经验及经验结构，就没有理论的基础。就社会建构论的角度而言，社会工作理论必须回应社会情境的需求。换言之，社会工作理论的基础会因社会变迁而有差异，并促使理论变革或发展。

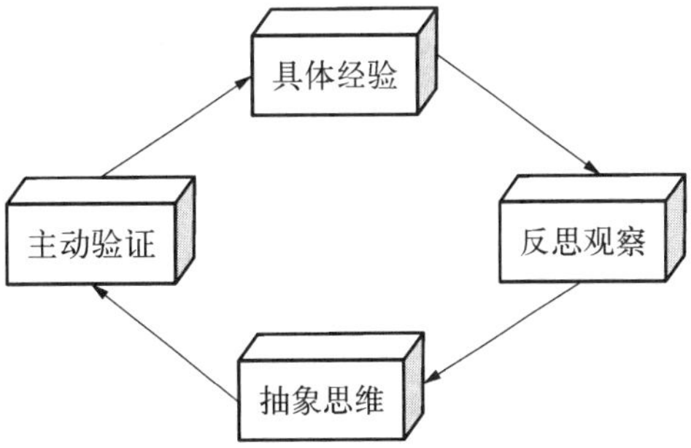

图 2－7　社会工作经验、反思、理论和实践的相互关系

小　结

社会工作是融价值、理论和实践为一体的专业。社会工作价值观涉及对人、人性、人的潜能、社会及其公义的基本看法。社会工作的理论着重探讨人与社会的本质，人与社会的相互关系，人的社会行为发生、变化，社会运行的规则与机制，等等。它们是社会工作实践的理论基础和行动假设。社会工作的理论则着眼于对社会工作实践本身的性质、目的、过程、方法和技巧的说明，它们是只有社会工作专业才需要和能够加以使用的理论，是社会工作专业实践的行动指针。社会工作实践是一套综合性的体系，包含目的、认可、知识和方法几大要素。专业关系、助人过程、人在情境中、评估、介入和技巧等，是社会工作实践的核心概念。

参考文献

[1] LEVY C S. The value base of social work[J]. Journal of Education for Social Work, 1973, 9(1): 34-42.

[2] BUTRYM Z. The nature of social work[M]. London: Palgrave Macmillan, 1976.

[3] 周永新. 社会工作学新论[M]. 香港：商务印书馆,1998.

[4] PILALIS J. "The integration of theory and practice": a re-examination of a paradoxical expectation[J]. The British Journal of Social Work, 1986, 16(1): 79-96.

[5] HOWE D. An introduction to social work theory[M]. London: Wildwood House Limited, 1987.

[6] 罗致光. 青少年中心服务：活动理论与案例[M]. 香港：香港基督教服务处,1994.

[7] 袁方：社会研究方法教程[M]. 北京：北京大学出版社,1997.

[8] GREENE R R, BLUNDO R G. Postmodern critique of systems theory in social work with the aged and their families[J]. Journal of Gerontological Social Work, 1999, 31(3-4): 87-100.

[9] PERLMAN H H. Social casework: a problem-solving process[M]. Chicago: University of Chicago press, 1957.

[10] 秦炳杰,陈沃聪,钟剑华. 社会工作实践：基础理论[M]. 香港：香港理工大学印刷部,2002.

[11] HAMILTON G. Basic concepts in social case work[J]. The Family, 1937, 18(5): 147-156.

[12] 朱眉华. 社会工作实务[M]. 上海：上海社会科学院出版社,2004.

[13] THEODORSON G A. Modern dictionary of sociology[M]. New York: Ty Crowell Co, 1969.

[14] SIPORIN M. Ecological systems theory in social work[J]. J. Soc. & Soc. Welfare, 1980, 7(4): 507-532.

中编

社会工作理论

本编按照“应用于社会工作实践的理论”和“社会工作实践理论”的分类标准，对部分社会工作理论进行介绍。笔者从能够最直接地指导社会工作实务开展的角度出发，对一些中观尤其是操作层面的理论择其主要部分予以详细介绍。

第三章 心理社会理论

心理社会理论为探索有关人生成长与发展的过程及可能遭遇的重大问题提供了一个丰富的、发人深省的结构。它有三个显著的理论特征：第一，它强调个人一生中的成长；第二，它假定个人并不完全任由生物与环境影响和摆布，而是有能力在生命的各个阶段为自身的心理发展做出贡献；第三，它指出文化对个体发展的积极贡献。心理社会理论的代表人物之一是著名的心理学家埃里克・H. 艾瑞克森(Erik H. Erikson)。

一、心理社会理论的基本概念和主要内容

心理社会理论以六个结构性概念为基础，即发展的阶段、发展的任务、心理社会危机、解决每一阶段危机的核心过程、重要关系的分布网络、因应行为(人们产生出来以面对挑战并构建生活中各种关系的新行为)。图 3－1 把发展描述为一个建造过程，随着重要关系的分布

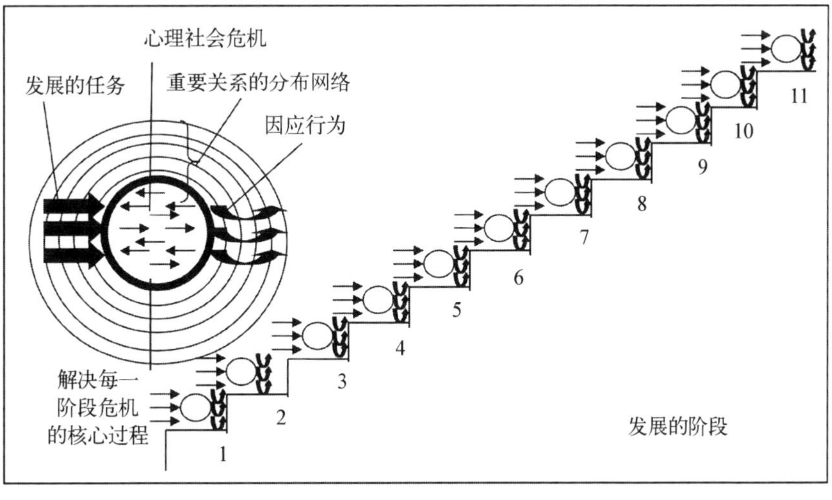

图 3－1　心理社会理论的六个结构性概念

(资料来源：摘自 Newman P and Newman B，1998)

网络的扩大以及前面阶段的成就被纳入下一发展阶段的行为之中，这一结构因而更加优化。

（一）发展的阶段

发展的阶段是心理社会理论的第一个重要结构性概念。阶段被视为生活中的一个时期，它以一种独特的潜在结构为特征，有许多种行为可被视为每一个阶段的潜在结构的表现，而每一个阶段都有某些特征将其前后阶段加以区隔。心理学家艾瑞克森和纽曼对发展的阶段有比较详细的论述。

1. 艾瑞克森关于心理社会发展的八个阶段

艾瑞克森在《儿童期和社会》一书中提出了心理社会发展的八个阶段说（见图 3－2）。这些阶段的概念，部分可以追溯到弗洛伊德（Freud）提出的性心理发展阶段，部分则来自艾瑞克森自己的观察和丰富的思想。

8. 成熟期								自我整合vs失望
7. 成年期							创造力vs停滞	
6. 成年早期						亲密vs孤立		
5. 青少年期					认同vs角色混淆			
4. 潜伏期				勤勉vs自卑感				
3. 生殖器期			主动进取vs内疚					
2. 肛门期		自立vs羞怯怀疑						
1. 口唇期	信任vs不信任							
	1	2	3	4	5	6	7	8

图 3－2　艾瑞克森的心理社会发展阶段

（资料来源：摘自 Erikson E H，1963）

图 3－2 中，方框代表各个阶段主要的心理社会自我冲突，这些自我冲突产生新的自我技能。艾瑞克森指出，这些发展的阶段遵循一个认识发生的原则。也就是说，一个生长的生物计划使每一种机能以一种有规律的方式出现，直至发展成一个机能完善的有机体。这里不存在以前阶段的倒退——经验使倒退成为不可能的事。心理社会理论的逻辑要求所有心理社会发展的机能均出现并整合。

2. 纽曼关于心理社会发展的十一个阶段

西方学者纽曼等在文献分析、研究以及其他阶段学者建议的基础上，对艾瑞克森的心理社会发展阶段提出了修正。他鉴别出十一个心理社会发展的阶段，每一个阶段都对应一个大致的年龄范围：

- 胎儿期[怀孕到出生)
- 婴儿期[出生到2岁)
- 婴幼儿期[2—4岁)
- 幼儿期[4—6岁)
- 学龄儿童期[6—12岁)
- 青少年前期[12—18岁)
- 青少年后期[18—22岁)
- 成年早期[22—34岁)
- 成年中期[34—60岁)
- 成年晚期[60—75岁)
- 老年期[75岁到死亡)

(上述各个阶段中，中括号表示包含，即大于等于；小括号表示不包含。)

在上述理论假设中，每一个阶段的心理社会发展对此后的阶段都有重要作用。这些阶段被看作一个序列，人们总是以有序的成长方式经历这些阶段。

纽曼强调，在每一个阶段中，以前阶段所取得的成就被视作资源以应对因发展任务、核心过程、心理社会危机和重要关系的混合所带来的挑战。这些因素的交互作用为新的学习提供了经验基础。每一个阶段都是独特的，人们从中都可以获得新技能。

当设计一些计划和服务项目以响应教育、健康、居住、社会福利方面的关键需要时，我们应该考虑把注意力放在所服务的大众对象的需求与资源上。

(二) 发展的任务

发展的任务是心理社会理论的第二个结构性概念。它界定了在一个特定社会中，个体在每一个年龄阶段上的健康、正常发展，形成了一个序列：在成功地完成一个阶段的任务后，个体成功完成下一阶段任务的可能性就更大；前一个阶段任务的失败，可能会导致后续阶段遭遇重大困难。对于“发展的任务”这个概念的论述，美国心理学家罗伯特·J. 哈维格斯特(Robert J. Havighurst)做出了很大的贡献。

1. 哈维格斯特的基本观点

哈维格斯特在1952年提出了“发展的任务”的概念，并把这一概念运用于对人的一生发展的分析之中。许多理论体系都围绕着这一概念而创建，因为它关系到对人类发展基本过程的理解。

哈维格斯特确信，人类发展是人们努力完成由各自社会所要求的任务的过程。这些任务随年龄的增加而变化，因为每个社会对行为都有以年龄划分等级的期望。任务完成得好的人，得到满足和奖赏；任务完成得不好的人，会遭遇不幸和受到社会谴责。

哈维格斯特(1974)进一步指出，完成发展的任务存在一定的敏感期，它是指一个人已经最大限度地准备好获得一项新能力的时期。哈维格斯特称这些时期为“可教导的时期”。大多数人都能如期地、按照与社会相适应的顺序完成发展的任务。如果在敏感期内一项特定的任务都没有被完成，想要在以后完成就会极其困难。

在敏感期内，学习可以提高日后的学习表现。最初，技能是在敏感期内发展起来的，此时许多内部和外部发生的条件都促成这一方面的发展。即使敏感期已过去，学习也可以继续。例如，语言技能并不在幼儿期过去之后停止发展，新的、复杂的语言学习方式将伴随人的一生。

2. 现代社会个体生活阶段发展的任务

就现代社会而言，心理社会理论认为，一些数量较少却极其重要的心理社会任务，主导着每一特定阶段中的个体为解决问题付出的努力。这些实践增长了个体处理更为复杂的社会关系的才干。表3－1是心理社会理论确认的现代社会个体生活阶段发展的任务，它们对绝大多数人的生活经验具有重要影响，它还指出了各类任务具有重要学习价值的各个阶段。

表3－1　现代社会个体生活阶段发展的任务

生活阶段	发展的任务
婴儿期［出生至2岁）	社会依恋
感觉、知觉和运动机能的成熟	
感觉运动智能与原始的因果关系推理	
对物体性质的理解和范畴的建立	
情绪发展	
婴幼儿期［2~4岁）	移位运动的精确化
幻想与游戏	
语言发展	
自我控制	
幼儿期［4~6岁）	性角色认同
早期道德发展	
群体游戏	
自尊	
学龄儿童期［6~12岁）	友谊
自我评价	
具体运算	

续 表

生活阶段	发展的任务
技能学习	
团队游戏	
青少年前期[12~18岁)	身体成熟(包括性的成熟)
形式运算(逻辑推理)	
情绪发展	
同伴群体成员资格	
性关系	
青少年后期[18~22岁)	对父母关系的自主
性角色认同	
内化的道德	
职业选择	
成年早期[22~34岁)	结婚
生育子女	
工作	
生活方式	
成年中期[34~60岁)	夫妻关系的培育
家庭管理	
养育子女	
职业上的经营管理	
成年晚期[60~75岁)	智慧活力的促进
对新角色和活动的精力转换	
对个人生活的接受	
建立一种死亡感	
老年期[75岁至死亡)	对老年身体变化的处置
心理历史观的发展	
跨越未知的地带	

注：中括号表示包含,即大于等于;小括号表示不包含。
资料来源：摘自 Newman P and Newman B, 1998。

按照心理社会理论的观点,发展的任务的促进和完成由一套技能与能力构成,它们有利于把握环境。这些任务可以反映身体的、智力的、社会的或情绪的、技能的或自我理解的成就。例如,婴儿期的任务之一是产生对照顾者的依恋。这一任务出现于个人发展的早期且必须在一生中的这一时期内完成。一个人在成年生活中发展亲密关系的能力基于婴儿期对照顾者最初的依恋感。

心理社会理论重申,发展的任务的完成受到前一阶段心理社会危机解决程度的影响,进而引发新的社会能力的发展。当一个人在新的发展阶段面对考验时,这些能力把他导向新的经验,帮助他确立对种种关系的态度,进一步理解自我价值。随后,在特定阶段中,作为完成任务的结果而掌握的技能，为这一阶段心理社会危机的解决提供了有效的工具。任务的完成和危机的解决交织在一起，构成个体的生活史。

（三）心理社会危机

根据艾瑞克森的观点，心理社会危机产生于一个人必须付出心理努力以适应每一发展阶段中的社会环境的要求。这里的“危机”是指一系列正常的紧张刺激与压力，而非特殊的事件。

众所周知，在每一个发展阶段中，社会对个体都会有不同的要求，个体把这些要求体现为对行为的适度且持续的约束与期望。在每一个发展阶段结束之前，个体努力完成阶段目标，同时把这些社会要求转换为个人内涵。这一过程会产生一种紧张状态，个体必须消除此种紧张情绪，以便进入下一个阶段。正是这一紧张状态引发了心理社会危机。

1. 典型的心理社会危机

认同危机产生于一个人日常生活的价值观与目标体系突然瓦解或退化的过程中。有两种情况会使一个处于青少年后期的个体（尤其是青年学生）的认同危机变得更加强烈。其一，进入一所与自己的价值取向完全相悖且与教师接触频繁的学校，此时学生的认同危机会很突出；其二，如果外部强迫正处于探索、尝试中的学生在价值观尚不确定时或出现困惑时做出有关价值观的承诺，认同危机就会很突出。

认同危机常常涉及或伴随强烈的焦虑感和抑郁感。这种焦虑的产生是因为人们害怕没有了这一明确的价值系统结构，将会产生难以自抑的冲动，自己会以可能有害或不道德的方式行事。抑郁的产生是因为人们突然感到自己的价值不存在了。当先前设定的目标看上去毫无意义时，人们往往会被这种落空感所吞没。

2. 生活阶段的心理社会危机

依据心理社会理论，个体自婴儿期至老年的每一个发展阶段都会经历一些心理社会危机，体现为对立的两极：信任 vs 不信任，自立 vs 羞怯、怀疑，等等（见表 3－2），并且绝大多数人都体验过这一连续体的两个极端。

表 3－2　各生活阶段中的心理社会危机、重要事件和社会影响

年龄阶段	心理社会危机	重要事件和社会影响
［出生至 1 岁）	信任 vs 不信任	婴儿必须学习相信别人以满足基本的需求。如果照顾者常以拒绝的态度或不一致的方式来照顾婴儿，婴儿就会认为这个世界是个危险的地方，到处充满了不值得信赖和依靠的人。母亲或照顾者是最主要的社会化代理人

续　表

年龄阶段	心理社会危机	重要事件和社会影响
[1~3岁)	自主 vs 羞怯、怀疑	儿童必须学习自立，自己饮食、穿衣和照顾自己的卫生等。儿童若无法独立，则会怀疑自己的能力，并且觉得羞耻。父母是最主要的社会化代理人
[3~6岁)	主动进取 vs 内疚	儿童企图表现出自己已经长大的模样，并尝试着做些尚且无法应付的事。他们的目标或活动常和父母或其他家庭成员相抵触，这些冲突使他们觉得有罪恶感。儿童必须保持自动自发的精神，但也必须学习不去侵犯他人的权利、隐私或目标，这样才能克服这种冲突。家人是最主要的社会化代理人
[6~12岁)	勤勉 vs 自卑感	儿童必须掌握学习的技巧，适应社会。在这个阶段，儿童常会和同辈比较。只要勤奋进取，儿童就能掌握学习的技巧，适应社会，就会有自信；但若不能学习这些重要的特质，则会自贬自卑。教师和同辈是重要的社会化代理人
[12~20岁)	个人认同 vs 认同混淆	这是儿童期与成熟期的交叉点，青少年常常与“我是谁”的疑问相搏斗。他们必须建立起基本的关于社会和职业的认同，否则在长大后会不知扮演何种角色。社会中的同辈是主要的社会化代理人
[20~40岁)	亲密 vs 孤立	此时期的主要任务在于和他人建立良好的友谊、爱等关系。如果无法和他人建立友谊或亲密的关系，就会产生孤独感。恋人、配偶和一些比较亲近的朋友是重要的社会化代理人
[40~65岁)	创造力 vs 停滞	在这一阶段，成年人需致力于工作、扶养老年人或照顾年轻人。创造力的标准因文化不同而有差异，没有能力或不愿意负起这个责任的人，将会变得颓废、迟滞或以自我为中心。配偶、儿童以及文化规范是主要的社会化代理人
[65岁至死亡)	完美无缺 vs 悲观失望	老年人常常会回顾过去的生活。过去的生活可能是有意义的、丰富的或者有许多快乐的回忆，但也可能因充满没有兑现的承诺而觉得失望。一个人的生活经验，尤其是社会经验，将会影响这最后一个有关生活危机的结果

注：中括号表示包含，即大于等于；小括号表示不包含。
资料来源：摘自 Shaffer D R，1995。

上述心理社会理论已经暗含了这样一种想法，即每一个发展阶段的结果，是两种相对力量的平衡或整合。对每一个人来说，积极的体验和消极的体验的相对频率和重要性，都影响着这一危机被解决时在从极为积极到极为消极的连续体中的位置。在实际生活中，完全积极或完全消极地解决危机的可能性是很小的，绝大多数人是朝着积极的方向解决危机的。换言之，对大多数人来说，经验的作用加上自然成熟倾向，有助于危机的积极解决。然而，在每一个连续的阶段中，随着发展的任务越来越复杂，以及遇到阻碍发展的社会因素的可能性的增加，消极解决的可能性也不断增加。每一次危机的积极解决，都增添了新的自我力量，它帮助人们完成下一阶段的要求。

心理社会理论进一步指出，“心理社会”这一术语在“发展的危机”这一概念中加上了另外一层重要的意蕴：危机是文化压力与期望的结果。在正常的发展过程中，无论处于何种文化中，个体都将体验压力，虽然压力本身并不是人不适应性的结果，但压力的存在却会严重地限制人的进一步发展。在某种程度上，心理社会理论尝试说明出现在个体每一生活阶段中的失败。危机的概念意味着在任何一个阶段上都有一些因素干扰着个体的成长，并减少其体验成功的机会。

（四）解决每一阶段危机的核心过程

核心过程是心理社会理论的第四个结构性概念。它通过一种在每一生活阶段中联结个体需要与文化要求的机制来展开。重要的关系与有关的能力在每一生活阶段中不断变化着，心理机能的特殊模式与社会交往的特殊模式必然会随着一个人的成长而不断变化。例如，模仿被视为婴幼儿期心理社会成长的核心过程。儿童通过模仿成年人、兄长、电视人物、游戏伙伴甚至动物来拓展其技能范围。通过模仿，儿童可增加自己与社会群体中其所羡慕的成员之间的相似性，模仿游戏中的某些现象；儿童也可以尝试对潜在危险或感到困惑的事件进行某种控制。更重要的是，儿童对模仿的准备性以及可以观察的对象的多样性，促进了幼儿期向自主能力感的发展并拓展了儿童行为的范围。表 3－3 指出了解决心理社会危机的核心过程，这些过程能够激发新技能的获得、心理社会危机的解决，以及成功地应对各个生活阶段。

表 3－3　解决心理社会危机的核心过程

生活阶段	核心过程
婴儿期	与照顾者的相互交往
婴幼儿期	模仿
幼儿期	认同
学龄儿童期	教育
青少年前期	同伴压力
青少年后期	角色尝试
成年早期	同伴间的相互作用
成年中期	个人—环境适应和创造性
成年晚期	内省
老年期	社会支持

资料来源：摘自 Newman P and Newman B，1998。

心理社会理论认为，上述这些过程都在一个特定阶段的进程中具有重要的意义，而每一个过程都可以通过重要的社会关系的组织得到鼓励。另外，每一个核心过程都会引起个体自我系统的大量修正，包括疆域、价值观、对自己和对他人印象的重新组织，以获得对特定阶段的危机解决的途径。

（五）重要关系的分布网络

艾瑞克森指出，最初一个人只集中于少数几种关系上，在儿童期、青少年期和成年期，关系将更加复杂，且在深度和强度上不断增加。在成年中期至晚期，人们常常又退回到数量不多的几种更具有深度和亲密性的关系阶段，对一个人的大多数要求是由这些处于重要关系中的人提出的。图 3－3 是艾瑞克森指出的个体在每一个发展阶段中重要关系的分布网络。

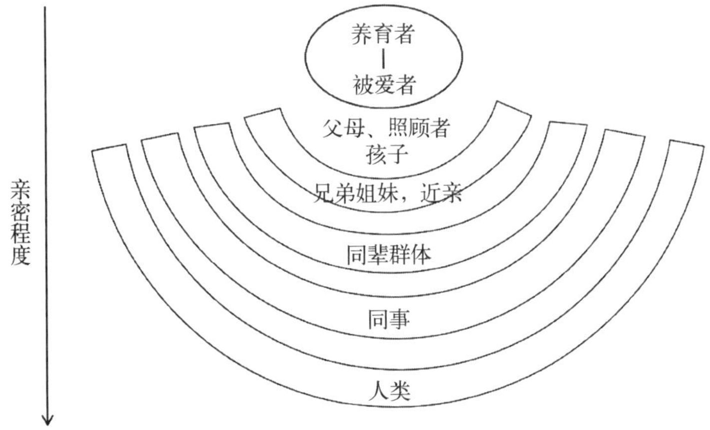

图 3－3　个体在每一个发展阶段中重要关系的分布网络

（资料来源：摘自 Newman P and Newman B，1998）

心理社会理论指出，在婴儿期，重要的社会关系发生在婴儿与母亲或养育者之间，最为常见的是婴儿与母亲。大多数婴幼儿与更为广泛的照顾者们建立起联系。在学龄前期，孩子与家庭成员（不仅包括父母，也包括兄弟姐妹、祖父母等）之间的关系变得越来越紧密，与朋友和老师的关系也愈来愈重要。在学龄期，重要的关系可见于孩子与更广泛的人如邻居和学校里的熟人之间。在青少年期，同伴群体、俱乐部、团体组织及工作，都能够为人们提供新的关系。在成年早期，友谊、性关系、竞争、合作伴侣都提供了重要关系。此外，对多数人来说，这一时期孩子的出现也成为某一种重要关系。在成年中期，重要关系是以家庭、工作和/或社会团体为基础的，关系可以扩展至在其他城市和国家中建立的友谊。在成年晚期和老年期，重要关系随着一个人发展起对人类更为一般性的关系而变得更为抽象，同时也随着一个人对少数近亲和尚存朋友的新的关心程度加深而变得更为集中。

（六）因应行为

因应行为是心理社会理论中的一个重要结构性概念。它的重要性体现在，它可以解释新的、有想象力的、独特的、有创新性的行为是如何产生的。此外，因应行为能够预见个体在其主动的社会生活中会采取新颖的、自发的和成功的行为方式，它用以区别那些在威胁面前维持心理安定的行为。

每一个人的因应方式都会因经历某些事情而转换。随着年龄的增加，人们会更加理性地探索压力事件，不再像年轻人那样使用简单的因应方式，如逃避自己的不幸、拒绝或诋毁他人。他们能够重新认识消极事件，从中寻找某些积极的结果，或从更为积极的意义上重新审视它。当认知水平达到一定的高度时，人们往往能够确定什么时候是采取行动的最好时机，什么时候最宜于调适情境。不过，艾瑞克森认为，每一个人都或多或少地存在着一些积极的或消极的心理状态来选择一定的因应行为。对于前者，艾瑞克森的界定是主要的适应自我的品质；对于后者，艾瑞克森则以“核心病症”的概念来定义。

1. 主要的适应自我的品质

艾瑞克森认为，这些品质是因作为特定阶段心理社会危机积极解决的结果而产生的，并且为下一阶段的因应提供了资源。他把这些品质描述为心理状态，它们构成解释生活经验的基本意向。主要的自我品质及其定义并列在表 3－4 之中。艾瑞克森进一步指出，这些自我品质对一个人的世界观起着很大的作用，个体必须重新建构这一世界观以调适新的自我品质。

表 3－4　每一心理社会阶段的主要的适应自我的品质

阶　段	自我品质	定　义
婴儿期	希望	关于一个人能获得深入的与基本愿望的持久信念
婴幼儿期	意志	进行自由选择和自我控制的决定
幼儿期	目的	想象和追求有价值的目标的勇气
学龄儿童期	能力	在竞争中自由地运用技能和智慧
青少年前期	忠诚Ⅰ	自愿地承诺和维持对他人的忠诚
青少年后期	忠诚Ⅱ	自愿地承诺并保持对价值观和意识形态的忠诚
成年早期	爱	超越儿童期依赖的相互作用的能力
成年中期	关怀	对后代关心的投入
成年晚期	智慧	面对死亡时对生命本身的超然而积极的关切
老年期	信心	对自身的清醒的信赖和对生活意义的自信

资料来源：摘自 Newman P and Newman B，1998。

2. 核心病症

在艾瑞克森看来，与每一种潜在的自我力量相对应的是潜在的核心病症或破坏力，而每一种核心病症对行为都有一种指导意向（见表 3－5）。

表 3－5　每一生活阶段的核心病症

阶　段	核心病症	定　义
婴儿期	退缩	社会和情绪孤立
婴幼儿期	强烈冲动	由冲动或对表现冲动的约束所引起的重复行为
幼儿期	抑制	防止思想、表情和活动自由的心理约束
学龄儿童期	懒惰	阻碍创造性活动的行为与思想上的麻痹
青少年前期	孤独	缺乏同伴
青少年后期	排斥	拒绝那些被视作与自己相对立的价值观和角色
成年早期	排他性	拒人于千里之外的精英领导主义
成年中期	拒绝性	在对后代关心的人员中不愿包括他人和其他群体
成年晚期	轻蔑	蔑视自己、他人的缺陷和脆弱性的感受
老年期	羞愧	因过度自我怀疑而不能行动

资料来源：摘自 Newman P and Newman B，1998。

艾瑞克森认为，上述核心病症是一种遭遇心理社会危机后严重消极应对的结果。在极端情况下，这些核心病症中的任何一种都会阻碍人们对人际环境的进一步探索，并被带入随后的心理社会危机的解决过程之中。通常它会转变成一种力量，阻止下一个阶段发展的任务的完成或者避免出现变化。

二、心理社会理论的评价

心理社会理论为人类发展领域中众多的观察视角提供了非常有用的理论架构。毋庸讳言，它也存在着一些缺点。对心理社会理论的优点和不足之处的深入探讨，有助于我们对这个理论本身及其在实践中的应用保持较高的敏感性。

（一）心理社会理论的贡献

心理社会理论对心理学、社会工作界以及其他相关领域的重大贡献主要体现在以下五个方面：

第一，心理社会理论为研究发展提供了一个广泛的背景。该理论把儿童发展的过程与以后成年人的生活阶段、社会的需要、人与人之间相互作用的社会能力联系了起来。在该理论诞生之前，很少有其他理论尝试说明个体发展与社会之间动态的相互作用。

第二，心理社会理论强调自我发展和自我过程①，从而对个体一生中的健康发展方向提供了说明。同时，针对该理论的探索和研究成果在心理治疗、心理咨询和社会工作实务等方面十分有用，因为它对确认每一生活阶段中可能扰乱发展的阻力提供了帮助。

第三，心理社会理论揭示了由遗传所确定的发展规划与在文化和社会的影响下塑造每一生活阶段发展的过程中相互作用的动态过程。它承认个体在心理社会的进化中有生物系统的基础，但它摒弃了弗洛伊德理论中“人类只是受性本能所控制”的论断，相信文化和社会环境对人的影响，也肯定个体对自身发展和健康所起的作用。

第四，心理社会理论的创造性贡献是提出了“正常的心理社会危机”这个重要的概念。这一概念揭示了人的一生中社会化与成长之间可以预见的紧张关系。社会及其相关的结构、法律、角色、礼仪和禁忌，组织起来指导着个体向一个成熟的成年期的特定理想目标发展。但是，每一个社会在试图平衡个人需要与群体需要时，都会面临种种困难。就个体而言，在其试图体验自身个体性的同时，又维持其对群体的支持，也面临着种种困难。心理社会理论提供了有用的概念来探讨这些危机、压力、因应的基本过程及其后果，详见图 3－4。

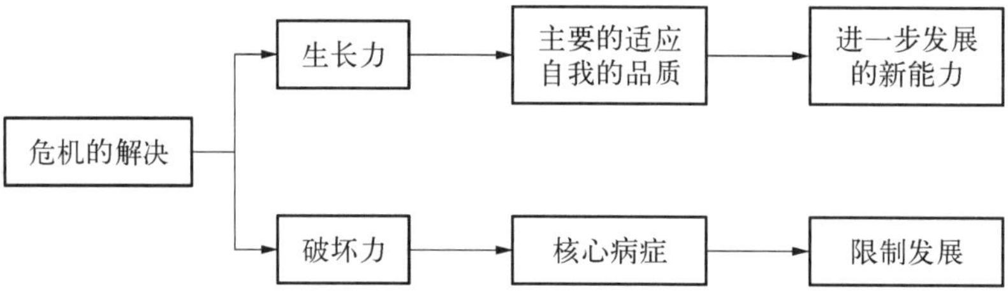

图 3－4　积极的和消极的心理社会发展机制

第五，心理社会理论不仅指出了个体发展的阶段性，指明了个体在人生每一个阶段的重要任务、心理社会危机和核心过程，而且还给出了理论在人生每一个阶段所适用的专题，从而为心理辅导和社会工作的实务指明了深入探索的方向，详见表 3－6。

---

① 按照霍罗克斯(Horrocks J E)等的观点，自我过程是指影响自我意识形成、自我意识方向和目标的心理加工过程。个体作为社会生活的积极参与者，有着不同的目的，也为此追求着不同的目标。自我过程包括自我评价、自我美化和自我表现三个内容。

表 3－6　生活阶段与心理社会危机、核心过程和适用专题

年龄阶段	心理社会危机	核 心 过 程	适用专题
出生前	/	/	堕胎
婴儿期	基本信任 vs 基本不信任	与照顾者的相互关系	父母的角色
婴幼儿期	自主 vs 羞怯、怀疑	模仿	纪律
幼儿期	主动进取 vs 内疚	认同	电视的影响
学龄儿童期	勤勉 vs 自卑感	教育	性教育
青少年前期	群体认同 vs 疏离	同伴压力	青年人酗酒
青少年后期	个人认同 vs 认同混淆	角色尝试	生涯抉择
成年早期	亲密 vs 孤立	与同伴的相互关系	离婚
成年中期	创造力 vs 停滞	个人—环境适应和创造性	成年人与他们的老年父母
成年晚期	完美无缺 vs 悲观失望	内省	退休
老年期	永生 vs 死亡	社会支持	满足脆弱的老年人的需要

资料来源：摘自 Shaffer D R，1995。

（二）心理社会理论的缺点

这一理论的不足之处主要体现在以下五个方面：

第一，一些概念如主动进取、个人认同、创造力等是抽象的和难以操作化的。

第二，解决危机和从一个阶段转入下一个阶段的机制并没有得到很好的阐述。

第三，阶段的特定数量以及它们与发展的遗传规划的联系在理论中没有得到充分说明，尤其是在成年期。

第四，心理社会理论本质上是以男性为主导的，以欧洲为中心视角，对个体性给予了过多强调，而对社会能力和社会需要则强调不够。

第五，在理论的阐述过程中，文化在每一个生活阶段促进或抑制发展的特殊方式没有得到清晰的说明。

小　　结

心理社会理论的主要预设是：首先，个人的一生都是不断成长的过程；其次，个人具有一定的能动性，外部环境不能决定个人在不同阶段的身心发展状况；最后，要重视文化对个体发展的积极作用。

心理社会理论以六个结构性概念为基础：① 发展的阶段。生活中的一定时期可以称为阶段。阶段的划分实际上反映了潜在结构的变化，而许多行为实际上是潜在结构的表现。心理学家艾瑞克森提出了心理社会发展的八个阶段说，纽曼对发展的阶段也有比较详细的论述。② 发展的任务。在特定社会中，个人需要在特定的年龄段做某些事情以实现健康、正常发展。通常认为，个人顺利完成前一阶段发展的任务，有助于继续完成下一阶段的任务。相应地，前一阶段未能完成任务的失败体验，可能导致下一阶段发展的任务无法顺利完成。③ 心理社会危机。在相应的发展阶段，当个人付出的心理努力与社会环境提出的发展要求不匹配时，心理社会危机便产生了。这里，“危机”是指一系列正常的紧张刺激与压力。艾瑞克森把心理社会危机划分为两大类，分别是典型的心理社会危机和生活阶段的心理社会危机。④ 解决每一阶段危机的核心过程。它通过一种在每一生活阶段中联结个体需要与文化要求的机制来展开。人生的每一个阶段都有其相应的核心内容及过程。⑤ 重要关系的分布网络。艾瑞克森认为，每一个人在每一生活阶段都有一个重要的关系网络，它确定了对每一个人提出的要求、个人被照顾的方式，以及个人从这些关系中所推断出的意义。⑥ 因应行为。它是人们用以面对挑战并构建生活中各种关系的新行为。根据艾瑞克森的观点，个人通过自己的意志对积极的或者消极的心理状态做出因应行为。

参考文献

[1] NEWMAN P, NEWMAN B. 发展心理学[M]. 郭静晃，译. 台北：杨智文化事业股份有限公司，1998.

[2] ERIKSON E H. Childhood and society：the landmark work on the social significance of childhood[M]. 2nd ed. New York：Norton, 1963.

[3] HAVIGHURST R J. Developmental Tasks and Education[M]. Pennsylvania：David McKay, 1974.

[4] SHAFFER D R. 社会与人格发展[M]. 林翠湄，译. 台北：心理出版社，1995.

第四章 女性主义理论

纵观社会工作的发展历史,我们可以发现,现当代女性主义(或称女权主义)对其具有深刻的影响。女权主义在现代又称女性主义,它既是一种社会运动,更是一种随着西方女权运动兴起而逐渐形成的妇女争取自己的权利并要求男女平等的社会思潮。按照女性主义发展的历史进程及特点,我们可以将其划分为十大流派:自由主义女性主义、社会主义/马克思主义女性主义、激进女性主义、女同志理论、精神分析女性主义、存在主义女性主义、生态女性主义、后现代女性主义、后殖民女性主义。本章选择其中主要的理论流派予以简略介绍。

一、自由主义女性主义

自由主义女性主义不仅在时间上是所有女性主义流派的起点,而且在理论上也是其他各流派修正和改造的对象。18 世纪欧洲的女性主义者因为受新资产阶级男性反抗君权的启发而开始质疑男权的神圣性。自由主义女性主义的代表人物有 18 世纪英国的玛利·沃斯通克拉夫特(Mary Wollstonecraft)、19 世纪的富勒(Fuller)、19 世纪英国的米尔(Mill)、当代美国的贝蒂·弗里丹(Betty Friedan)。

沃斯通克拉夫特最著名的女性主义著作是发表于 1792 年的《为女权辩护:关于政治及道德问题的批判》。沃斯通克拉夫特认为,女性和男性一样具有理性。如果说现实生活中的女性显得较无理性或成就较差的话,那么其原因是女性被剥夺了受教育与向外发展的机会。因此,沃斯通克拉夫特主张女性要发展理性,培养独立自主的人格,女性存在的首要目标是做一个理性的人,而理性的实践则是透过妻子与母亲的身份来完成的。

富勒(1999)同样积极地拥护女性的个人权利。不过,她不仅主张女性在法律章程和世俗生活里的权利,还进一步强调女性有追求内在自由的权利。所谓内在自由,包括心灵的充实、智力和知识的获得、理性与创造力的激发。她认为,母亲这一角色是女性生活的部分而非全部,女性必须超越特定的家庭关系而去追求自我成长,但这种女性自我成长的目的并不是要成为一个称职的妻子与母亲,而是为了她自身的丰富与充实。

米尔是19世纪英国的自由主义女性主义健将。米尔在代表作《女性的屈服》一书中，集中地阐述了女性权益的观点。米尔指出，法律的不平等使得婚姻关系的双方犹如主人与奴隶。在现代社会中，人们有迁徙、选择职业等自由，还有改善生活的机会。但是对已婚女性而言，她却没有这些现代男性所享有的自由。米尔将政治哲学中公共领域的契约概念扩充到婚姻关系，认为婚姻契约必须经由当事人同意，在平等的条件下订立共同生活的方式。契约精神就是自主与自我决定，婚姻契约确保女性无法在违反自身自由意志的情况下结婚。米尔主张，女性应有一技之长与经济独立的能力，这样才不会为了"长期饭票"而无奈地走进婚姻。米尔由此进一步主张，应该解除就业市场对女性的各项限制。米尔从自由竞争的观点出发指出，如果女性的能力果真不如男性，那么不胜任的女性就会在竞争过程中被淘汰，不需要一开始就排除女性竞争的机会。如果女性的能力胜过男性，那么向女性开放机会就会给社会带来更多优秀的人才，从而使社会运作更有效率(Mill J S, 1869)。

作为一个当代的自由主义女性主义者，弗里丹继承了18世纪以来自由主义的基本主张，同时又更加强调女性在公共领域里的参与。因此，弗里丹在其名著《女性迷思》一书中，对女性的家庭角色展开了尖锐的解析与批评。弗里丹指出，父权社会的文化机制竭尽所能地塑造一个幸福的家庭主妇形象，使得女性把自己的一生寄托于家庭与婚姻关系中。然而这个理想形象只是个迷思。由于家庭结构本质上缺乏酬赏制度，再加上日复一日地做同样琐碎的工作，因而受过教育的现代女性并不能从家庭主妇的角色中获得成就感和实现自我价值。为了发挥自我潜能，女性必须和男性一样从事公共领域的活动。故弗里丹鼓励女性放弃家庭主妇的形象以获取自我认同。不过，她并未提倡女性在实质上放弃家庭生活，而是在事业与家庭间取得平衡(Friedan B, 2001)。

如果对整个自由主义女性主义的基本观点做进一步的概括，那么它的思想主要集中体现在以下两个方面。

1. 对男女不平等的分析

自由主义女性主义认为，女性因性别而遭受歧视，不管她个人的能力与条件如何，性别本身就使她在受教育、就业、参政等方面遭受不平等对待。

女性在就业市场上受到的歧视，与女性的家庭负担息息相关，照顾小孩与料理家务被视为女性的本分，而法律上的不平等更强化了女性对婚姻与家庭的依赖。女性进入婚姻且养儿育女并非自愿，而是文化上的制约再加上社会结构剥夺了女性往其他方面发展的可能性。男女有别的性别分工体系其实包括对女性的歧视与限制，违反了自由主义的自由、平等、理性的基本精神。

2. 政治主张与改革方案

18世纪以来的自由主义女性主义的主要目标是铲除形式上、法律上的男女不平等。而

20 世纪后半叶以来的女性运动则进一步透过法律来矫正对女性歧视的现象。不同阶段女性运动的诉求可以用女性主义与法律的各种关系来表达。它可分为下列四种关系：

一是废除歧视性的法律。法律本身如果包含明确的性别不平等条款，就需要加以修正或干脆废除。

二是中性法律。法律的制定和实施必须无视性别之分，男女一体适用，不能因性别给予差别待遇。

三是制定反歧视法。以法律力量明文规定不得有性别歧视。

四是以法律加速性别平等的推行。政府机构以及与政府相关的民间企业在招募员工时，如果应征者条件相似，就应该优先雇用女性或少数民族人员。

由此可见，自由主义女性主义的政治诉求逐渐从中性、无性、无视性而走向以女性为主体，一步步扩大政府的职权，利用法律来保障平等的实现。

早期女性主义认为，家庭是女性生活的重心，并不特别鼓励女性在公共领域内直接与男性竞争。当代自由主义女性主义则提倡女性积极加入工商业、教育、政府官僚系统、议会政治等社会的主流机构中，认为具有竞争性和酬劳的工作才能激发女性的潜能并满足其成就感。

二、激进女性主义

激进女性主义诞生于 20 世纪 60 年代末 70 年代初，主要的发源地是美国的纽约与波士顿。代表人物有：杰梅茵·格里尔（Germaine Greer）、凯特·米利特（Kate Millett）、莫妮克·威蒂格（Monique Wittig）、安德烈亚·德沃金（Andrea Dworkin）、舒拉米斯·费尔斯通（Shulamith Firestone）、安妮·奥克利（Ann Oakley）、凯瑟琳·麦金农（Catharine MacKinnon）等等。笔者将结合这些人的基本观点，扼要介绍一下激进女性主义的主要思想。

1. 父权制度——压迫的根源

从男性主导的运动中撤退出来的激进女性主义者发现，父权制度或者男性支配而非资本主义，才是女性受压迫的根源。杰梅茵·格里尔（2002）是最早清醒意识到这一点的人士之一。她的代表作《女太监》点出了作者的基本理念：女性是被动的性存在，因为她被男性阉割了。杰梅茵·格里尔强调家庭具有压抑心理的巨大力量，女孩子是在青春期的时候才变成太监的，这时她被教化并最终学会放弃自主权、寻求他人的指引和采取被动的态度。杰梅茵·格里尔主张，现代父权制核心家庭必须被废除，因为它是建立在私有财产制——由男性的合法子嗣继承财产的制度——这一男性利益上。随着现代父权制核心家庭被废除，杰梅茵·格里尔认为，终身一夫一妻制也将消失。

杰梅茵·格里尔要求女性阶级起来反抗，她的“女性是一个阶级，而且是最受压迫的阶级”的观点，是成长壮大之后的激进女性主义的重要元素。

对男性压迫女性的社会现象予以猛烈抨击的另一位激进女性主义者凯特·米利特，在其经典之作《性政治》一书中一针见血地指出“性即政治”，并使用“父权制度”一词来指涉世界上许多地方控制女性的现象。“父权制度”后来成为女性主义著作的标准词。凯特·米利特(2000)指出，父权制度夸大男女生理差异，以确保男性拥有支配地位，女性只具有附属地位。社会假借性别角色刻板化的过程，使女性接受她们的次等地位。社会通过社会化来使两性顺从所规定的气质、角色、地位等。女性从幼年起就被训练去接受一个男女有别并将公共权利分派给男性领域的社会制度，这是由幼儿园、家庭、学校等机构加以训练而实现的，这些机构全都把男性支配女性的意识形态合理化并不断地予以增强；女性也将这套想法内化，从而认为自己的确不如男性。这一意识形态十分有力，因为这样的制度化能够帮助男性获取其所压迫的女性表面上的同意，从而维护和巩固男性的地位。这就是米利特所说的“性政治”，这是一套借个别男性支配女性的方式存在的人际权力制度，这是父权制度的主要支柱。

2. 性别角色——从阴阳同体到女性本位

性别角色是激进女性主义的中心议题之一，在20世纪70年代初，性别差异被激进女性视为女性受压迫的主要根源，并欲以阴阳同体(或译为“中性”)——有时意同某些人所说的“单性”——取代两极化的两性。70年代中期，阴阳同体观受到排斥进而发展出女性本位观。女性异质，即女性不同于男性的特质不再被视为女性受压迫的根源，反被视作女性力量的来源和解放的种子，也是社会变革的契机。

莫妮克·威蒂格和安德烈亚·德沃金都持阴阳同体的观点，针对大多数激进女性主义者所坚持的生小孩是自然的看法，莫妮克·威蒂格(1986)辩论说，生小孩是一“强迫生产”的历史过程，但我们却“把它看成一个‘自然的’‘生理的’过程，而忘记了在我们社会里生育是计划的(在人口上)，忘记了我们自己是被设定了要生产小孩的，而它是‘除战争外’唯一呈现如此大的死亡危险的社会活动”。莫妮克·威蒂格也否认女性的身体是生理的这一既成事实，对她来说，这不如说是父权制度创造了女性与男性。

安德烈亚·德沃金(1991)的看法也与此相同。她认为，我们总将人概念化成一定是男性或女性，这其实是扭曲了人类有非常多样的跨性特征的事实。她论述道：“我们显然是有多重性别的物种，它的性别取向沿着一个极为广大的不固定连续体伸展，在那里我们称男性与女性的元素并非泾渭分明的。”而我们的生理理论是一种社会建构，其分类是符合男性利益的。

自20世纪70年代起，激进女性主义者越来越不愿意从女性身上寻找女性屈从的原因。她们认为，把女性的生理或心理视为问题来源是责怪受害者，并进一步表现出充斥当今社会的仇视女性的现象。因此，不少近代的激进女性主义者倾向于从男性生理方面寻找问题的原因，更主张女性应形成自己的社会，将男性除外。同时，激进女性主义运动也表现出一个新的特色：普遍颂扬做女性，包括女性的成就、文化、精神、同性恋，还有身体，特别强调女性生理固有的力量，以及与生理有关的创造力。于是女性的生理与心理成为女性解放的力量来源。这样的想法正好与充斥社会的贬抑女性的观念相反。更有某些激进女性主义者采取与男性决裂的方式即分离主义来解决女性受压迫的问题。这些分离主义者致力于创造女性空间与女性文化。一方面，避开父权制度与男性加诸女性身上的伤害，并进行疗伤；另一方面，提供能真正满足女性需要的机构，包括女性医疗中心、女性教育方案、被殴女性庇护所、女性事业，乃至女性书店、女性餐厅等，这些女性事业至今方兴未艾。

3. 母亲角色——生理身份和社会身份

以《性的辩证法》一书为激进女性主义做出贡献的舒拉米斯·费尔斯通(2003)指出，父权制度的历史基础是“物质的”，即男女生理事实，男女不平等的根源就在于生殖功能的不同。生殖上的两性差异直接导致阶级分工，并提供了终身阶级的典范。因此，舒拉米斯·费尔斯通强烈反对生理母亲身份，并提出体外人工生育的变通办法。她认为，当今科技的进步已使这项改变成为可能，一方面是可靠的避孕技术，另一方面是子宫外的生育。这样，女性可以避开“野蛮”的怀孕，男性也可以有小孩。于是人们便可以消除生理决定的性别分工，将生育小孩的任务交由整个社会分担。如此，两性的性器官区别不再具有某种社会意义，女性的解放才能完成。

同样，在另外一位激进女性主义者安妮·奥克利(2022)看来，母亲身份是建立在三种看法上的迷思，即所有女性都必须是母亲，所有母亲都需要小孩，所有小孩都需要他们的母亲。安妮·奥克利认为，这三种看法是社会与文化制约的产物，是具有压迫性目的的。母亲并非天生的，而是后天塑造的。她进一步指出：社会母亲和生理母亲具有相同的效果；小孩对母亲的需要并不大于对父亲的需要；“一对一”的育幼方式不必然优于集体的社会化或“多数母亲”。无疑，安妮·奥克利所想的解决方法是许多女性主义者所努力争取的社会化的育幼制度。

4. 性——男女支配关系的关键

许多激进女性主义者认为，在性的实践上，根据“在性方面，男性天生是有侵略性和支配性的，而女性生来是被动而顺从的”这样的臆断，男性对女性的暴力被正常化和合法化了。既然“男支配、女顺从”是性这个领域的规则，它于是也成为其他各种情境的规范。因此，大部分激进女性主义者主张，除非异性恋关系是完全平等的，否则女性绝无可能在政治、经济、社会上与男性平起平坐；而只要女性的性是需要通过男性的性来解释的，异性恋关系的平等便难以达到。

激进女性主义者凯瑟琳·麦金农(2003)直截了当地指出，性是男性权力的所在，而社会性别是根植于异性恋制度的。性在女性主义中是十分重要的，因为女性的个人认同与性是紧密地联系在一起的，犹如工人和工作紧密结合在一起一样。但是很不幸的是，女性的性大部分被剥夺了。或者说女性的性是为男性而存在的，而男性的性却并不是为女性而存在的。这样的事实，想一想“娼妓现象为谁存在”“色情为谁存在”“谁强暴谁”“谁性骚扰谁”“谁殴打谁”等问题，自然一目了然。因此，既不同于自由主义女性主义（她们认为，只要有合适的法律和政治制度，异性恋关系就会平等），也不同于马克思主义女性主义（她们认为，只要坚持执行正确的经济制度，异性恋关系就不会是剥削的、疏离的、压制的），激进女性主义相信，除非性能够重新加以构想和建构，否则女性将永远附属于男性。

三、社会主义女性主义

社会主义女性主义从20世纪20年代开始一直延续至今。早期社会主义女性主义基本上有五个共同诉求：废除私有财产制、组织公社、革除婚姻家庭制度、提倡情爱自由和打破男女分工。罗伯特·欧文（Robert Owen）是其中重要的代表人物之一。

早期社会主义女性主义的基本思想主要有以下两点。

1. 革除婚姻家庭制度，废除私有财产制

罗伯特·欧文认为，女性受压迫的祸根在于三项制造社会冲突与扭曲人性的制度：宗教、婚姻家庭和私有财产制。宗教、家庭是男性权利的来源；婚姻制度让女性成为男性的财产，阻止人们追求真爱；私有财产制则使财富成为社会权力的基础，鼓吹人们争权夺利。因此，女性解放的关键不在于获得与男性同等的权利，而是整个社会制度需要革故鼎新，人的情感、性格与欲望需要重新归正。

2. 打破男女分工，主张情爱自由

罗伯特·欧文强烈主张，女性应该从事生产劳动，男性也应该担负家务劳动，幼儿则由社会集体照顾（或至少由社会机构协助）。女性如果从事生产劳动，那么离开丈夫时也不至于失去经济支持。此外，早期社会主义女性主义最能引起大众兴趣的主张是倡导离婚自由、情欲自由、废除婚姻。在罗伯特·欧文的信念中，自由表达情欲是自由社会的基础，男女两人真实的爱是至高的道德境界，也是人类通往世界乐园的钥匙。（转引自李银河，2005）

当代社会主义女性主义发展于20世纪70年代，深受马克思主义的影响，同时又试图融合激进女性主义的洞见和马克思主义的传统，以发展出一种政治理论和实践方式。它所关注的主题是家务劳动、女性和劳动力市场、女性和阶级等，代表人物有朱丽叶·米切尔（Juliet Mitchell）、海迪·哈特曼（Heidi Hartmann）、艾里斯·杨（Iris Yong）和艾利森·贾加尔（Alison Jaggar）等。

当代社会主义女性主义在审视女性处境时，糅合了马克思主义与父权制度进行分析与批判。它认为，女性在父权制度下所受的性别压迫，与资本主义的阶级压迫及其产生模式息息相关、互为影响，以致女性同时承受两种制度的压迫。它相信社会关系是建立在物质基础之上的。在父权制度的教化下，女性被塑造成为照顾者，无偿承担家里的劳动。这种男主外、女主内的分工模式对资本主义的劳动力再生产过程产生了积极影响。与此同时，女性生活重点放在了家庭这个私人领域内，资本家看准这一性别的分工，当他们利用女性作为劳工市场的“生产后备军”时，视女工为更低级别的劳动力，导致女工薪酬被压低和缺乏职业保障。另外，当经济形势不好时，女性的“家庭属性”令她们首先成为失业者。

当代社会主义女性主义还提出了“女性主义历史唯物论”，用以分析生产活动与再生产活动的辩证关系，剖析父权制度与资本主义体制共谋共生的物质基础不仅在于阶级剥削，还在于男性凭借着两性分工制度控制、剥削女性的劳动力。女性承担大部分的再生产劳动，为男性提供家务、育儿、性、情感支持等服务，并且参与经济活动，但无法享有同等的经济、政治、教育资源。

社会主义女性主义进一步认为，社会通过经济、法律、教育和社会福利等建制，以及由男性掌控的国家政治机器，促进资本主义和父权制度的运作与巩固，使女性不断继续承受压迫与剥削。因为不平等的权利关系基于物质条件和社会建制，所以必须首先使女性拥有较多的社会资源，才能使她们的解放成为可能。

概括而言，虽然女性主义流派众多、思想多样，但众多女性主义的基本观点都围绕下述五个方面展开：

一是长期形成的占统治地位的“男主外、女主内”的婚姻家庭形式是为了男性的利益而被建构出来的。

二是从过去到现在，我们的社会是父权制度占绝对统治地位的，它使男女性别定型，实质就是男性压迫女性和强化“男尊女卑”的观念。

三是“父权制度”和国家的其他社会化手段紧密地结合起来，使女性确信她们在家庭内外的附属地位是合法的和天经地义的。

四是必须改变以往以父权为主的社会基础、社会结构和社会体系，争取女性的权利和男女平等，争取女性全面和彻底的解放。

五是以女性主义理论为指导或从女性主义的视角入手的做法已经被比较广泛地运用于社会工作领域，为女性提供服务，并形成了一些独特的和宝贵的经验。

小　结

女性主义具有社会运动和社会思潮的双重含义，对社会工作的发展有深刻的启发。

自由主义女性主义认为，女性遭受歧视的根源在于性别本身，进而导致一系列不平等现象。因此，自由主义女性主义的主要目标是铲除形式上、法律上的男女不平等，而20世纪后半叶以来的女性运动则进一步通过法律来扭转歧视的现象。

激进女性主义认为，父权制度或者男性支配而非资本主义，才是女性受压迫的根源。因此，大部分激进女性主义者认为女性的性不应该依附于男性的性进行解释，政治、经济与社会等方面的男女不平等现象实际上都源自异性恋关系的不平等。

早期的社会主义女性主义基本上有五个共同诉求：废除私有财产制、组织公社、革除婚姻家庭制度、提倡情爱自由和打破男女分工；而当代社会主义女性主义认为，女性在父权制度下所受的性别压迫，与资本主义制度下的阶级压迫及其产生模式息息相关，彼此互为影响，致使女性同时承受两种制度的压迫。

参考文献

[1] 玛丽·沃斯通克拉夫特. 为女权辩护：关于政治及道德问题的批判[M]. 常莹，典典，刘荻，译. 北京：中信出版社，2016.
[2] Fuller M. Woman in the nineteenth century[M]. New York: Dover Publications Inc, 1999.
[3] Mill J S. The subjection of women[M]. London: Longmans, Green, Reader & Dyer, 1869.
[4] FRIEDAN B. The feminine mystique[M]. New York: W. W. Norton & Company, 2001.
[5] 杰梅茵·格里尔. 女太监[M]. 欧阳昱，译. 天津：百花文艺出版社，2002.
[6] 凯特·米利特. 性政治[M]. 宋文伟，译. 南京：江苏人民出版社，2000.
[7] WITTIG M. The lesbian body[M]. Boston: Beacon Press, 1986.
[8] DWORKIN A. Woman hating[M]. New York: Plume, 1991.
[9] FIRESTONE S. The dialectic of sex: the case for feminist revolution[M]. New York: Farrar, Straus and Giroux, 2003.
[10] 安妮·奥克利. 初为人母[M]. 王瀛晨，译. 南京：南京大学出版社，2022.
[11] MACKINNON C A. Sex equality: sexual harassment[M]. New York: Foundation Press, 2003.
[12] 李银河. 女性主义[M]. 济南：山东人民出版社，2005.

第五章 认知行为理论

认知行为理论是20世纪70年代后期极受关注的治疗理论模式。认知理论与行为主义原本是两个不同的学派,两者的结合是因为它们早期与医疗模式的联结有关。临床心理学学者大多在医疗部门内分别尝试运用行为主义和认知理论来治疗精神异常的症状,但精神分析模式可能过于艰涩,行为主义过于呆板,故采取折中的认知行为介入模式,教导案主学习各种行为修正技巧以及在认知思考上重新做出理性的评估。认知行为治疗通过认知和行为技术来矫正不合理的认知和行为,从而使人的情感和行为得到相应的改变。

一、认知行为理论的历史和发展

认知行为理论的形成源于两大主流:行为学派对认知治疗法的应用和认知学派对行为指标的价值肯定。20世纪50年代,行为治疗法同时于美国、英国等地崛起。尽管受到传统精神分析学者的强烈抨击与抗拒,但是行为治疗法依然得到发展。这一时期的研究重点放在证明行为反射技术的有效性方面,并且努力成为取代传统精神分析治疗法的另一种选择。

激进行为主义者如斯金纳(Skinner B F, 1989),一直将认知因素排除在外,认为人的行为基本上是由行为的后果所制约的,行为完全受制于环境,而环境的动力亦不是人力所能控制的。激进行为主义者相信环境决定论,认为只有人的外在行为才是焦点,思想和认知只是环境动力和行为的附属品,绝对没有独立的影响力。直至20世纪60年代,阿尔伯特·班杜拉(Albert Bandura, 2001)发展出社会学习理论,将经典反射、操作反射和观察学习做了一个整合,使认知因素在心理治疗法中占有一席之地。他强调人与环境的复杂关系。根据他的相互决定论,行为虽受到环境的影响,但这都是人为的规则,因此人是有绝对自主性去决定何种行为需要被强化,何种行为需要被削弱。在班杜拉的认知概念中,最值得注意的是自我效用感,它指出人怎样去面对困难,是取决于自身如何理解处理困难的能力。因此,要改变人的应付行为,必须先改变他的自我效用感。在此期间,许多认知行为疗法纷纷兴起,出现了阿尔伯特·艾利斯(Albert Ellis, 2015)创立的理性情绪治疗法、贝克(Beck, 2001)创立的认知治疗法，以及梅钦伯姆（Meichenbaum D，1977）开发的自我教导训练法等技术。目前这些疗法对于心理治疗实践仍然有相当大的影响。

20世纪80年代，行为治疗法开始寻找突破传统学习理论的新观念与新方法，持续坚持其方法须有实证上的效度证据，探讨治疗实践对于当事人与社会的影响，更加注意治疗改变中情感因素所扮演的角色，以及生物因素在心理异常表现方面所扮演的角色。在此期间，行为治疗法有两项主要发展：认知行为治疗法持续壮大；行为技术用于预防与治疗各种心理异常。但多布森（Dobson K S，2011）认为，行为学派的认知概念只是停留在处理方法的层面上，其实质仍然坚守环境决定论的基本信念。

认知行为理论的发展，得益于对行为治疗法中认知概念的关注，同时认知理论强调行为的改变这一主张也推动了认知行为理论的发展。认知概念源于公元前100年，希腊哲学家爱比克泰德（Epictetus，2009）认为，人类并不被外界的看法所困扰。认知理论最初基于心理学家对心理动力学的质疑。心理学家相信每个人都有各自的特性、自己的决定和独立的思想。人是理性的，对外在世界和内在自我有一定的觉醒性。因此，只有改变人对事物的看法和感受，行为才会随之而改变。

认知心理学对于认知理论的发展有极深远的影响。汉密尔顿（Hamilton M，1969）在人类行为研究方面提出了信息理论，强调人类个体是一个传递信息、意义的通道（communication channel），包括内外环境刺激的来源和编译刺激的传送者。被编译的信息会传送到人体各神经系统直至肌动操作单位而出现不同的行动。人的认知机制指引人应如何对外来刺激做出反应，如何过滤信息和建立对世界、对自己的认识。皮亚杰（Piaget，1981）的认知模式或交互影响论也认为，人可以摆脱固有的性格，从而吸纳新思想和意见，重新界定认知。

认知行为理论强调认知运作在个人适应过程中所扮演的角色，但并没有忽略外在环境对个人行为的影响。该领域的学者承认可观察的案主行为在治疗中的重要性，同时认知亦好像外显行为一样，是可以根据学习规律改变的。行为学派操作式制约程序亦可用来改变内隐思想，因此治疗过程必须融合认知和行为改变策略来推动案主应有的改变，于是产生了认知行为介入疗法。

二、认知行为理论的假设和基本观点

（一）认知行为理论的基本概念

认知一般是指认知活动或认知过程，包括信念和信念体系、思维和想象。消极的信念或思想，往往导致情绪障碍和非适应性行为。

认知行为理论以认知概念来解释人类行为的获取和调节。肯德尔等(Kendall P C et al., 1982)指出,认知可被界定为:

(1) 认知事件,是指一些可被人意识到和认清的思想,是自动的反应,是完全自发的,不会被怀疑,不会受到挑战,更不必经过反省和推理。梅钦伯姆(Meichenbaum D, 1977)认为,认知事件是一些惯常和非自主的内在对话,它会不停地影响人的感受与行为。

(2) 认知结构,是人对自己和外在世界的一些假设概念。当人遇到新刺激时,认知结构便会调整以容纳这些新资料。这些结构决定了人应怎样去注意、忽视和接受资料。如果外来的资料得到认知结构的确认,那么认知结构便会变得更牢固、更难改变。

(3) 认知过程,负责操纵环境和认知结构内的资料。人可透过这一过程去改变外来的资料,从而计划和推动行为。当人面对一些新的刺激时,会即时对新刺激的特性进行分析,并与现有的认知结构配合,如果两者是一致的,新刺激就会被接纳。

斯通和库珀(Stone J and Cooper J, 2001)指出,认知行为学派的重点概念包括调解、现象、建设、互惠和资料。所谓现象,就是强调每个人的主观世界及经历,世界是怎样的,完全凭借个人的主观理解、感觉和衡量去建设它。因此,人做出的反应并非基于客观世界,而是基于他个人主观的理解和感觉。所谓资料,是指对这些世界现象的理解和感觉,是经过信息处理系统的运作而产生的。信息处理系统是贯通和调解外来刺激与内在反应的重要桥梁。由于人内在的思想、情绪和行为都经过外在环境信息的刺激而产生,因而人与环境有互惠的关系。

多布森将认知行为学派中"人与环境关联"的概念运用于介入中,确定了三大基本要素:认知活动影响行为;认知运作是可改变和被监察的;认知的改变可引起适当行为的改变。人的思想和对事物的理解是改变不当行为的关键,行为的改变亦可引致个人思想的变化和对事物的理解的调整。

(二) 认知行为理论的假设

相对于行为学派而言,认知行为学派特别强调个人(思想、情绪、行为)和环境的互动(相互影响)。此学派相信人的遭遇及反应虽然受外在环境限制,但是人本身是有相当的力量来塑造一个能容纳自己的环境的。他们对周遭的事物所做出的行为和情绪反应是由其思想和理解所决定的。

人不断处理从本身和外在环境所获得的信息,并对其进行解读,作为个体适应生活情境、追求生存意义或生活福祉的因应策略和行动依据。信息处理和解读的认知功能受到个人认知结构和认知过程的影响。个体的知识和信念的形成,并不只是单纯接受,而是主动运用既有的认知能力和经验,解读外在环境事件的意义,进而积极建构个人的新知识和生活形态。

个体的人格具有可塑性,尽管不免受到物质环境和社会因素的重要影响,然而仍可以决定如何塑造和改变其内在环境和外在环境，或者纵使人们不能主宰自己的命运，却仍旧可以选择面对的姿态和应对方式。

人类的许多情绪乃是人们思考、假定或相信自身及所处环境的直接结果。若人们的思考和信念是理性的，则其情绪功能可正常发挥；反之，若人们的思考和信念是不理性的或扭曲的，则可能逐渐发展出失控的情绪、情感和行为。

行为学派认为，行为是可以学习而得的，并且可以被定义和改变。不好的行为习惯，可以通过系统性探索和修正加以了解和改变，并通过增强和惩罚的机制，使不好的行为习惯消失，使好的行为习惯形成或取而代之。

（三）认知行为理论的基本观点

认知行为理论将认知理论运用于行为修正上，包括几个重要的要素如符号信息处理、思考、信仰以及对环境事件的认知和诠释等，以进一步了解个体与环境之间的互动关系。此一策略既可以补救行为治疗完全忽视内在认知的运作和影响的不足，又可以弥补认知和环境之间的互动及其对行为改变的影响所造成的缺憾。

认知行为理论兼顾认知对行为和情绪的影响，认为案主的问题是自我效能不足或原来自动化思考形成的错误的想法和决定，均可能扭曲对外在环境事件的认知和解读，以至于无法形成正向的行为，无法使情绪的功能正常发挥。所以除了强调由外在的增强或惩罚以修正有形的行为，亦重视内在认知的匡正对行为改变的必要性和贡献。

因此，认知行为介入不仅重视对适应不良性行为的矫正，而且更重视改变人的认知方式和达到认知—情感—行为三者的和谐，这是它与行为疗法的主要区别之处。同样，认知疗法也不同于传统的内省疗法或精神分析法，因为它重视目前人的认知对其身心的影响，即重视意识中的事件而不是潜意识。

三、认知行为治疗方法的原则、技术和过程

（一）治疗原则

1. 对案主问题所持的观点

案主问题是外显的行为本身，而非所谓潜在的不可见的原因，所以解决案主问题必须针对行为本身来进行。另外，案主的问题是自我效能不足或原来自主思考形成的错误想法和错误决定，故认知行为治疗既强调外在的增强或惩罚以修正外显的行为，又重视内在认知对行为改变的重要性。

2. 结构性会谈的重要性

认知行为治疗运用认知理论了解和界定案主的认知行为问题，教导案主有效辨识、评估和回应其失效的思考与信念，运用不同的技巧协助案主改变思考问题的角度，调整其感觉和行为。在治疗过程中，治疗的形式为结构性的会谈，治疗的本质为问题中心与目标取向，强调对当下问题的处理，对治疗过程及其结束均有时间限制。

3. 治疗目标

认知行为治疗设定的目标具体明确，在各个治疗阶段均有精确的目标，借以进行客观的问题测试和成果评估。一般而言，治疗目标主要有：改变错误认知或不切实际的期待，以及其他偏颇或不理性的想法；修正不理性的自我对话；增强问题解决和对策抉择的能力；加强自我控制和自我管理。

4. 社会工作者的角色

社会工作者必须扮演的一个重要角色是教练，须个别指导和训练案主像助人者一样熟悉认知行为理论与技巧，即懂得如何运用此理论与技巧来检验本身各种认知改变和行为修正的成效。另一个重要角色是伙伴，即须与案主共同探索其思考的运作方式，探讨其认知错误之处以及如何修正目标与策略，达成共识，以及协助案主逐步养成正向的行为，提供示范作用，促使案主规划适合自己的生活形态和行为模式。

5. 治疗是增能的过程

在治疗过程中，对案主所提供的情绪支持固然重要，政策倡导与环境改变亦有不可忽视的价值。不过案主本身是否可以辨识、挑战和改变认知错误，才是介入的核心和案主行为能否改变的关键。认知行为治疗协助案主自助，了解自己以及控制自己失能的情绪和行为。因此，在认知行为治疗过程中，社会工作者协助案主实现自我控制和自我主宰，以此增强案主的权能。

6. 治疗体现社会工作使命

社会工作的使命是维护人性尊严和社会正义。认知行为学派主张，个人的知识与行动经验的形成应当是一个积极主动的过程，个体要以正向思考并解读外在环境的意义，培育自我效能感，建构个体独特的认知和生活形态。此学派主张对人的自觉意志和自主信念的尊重，属于人本取向。因此，认知行为学派与传统社会工作在维护人性尊严上是不谋而合的。

（二）治疗技术

1. 行为治疗的技术

（1）放松训练

放松训练在应对紧张焦虑的情绪与情境方面非常有用，可以帮助人们消除疲劳、振奋精神和稳定情绪。放松训练逐渐成为教导人们如何应对日常生活中压力的流行方法，这种方法有助于放松肌肉与心情，而且很容易学会。当事人掌握了放松的基本过程之后，需要天天练习，才能得到最大的效果。

雅各布森（Jacobson E, 1987）首先开发出渐进式的放松程序，此后一直加以改进。近几年，放松训练主要作为系统脱敏的一部分，并且已应用在各种临床问题上，可单独使用，或与其他方法混用。放松训练含有几个要素：4 至 8 小时的指导；给当事人一套指令，要求其放松；在安静的环境里，当事人以被动和放松的心情做紧张肌肉、放松肌肉的交互练习；有规律地进行深度呼吸；学习放松心情，如把注意力放在愉快的想法或影像上。放松会成为一种习得的反应，而如果每天练习 20 到 25 分钟，就能成为一种习惯。

（2）系统脱敏法

系统脱敏法由沃尔普（Wolpe J, 1984）最先发明并应用于治疗焦虑和退缩行为。它的基本假设是，焦虑反应是习得的，我们可以借助相反的活动来消除它。系统脱敏法首先分析引起焦虑行为的刺激，建立焦虑情境的层阶，然后教导当事人配合想象的影像去练习放松的方法。引起焦虑的情境在想象时程度会逐渐加深，并且焦虑的刺激与放松训练会交替出现。

在应用此技术之前，治疗者首先跟当事人会谈，了解其焦虑的情形，并收集其背景资料。会谈时，治疗者会问一些引起反射恐惧的特定情境的问题。此外，治疗者也会要求当事人开始自我监视，观察与记录自己感到焦虑的方面，或者有些治疗者会以问卷方式调查引起焦虑情境的其他资料。

一般情况下，系统脱敏法有三个基本步骤：放松训练、制定焦虑层阶表、进入系统脱敏程序。在最初的治疗阶段，治疗者以非常轻、柔、愉快的声调来教导当事人渐进地进入肌肉松弛的状态，并引导当事人想象自己处于令人轻松的情境中，例如静坐在湖畔，或在美丽的田野上散步。此时能否进入安静平和的状态至关重要，因此治疗者会教导当事人放松身体各部分，如手臂、头部、颈部、肩膀、背部、腹部、胸部和下肢。当然，在治疗之外，当事人每天也必须花上 30 分钟练习放松。

在进行放松训练的同时，治疗者和当事人要开始制定焦虑层阶表，即对于各种会导致焦虑的刺激（诸如遭到拒绝、嫉妒、批评等）进行分析，然后依照引起焦虑的程度或逃避倾向的强度大小，从最焦虑的情境到轻微焦虑的情境进行排序。例如，如果当事人担心被人拒绝，那么很可能令他最感到焦虑的情境就是被配偶拒绝，其次是被亲密的朋友拒绝，然后是被同事拒绝，而焦虑最轻的情境可能是舞会中陌生人的冷漠态度。

真正的系统脱敏程序要在结束会谈的数周后才开始进入，使当事人有足够时间学习松弛方法，并在家里练习，制定焦虑层阶表。在系统脱敏程序启动后，当事人要闭上双眼，完全放松自己，然后治疗者提供一个中性的情境让对方去想象，如果仍能维持放松的话，接着要求对方去想象层阶表上焦虑最轻的情境。然后，治疗者逐步提高焦虑层阶，直到对方表示感到焦虑时即中止,这时治疗者要立即引导对方放松。之后,治疗者再继续逐步提高焦虑层阶,一直到当事人能放松地想象最感到困扰和焦虑的情境为止,至此便可结束治疗。

此外,欲提高系统脱敏法的效果,家庭作业和进一步练习是两个重要的因素。当事人可以每日自行练习一些筛选过的松弛方法,同时回想前一次治疗时的情境,还可逐步让自己处在真实的情境里,进一步去处理焦虑问题。

(3)模仿学习

模仿学习是把某人或某团体的行为作为一种刺激,使观察者发展近似的想法、态度与行为。通过观察学习,当事人不需经过错误尝试,直接可以学习表现期望的行为。班杜拉曾强调,模仿对于形成与修正大多数的人类行为至关重要。例如,他认为大部分的恐惧感是通过社会性的传达而形成的,并不是直接的令人嫌弃的刺激。

模仿学习可以分为三种:一是真正的行为;二是象征性模型,如电影、录音等真正行为的记录;三是内隐模型,即想象中的行为。从疗效上看,真正的行为最好,象征性模型次之,内隐模型最差。事实上,许多行为治疗的方法都包含了模仿学习的成分。如在系统脱敏法中,治疗者与当事人一起去使当事人感到恐惧的场所,此时治疗者的言行对当事人就具有示范作用。

(4)角色扮演

角色扮演多用来改变案主的不良行为,帮助其进行社会技能训练。角色扮演在个案工作和小组工作中都比较常用,是对现实生活的一种重复,也是一种预演。在角色扮演过程中,案主可学习改变自己旧有的行为或学习新的行为,进而改变自己对某一事物的看法。

角色扮演的过程如下:首先,治疗者对某个问题或某种情境进行说明。其次,治疗者进行主角和配角的角色分配。再次,治疗者提出主角和配角的扮演要求;扮演结束后,要给当事人以必要的信息反馈,对好的方面应给予表扬,对不足之处应提出改进建议,或根据录音、录像资料进行讨论。最后,治疗者要对案主在角色扮演的过程中所表现出的新的适应行为进行强化,并鼓励尝试把这种新的行为方式运用到现实生活中去。

(5)决断训练

决断训练是行为治疗法中相当常见的社会技能训练之一。个体必须精通重要的社会技能。例如:儿童需要学习如何交朋友;青少年需要学习如何与异性交往;成年人必须学习如何有效地与配偶、同伴、上司相处。缺乏社会技能的人,在家庭、公司、学校中会时常体验到人际交往方面的困难。决断训练适用于人际关系的情境,用于帮助案主学会正确地、适当地与他人交往,表达自己的情绪和情感。决断训练特别适用于无法表现生气或愤怒、很难拒绝别人、过度有礼以及常让别人利用、难以表达积极情感的人。

决断训练的基本假定是:人有权利表达自己的感觉、想法、信念和态度。它的目标之一是扩充人的“储备行为库”,使其能够在某一情境中“选择”并表现出果断行为;另一目标是教导人们能敏锐地察觉到别人的感觉与权利，从而做出相应的反应。决断并非攻击别人，因此真正果断的人不会执意坚持自己的权利而忽视他人的感觉。

有效的决断训练不仅帮助案主采用角色扮演的技术学习新的行为模式，而且还向当事人缺乏果断的信念进行挑战，教导他们做建设性的自我陈述，并且接受关于果断行为的新信念。

（6）强化的方法

在日常生活中，人们往往不假思索地进行各种强化活动，如表扬、关注等。强化的方法是建立在操作性条件作用原理之上的。如果某一行为得到奖赏，以后这个行为重复出现的频率就会增加，得不到奖赏的行为出现的次数就会减少。强化的时间间隔也遵循操作性条件作用原理。

强化的方法有三种：塑造、代币管制法和消退法。塑造是通过强化来矫正人的行为，使之逐步接近某种适应性行为模式。在塑造过程中，采用正强化的手段，一旦所需行为出现，立即给予强化。在治疗过程中，治疗者要注意制定适当的目标，营造良好的治疗氛围，以帮助案主一步步接近治疗目标。代币管制法是使用有形的可以得到实物奖励的正强化的方式之一。代币是指在某一范围内兑换物品的券，其形式有小红旗、票券等，案主可用这些券换取自己所需的物品。在治疗过程中，直接使用此法的机会可能较少，但治疗者可将此法教给案主本人，或应用于集体治疗之中。消退法是对不适应的行为不予关注、不予强化，使之渐趋削弱以至消失。

2. 认知治疗的技巧

（1）与不合理的信念辩论

社会工作者积极主动地向案主发问，对其不合理的信念提出疑问。从提问的形式上看，我们可以把它分为质疑式和夸张式两种。

质疑式是社会工作者直接对案主的不合理信念发问，如"你有什么证据证明你自己的这一观点"，"是否别人都可以有失败的时候，而你不能有"。一般来说，案主不会简单放弃自己的信念，总是会为自己的信念辩解。因此，社会工作者需要不断努力，在辩论过程中，使对方感到自己的不合理信念辩护变得理屈词穷，真正认识到自己的信念是不合逻辑的、不现实的，并以合理的信念取代不合理的信念。

夸张式是社会工作者针对案主信念的不合理之处故意提出一些夸张的问题，把对方信念的不合理、不合逻辑、不现实之处进行放大，给案主看。找到不合理的信念，才能有效地进行辩论，这是最关键的。让案主在辩论过程中感到自己的想法无道理、可笑和不可取，这样才能使其心服口服。

（2）合理的情绪想象技术

此技术需要由社会工作者指导，帮助案主进行想象。首先，社会工作者使案主在想象中进入产生过不适当的情绪反应或自己感觉最受不了的情境之中,体验在这种情况下的强烈的情绪反应。其次,社会工作者帮助案主改变这种不适当的情绪反应并体会适度的情绪。最后,停止想象,社会工作者让案主讲述他是怎么想的,能使自己的情绪发生变化。此时,社会工作者要强化案主的合理的信念,纠正某些不合理的信念,补充其他与案主相关的合理信念。

(3) 关于认知的家庭作业

改变案主的认知很难,因此治疗不但需要社会工作者的努力,还需要案主自己的努力,这种努力不仅体现在会谈时间,也应持续到会谈以外的时间。关于认知的家庭作业正是为此而设立的。在完成作业的过程中,案主可以更好地掌握会谈的内容,通过使用合理情绪治疗自助量表,合理地进行自我分析,学会与自身存在的不合理的信念进行辩论。

(三) 治疗过程

1. 预估的重点与方式

明确具体的思考、情绪和行为,这是案主问题的预估重点,尤其是借助信度和效度均佳的工具不可或缺。思考可以触动情绪和行为,同时可被情绪和行为带动,并且每一个人在思考、行为和情绪上的运作过程并不一致,故进一步评估案主个人的思考、行为和情绪的独特运作顺序也是非常重要的。评估的重点包括思考如何启动行为和情绪,或者行为如何带动情绪以及牵引思考,或者情绪如何影响思考和行为等。

2. 专业关系的界定

在社会工作实务过程中,社会工作者与案主之间的专业关系至关重要。社会工作者必须明确指导案主进行自我学习,以改变错误认知,习得因应行为,并与案主不断共同评估成效和据以修订目标,督促案主完成家庭作业、积极投入日常生活并加以调适,提升案主的自我效能,防范案主原有的认知和行为问题复发。

这一指导性关系之所以可以有效运作,首先要建立案主接纳和信任的基础,让案主感受到社会工作者的投入和分享,相信社会工作者在助人过程中的动机和行为都是真诚的和为自己设想的。在社会工作实务过程中,社会工作者向案主表达关怀、同理心和支持的态度,这种接纳包容的互动方式,让案主感受到与自己过去生活适应中不同的对待方式,让案主相信和体验自身具有成长的能力,以健康的方式来调适日常生活,相信自己拥有人性的尊严和价值等。因此,专业关系的界定事实上包括指导监督和接纳包容两者相互融合或交替使用。

3. 治疗策略步骤

在认知行为治疗过程中,社会工作者通常首先协助案主改变原有错误的认知,然后运用学习原则,以正向增强和示范的方式,引导案主习得正向的因应行为,以塑造正常的生活形态和行为模式。在认知改变过程中，案主一般依循下列步骤：

- 辨识失能或扭曲的思考方式及其如何引发负面的情绪和失调的行为；
- 自我监控负面的思考方式或自我对话；
- 探索负面思考方式与潜在感觉或信念之间的关系；
- 使用不同的具有正向功能的思考方式；
- 检验个人对自我、世界和未来重新进行的基本假定，以及在因应行为和环境调适上的有效性。

针对上述步骤，默兹比（Maultsby M C，1982）总结出下列被实务界所采用的家庭作业的格式：

A. 所发生的事件是什么？

B. 对于事件，我有什么错误的观念？为什么我会这样想？

C. 我的感觉是什么？

D. 我对问题 A 的描述正确吗？

E. 我在问题 B 中的想法是合理的吗？如果不是，就尝试使用不同的思考方式。

F. 问题 D 和问题 E 能够引发我何种新的情绪？

以上格式可以协助案主进行“情绪分割”，也就是将复杂的情绪状态整理成可以理解和改变的问题。一旦案主的错误认知得到修正后，就可以用增强的方式协助案主逐步养成适当的因应行为习惯。

4. 结案与追踪处理

当案主不再受失能或行为失调之苦时，事实上已经到了结案的时机。一般而言，社会工作者与案主共同制定具体行为改变目标，一旦案主可以实现正向行为目标，证明案主学会正常评估其所处的生活环境的要求并予以有效因应，即展示了案主具有可以重新正常生活的能力。除非案主所处生活环境的资源十分匮乏，压力相当大，否则不需要对案主进行定期的追踪，以了解和掌握案主是否可以顺利面对其生活环境的挑战。

小　结

认知行为理论是 20 世纪 70 年代后期极受关注的治疗理论模式。认知行为介入模式，教导案主学习各种行为修正技巧以及在认知思考上重新做出理性的评估，通过认知和行为治疗技术来矫正其不合理的认知和行为，从而使人的情感和行为得到相应的改变。

在认知行为治疗过程中，社会工作者可结合行为治疗的常用技术（如放松训练、系统脱敏法、模仿学习、角色扮演、决断训练、强化的方法）和认知治疗的技巧（如与不合理的信念辩论、合理的情绪想象技术和认知的家庭作业的技巧）协助案主改变。

在认知行为实务过程中，社会工作者遵循预估—专业关系的建立—治疗的策略和基本步骤，遵循结案—追踪处理的治疗步骤，协助案主自我了解和自我控制，提供外在的监督，达到改变案主不适应行为的目标。

参考文献

[1] B. F. 斯金纳. 科学与人类行为[M]. 谭力海，王翠翔，王工斌，译. 北京：华夏出版社，1989.

[2] 阿尔伯特·班杜拉. 思想和行动的社会基础：社会认知论[M]. 林颖，等译. 上海：华东师范大学出版社，2001.

[3] 阿尔伯特·艾利斯. 理性情绪行为疗法[M]. 郭建，叶建国，郭本禹，译. 重庆：重庆大学出版社，2015.

[4] 贝克. 认知疗法[M]. 翟书涛，译. 北京：中国轻工业出版社，2001.

[5] MEICHENBAUM D. Cognitive-behavior modification: an integrative approach[M]. NY: Springer New York, 1977.

[6] DOBSON K S. Cognitive therapy[M]. Washington D C: Magination Press, 2011.

[7] 爱比克泰德. 爱比克泰德论说集[M]. 王文华，译. 北京：商务印书馆，2009.

[8] HAMILTON M. Standardised assessment and recording of depressive symptoms[J]. Psychiatr Neurol Neurochir. 1969, 72(2): 201-205.

[9] 皮亚杰. 发生认识论原理[M]. 王宪钿，等译. 北京：商务印书馆，1981.

[10] KENDALL P C, Hollon, S D, Beck A T, et al. Issues and recommendations regarding use of the beck depression inventory[J]. Cognitive Therapy & Research. 1982(11): 289-299.

[11] MEICHENBAUM D. Cognitive behaviour modification[J]. Cognitive Behaviour Therapy. 1977, 6(4): 185-192.

[12] STONE J, COOPER J. A self-standards model of cognitive dissonance. Journal of experimental social psychology. 2001, 37(3): 228-243.

[13] JACOBSON E. Progressive relaxation[J]. The American Journal of Psychology. 1987, 100(3/4): 522-537.

[14] WOLPE J. Deconditioning and ad hoc uses of relaxation: an overview[J]. Journal of behavior therapy and experimental psychiatry. 1984, 15(4): 299-304.

[15] MAULTSBY M C. Rational behavior therapy[M]//TURNER S M, JONES R T (eds). Behavior Modification in Black Populations. Boston: Springer, 1982.

第六章 危机介入理论

危机介入理论诞生于20世纪40年代，与行为学派、问题解决模式、任务中心模式都有一定的关联。该理论早期以自我心理学为基础，以后又增添了弗洛伊德的心理分析学、心理学、社会学、社区心理卫生等知识并把它们作为理论依据。危机介入的目标是在有限时间内以密集式服务来提供支持性协助，使案主恢复以往的平稳状态，所以危机介入不专门属于任何一种专业的理论和方法，现在已广泛应用在社会工作、精神医学、心理学、护理学等许多学科和职业领域内。

一、危机概述

（一）危机的定义

"危机"一词，源于希腊词语（Krisis），原指疾病向好的方向或向坏的方向转折，有"转机"或"转折点"的意思。从中文字面上解释，该词包含"危险"和"机会"两层意思。自林德曼（Lindemann E, 1944）首先在心理卫生服务领域提出该词之后，西方学者从各自不同的角度提出了自己的理解。

卡普兰（Caplan G, 1964）认为，当人遇到突发的事件或变动而问题未能立即解决时，便会失去平衡，陷入危机之中。危机是一个突然的转折点。当逼近这个转折点时，人的紧张度骤然增加，从而刺激个人前所未有的潜能，或者丧失个人能力而不知何去何从。每个人对危机的反应与适应度不同，有的人泰然处之，有的人适应不良甚至会有自杀的倾向或行为。无论如何，危险情况都会对当事人形成心理负担与压力。

贝尔金（Belkin G S, 1988）认为，危机是个人的困难问题或是使人无法改变的情境，并且无法在意识上控制个人的生活以阻止危机的发生。

斯莱克（Slaikeu K A, 1990）则指出，每个人都会在一生中碰到情绪解组、懊恼的情绪，以及过去应对策略无效的情形，这就是危机。而且危机有时间性，人们通常会遇到突发性事件。危机发生后,可能会有几个不同的发展阶段,不同的解决问题的方法可能会带来更好或更坏的结果。解决危机要由个人资源和社会支持等因素来决定,由于每个学者解释角度有所不同,因而理解也就存在一定的差异性。

综合来说,西方对于“危机”一词的理解,可以包含以下基本观点:

第一,危机是一种对平衡稳定状态的改变,即它是人的平衡状态被打乱或破坏的状况。只有当人的生活被某些事件、变故打乱,感觉自己陷于一种无助的状态,原先的应对方法不再起作用,人的心理防线变得极为脆弱时,才叫危机。

第二,危机可以是一种正常状态。危机并不一定非得是不寻常的或灾难性的事件,也可以是一种正常发展过程中的状态。在危机发生时,我们惯常解决问题的方法无效了,在新情况下和在突发事件面前往往会束手无策。

第三,危机是问题与希望并存。当危机发生时,它既是一种威胁,也是一种挑战。将危机看作挑战,那么这时危机不仅是危险,还是成长的机会,特别是当发现了解决问题的新方法和发现自己具有应对问题的能力时,人也就相应地成长了。

本书采用中国台湾学者宋丽玉等(2002)对危机所做的定义,所谓危机状态,即个人在实现人生重要目标受到阻碍时,或是经历紧张性事件、处于紧张性情境中,会感到运用过去习惯性的处理机制不足以应对当前状况,或找不到对策而出现无力感时,引起情绪起伏、不安、紧张及其他异常反应状况,无法单独解决问题。个人压力大,需要尽快缓解不适的感觉,在此情况下,其求助动机增强,学习新的解决方法或改变行为习惯的可能性增加,但是也有可能把焦虑压制在理智可控范围内,转成慢性状态,新刺激的出现又会使人陷于危机困境中。

因此,危机随时可以在正常生活中出现,它不是“病”。人们经常要面对问题,也经常要调整自己以应对问题,保持平衡稳定的状态。但当意外事件发生,或是由于积累了太多的压力,或者负担太重时,就会引发危机。可以说,危机是一个人不能正常思考与行动时发生的有时限的境况。危机可以是感觉到威胁、困惑、失落和挑战。危机的经历能使个人在人格发展上更健全、成熟,但它也能阻止或损毁个人的人格成长。

通常对危机情形有三种看法:一是威胁,即对基本需求、自主能力的威胁,如饥饿等;二是损失,即对权力的失落和失去亲人朋友,如失去地位、能力,亲人失踪或死亡、早产,又如失业、财产受损等;三是挑战,即对个人的生存、成长与控制力的挑战,如角色转变、换新工作、结婚生子等。此外,事态能否成为危机不但受事态本身或应对机制的影响,也受个人或家庭成员怎样界定该事情的影响。

(二)危机的要素

至于个体是否处于危机状态,我们可以用以下几个要素来衡量:

第一，一些影响个人的突发事件或情境，致使个人认为生活重要目标的实现受到严重阻碍。危机问题被视为缺乏快速或简单的解决办法或是缺乏有效的适应策略以应对，因此个人需要改变和成长，危机也就被视为危险或机会。

第二，具有明显的懊恼情绪。人遇见突发危险事件如性侵害、暴力攻击或产生自杀企图时，会出现各种不同的急性反应，如无助感、混乱、焦虑、震惊、愤怒、烦躁等情绪，也常会出现低自尊、严重忧郁情绪，在行为上可能会出现不一致、行为失序、焦躁不安、反复无常、退缩、冷漠。

第三，此时个人不能系统地解决问题，心理上高度脆弱，防卫性降低，或可能有日常生活能力但无能力处理问题和应付事情，由于需要解决问题又必须让案主在有限的时间内解决问题，使得个人接受危机介入的可能性增加。

第四，在短时间内，个人一定要做选择和设法取得平衡。个体会尝试使用克服危机的各种方法，最后会选择某一种个人认为对自己或对周围的人来说都是较好的应对方式。此时，案主需要来处理这件事，会主动或被动地寻求外力的协助，可能需要转介来解决主要人格解组问题。只要个人有意愿寻求协助，危机服务就能使问题得到真正解决，或者使案主适应环境，包括消解心理的恼怒情绪，或是情绪恢复稳定。

总之，危机情境具有问题复杂性和紧急性，是个人认为目前无能力应付的状况，使个人有高情绪性和低防卫性。因此，危机对个人的发展同时具有破坏危险性与转变的机会。

（三）危机的发展阶段和案主的反应特征

危机通常出现在当人被外界事件、内部心理压力、人际关系所压倒时，原来和谐平衡的关系状态就会被打破。但危机也是一个过程，它也有发生、发展和结束的阶段。我们借鉴中国香港学者秦安琪（1997）对西方学者观点的综合分析方法，把危机发展分为四个阶段。

1. 冲突期

此阶段出现的导因事件使案主的压力增加，案主会产生紧张、沮丧、焦虑、震惊等危机状态的情绪反应，内心的失衡状态使案主难以忍受而希望恢复平衡。然而，案主的危机反应则是，视自身或家人甚至社会事件为威胁、损失或者挑战，这也影响了案主的身体反应、认知、行为表现和人际关系。

2. 应变期

由于极需要恢复平衡，因而案主会先采用惯常的解决问题的方法并利用个人资源、家庭资源去解决问题。如果危机仍然未能解除，就意味着常用的方法无效，现有的资源不足以应对危机，案主需要发掘其他外部资源的支持，包括社区资源在内。如果案主的家人或朋友也认为事态严重或目睹案主的反应而感到不安时，就会努力寻求资源和应变方法。这时案主为了消除压力和解决问题,会尝试采用新的方法。由于案主改变的动机较强,因而此时期的案主较愿意听取别人的意见并持有开放的态度。如果案主愿意尝试运用新的解决问题的方法,就乐于求助;如果案主这时仍未能得到及时和适当的协助,就会做出某些求救的行为。

此外,案主也可能会在态度上做出一些改变,如否认问题的存在、曲解事实或相信奇迹的出现、逃避责任而埋怨他人、否认或隐抑不快的情绪等等。虽然这些行为能够暂时使案主保持平衡,觉得没有必要处理事态或解除危机,但如果事态恶化,就会演变成不良的适应。因为事态积聚的压力并未解决,所以有可能加深案主以后对情绪困扰的易感性。有些人还会形成狭隘的看法和固执的态度,出现心理障碍或某些生理症状,如失眠、头痛等,或者沉迷于不良嗜好,以避开困难。

3. 危机解决期

它可以分为两种情况,即消极性解决情形和积极性解决情形。从消极情形来说,危机解决期表现为退缩,即前阶段的适应或不良的应变仍不能减轻压力和解除危机,同时缺乏更多的内在和外来资源,案主便可能会退缩,甚至情绪崩溃,而逃避危机(包括自杀)。另外,严重和长期的心理障碍,如抑郁症、性格失常、精神呆滞、知觉歪曲和错乱思想往往相伴而生,这时案主的功能因此大大减低。

从积极情形来看,危机解决期表现为过渡,即案主在该阶段能够表达对危机的想法和感受,采用积极的方法能够解决困难,减轻甚至消除压力。作为理想的状况,案主这时会有三个方面的成长:一是恢复平衡,这是消除压力解除危机的成果;二是认知上对危机重新下定义,对事态有客观的和符合实际的看法;三是发展出新的应变策略,包括行为上的改变、适当地运用资源、摒除失效的解决问题方法、采用新的有效方法等。

4. 适应期

无论是哪一种解决方法都可使案主恢复平衡,但每个人对适应新状态所需时间的长短不一样,而适应的历程会内化成性格和生活中的一部分,影响以后个体能力的提升,也会影响其应变的方法。

(四)危机的类型

关于危机的分类,西方学者各自提出了不同的观点。卡普兰将其分为两大类,即发展性危机与意外性危机。发展性危机是指人在生长过程中的各个转换阶段——如入学、与异性交往、结婚、生育、更年期、退休等——必须面对的危机。意外性危机是指无法预料的危机,如受暴力伤害、患致命性疾病、失业、离婚、家庭遭遇灾难和亲人意外死亡等,这是随机的、突然发生的且具有强烈性的危机。

布拉默(Brammer)则提出危机有三种,除了发展性危机、意外性危机(亦称情境性危机)，还有存在性危机，即指个人面对人生重要问题或环节而产生的严重困扰，如一个40岁的人突然觉得人生没有意义，背井离乡或离家出走的少年不知道为何要离家以及要去哪里做什么，等等。这是人生价值与定位追寻所产生的适应危机(转引自宋丽玉等，2002)。

詹姆斯(James)和吉利安(Gilliand)则从区位系统理论视角出发进行研究，又加上了一种危机，即环境危机。它是自然大灾害所造成的，例如台风、洪流、瘟疫等，或是政治、经济因素导致的灾害，例如种族屠杀或严重经济萧条等(转引自宋丽玉等，2002)。

本书采用中国香港学者秦安琪(1997)的观点，即把危机根据导因的不同划分为两大类：

一是成长危机，又名常规危机。这主要是根据艾利克森的理论所做的划分。艾瑞克森认为，人的每一个成长阶段，都是在完成与年龄相适应的成长任务的关键时期。而在履行这些可预料任务时所遇上的压力、阻滞或困难，往往构成了成长危机(见表6-1)。这些阻滞和困难不代表是个人的问题，而且即使未遇到这些阻滞和困难，个人在每一个成长阶段也会遇到不同程度的压力。

表6-1　成长阶段可能出现的危机

阶　段	危　机
婴儿期(0~1岁)	缺乏适当照顾、被抚养者拒绝、疾病
幼童期[1~2岁)	与抚养者有矛盾、疾病、便溺训练
儿童前期[2~6岁)	入学、学习问题，与父母、老师、小朋友等有冲突，小朋友或自己搬迁、移民，疾病
儿童期[6~12岁)	学习问题，与父母、老师、小朋友等有冲突，转校
青少年期[12~18岁)	青春期、自我寻找、学业前途、同辈关系
成年期[18~34岁)	择偶、结婚、怀孕、父母亲角色、管教问题、学业、工作
中年期[35~50岁)	经济、事业、子女反叛、子女离家、疾病、生理衰退、失业、生命目标重建、更年期
成熟期[50~65岁)	与子女有冲突、更年期、退休、丧偶、疾病
老年期[65岁至死亡)	经济、疾病、朋友死亡、孤独感、人际关系减弱

注：中括号表示包含，即大于等于；小括号表示不包含。
资料来源：Erikson E H，1963。

二是事态危机。这一类危机通常与外在环境有关：其一为物质或环境方面的危机，如地震、车祸等天灾人祸；其二为人际或社会方面的危机，如亲人意外死亡、遭受威胁人身安全的罪案，如强奸、被抢劫等；其三为个人或身体方面的危机，如疾病、自杀等。事态危机多属突发和不可预料的，对人的影响较大。当然，其影响程度也视每个人对事件的看法的不同而有所区别。

（五）危机和压力的比较

通常而言，“危机”与“压力”这两个词在日常生活中可以互换，但严格来说，压力概念带有一定的负面含义，即压力是常人所不能承受的。因此，这两个概念是既有联系又有区别的。

从联系这个角度来说，生活中的压力与危机有较大的关联性，当生活发生变化或进行调整（如失业、生育、离婚、搬迁等事件发生）时，危机就可能发生。如果有些人不能很好地适应，危机就会发生，同时也会带来相应的生活压力。但由于每个人的生活背景、对生活事件的诠释和适应能力不一样，因而压力对不同的人就具有不同的意义。

从两者的区别来说，危机不一定非得有伤害性。危机也包含一种“促进成长”的可能性，它可以是一种催化剂，通过改变原有解决问题的习惯、发展出新的应对方法而提高人的能力和精神健康水平。而压力的概念含有一种长期压迫的感觉，这种持续一定时期的压迫可能来自外部事件且与内部心理相冲突；危机却是一种短期现象，通常个人会力图尽快恢复以前的和谐。

二、危机介入

（一）危机介入的含义

“危机介入”一词是由林德曼在 1944 年提出的。它是指对处于生活危机状况中的人给予短期服务的一种方法。它为个人提供急需的帮助，以协助其克服危急情况，重回身心平衡。它被视为一种花费少，且能在短时期内针对解决案主当前问题的治疗方法。

佩恩（Payne M，1991）则认为，危机介入是以心理动力的自我心理学为基础，针对足以导致个人正常功能产生混乱的事件所采取的阻止行动，以摆脱危机情境。重点是在个人对危机的情绪反应和处理日常问题的能力上的长期改变。危机介入不只预防严重的长期的无能为力的情况出现，也能让个人有新的适应功能。因此，危机介入是运用教育训练、资源提供等方法开展短期的服务，协助个人恢复原来的适应功能，并提升个人适应生活的能力。

（二）危机介入的目标

危机被视为危险和机会同时并存的关键转折点。就具体认识而言，具有危险性的后果可能是生理性或是心理性的，如自杀、杀人，或者其他不致命的身体攻击，如配偶虐待、儿童虐待等。在比较严重的解组和无能力因应的情况下，个体因没有希望或太痛苦，故决定要结束生命。因此，危机介入的首要工作，就是对是否有可能致命的情况进行评估，并决定是否给予适当保护。除生命威胁之外，心理健康威胁性评判也极其重要，要避免存在环境性危机。

危机的结果有可能是增强个人的适应能力或促进个人的成长，或是产生严重的解组，因而早期提出的危机介入的目标有三个层面：

第一，增强个人处理问题的能力，并可以预防类似危机的发生；

第二，个人面对危机时，至少能恢复以往处理问题的能力；

第三，个人在危机介入的过程中，本身处理问题的能力比以往差，需要主动提供协助，使其在有限的范围内尽可能发挥自身的作用。

随着理论与实务的发展，对于如何定义危机解决，西方的学者又有了新的认识。如瓦伊尼（Viney L L, 1996）认为，危机解决是指除了案主生活恢复平衡，还要在认知上对情境有掌控感，在行为上能直接谈论危机经验而非避而不谈，并且发展出新的因应策略，包括行为改变和适当使用外在资源。就此而论，危机解决概念多少包括社会生活功能上的重组与再整合，正向危机解决可以定义为“彻底解决或处理”危机事件。此一危机经验能整合到个人生活经验中，使个人能开放地面对未来，有能力应对将来的问题或能使用新的问题解决方式。危机治疗则包括表达感受、对事件和对个人意义的反应性讨论、维持个人在危机期间的基本生活需要等。

危机服务目标包括将危机事件整合到生活基本结构中，以便加以解决。危机事件最后要和其他生活经验相结合，成为个人生活经验的一部分。由此，拉博波特（Rapoport L, 1962）把危机介入的目标归纳为两个调适的层次：

一是最低或第一层次介入目标，旨在缓和症状，使案主恢复或增进过去的社会生活功能状态，协助案主了解危机前的各种前导事件，协助家庭和社区支持案主，包括：（1）症状解除；（2）恢复危机前的生活功能水准；（3）了解有关不平衡状态危机事件；（4）确认修补性工作，有哪些事是案主或家庭能够承担或社区可用的资源。

二是较高或第二层次的介入目标，旨在协助案主了解现在与过去的危机或冲突间的关联，以及开始重新思考处理方式。此一层次的目标较为复杂，包括：（1）了解目前压力和过去生活经验与冲突的关联；（2）引发知觉、思考和感受与新适应、因应反应的新模式，而能在突发性危机期间运用。

简而言之，危机介入的重要目标就是希望在有限时间内由社会工作者以密集式的服务来提供支持性协助，使案主恢复以往的平衡状态，并且在处理日常问题能力上有长期的改变。

（三）危机介入的基本假设

采用危机介入的模式开展社会工作，往往基于以下假设：

第一，当个人无力处理内在压力或外在事件，而转成危险事件时，将引发危机。危机通常由一些危险事件所引发，包括单一的灾难事件、一连串不幸事件、个人无特定原因的内在压力而在一段时间内累积起来的事件。这些危险事件破坏个人的身心平衡，使其处于易受伤害的状态之中。

第二，个人对危机情境的反应可以反映出个人对目前压力的认知经验，而非个人的病态。危机引起的急性症状是为了要应对突发的不利情况，并不完全表示这个人有什么个性上的困扰或病态。危机通常提供两种机会，一是为解决目前的问题，二是可以对过去的困难重新加以克服。当危机发生时，对随之而来的危险事件，个人会将其视为一种对其基本需求或幸福的威胁，个人能力或地位的丧失，或是一种对个人生存、成长或自控性的挑战。这些认知上的反应与情绪反应，人在一生当中都可能遇到，所以这种反应是正常的，不是病理上的问题，是一种主观意义上的经验的产物。

第三，危险是暂时性的，而且有特定发展阶段，但其持续时间因人而异。由于危机会迫使个人寻求和发展另一种新的因应方式，因而危机是有时间性的。一般来说，开始发生危机和最后解决问题的整个时间长度视危机事件、个人反应特质、所需要完成的任务的复杂性与性质，以及环境中可利用的资源而定。急性压力事件发生是否会使人因承受不住而崩溃因人而异，有些人可以安然地度过，有些人却可能陷入困境，而且危机会一直持续到某种适应或不适应的问题解决形式建立起来为止。

第四，危机提供个人成长和发展的机会，但结果是各不相同的。通常人在遇到危险事件时，本身就存有潜能去应对。但有些人能力薄弱，再加上原有的社会环境压力，过去处理问题的方法无法解决当前危机问题时，往往更容易主动向他人求助。但在这一关键时刻，如果没有外在资源提供相应的协助，或无法产生效用，个人或家庭就会采用不适当的或错误的因应方式，使未来社会生活功能减弱。因此，危机尽管可以为个人提供成长和发展的机会，但也可能产生不良后果。

（四）危机介入的方法和技巧

西方学者对危机介入的策略有不同的看法，大抵可分为一般性方法与个别性方法两种。

一般性方法认为，面对同一个危机，每个人都需要经历类似的心理任务和问题解决活动。如林德曼在协助失去亲人的案主时发现，他们必须经历下列活动：

- 接受失去亲人的悲痛；
- 重估与逝者的关系；
- 表达哀伤和失落；
- 寻找与逝者应有且又可接受的关系；
- 表达内疚，并以合适人选重建与死者类似的关系。

了解这些活动的性质，社会工作者便可根据各种活动的需要，按部就班地协助案主。这一方法的目的在于解除危机，技巧有直接鼓励适应性的行为、环境改善与预先辅导。

个别性方法则认为，由于个人有独特情形，因此没有任何预定的步骤可以依从，必须按个人的情况和需要制定符合实际的介入计划。这一方法强调遭受危机者的内在心理过程和对人际关系的评估。调适方法是专门为处于危机中的人们的特定需要而设计的，以期应对产生危机的特定情况。

这两种方法都有不足之处。一般性方法忽略了个别情况和需要，个别性方法又没有事前设定的步骤可以依从，只能靠社会工作者自己的评估和设计。社会工作者在设计危机介入步骤时，应结合这两种方法进行综合考虑，尤其是要考虑案主的个别情况以切合其实际需要。在危机初期阶段，社会工作者可运用一般性方法，以协助案主恢复适应，所以案主的亲友和志愿者都是可运用的资源。同时，个别性方法重视造成失衡的直接原因，以及案主重获平衡或得到较好功能的过程，因而社会工作者在运用该方法时，要鼓励处于危机中的家庭成员和相关重要人员积极参与，做好配合工作。

社会工作者在做危机介入时所使用的技巧与一般社会工作实务的一样，常用的技巧有自我肯定训练、面对现实、环境改善、情绪宣泄等。当然也有学者指出，不同阶段使用的技巧有所不同，如戈兰（Golan N, 1998）认为，在开始阶段，社会心理模式的支持性技巧很重要，可以用来减轻案主的焦虑和提供情绪支持，并配合使用探索和情绪疏通的技巧；在中间阶段，社会工作者可运用直接影响技巧和反映性讨论个人整体所处情境的技巧，以促成案主改变特定行为。

三、危机介入的过程与步骤

危机介入与传统的社会工作者介入辅导模式的主要不同在于，案主来到社会工作者面前时，情况已经十分紧急，所以社会工作者必须在很短的时间内获得案主的信任，使其愿意让社会工作者了解发生的事并研究解决的办法。在整个介入过程中，社会工作者必须不断评估案主的情况，以决定下一步的行动。以下所介绍的介入过程与步骤的先后顺序并不是割裂的，而是需要在辅导过程中同时进行和灵活把握的。

（一）建立良好的沟通关系

社会工作者向求助者表示，他们向机构寻求协助是正确的，同时也要传递协助意愿，通过接纳、关心和表达帮助等态度与案主建立具有信任度的专业关系。因此，社会工作者需要用平稳而亲切的语调令案主感到舒服，加上接纳和客观的态度，耐心地鼓励案主慢慢透露实际情况，以便了解问题。社会工作者耐心地听，使案主有勇气表达痛苦的感受，这正是恢复功能的首要条件。总之，社会工作者需要营造轻松且值得信任的氛围，使案主能在安全的环境中表达、认识和解除所面对的困境。

（二）检视危险程度

危机介入必须时刻关注个人安全。社会工作者要评量案主是否有自我伤害行为或伤害他人行为，并分析导致严重受伤或致死的可能性。无论案主是传递求救信息还是想结束生命，社会工作者都不能忽视案主的身体语言和非身体语言。社会工作者可能是唯一知道案主情况的人，可从案主的生理、心理状态和情绪几个方面了解案主是否安全。如果案主情绪低落、无助感强烈、十分沮丧，并且缺乏外界的支持，就可能存在自杀的倾向。

另外，假如案主认为人是危机的来源，或者危机除了影响自己，也可能对其他人构成重大威胁的话，那么伤害或谋杀他人的可能性便大大增加。在评估性命危险的严重性时，社会工作者要注意从案主的意念、姿态和过往的尝试三个层面来进行综合分析。如果有必要，社会工作者还必须与案主的家人或其他支持者取得联系并进行合作，以确保案主的安全，同时他们也是协助案主的重要支柱。此外，案主身边的人可能面对同样的危机，所以他们也应得到关注，成为社会工作者的服务对象。总之，在整个介入初期，社会工作者应评估案主受威胁的程度与严重性，以保障其安全和有关人员的安全。

（三）了解主要问题

要达到有效的危机介入，社会工作者要充分了解影响案主的危机的导因和问题所在。许多案主通常会面临多个问题，社会工作者与案主讨论促使案主前来求助的因素，让案主把焦点放在自己的问题上。这一阶段主要在于找出引发案主危机状态的主要情境，并评估有关影响因素，要强调案主“此时此刻”前来求助的原因，包括了解事件本身的性质及范围、相关人员、产生的问题、影响的严重程度、发生的时间等等。社会工作者要协助案主认清其核心问题和是否为危机，案主对此生活事件的主观性看法是什么，以及他在该事件中扮演的是什么角色，并评估案主面对此生活难题和危机状态时所采取的行为模式，看他最初是怎么去处理的，以及他运用社会资源的能力怎么样。通过与案主的共同讨论，社会工作者协助案主列出目前最重要的或者最想优先处理的关键性问题，并对欲处理的问题达成共识，共同商量对策。

（四）处理情绪和提供协助

鉴于案主在求助过程中多少会感到无助和失败，社会工作者要给予其足够的关怀和支持，以稳定案主的情绪，并获得案主的信赖；可以把焦点放在案主目前的感受以及此危机对其家人、朋友、每日生活和固定活动、个人健康和认知的冲击上。因此，这一阶段的主要工作之一在于透过同理心来积极倾听和沟通，鼓励案主表达危机引发的紧张感受。有些人只要体现出同理心即可，有些案主要被教育如何表达感受，以及口头上说出让他们表达感受。恐惧、焦虑、哀伤、罪恶感等多是案主需要被肯定为危机状况下正常的心理反应。此外，社会工作者也要倾听并注意案主认知上的曲解、误解、非理性信念的陈述，在时机不成熟时，切忌当面指出案主的错误，而是要小心询问和及时澄清。

（五）研究可行性方法

有机会抒发内心的感受本身已经可以稳定案主的情绪。在了解危机导因的基础上，社会工作者要协助案主选择解决问题的各种可行方法。除非案主的精神状态使他的智力降低或丧失，否则社会工作者就应鼓励案主尽量发掘恰当的可以解决实际问题的各种方法。此种探讨包括检验过去适应与非适应的因应方法。

危机介入的关键要素之一是确认与修改案主意识与潜意识中的因应形态，即将案主没有意识到的不当因应方式浮现到意识层面并加以修改。有各种不同的因应方法可以让案主自主选择。为了能有效地因应案主的无力感与失望感，社会工作者应鼓励案主自己思考其他因应方法。同时，社会工作者也可以提出其他应变方法和案主充分讨论，包括潜在的障碍，以便案主能认识可能的陷阱。需要注意的是，在讨论的过程当中，社会工作者要就每一种可行的方法跟案主一起评估其后果，这样不但可以帮助案主了解以往的应变方法为什么无效，也可以想出新的应变方法以备将来之用。即使危机未必因为多了这些选择而得以解决，也可以减轻案主的压力和负担。

（六）订立计划

此阶段社会工作者需要和案主协商服务目标，并根据目标制定详尽的行动计划。服务目标的设定应依据案主的实际需要，目标层次要考虑多种因素，如以解决问题为主，与案主的文化、生活方式相配合，带进案主的重要他人和社会资源等，并且确定服务任务。社会工作者要有积极的做法，包括各种具体实际的解决方式，如针对重要他人的死亡而引起的混乱状态，就得重新调整社会关系，或找律师等。

行动计划中另外一个重要组成部分就是认知上的掌控感。

第一，社会工作者应该评估案主的认知功能，从而选取合适的辅导模式。辅导模式主要分三种情况：(1) 指示辅导模式。它是针对案主暂时失去功能或是智力不足时，社会工作者成了主要的问题分析者、可行方法提供者和计划订立者，需要直接指导案主的行动。(2) 合作辅导模式。它是由社会工作者与案主作为伙伴共同想出解决问题的办法。这主要是针对案主虽然仍手足无措，但他有适量的能力去探讨问题。(3) 非指示辅导模式。它适用于那些可以自己进行选择和做出决定的案主，社会工作者的倾听和启发性问题便能使案主想出办法并做出合适的选择。

第二，社会工作者应协助案主开放现在的感情，以理性信念、新的认知取代非理性想法与错误认知，其方式包括认知重建、布置家庭作业、转介其他具有类似危机经验者提供新的信息。社会工作者要鼓励案主表现出正向行为。当案主认可计划时，才能使该计划得以落实。因为过去的失败经验会使他们较为被动，所以社会工作者要告诉案主，别人是怎样克服障碍和解决危机的。服务计划应考虑协助的限定时间，而时间多寡要考虑会谈次数、间隔以及整体时间，必须有弹性。

第三，发展服务协议，使服务计划明确具体。其内容除了上述问题服务目标与任务、服务时限等，还有案主和社会工作者的职责等。

（七）结案与跟进服务

当危机已过或案主差不多恢复平稳状态时，危机介入便算完成。在完结个案前，社会工作者应协助案主进行评估，总结此次经历的心得感受，评估的范围可以包括：导致这次危机产生的各种因素；怎样避免下一次危机的出现；案主这一次采用什么样的应变方法；案主的作用发挥得如何；下一次再遇到危机时怎样应对；等等。

总之，在结案之前，社会工作者应和案主一起回顾案主的进步，即：到底完成了哪些任务或达到了哪些目标，案主有了什么改变或有何新的因应方式，个人与社区资源联系的情形怎样，以及案主对未来的计划如何。通常在最后一两次会谈时，社会工作者需检视整个服务过程，提醒案主服务接近尾声，并做好相关结案准备，同时也要注意并处理好案主在结案时可能出现的各种情绪反应。此外，社会工作者需做好“事先的导引”，即不要期待案主可以独立处理未来的任何问题，而是要协助案主预估未来可能发生的危机，并有效地计划因应策略，以避免未来遭遇危机时被击垮。在结案过程中，社会工作者应持续地对案主表示关心，并告诉案主未来如果有需要帮助的话，随时可以回来，以及说明社会工作者将会主动与案主联系，查看案主的进展情况。若发现案主仍然需要深入辅导而其本人又愿意继续接受服务时，则需考虑机构的政策是否容许继续服务或是需要转介到别的机构去接受治疗。

结案以后，为了能确保案主走出危机状态，社会工作者还要和案主约定时间会面或电话联系，以便评估和巩固案主的进步情形，并提供必要的后续服务。

四、危机介入的基本原则

（一）介入的目的重在恢复和增强案主的社会功能

通常，案主在面临危机事件时，特定的情境和心理特点会使其处理问题的能力有所下降。社会工作者在介入过程中，通过提供专业服务，协助案主解决问题，重点在于恢复和增强案主的社会功能，而非单纯地进行治疗；使其能积极预防危机事件再度出现，并能正确面对和处理今后所面临的生活困难和问题，以达到助人自助的专业目标。

（二）社会工作者给予更多建议

为能尽快地集中力量处置案主的危机事件与核心问题，社会工作者通常会充分应用一些个案工作的专业方法和技术，并在必要时给予案主一些信息、建议和劝告，以协助其应对生活危机，使双方所制定的行动计划更具有明确性和可行性。因此，在危机介入过程中，社会工作者需要不断评估案主的危机情境和准备状态，并注意案主的情绪反应与认知能力，评估其能否接受这些信息、建议，而非把建议和劝告强加于案主身上。

（三）社会工作者扮演主导性角色

面对案主的无助感和焦虑心理，社会工作者要积极主动地协助案主处置危机，并且依案主危机状况和心理情绪，结合案主的能力、动机，扮演好各种角色，有时是信息提供者，有时是资源联络者。社会工作者只有先协助案主处理情绪问题，恢复其能量，才能使案主正视其问题，发挥自己解决问题的能力。因此，在这个过程当中，社会工作者发挥着主导性的作用，尤其是根据案主问题解决的进度提供一些必要的指示性或非指示性的辅导。当然在此过程中，社会工作者也可以容许案主有短期依赖心理和行为的出现。

（四）介入目标的恰切性

社会工作者对危机问题的处置过程和社会工作者的服务目标要有弹性，要随时让案主表达有无改变原来计划的想法，并切实根据案主的问题及其情绪状态调整介入目标和工作计划。

（五）资源配置的重要性

过去危机介入以个人或家庭成员的心理康复为重心，目前则重视环境资源在帮助案主摆脱危机上的影响力。由于专业人员无法随时随地给案主提供必要的社会支持，因此案主在危机初期如何克服恶劣情绪、不安全感，以及利用危机解除所需的各种实质资源，包括整合社区及各相关单位的资源，就显得相当重要。因此，危机介入模式非常看重如何充分调动和配置机构和社区的各方资源来服务案主，以满足其所需。

（六）介入的时限性

研究表明，一个人由危机出现至平衡，大概是 6 至 8 周的时间。理由是普通人无法忍受长期的失衡状态和压力，他必定会用各种反应和方法以求再次获得平衡。因此，社会工作者应把握时机，在这段时间内帮助案主渡过难关，想出有效的应变方法。社会工作者在此期间与案主的联络应比传统的辅导模式更紧密，以满足案主的即时需要。

（七）介入的“此时—此地”

危机介入的工作必须具有当前性，即它非常关注当前情境中在案主身上所出现的危机事件和生活困难，以及案主当下的情绪反应和内心想法，而不太看重与此无关的生活事件与问题，使工作更具有针对性和方向性。在此基础上，社会工作者需要充分评估案主潜在的伤害或自我伤害行为，并运用案主的社会环境中的资源，采取积极的保护性措施，预防发生更严重的问题。

（八）介入目标的集中和阶段性

在危机介入过程中，社会工作者的主要目标集中在以下几个方面：缓和案主的症状，使案主恢复或增强受损的社会生活功能，协助案主了解导致危机的前导事件，并协助案主从家庭和社区获得支持。围绕这些目标，社会工作者针对不同的危机发展阶段和案主的情绪反应特征，采取相应的行动策略分阶段地予以实施。

（九）介入重在解决亟待解决的问题

危机介入最重要的是问题获得解决。而在案主所面临的众多问题中，社会工作者评估案主危机状态的核心事件及亟待解决的问题是危机介入的关键，因为唯有协助案主解决其核心问题或最迫切需要解决的问题，才能为案主提供真正的帮助。案主在思想混乱和情绪极度不稳定的状况下，社会工作者应积极倾听，辨识案主需求，评估案主过去因应压力使用的对策与行为、导致危机发生的近因、社会生活功能损害及恢复的可能性，收集危机出现过程的完整信息，以了解心理系统与社会环境如何影响案主对危机的反应，并掌握案主在24小时内引发危机的压迫事件，才能对案主核心问题和相关因素做出正确评估。

同时，由于危机并非来自个人心理问题，而且压力来源很具体，也很明确，因而社会工作者必须尽快处理直接造成问题的压力。危机介入模式所需要的并非对个人与问题进行完整的诊断，而是正确评估危机核心问题与案主最迫切的需要，不处理与危机无直接关系的问题。

（十）介入的结果仍然要把自决权移交给案主

由于社会工作强调案主拥有潜能和解决问题的能力，因而社会工作者通常只需要给予刺激即可。即使在案主出现危机时，其解决问题的能力受到一定的限制，案主的"自决权利"也仍然应该受到尊重。社会工作者在辅导的过程中要恰当地引导案主自己制定行动计划，将自决权移交给案主，以达到社会工作助人自助的目标。

五、危机介入理论的评价

在社会工作实务中，许多主动求助的案主都是在自己的生活中遇到了紧急状况，个人解决不了才来寻求服务，所以危机介入可以被视为社会工作者处理案主问题的一般手段。当人们无能力应对生活问题而遭遇危机时，就会向机构求援。因此，所有案主都可以被当作"处于危机状态中"，危机介入也就与整个社会工作有一定的关联。

（一）危机介入理论的优势

危机介入理论为社会工作者提供系统性的评估和介入的步骤，利用可预测的和实际的行动协助案主控制情况，重获动机并克服困难。该理论不把危机个人化和问题化，对危机有正面的看法，并指出其普遍性，强化社会工作者和案主解决问题的动力。这种观点也同时强调个体在面对危机时反应和适应的差异，它所采用的是一种弹性的助人方法。该理论采用折中主义，要求社会工作者按案主的情况和需要采取相应的策略去解决困难。

危机介入的重点在于让案主达到一个新的平稳状态，虽然社会工作者的角色具有积极性和导向性，但是也需要鼓励案主参与，以提升案主的能力并培养其自主性。显然，案主积极参与的能力受限于严重的精神压力，但是当压力减轻时，案主应多多参与。危机介入的优点在于，在有限的时间内集中焦点，协助案主解决问题，并重视非理性情绪、潜意识行为等。

（二）危机介入理论的不足

该理论将各成长危机和事态危机进行分类，并就介入过程列出了系统的步骤。社会工作者在协助有类似危机的案主时，自身的经验可以帮助他做出更快捷的评估，找出解决方法。但是，这也成了危机介入模式的局限所在。如果社会工作者相信一些案主对事物的看法各有不同，反应和处理方法也各异时，过分注重归类和按部就班做辅导，就会忽略案主的个别化需求。虽然危机介入受系统理论的影响，但社会工作者在辅导过程中，通常只集中于案主遇到特殊事件变化时的内在互动反应，对于环境的影响却未有深刻的描绘。例如，社会对事物的定义、对案主的看法必定有影响；社会环境和人们可以运用的资源与他们适应和处理事件的方法也有关。因此，案主个体所处的社会环境，是社会工作者了解该案主的危机及介入时所不容忽视的。

同时，危机介入的服务方式和社会文化背景有密切关系。就中国社会而言，个人与家庭关系有着不可分割性，个人的危机也就是家庭的危机。西方有学者认为，在不同的社会文化中，现有的理论假设和实务工作原则是否仍然有效，还需要更多的实证研究来证实。

可以说，现有的危机理论针对个人困扰产生所进行的讨论缺乏区位要素的分析，同时对社会系统影响个人危机的讨论较少，因而没有纳入适当的社区服务系统来处置危机。此外，有关个人因应危机问题时资源与社会结构和区位力量之间的潜在关联的分析，也是该理论所欠缺的。西方学者詹姆斯和吉利安提出，实务工作理论应把互动、社会结构和区位层面的压力，以及社会支持与压力因应等因素整合起来，作为提升危机介入的效能。

小　结

危机介入模式于20世纪40年代提出，现在已被社会工作、精神医学、心理学、护理学等许多学科和职业领域广泛应用。

危机状态是指个人过去习惯性的处理机制无法应对当前的问题状况而产生的状态，目标实现受挫、紧张性事件或情境都可能引发危机状态，并进一步导致个人产生无力感。危机的要素包括：具有影响个人心理和行为的突发事件或情境，致使个人认为生活重要目标的实现受到严重阻碍；有明显的懊恼情绪，此时个人无法系统地解决问题，心理高度脆弱，防卫性降低，或可能有日常生活功能，但无能力处理问题和应付事情，在短时间内，个人一定要做选择和设法取得平衡。危机发展分为四个阶段，即冲突期、应变期、危机解决期与适应期。根据导因的不同，我们可以把危机划分为成长危机与事态危机两大类。

危机介入主要是指有针对性地提供个人急需的帮助来协助其化解危机，以短期服务为主。它是一种费用少且可在短时期内解决案主当前问题的治疗方法。危机介入的目标分为两个调适层次，即最低层次与较高层次。通过社会工作者提供的短期、密集式服务，最低层次的目标是帮助案主恢复受损的社会功能，达到身心平衡状态；较高层次的目标是增强案主自身处理问题的能力，以达到促进发展的长期目标。

危机介入基于以下基本假设：当个人无力处理内在压力或外在事件而转成危险事件时，将引发危机；个人对危机情境的反应可以反映个人对目前压力的认知经验，而非个人病态；危险是暂时性的，而且有特定的发展阶段，但其持续时间因人而异；危机提供给个人成长和发展的机会，但结果各不相同。危机介入的方法可分为一般性方法与个别性方法两种。

危机介入的过程与步骤分为七步，包括建立良好的沟通关系、检视危险程度、了解主要问题、处理情绪和提供协助、研究可行性方法、订立计划、结案与跟进服务。危机介入的基本原则有：介入的目的重在恢复和增强案主的社会功能；社会工作者给予更多建议；社会工作者扮演主导性角色；介入目标的恰切性；资源配置的重要性；介入的时限性；介入的“此时—此地”；介入目标的集中和阶段性；介入重在解决亟待解决的问题；介入的结果是仍然要把自决权移交给案主。

参考文献

[1] LINDEMANN E. Symptomatology and management of acute grief[J]. American Journal of Psychiatry, 1944(101): 141-148.

[2] CAPLAN G. Principles of preventative psychiatry[M]. New York: Basic, 1964.

[3] BELKIN G S. Introduction to counseling[M]. Dubuque, Iowa : W. C. Brown, 1988.

[4] SLAIKEU K A. Crisis intervention: a handbook for practice and research[M]. Boston, M A: Allyn & Bacon, 1990.

[5] 宋丽玉，曾华源，施教裕，等. 社会工作理论：处遇模式与案例分析[M]. 台北：洪叶文化事业有限公司，2002.

[6] 秦安琪. 危机介入[M]. 香港：香港中文大学出版社，1997.

[7] ERIKSON E H. Childhood and society: the landmark work on the social significance of childhood[M]. 2nd ed. New York: Norton, 1963.

[8] PAYNE M. Crisis Intervention and task-centred models[M]//Modern Social Work Theory: A Critical Introduction (pp. 101-117). London: Macmillan Education UK, 1991.

[9] VINEY L L. A personal construct model of crisis intervention counseling for adult clients[J]. Journal of Constructivist Psychology. 1996, 9(2): 109-126.

[10] RAPOPORT L. The state of crisis: some theoretical considerations[J]. Social Service Review. 1962, 36(2): 211-217.

[11] GOLAN N. Treatment in crisis situtions[M]. New York: Simon and Schuster, 1998.

第七章 系统和生态理论

19 世纪的达尔文主义对社会科学产生了重要影响,20 世纪科学理论的发展危机和当时社会整合的发展需求孕育了系统理论。而系统理论应用于社会工作主要有两个原因：一方面,部分社会工作教育者不满传统个案、小组和社区工作方法的分类,因为每一种方法应用于实务时都存在一定的局限,因此他们试图寻求一个突破性的整合理论架构;另一方面,各种行为科学都受到系统理论的影响,作为以行为科学知识为基础的传统的社会工作,自然也对系统理论高度重视并加以应用。之后,学界又在系统理论的基础之上,发展出生态理论和生活模式,以更好地指导社会工作实务。

一、社会科学领域中系统理论的发展脉络

（一）系统理论产生的历史根源

19 世纪,达尔文主义对生物学和社会科学产生了深远的影响。20 世纪初,欧洲社会普遍出现的社会矛盾和阶级冲突成为社会学的关注焦点。而当时的美国社会正急于寻求解决多民族融合问题的方法,加之正值法西斯主义在德国、意大利涌动以及共产主义在苏联兴起之际,故各国的社会学家们在民族冲突、社会矛盾凸显的状态中更加关注社会的团结和融合,表现在政治上是希望国家能形成民主和自由的整体。这些社会学家的诉求当然需要理论的支撑,系统理论应运而生。

一般认为,一般系统理论的开创者是贝塔朗菲(Bertalanffy L)。自 20 世纪 20 年代开始,科学界原有的学说、定律和方法已难以满足新时代科学研究的需要。随着学术专业分工越来越细化,知识领域间的隔阂越来越大,从而导致问题的研究越来越缺乏完整性。20 世纪 30 年代后,各种专业相对独立的分析性研究方法,尤其使研究人类行为与组织的学科更加复杂,而过去以物理学追求均衡为代表的静态观点在研究人类社会时更显得格格不入。因此,贝塔朗菲试图建立一项各个学科共同使用的理论,使科学理论单一化,推动不同学科

的整合。这种趋势以系统的一般理论为中心，发展出一套一致性原则，使之贯穿于不同学科领域，从而接近科学理论单一化的远大目标。贝塔朗菲致力于提倡研究者不要仅仅使用物理学化的分析性和隔绝性的研究方法，要了解人类社会与整个世界，应该把握研究对象的层级特性，以综合与广泛的视角来研究问题。同时，贝塔朗菲主张研究对象与环境之间的互动，以及环境的各个次系统、环境系统与超系统之间的关系（Bello R E, 1985）。至20世纪50年代中叶，一般系统理论被引介到社会工作教育界，同时也受到一些心理学家、语言和学习论者、神经物理学和生物学者们的关注。从此，一般系统理论逐步得到推广运用。

在20世纪70年代，社会工作开始探索一套共同的实务理论，寻求一种整合共通的模式，尝试消除传统社会工作三种方法之间的界限。系统理论开始对社会工作产生重要的影响，几乎同时它也成为一个颇有争论的议题。一般来说，应用于社会工作的系统理论分为两种类型，即一般系统理论和生态系统理论，而生态系统理论是在一般系统理论的基础之上发展出来的。也有学者（Lockwood D, 1956）将帕森斯（Parsons T）的社会体系分析视为第三种类型。本章将简要介绍一般系统理论的主要概念和生态系统理论的主要观点以及在此基础之上形成的生活模式。

（二）帕森斯对系统理论的贡献

社会学家帕森斯与其后继学者都对社会工作系统理论的思想有着实质性的影响。有学者将帕森斯的社会体系分析视为一种系统理论，因为帕森斯的理论被视为结构功能派的开端，在其结构功能论中具有浓厚的系统理论色彩。1951年，帕森斯先后出版了《社会系统》和《迈向行动的一般理论》，提出了系统理论中诸如规范、角色、社会结构、社会制度、整合、社会系统等基本概念。这些概念虽然主要属于社会学范畴，但同时也对社会工作实践产生了深远影响。

帕森斯的系统理论强调社会系统内部各个变项间的相互关系。他分析社会制度后指出，所有变项均是非决定性的，即变项之间的重要性是对等的，同时指出了价值要素是最显著的。由此可见，帕森斯的系统理论避免过度强调经济的重要性，而强调价值共识是系统特殊的面向，即强调规范要素而非物质要素在社会结构中的重要性。帕森斯的系统理论强调社会结构如何发挥功能以达到社会整合的目的，那么依此衍生的社会工作概念体现在实务当中自然会有一种保守取向的意识形态。

二、系统理论的基本概念

系统理论的概念有很多，包括：系统自身的主要概念，如系统、界限、开放系统和封闭系统;系统运作和改变方式的概念,如输入、作用、输出和反馈;系统状态的概念,如稳定状态、内在稳定性、分化、非等加性和成长;等等。

(一) 系统

赫尔(Hull C L, 1952)对“系统”的定义是,它是由一些客体组成的群体,这些客体所具有的特质之间存在着关系。所谓客体,是指任何有形的或无形的事物,这些事物组成系统的分子。特质是指事物所具有的特点和性质。关系是使客体连成一个系统的条件,关系是将原本分离的分子结合起来成为系统。赫尔的定义主要是强调“相互联结的关系”。杰曼(Germain C B and Gtterman A, 1980)则认为,一个系统是一些在界限内彼此有互动的部分所组成的集合体。在杰曼的系统定义中已经有了明确的界限,强调系统内部的互动。另一位学者佩恩在此研究基础之上认为,系统是指有界限的实体,界限中生理和心理能量的交互作用更甚于越界的交流。佩恩的系统定义超越了系统内部的互动,开始关注系统与系统、系统与环境之间的互动。

(二) 界限

系统与环境之间产生互动和交流现象,但系统却不会被环境所内化,主要原因是系统有它的界限。界限将一个系统的内部和外部分开,也就是说把系统与社会环境分开。系统的界限有时候是模糊的,所以明确的界限必须有依据,或者是系统所存在的位置,或者是系统维持的方式,也可以是界限被侵入的程度,答案是复杂的。一般来说,对界限的界定是靠系统本身决定的,有时也必须考虑环境的影响力。一个界限模糊的系统可能是开放的,而一个界限十分明确的系统可能是封闭的。因此,确定一个系统的界限,要多加考虑,这样才能使系统本身与环境之间适当配合。

(三) 开放系统和封闭系统

开放系统是指系统内的能量可以越界互动,容许内部能力、资料和资源与外部环境相互交流与交换,其界限是可以相互渗透的。开放系统是一种动态的稳定状态,其内部仍有许多交互作用产生。系统中的次系统的运作是动态的,每一部分都通过功能的运作过程来维持稳定状态。开放系统有回馈的过程,回馈可以使系统了解过去的执行过程,修正未来工作的表现。

封闭系统是指系统内的能量不能越界进行互动与交流,因为界限是固定的,系统与外部环境完全是独立的。封闭系统的界限是很难渗透的,它所能达到的状态是依据原先的资源而保持固定不变,通过系统内部的互动与交流,达到一种静止的稳定状态。但是,这种稳定状态是暂时的,一旦有了外部环境力量的干扰,封闭系统往往就没有了应对力量,它不仅无法达到系统原先的状态，而且会导致系统崩溃。

（四）输入、输出与作用和反馈

输入是指能量和资源透过界限送进系统的过程。没有能量的输入，系统则没有持久生命力。输出是指能量的效应透过系统的界限释放到外部环境的过程。系统不仅要从环境输入能量，而且系统能量的输出会对环境产生影响，这表明系统与环境是相互渗透的。作用是指系统内的能量和资源是如何被应用的过程。反馈是指开放系统输出能量影响外部环境并引起新的能量再次输入系统的过程，从而使系统做出适当的改变以适应环境的要求。上述概念的关系如图 7－1 所示。

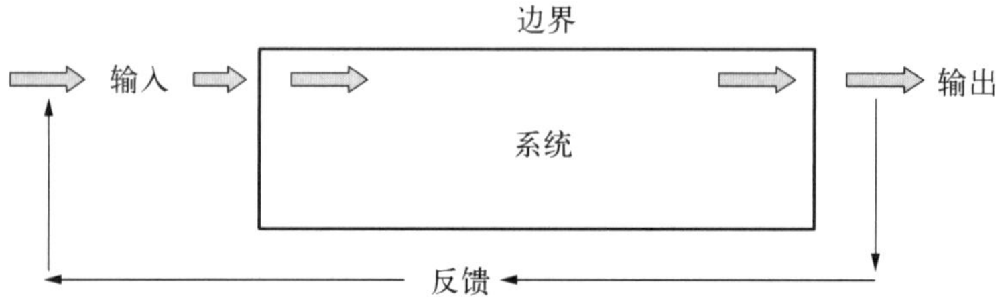

图 7－1　系统的输入、输出和反馈

（五）稳定状态和内在稳定性

稳定状态即系统本身依靠接受外界的输入和利用输出以维持系统的正常运作。内在稳定性是指系统在接受外界的输入并加以作用而产生变化的情形下，系统仍能维持基本能力。内在稳定性一般不受外界环境影响，有时是系统得以存在的根本所在。

（六）横向互动和直向交往

横向互动是指系统与系统之间跨界限的互动。直向交往是指系统内的各组成部分之间的互动。

（七）联系

系统内的各组成部分必须保持联系。通常这些联系应是双方流通的，而不是由单方所控制的。有效的联系亦常常被称为网络建设。

（八）平衡和动态平衡

每个关闭的系统通常都有其既定结构，而且与外在环境只有横向互动而没有直向交往，这种系统有其内在的平衡。

开放系统与环境之间有互动。在互动期间，开放系统与环境保持一种稳定的关系，这种状态被称为动态平衡。

（九）分化

分化是指系统在经历一段输入输出、作用反馈的过程后，包含了更多不同的组成部分，发展成更为复杂的状态。

（十）非等加性

非等加性是指系统是一个整体，这个整体并非部分的聚集，整体大于此系统各部分相加后的总和。

（十一）成长

成长是指在开放系统与其环境互动的过程中，系统本身的结构发生改变，以适应外在环境的变迁，从而达到自我改造和自我强化的过程。

三、系统理论与社会工作

（一）系统理论在社会工作领域中运用的历史

20 世纪 70 年代，注重个体的行为主义日益失去发展动力，取而代之的是一系列联结个人和环境的概念框架和方法。这一时期，环境在个案工作中的重要性凸显出来，并成为社会工作中讨论的焦点。然而，系统理论在社会工作领域中运用的历史可以追溯到 20 世纪 50 年代。1956 年，卢茨（Lutz W A）开始将系统理论引入社会工作界。1958 年，阿克曼（Ackerman N W）把系统理论运用于家庭治疗中。1962 年，施瓦茨（Schwartz W）将系统理论用于小组工作中。1967 年，沃伦（Warren R L）将系统理论应用于社区工作中。到了 1968 年，杰曼在《个案实务的生态观点》一书中，将系统理论应用于个案工作中。至此，系统理论在社会工作的三大方法中都有运用。1969 年，赫恩（Hearn G）的《一般系统方法》尝试把系统理论应用于社会工作的步骤中，其后史柏林（Siporin M，1975）、杰曼和吉特曼（Germain C B and Gitterman A，1980）等所发展的生态系统理论也产生了很大的影响，尤其是在美国，社会工作者都在尝试以系统理论为依据，建立一套社会工作实务的共通分析框架，提出明确的工作步骤。

（二）系统理论的思想和系统模式社会工作的介入

系统理论关注个人与环境的互动以及系统的联结问题。环境是一个所有因素互相渗透和互相影响的运作过程，系统的交互过程重新关注环境因素。换言之，人不是独立存在的，而是相互依赖的，必须在社会环境中依靠他人、依靠社会系统以获得满意的生活。基于此，平卡斯和米纳汉（Pincus A and Minahan A, 2021）利用系统的概念提出了社会工作运作方法。

平卡斯和米纳汉认为，社会环境中有三种协助人们生活的系统。第一种是非正式的或自然的系统，如家庭、朋友等，人们在这种系统中主要是以血缘、地缘关系为纽带联系的。第二种是正式的系统，如社会团体或工会等，联系的纽带主要是业缘关系。第三种是社会系统，如医院、学校等，它们主要是国家的福利机构。依靠上述三种协助系统，人们才可以在社会中获得满意的生活。事实上，即使存在较为完备的协助系统，人们也可能不知道或没有意愿去使用这些系统。甚至是现实生活中可能并没有人们所需要的资源，也就是说，这些协助系统在人们的生活中并不全部存在，或者这些系统对人们的需求并不适用，也有可能这些系统间就存在冲突。因此，人们在面临问题时不见得有能力使用这些协助系统，而既有的系统可能无法真正帮助人们解决问题。

社会工作将焦点放在上述协助系统上，尝试去了解在案主和环境的互动中是什么原因导致了问题的产生。系统模式社会工作认为，问题产生的关键并不是案主或者环境单方面的问题，而是案主和环境之间的互动出现了困难。因此，社会工作者运用系统理论介入时，帮助人们意识到协助系统的存在，促进人们和协助系统之间的互动，进而提高人们解决问题的能力，推动人们发展和改变社会政策。系统模式社会工作要面对的主要是系统，强调的是建立案主和系统之间的联系，促进案主和系统的互动，长远目标是发现一些对案主而言具有重要价值的东西，以提高案主的能力。

（三）基本社会工作系统

通过系统模式社会工作的介入，平卡斯和米纳汉进一步将社会工作的行动分析成四个基本社会工作系统，协助社会工作者认识其应扮演的角色。这四个基本的社会工作系统如下（转引自佩恩，1995）。

1. 改变媒介系统（change agent system）

它是指协助、推动和联系整个改变计划的个人或团体，包括社会工作者及其所属机构。无论是在什么性质的机构中，也不管社会工作者扮演的角色是被批准的还是被强迫的，一个社会工作者或者社会工作机构，都将运用其能力，促使案主发生改变，以达到目标。

2. 案主系统(client system)

它是指要求协助或需要帮助的个人、团体、家庭或社区。在案主系统里,案主在接受社会工作者的服务时,彼此之间制定一个协定或契约,通过社会工作者的努力,使个人、家庭、团体、组织或社区得到相应的利益。案主系统必须和改变媒介系统共同努力才能达到目标。案主系统是社会工作者展开工作时首先要接触的部分,但有时为了服务于这个案主系统,社会工作者必须影响另一个案主系统发生改变。也就是说,案主系统包括两类,一类是明确的、直接的案主,已经同意接受协助并同意参与,另一类是潜在的、间接的案主,社会工作者试着协助的对象。

3. 目标系统(target system)

它是指改变媒介系统为达到目标所需要改变的个人、团体或社区成员,包括要求服务的对象本身,也包括其他成员。一般来说,社会工作者和案主系统互相沟通,设定改变的目标,决定为达到目标所必须影响的人。对社会工作者来说,这是一项重要的诊断工作,在这里需要强调的是,案主系统未必就是目标系统。

4. 行动系统(action system)

它是指改变媒介系统为达到目标而合作的其他个人、团体或社区。经过上述三个系统互动之后,改变媒介系统并不是单独地努力去改变案主,该系统中的成员往往是和其他人一起工作,组成行动系统。需要强调的是,案主系统、目标系统和行动系统可能相同也可能不同。

例如,现在有一些需要接受矫治服务的儿童或青少年,由某社会福利机构的社会工作者提供服务。在案例中,社会工作者和所在的社会福利机构是改变媒介系统。接受矫治的儿童或青少年是案主系统,他们与机构订立了协议。除了接受矫治的儿童或青少年,有时他们的环境,包括其父母或同辈群体等,可能是社会工作者真正要去影响的案主,所以目标系统包括儿童或青少年以及他们的父母、朋友等。为了达到目标,社会工作者往往与儿童青少年所在的社区、学校或其他社会团体合作,组成行动系统。

为了达到不同的工作目标,社会工作者和行动系统会依据情况的不同而采取不同的方法,若社会工作者在一个新的系统之中工作,这个系统中的成员都可以彼此直接互动。例如,在医院团队工作中,社会工作者可以直接提出方案,向其他同事提出建议。若在一个已经存在并且正在运作的系统中,社会工作者加入后,就与其他伙伴组成了行动系统。例如,为了了解社区中青少年的帮派问题,社会工作者可以从该社区现存的系统中找出行动系统。在另外一种情形下,社会工作者和其他许多人并没有在同一时间有直接的互动,但是社会工作者必须与他们合作以实现改变。例如,矫治社会工作的从业者必须和就业辅导人员、雇主以及职业学校教师等合作来完成工作目标。

（四）系统介入模式的过程

依据上述四个基本系统，系统介入模式的主要过程如下。

1. 评估问题

该阶段主要的工作内容是案主的问题陈述、分析系统、设定目标和制定策略。具体地说，每个问题都有三个必须陈述的部分，即社会环境、确认此为问题的人物和如此确定的原因。社会工作者帮助案主分析各个系统是如何影响社会环境的，四个基本系统中包括哪些对象；在此基础之上设定目标，包括达到目标的步骤、决定其可行性和目标的优先顺序、切入系统和资源的要点、建立必要的联系、评估可预期的困难。

2. 收集资料

收集资料是了解案主的基本前提，运用访谈、利用研究性的测验、观察案主在家中的情境等方法来收集资料，并且记录下来。

3. 初步接触

在这一阶段，社会工作者一方面要接触案主系统，帮助他们克服矛盾情绪和阻力；另一方面，社会工作者要和系统的其他部分接触、联系。此外，社会工作者证明并提升机构工作对案主系统目标的价值也是十分重要的。

4. 协商契约

这一阶段主要是在社会工作者和案主系统间以及在社会工作者和其他系统之间进行协商、签订契约，界定工作内容，对每个团体的主要目标、将要执行的任务和改变过程进行描述。通过建立良好的关系，解释订立契约的目的，力求契约内容语言清晰明了。对于系统成员的反抗，社会工作者要接纳并承认反抗，提供新的信息，鼓励其充满希望，设定连续的目标，利用团体的力量来解决问题。

5. 组成一个行动系统去推动改变

有时行动系统的规模可能比较小，组成比较简单，例如仅是案主和社会工作者，或是案主及其家庭和社会工作者。有时行动系统规模较大，组成较复杂，如案主、社会工作者和其他机构。运作程序十分重要，对于不同规模的行动系统来说，社会工作者与案主等接触时间的长短、会谈的时间，以及行动的频率、地点和规则都会不一样。

6. 维持和协调行动系统

一般来说，行动系统比较复杂，因此，社会工作者应尽量避免系统混乱，使角色、沟通、权利、价值和目标趋向一致，维持和协调行动系统中的角色、运作程序和系统活动。在这一阶段中，建立良好的关系是维持和协调行动系统的关键。

7. 影响行动系统

影响系统中的任何部分都会影响其余部分，产生多种结果。社会工作者应该运用知识和经验、合法性权威、已建立的良好关系、地位和对信息的控制等影响行动系统，使之逐步达到目标。

8. 结束改变的活动

这是最后阶段，社会工作者总结评估、解除关系、稳定改变的成果，对上述活动做进一步的评估。

四、生态系统理论：生活模式

尽管社会工作一再强调“人在情境中”的历史的、系统的取向，但是这仅限于在社会工作理论领域中讨论，而在许多社会工作实务中并未超出个人的内在心理变化过程和个人与家庭的互动过程。理由是系统理论的概念抽象程度过高，系统界限模糊，未能指导社会工作者如何介入其工作。

为了缩小系统理论的抽象性和实务工作需要之间的差距，杰曼对社会工作实务的“环境”重新进行了概念化，引入了“生态”概念。杰曼认为，生态观点不仅提供了系统的有机视角，而且和人们的生活体系相关联，尤其关注人类生活经历，由此生态观点比系统理论更能体现出社会工作的价值基础。按照生态的观点，社会工作不仅能消除环境对人类生活的障碍，而且直接关注人类的成长、发展和能力的提升。这样，社会工作者就可以介入个体、环境或者个体和环境的互动之中，并使两者达到适应性平衡，促进个体的能力提高。尤其是生态理论强调提升个人的能力，以试图改变环境。后来的生态理论更是将关注点放在开发能力和生命历程之上，这些都促成了后来的生活模式实务的形成。

（一）生态系统理论的基本思想

生态系统理论来源于生态学和一般系统理论。生态学关注有机体在环境中的适应性以及有机体在环境中获得的动力平衡与成熟的过程，注重人类生命有机体与其周遭环境之间的互动，这对社会工作的服务理念的层次和深度影响都较大。人类现代生活问题丛生，社会工作作为助人的专业，需要从生态理念中发掘出人类的社会生活与环境因素之间的互动，致力于协助人们在其生命循环中有效克服难题，从而满足生活需求，实现生命价值。

生态系统理论认为，个案现象是一个多层面的相互联系的事实，应该避免进行过分简单化的理解。生态系统理论试图通过界定个案在概念中的界限来为个人、家庭、群体和社区提供一些明确的特征，其概念不像系统理论的概念那样抽象，有利于社会工作实务的介入。生态系统的种种关系可以通过绘制“生态图”（ecomap）来表达清楚。如图 7－2 所示，生态图可以将影响个案的种种因素清楚地呈现在社会工作者面前。绘制生态图是生态系统理论实务工作的中心。

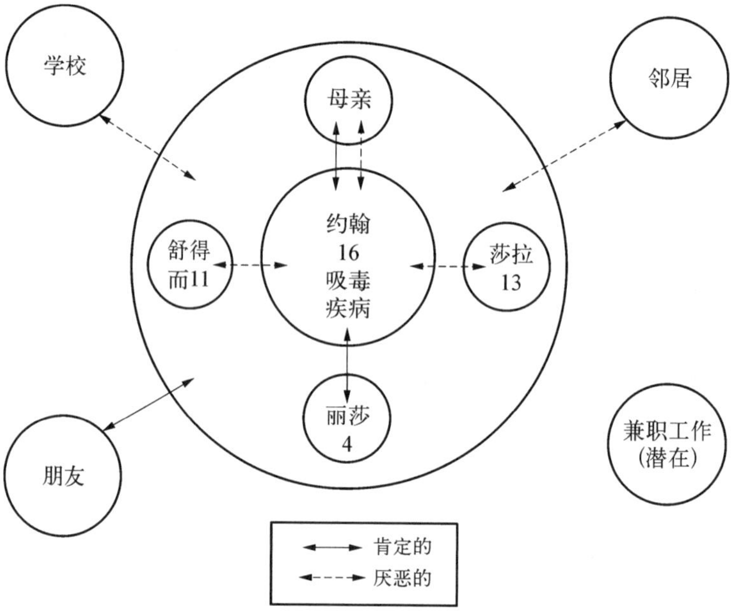

图 7－2　生态图举例

（二）生活模式的基本思想

杰曼和吉特曼为社会工作实务的生活模式付出了努力，如杰曼、吉特曼围绕生活模式的社会工作实施这一主题出版过专著（1980）、发表过论文（1976）。两者均试图从行为科学与生态观念等角度来探索人类生活的复杂性。生活模式是一个生命过程社会工作实务模型，重视人的生命过程，个人对于健康、不断成长、发展能力和压力的释放有着内在需求，人们通过对环境的塑造最大限度地获取福利。在个人、家庭、群体和社区实务之中，生活模式实务运用一般的或不同的社会工作知识和技巧，计划和开展促进成长与预防性社会服务，甚至介入政治倡导活动。

生活模式的基本观点认为，人们是不断适应多变的环境的，他们在改变环境的同时也被环境所改变。人们经过改变而进步，环境也支持这样的改变，便产生了交互适应。社会问题，如贫困、歧视等扰乱了整个社会环境，降低了自然交互适应的可能性。生命系统（也就是独立的个人或团体中的个人）必须和环境维持良好的适应性。

当交换破坏了适应的平衡时，就会产生压力，并使个体的需求、能力和环境之间的平衡状态出现问题。这些压力主要来自生活转变，如发展性的改变、地位和角色的改变以及生活空间的重建等；压力也来自环境，如不平等的机会、僵化的组织等；压力还来自人际交互过程，如剥削和不一致的期待等。当然，并非所有压力事件都会导致确切的压力，这要看个人和环境而定，特别是个人对事件的感觉。就这方面而言，生活模式强调认知的重要性和控制外界的能力，相信人的问题是可以经过学习或改变环境来解决的，只是它强调必须先找出问题发生的原因，或许是改变个人，也可能是改变环境来配合个人需求。这不像行为修正只强调协助案主达到改变或调整案主功能中某些特殊问题的目标，而不去了解引发问题的因素与各种行为之间的关联性。

生活模式与其他社会工作模式最大的差异在于，它强调通过环境的改变来协助案主解决问题，有针对性地解决人生不同阶段所产生的各种问题，而不是强调个人的过去经验会影响到此时此刻的生活适应。它不像心理分析学派那样着重改变个人的人格，以谋求适应性问题的解决，它只是强调个人能力上的差异影响其对问题的解决。因此，生活模式社会工作的目标是强化个人的适应能力，进而影响周边环境，使交换过程更具适应性。

（三）生活模式社会工作实施过程

生活模式社会工作实施过程一般分为初期、中期和结束三个阶段。

1. 初期阶段

在初期阶段，社会工作者必须从自己掌握的案主的资料中了解案主的背景，包括案主本身及其环境、问题的产生和形成过程。尤其重要的是，社会工作者必须依赖专业知识从理论上思考和研究案主的问题，并且运用同理心去体会案主在问题情境中的情绪、感受、态度及反应。社会工作者可以用角色扮演来引导问题，了解案主的情况，由此来确认并整合案主的观点。产生回应、知晓案主的感受并且回应案主是重要的历程，这些情绪反应必须与客观的评估结合在一起，否则难以保证工作过程的客观性和专业性。

在充分了解案主的基本背景资料后，社会工作者与案主共同讨论，对有关问题如目标、各自的任务、服务次数安排等进行界定，达成共识后，双方的义务和权利界定也就清楚了。如果案主问题的性质并非机构所能界定，就应澄清机构的职责和功能，转告案主并转介至合适的机构。

在与案主接触的初期，社会工作者最先遇到的困难可能是如何与案主建立良好的专业关系，使案主能信任社会工作者，开始协助的过程。也就是说，社会工作者与案主建立良好的关系是至关重要的。事实上，案主有时不会轻易承认自己需要接受他人的协助，承认自己必须改变，因为一旦接受协助或者承认自己的问题，案主的自尊心就会受到伤害。因此，社会工作者首先要协助案主获得心理上的自由，使其能自由地与自己讨论生活中面临的问题。如何使案主信任社会工作者呢？除了表达真诚、尊重和加强交流外，社会工作者具备专业的知识和技能十分重要。在此基础之上建立的良好的专业关系有助于提供一个良好的互动环境，从而利于案主对问题的解决充满希望。

2. 中期阶段

生活模式社会工作针对人生不同阶段所产生的各种问题提出解决办法，强调认知的重要性和控制外界环境的能力，相信人的问题是可以经过学习或改变环境来解决的。或者是改变个人，或者是影响环境来满足个人需求，强化个人的适应能力。因此，这一阶段的服务内容注重对问题本质的了解，并寻求解决的办法，社会工作者不仅要全面地了解案主，更要协助案主对自我不断进行深入了解。

案主会有不同的需求，也会面临各种问题，可能源于人格本身，也可能是环境的压力，或者是人与人之间的冲突。针对上述各种问题，社会工作者应使用各种专业技能协助案主不断增强适应力，解决生活中所遇到的问题。

生活模式社会工作更加关注案主的转变，即社会工作者的主要目标是协助案主运用改进的适应机制来使自己进步。第一，社会工作者要提升案主能力，如强化案主动机、肯定并支持案主、协助其掌控自己的情绪。第二，社会工作者协助案主学习解决问题的技巧、澄清概念、提供适当的信息和可供模仿的行为。第三，社会工作者动员外部环境予以支持，使案主能相对自由行动而不受外界的无理束缚。

3. 结束阶段

在结束阶段，案主会出现拒绝和激烈的情感表现等，案主和社会工作者可能会被痛苦的分离所影响，因此社会工作者应事先认真准备，以便成功地结束整个过程；应事先回顾案主失落的经历，阶段性地处理负面感受，评估案主的进步。

假如有需要的话，社会工作者可以制定日后的追踪计划，以达到更好的服务成效。此外，社会工作者有责任从接触的个案资料中延伸出社会性议题，而这些议题是来自案主和机构或更大范围的系统间的互动。

在整个运作流程中，以上三个阶段是彼此互相联系的，是一个连续的过程。社会工作者与案主各有不同而相关的目标。在成功的案例里，社会工作者和案主合作，共同经历每一个过程，案主顺利做出积极性行为，摆脱原有的困境。当无法达到理想效果时，社会工作者不宜将责任推向案主，认为案主不够合作或不努力，因为不管成功或者失败，都是双方共同努力的结果，其最终目标是由社会工作者协助案主逐渐学习面对问题的正确态度，以后再面临问题时案主能够自助，成为具有适应外界环境能力的人。

五、系统和生态模式社会工作的评价

（一）系统和生态模式社会工作的优势

系统和生态理论的架构与方法，形成了与强调个别和心理的传统社会工作实务不同的理论形态，并且是社会工作中少数综合性的社会学基础的理论。它比心理学取向更加注重人们间的交互影响，重视个人和社会系统环境的互动，强调个人适应环境并促使环境的改变。

系统理论是一体的、整合的，包括个案、团体、社区工作，而不特别强调用哪一种干预方式，并且提供了描述各层面事物的全方位方法；系统理论避免对行为和社会现象做直线性、决定性因果的解析。

（二）系统和生态模式社会工作的缺陷

系统理论中有许多复杂的专业用语，不能直接用于社会工作对人类活动的分析，这是系统理论和行为修正理论外借专业术语的不足。

系统和生态模式大多是说明性的，而非解释性的，虽然它建立了个人行为和社会不同层次的联系，但是并未解释为何出现这种情形，为何这种联系会存在，这就过分简化了人和社会环境及其相互之间的关系。

系统和生态模式过度概括、过分简化社会工作介入过程，视社会工作过程为一个高度逻辑化、理性化的过程。在实务过程中，人们无法知道通过做什么、在何处做、如何做来影响系统。因为并不知道系统各个部分如何互动，所以也无法在系统中控制干预的效果。它认为，影响系统的一部分便会影响到其他部分，实际上似乎没有出现这种情形。

在系统之中，许多事情可能被套入一般的架构中，但是决定界限是很复杂的或是不可能的。特别是生态系统理论可能过度重视系统中各个部分的整合，而认为系统中所有部分都需要维持并且相互关联，因此倾向于假定系统应予以维护，应该维持平衡而并非改变或者被改变。同时，系统理论倾向于认定冲突是不良的或不可取的，事实上并非如此。

系统理论的专门术语和概念是比较不明确的，但案主和他们的世界仍被视为系统，它给人提供了一个能平衡情绪、人际和环境的印象。然而，它强调个人应该适应环境，而非环境适应个人，因此就像行为修正模式在道德上被批评为对于服务对象只是关注施加社会压力，而非着眼于案主的自愿的社会工作服务模式。这种非人性化的特点失去了对人的个别关怀，视人为被改变的客体，缺乏对价值观和道德观的关注。

小 结

系统和生态理论是在社会工作学科需要融合和社会需要整合的背景之下产生的。与传统社会工作思维架构不同的是,系统和生态理论重视个人与环境的互动以及系统的联结问题。通过系统模式社会工作的介入,平卡斯和米纳汉进一步将社会工作的行动分析成四个基本社会工作系统：① 改变媒介系统;② 案主系统;③ 目标系统;④ 行动系统。

系统和生态理论提出了一体的、整合的方法,并且提供了描述各层面事物的全方位方法,而生活模式是一个关于生命过程的社会工作实务模型,在实务操作上,更便于直接介入社会工作服务的过程。同其他理论与模式一样,系统和生态理论同样存在优势与缺陷。

参考文献

[1] BELLO R E. The systems approach：A Bogdanov and L von Bertalanffy[J]. Studies in Soviet thought. 1985(30)：131 - 147.

[2] LOCKWOOD D. Some remarks on"the social system" [J]. The British Journal of Sociology. 1956, 7(2)：134 - 146.

[3] PARSONS T. The social system[M]. Oxfordshire：Routledge, 1951.

[4] PARSONS T, SHILS. Toward a general theory of action[M]. Cambridge, Mass：Harvard University Press, 1951.

[5] HULL C L. A behavior system：an introduction to behavior theory concerning the individual organism[M]. Westport Conn：Greenwood Press, 1952.

[6] GERMAIN C B, GTTERMAN A. The life model of social work practice：advances in theory and pratice[M]. New York：Columbia University Press, 1980.

[7] LUTZ W A. Concepts and principles underlying social casework practice[M]. Washington：National Association of Social Workers, Medical Social Work Section, 1956.

[8] ACKERMAN N W. Toward an integrative therapy of the family[J]. American journal of Psychiatry. 1958, 114(8)：727 - 733.

[9] SCHWARTZ W. Toward a strategy of group work practice[J]. Social Service Review. 1962, 36(3)：268 - 279.

[10] WARREN R L. The Interorganizational field as a focus for investigation[J]. Administrative science quarterly. 1967, 12(3)：396 - 419.

[11] HEARN G. The general systems approach：contributions toward an holistic conception of social

work[M]. Alexandria, Virginia: Council on Social Work Education, Inc, 1969.

[12] SIPORIN M. Introduction to social work practice[M]. New York: Macmillan Publishing Co, Inc., 1975.

[13] PINCUS A , MINAHAN A. A model for social work practice[M]// Integrating Social Work Methods. New York: Routledge, 2021.

[14] 佩恩. 当代社会工作理论：批判的导论[M]. 周玟琪,等译. 台北：五南图书出版有限公司,1995.

[15] GITTERMAN A, GERMAIN C B. Social work practice: a life model[J]. Social Service Review. 1976, 50(4): 601-610.

第八章 增权理论

“增权/充权”(empowerment)是最近几十年来社会工作文献中最经常使用的词语之一。“增权”作为一种重要的社会工作手法,近年来也常常被海内外社会工作者运用至具体的服务过程之中。因此,仔细辨析增权的概念以及相应的社会工作模式,无疑对社会工作的理论建设和实务推展大有裨益。

一、增权理论的渊源和发展

什么是增权理论？它的核心是什么？如何运用增权理论来开展社会工作？这是本章所要深入探讨的话题。

(一)增权的概念界定

增权的概念和“权力”(power)、“无权”(powerlessness)这两个概念具有十分紧密的内在逻辑联系。对此,古铁雷斯等(Gutiérrez et al.)曾经这样描述：作为一些几乎没有社会与政治权力的群体成员……资源获取的不平等会阻碍这些成员及其家庭和组织获得他们所需要的社会物品。这种不平等会造成无权感,从而使社区或家庭系统不能很好地发挥功能。这些受到伤害的系统无法发挥原有的作用,即不能保护个人免受来自压迫情境的负面影响。这个圆圈只有通过改变权力的分配才能够得以扭转(Gutiérrez L M, Glenmaye L, and Delois K A, 1995)。显然,古铁雷斯等认为,社会中存在着无权现象,欲改变此种状况只有重新分配权力,而增权是达到这个目的的唯一途径。

那么,什么是权力、无权和增权呢？

1. 权力和无权

对于权力,古铁雷斯等认为,以往定义权力的方式可以归纳为以下三种：第一,获得所需要的资源的能力;第二,影响他人思考、感受、行动或信念的能力;第三,影响资源在诸如家庭、组织、社区或社会等社会系统中分配的能力。他们指出,权力有不同的来源,而且因为它是在社会互动中产生出来的，所以它是无穷的（Gutiérrez L M, Delois K A, and Glenmaye L, 1995）。

古铁雷斯和刘易斯（Gutiérrez L M and Lewis E A, 1999）进一步认为，由于权力是通过社会互动过程产生出来的，因此权力赋予人们影响其生活过程的能力、与其他人共同控制公共生活的能力，以及加入公共决策机制的能力，同时权力也可以用来减少被刻上耻辱烙印的群体的各种机会，把其他人及他们的关注排斥于决策之外，以及控制其他人。

在社会工作的论著中，权力及其运作包括三个环节：第一，权力通常等同于个人的适应能力或才能。第二，个人的权力感是和作为人类的积极的自我概念、自尊、尊严感、福祉感等密切相关的。第三，权力一般是以一种循环的方式发挥功能，当一个人对其他人和环境施加影响时，作为回报，他会获得一种从身份和地位的角度来看的“重要感”，反过来这种感觉会促进其积极的自我形象、身份和权力的形成。

由此而言，权力不外乎是指人们所拥有的能力，但这种能力不仅表现为一种客观的存在，而且表现为人们的一种主观感受，也就是权力感，而这种感受可以强化人们的自我概念、自尊、重要感等等（陈树强，2003）。

如果说权力意味着诸种能力的话，那么无权显然就是缺乏这些能力。倘若从资源的角度来看，一些学者认为，缺乏资源也是无权。这些资源包括有形的如金钱、住所、衣服等等，也包括无形的如积极的自我概念、认知技巧、健康、身体能力、支持性社会网络等（Hirayama H and Cetingok M, 1988）。此外，无权不仅是一种能力或资源的缺乏状态，同时也是一个内化过程。在这个过程中，人们会因承认自己的情感、智力和精神思想的形式妨碍实际生活而造成真正的无权。一方面，失依儿童家庭津贴享受者出于某种原因没有权力改变这些方案和给付；另一方面，他们认为自己“相对于科层组织是无权的”观点增加了他们实际上的无权感。这种“无权”的感受，实际上是在个人与其环境不断互动中建构出来的。作为这种连续互动的一个结果，许多社会工作的服务对象会把自己看作无权的，并因此指责和贬低自己，进而陷入更加无权的恶性循环之中（Parsons R J, Jorgensen J D and Hernández S H, 1994）。

具体而言，主要是以下一些因素造成个人的无权或产生无权感，它们是：第一，低微的自我形象；第二，对权威的屈服；第三，缺乏知识和技能；第四，缺乏机会；第五，连续受压的经历；第六，恐惧被报复。

根据以上论述，我们可以得出这样一个看法：无权可以看作社会工作介入的理由，获得权力是社会工作介入的目标，而增权则是社会工作的途径。

2. 增权的含义

关于增权的概念，本节尝试从以下一些学者的论述出发，然后再来讨论他们所表达的共同之处。

考克斯（Cox）和帕森斯（Parsons）认为，增权是一个能够促使个人有足够力量去参与、控制和影响自身生命的过程（Cox E O and Parsons R J，2001）。

拉帕波特（Rappaport）则指出，增权是一个过程，是个人、组织和社区对事务获得控制的机制。增权过程也令个人能够对自己及生命中的机会进行积极有效的控制（Rappaport J，1984，1987）。

从上述不同的定义中，我们可以看到一些共同要素。对此，基弗（Kieffer）指出，在增权概念中集中了公民的能力、社会政治修养、政治能力或参与能力三个构成要素。基弗进一步认为，下列各项是这些构成要素的先决条件：促进积极的社会参与的个人态度或自我观念；对定义环境的社会和政治系统进行批判性分析的知识和能力；发展策略和为实现自己的目标筹措资源的能力；利用有效的方式与其他人一起定义和实现集体目标的行动能力（Kieffer C H，1981）。

在人类服务尤其是社会工作领域中，增权基本上被描述成为一个目标、一个过程、一种介入方式，由此我们可以发展出一个关于增权的操作性定义：

第一，增权是一种理论和实践，处理权力、无权和压迫以及它们如何造成个人、家庭或社区问题的议题；

第二，增权的目标是增加个人、人际和政治的权力，以便个人、家庭或社区可以采取行动改善处境；

第三，增权是一个过程，可以发生在个人、人际和社区等介入层面，其针对的改变也包括多个层面；

第四，增权通过诸如建立信任关系、提升意识、构筑支持网络、传授技巧、进行社会倡导等多种介入方法发生；

第五，有效实践的目标并不只是适应，而是服务对象或社区实际权力的增强，以便他们可以采取行动，防止问题的发生或改变其所面临的困境（陈树强，2003）。

从增权的概念中，我们可以引申出一个十分重要且敏感的话题：谁给谁增权？在社会工作领域中，尤其需要明确的是，增权并不是“赋予”服务对象权力，而是挖掘和激发案主的潜能。对社会工作者来说，权力/能力存在于服务对象本身，而不需额外增加。在介入过程当中，社会工作者并不拥有可以赋予服务对象的权力，对此我们始终要有清醒的认识。

此外，古铁雷斯等（1998）认为，上述增权实践、过程和介入表现于不同的层面，它至少涉及以下三个层面：个人层面，强调提高自我形象，重获对自己生命控制的信念；人际层面，强调人与人之间的平等，构建与别人共处团结的能力；政治层面，强调依靠学习争取资源的平均分配,强调社会行动和社会改变的目标。

另有学者则认为,增权涉及个人、组织和社区三个层面(Perking D D and Zimmerman M A, 1995)。个人层面上的增权包括参与行为、施加控制的动机、效能和控制感;组织层面上的增权包括共同领导、发展技巧的机会、扩展有效的社区影响;社区层面上的增权则包括公民参与社区决策的机会、容许在冲突期间公正地考虑多种观点等等。

(二) 增权理论的思想渊源

20 世纪 70 年代,增权理论在西方一些国家兴起,除了实践基础,也具有深刻的思想背景和深厚的政治渊源。古铁雷斯(1990)曾经指出,增权理论和实践根植于社区组织方法、成人教育技术、女性主义理论和政治心理学之中。另一位学者西蒙(Simon B L, 1994)则详细地探讨了增权取向的政治和思想基础主要源于以下几个部分。

1. 新教革命的影响

这种影响主要体现在下述三个方面。

第一,16—17 世纪的新教革命使西方社会成员认识到自己有责任决定自身世俗状态的进程,也使他们坚定了一种信念:通过努力工作,任何人都可以极大地改变自己,并承担起相应的责任。

第二,新教革命灌输了一种理念,即所有信徒都可以通过阅读和解释《圣经》直接辨认出上帝的旨意和发现真理,而无须求助于宗教"专家"以及教士之类的中间人,这样就把民主观念引入了基督教的思想之中。

第三,17 世纪的贵格会教义(Quakerism)宣扬这样一种思想:"灵光"存在于每一个人身上,上帝是每个人心中固有的,每一个人的生活都是神圣不可侵犯的。这种思想把尊严、价值和救赎的可能性扩展到包括被打上耻辱烙印的贫民和堕落的罪犯在内的所有人身上。这又为形成增权传统的思想宝库增添了另一个民主化前提。

2. 商业和工业资本主义的冲击

资本主义造成的城市化、殖民化、工业化,使 14—18 世纪的欧洲大部分人口和 19 世纪 30 年代美国白人迁移者中贫困人数成指数增长。他们发现,自己没有土地,没有亲密的扩大式的家庭,没有工作和收入,也没有在社区或社会中被认为合适的职务。这种无权、无根和被边缘化的经历,以及当时领土、文化和经济混乱又相互渗透的社会状态,直接提供了一个残忍而又具有强迫性的动力,迫使人们探究其苦难的原因,并加速了他们对纠正、解放和增权的追求。

此外,承担风险、勇于冒险和创造、展望和规划更加繁荣的未来、辨认与其一起分享经济和社会利益的其他人等等,都是资本主义产生和发展的前提。这些极具价值的因素,在前资本主义体系中没有充分地发展起来，潜在地演变成为 19—20 世纪增权运动成员的理想面向。

3. 杰弗逊式民主的贡献

思想家杰弗逊把卢梭关于人类的平等、独立、清白的信念，以及洛克关于所有人都是平等、理性的，都受互惠和公正原则制约，因而能够自律的观念，写进自己的哲学之中，并坚定不移地宣扬"凌驾于整个社会之上的权力，不是依赖于特殊的选民实体，而是依赖于更广大的人民"的普遍主权的持久信念。杰弗逊还积极倡导发展志愿组织，建立以面对面关系为特征的地方社区和去集中化、地区化的政府，以便让许多公民尽可能地参与政府工作，相信一旦普通人通过教育获得学习和回应一般福利中显而易见的议题的机会时，就会拥有在大事或小事上的自治能力。杰弗逊对"由下至上"的民主的偏爱和鼓吹是增权传统的核心基础之一。

4. 先验论的浸润

先验论强调人类的尊严和神授的可能性，强调人们掌握来自上帝的启示的理性和直觉的力量。先验论者承继了关于人类是完美的和基本上是善良的信念，同时拒绝承认个人的选择和活动受中心支配的机械宇宙观。此外，先验论要求把理念直接应用到生活中。许多先验论者沉浸于集体社会改革运动的网络之中，以及利用先验论生活方式创建公社实践，规划社区，以此在制度上实践其成员的神授性、平等和自由。

先验论对人性的普遍信念、对每个人理性力量的平等信仰，以及通过社会变革和实验投身于对其理想的直接确认，这些使得它自身象征着增权活动。

5. 乌托邦社区的理想滋养

1830—1850 年，西方有识之士认识到，工业化和城市化会导致社区和大众文化"即将到来的和可能无法恢复的丧失"，因此谢克斯（Shakers）等发展起有计划的宗教社区，傅立叶和欧文也建立起新生的社会主义社区。后者的实验依赖于激进的平等主义信念：好的社会理应是一个没有阶级的社会和一个由许多小规模社区构成的社会，而那些社区以邻里的自由结合，以及地位、资源和权力的平等为基础。傅立叶和欧文等倡导与实践"对女性解放的理论和实践上的承诺"做出了良好的示范。这些前马克思主义社区实践检验和积累了有关理念，它们后来成为关于人际和社区贡献具有可转换性质，以及互助关系在日常生活中具有重要意义的增权传统的核心。

6. 无政府主义理念的间接推动

无政府主义始终认为，互助是社会生活的基础，并力求用合作取代竞争，用个人和小群体的自由结合取代集中化的权威。他们坚决反对社会达尔文主义，坚信自然的合作秩序可以通过修正和实验演化得来。其中，互助是一种比自私和为了生存与霸权而竞争更核心的自然力量。概括而言，西蒙认为无政府主义在西欧和美国使五种重要理念的承诺得以普及：一是小型的、去集中化的志愿联合的社会组织及其功能；二是在自主的自愿联合中建立联盟的重要性；三是设立没有等级权威的功能组织目标；四是由社区控制、社区功能、工人控制、工作场所决定；五是强调努力实现改变的方向、最后的结果与努力的价值不可分离。

正因为如此，西蒙认为，19世纪90年代以来社会工作增权哲学和实践活动的兴起，无疑受到了这些无政府主义原则间接但却重要的影响。

7. 公民权概念的理想倡导

公民权的概念由19世纪法国启蒙哲学家们提出来，它包括三个构成部分：民权、政治权和社会权。民权源于18世纪关于"人"的自然权利的信仰和国家对这些权利的保护。在公民权的概念中，民权基本上是在司法和立法意义上防止政府、军队、专制统治者、教会对个人生活、自由或追求幸福的侵犯。然而，在19世纪时，对于那些在历史上由于种族、性别、缺少财富等而被剥夺公民身份的群体而言，这种公民权的概念太有限了。为了被赋予权利，许多个人和群体发现，在正式履行投票权、立法权、地方当局执政的权力的过程中要求积极的角色是必要的。这样一来，公民权概念被转换成解放和投票运动，包括市民保护和多面向的政治参与权。进入20世纪以后，英国、斯堪的那维亚半岛的国家、美国的社会民主主义者与社会主义者提出，公民权的概念必须增加一个社会面向。因为在资本主义社会中长期处于经济劣势的人，实际上与经济上占优势的人并无同样的机会和能力享受法律上和政治上的公民权，所以力求减少资源的不平等以及由这种不平等所导致的对民权和政治权的限制，这是社会权运动的一个主张。对此，西蒙认为，对于社会权的缔造者和以增权为本的社会工作者来说，公民权社会契约的充分参与，会受到有着内在联系的市民自由、政治权和社会经济授权"三位一体"结构的影响。

（三）增权理论的历史和发展

在社会工作专业发展的过程中，真正出现的目前被普遍认可的"增权"的名词或概念是所罗门（Solomon）出版于1976年的《黑人的增强权能：被压迫社区里的社会工作》一书。即使如此，也有很多社会工作者认为，增权概念或理论其实是一个非常繁杂而细致的建构。具有增权含义的社会工作理念与实践发展已经超过100年，西方学者西蒙把有增权取向的社会工作传统发展划分为三个时期。

1. 早期阶段：1893—1917年

这个时期的增权取向实践具有以下特色：一是提供具体的和社会性的支持；二是技巧的传授；三是重视案主的参与；四是公开分享机构的信息。

2. 两次世界大战期间：1917—1945 年

世界大战和经济萧条引起西方各国政府对本国经济和社会发展实施干预，于是在一片公共福利大幅度扩张建制和积极改革的气氛中，社会工作专业中的干涉主义和增权取向这两个迥异的传统取向同时找到了发展的空间。增权取向的社会工作观点融入了弗洛伊德有关个人潜意识冲突的释放学说、黑人意识觉醒的国家主义思考、存在主义思潮中倡导个人自由权和社会主义提倡的社会改革行动等主张。这一时期增权取向的社会工作以下列方式来协助无权化的案主：第一，号召和推动建立社会安全制度；第二，注意母亲和儿童的健康照顾议题；第三，建立美裔黑人的社会工作学校；第四，倡导社会服务的正常化运动。

3. 现代发展：1945 年至今

两次世界大战结束后，美国面临着重建议题，同时国内社会矛盾日益突出，于是美国政府大幅度增加福利预算以改善弱势群体的生活。但随着经济的快速发展，全民消费的增加，政府的福利建制因执政党理念的不同而摇摆不定，正因为受这种多元化和国际化思潮的影响，社会工作实践的观点趋于百家争鸣，而增权的观点和主张也在其中。但社会工作的实施真正进入所谓"增权取向时代"大约在 20 世纪 80 年代，这是因为在这之前，随着社会福利计划的普及，社会工作人员在实践政府照顾民众生活方面的干涉愈加广泛，这其实是一种以好意为名的干涉行动。而增权观点的建构就是发展一种反对干涉的实务模式，以解放案主的"个人自主性"与"改革社会"为目的。

社会工作人员传统上所服务的对象通常是能力最低、资源最少的人口群，具有增权观点的社会工作人员由此认识到案主的痛苦与困境并非源于个人的缺陷，而是产生于社会中强势权力团体的疏离和压迫。在心理上经历无力感、无助感、疏离感或失去自控感，在政治、经济面上缺乏参与社会与改革行动所需的权力、能力和机会。因此，增权的社会工作实务历程是依据个人所描绘的生活蓝图而进行的一系列活动，并非依赖助人者的专家观点。这些活动包括：找出制造问题的能力障碍，制定与执行可以减少直接与间接能力障碍的特定政策，最终目的在于降低个人在标签化或边缘化的团体中所受到的负向价值贬低产生的无力感。具体而言，要帮助无权或缺权的案主以获取能力或增强能力，社会工作的实施不仅要增进弱势案主的高度自我价值感与自我主控能力，还必须借由辩护、教育学习、政治参与、集体活动、社会运动等行动实践以激发其意识觉醒，最后汇聚成更宏观的社会转型、社会变迁，这和强调家长式干涉主义的社会工作传统截然不同。

基于上述理念，20 世纪 80 年代以后增权取向的社会工作理论和实践的发展特色有：第一，社会工作的干预必须开始于回应案主认定的需求；第二，鼓励案主参与同辈/同类的网络建立；第三，强调机构的工作重心在于增进与维系改进。

二、增权取向的社会工作模式

（一）增权取向的社会工作特点

增权取向的社会工作的一个核心的理念是始终把案主看作具有多种能力和潜力的个人、家庭、群体和社区，而无论他们有多么弱势、无能力、被贬低或自我毁灭。因此，社会工作者和案主的工作关系是以案主的特殊能力、资源和需求为前提，支持案主或案主群使日常生活更加有报酬性和在与他人的伙伴关系中施加共享的权力。这种伙伴关系的目的是鼓励案主在追求和巩固自尊、健康、安全、社会权利的过程中充分利用自己的优势。总之，焦点在于案主的能力和优势。

简言之，按照西蒙（Simon B L，1994）的观点，增权取向的社会工作的基本特点主要有：（1）社会工作者和案主、社区领导人等建立合作伙伴关系；（2）强调案主的能力而不是无能力的；（3）支持着眼于个人、着眼于社会和物质环境的双重工作焦点；（4）承认案主是积极的主体——具有相互关联的权利、责任、需求；（5）利用自觉选择的方式，把专业的能量指向历史上被去权的群体及其成员。

（二）增权取向的社会工作模式

古铁雷斯等（1998）认为，增权是一个过程，而这个过程通常有四个重要的构成要素（详见图 8－1 和图 8－2）：一是态度、价值观和信念；二是通过集体经验分享加以确认；三

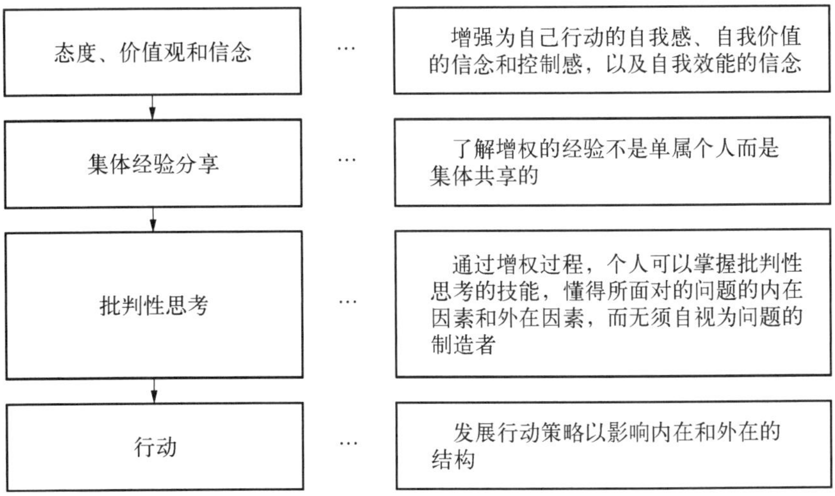

图 8－1　增权过程

（资料来源：Cox E O and Parsons R J，2000）

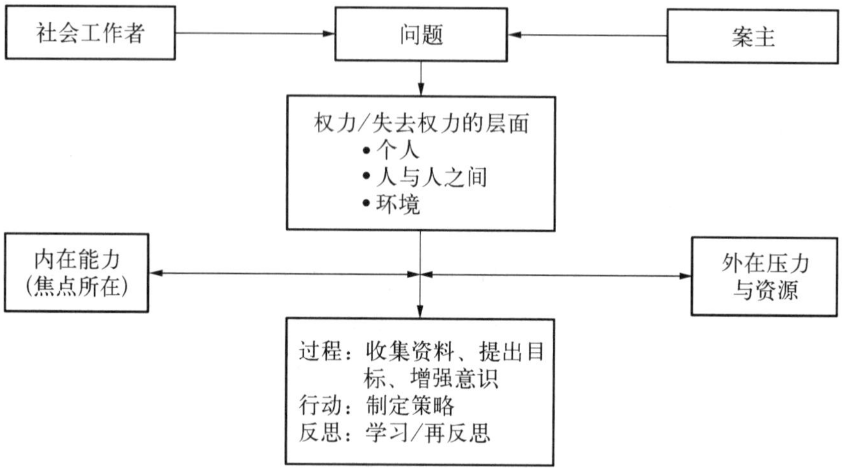

图 8－2　增权过程

（资料来源：Gutiérrez L M，Parsons R J，and Cox E O，1998）

是批判性思考；四是行动。

概括而言，古铁雷斯、帕森斯和考克斯（1998）认为，增权过程包括：批判性地检讨关于自我及其对社会政治环境的态度与信念，个人经验有效化，增加用于批判性思考和行动的知识与技巧，以及为了个人和政治改变采取行动，等等。

在此基础上，古铁雷斯、帕森斯和考克斯（1998）提出了一个由价值基础、介入认可、指导实践的理论基础、社会工作者和案主相互关系的指引，以及把助人活动组织起来的一个架构等要素组成的增权取向的社会工作模式（见图 8－3）。

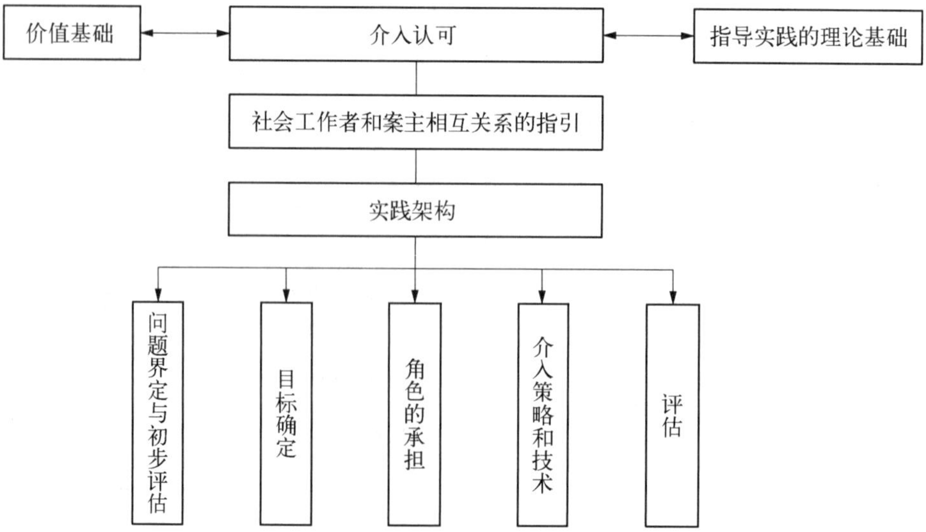

图 8－3　增权取向的社会工作模式及其构成要素

1. 价值基础

古铁雷斯等学者一致认为，增权实践的价值基础尤其需要突出以下三点：第一，案主、社会工作者必须有效地参与和建立与人类需要相一致的环境，这是和促进社会正义的社会工作承诺相一致的；第二；强调对自决和自我实现的专业承诺；第三，引导案主系统最大限度地参与规划和控制自己的生活，为案主在整个生命周期中得到最充分的发展创造一个机会。

2. 介入认可

对增权实践的认可可能来自不同的部分，包括社会工作专业的价值基础、政府颁布的法律和规则、机构章程以及案主的要求等等。然而，有时候这些不同来源的认可会产生冲突，这时社会工作者必须根据社会工作伦理守则和增权的价值基础做出专业认定，因为社会工作者的主要职责是面向案主和促进社会的一般福利。

3. 指导实践的理论基础

增权实践建立于社会工作和其他社会科学理论之上，尤其与一种特殊的政治经济学观点关系密切。这种观点认为，社会问题发生在多层系统的所有层面，并存在于有着不同程度的权力和利益冲突的群体中。因此，增权实践的最终目的是保持社会正义和减少社会不平等（Gutiérrez L M and Lewis E A，1999）。增权实践要求实践者理解权力在社会关系中的重要性并辨认出造成问题的权力障碍（包括直接的权力障碍和间接的权力障碍），并发展与执行能够减少权力障碍运作的具体策略（Solomon B，1976）。

此外，在增权实践中，权力发生在个人、人与人之间和（政治）环境三个层面，所以实践策略必须聚焦于促进案主增权的所有层面。由此，增权实践从系统理论和生态模型中汲取了养料，帮助实践者理解多层面的介入（Simon B L，1994）。但是，增权实践增加了关于被压迫的历史观点、生态观点、种族阶级观点、女性主义观点和批判观点，通过描述种族、性别、阶级和其他成员身份影响助人关系，从而使增权实践超越了系统取向。

4. 社会工作者和案主相互关系的指引

在增权取向的社会工作实践中，社会工作者和案主之间所建立的相互关系是介入是否成功的关键。因此，古铁雷斯、帕森斯、考克斯（1998）等给出了社会工作者和案主相互关系的指引：第一，增权为本的实践要求人们把助人过程重新界定为“分享权力”“一起拥有权力”“参与者推动”的过程，专业的社会工作者成为一个“促进者”“倡导者”或资源，而不是一个指导者或专家。同样，案主不再被视为问题的拥有者，而是被看作资源。问题被视为根植于社会系统，因而影响包括社会工作者和案主在内的社会所有方面。第二，社会工作者与案主之间的平等关系或伙伴关系，是增权实践的关键方面之一。这种伙伴关系是一种对话关系和批判性分析，由此，社会工作者与案主可以讨论和分析一个情境的多重面向，也可以使双方更加开放，加强合作，并增强做出有效决定与建设性地使用其权力所必备的批判意识。

5. 实践架构

古铁雷斯等(1999)认为,增权取向的社会工作助人活动的架构由以下五个方面组成。

(1) 问题界定与初步评估

在增权实践中,社会工作者和案主一起收集资料,并对问题的内外构成因素及其背景进行持续性的初步评估。评估的基本议题聚焦于案主对问题的经验、专门知识和看法,以及案主希望获得什么等方面,同时也必须分析影响案主成为问题的微观系统(个人、家庭、同辈群体)和宏观系统(服务传递、政治制度和结构)。这个评估是肯定案主的长处、通过问题的所有面向、参与提升批判意识的过程。意识提升要求反思和行动,并要在介入过程中连续进行。从这个层面讲,过程成为一种学习经验——为所有被卷入的人增权。

(2) 目标确定

增权实践的具体目标即增加案主的参与,控制和影响那些左右其生活的事件和他们所关注的事件的权力。此外,增权实践基于"增权要求社会拥有公正和安全的环境"的假设,也强调促进长期性社会结构改变的重要性。社会工作者力求帮助案主认识和其他人一起持续参与、建设和维持积极的环境的益处。总之,增权实践中的目标确定是从个人扩展到人际,从人际再扩展到政治。

(3) 角色的承担

如前所述,在增权实践中,由于社会工作者和案主是一种伙伴关系,因而社会工作者所扮演的角色是训练者、资源咨询者、意识提升者、倡导者、个案管理者等,唯独不是专家。

(4) 介入策略和技术

为了实现增权目标,介入一般在以下四个层面展开:

第一个层面是社会工作者首先与案主建立关系并评估其需求和资源,通过评估来确定案主的需求和目标。评估的内容包括案主对问题的看法、他们自己与家庭对这种问题的意识,也包括他们处理或不能处理这些问题的权力。

第二个层面介入的指向是提供必要的知识和技巧,以控制被辨认出来的问题。在此介入中,由于案主认识到一些问题是大家共同面临的,因而对"共同议题"的理解和关注常常会引发自助与集体行动。增权的自助取向实际上要求和其他人一起参与以消除共同问题(如酗酒、疾病、贫困、越轨行为等)为焦点的小组。通常,自助小组的成员不仅力求帮助自己应对或克服问题,而且力求帮助小组中的其他成员投入他们的努力或斗争,诸如辅导、倾听和倡导等技巧的发展和运用常常是从这种参与开始的。在这个层面上,关于问题的公共性质和原因的政治意识可以得到发展。

第三个层面的介入是以即时环境中的改变或调节为中心的。这个层面通常从意识过程开始,通过它,案主和社会工作者继续探索环境对个人问题的影响。如一个求职的单身家长可能参与第二个层面的训练方案和支持小组,进而参与工作发展和探索第三个层面中的性别歧视与认可。第三个层面中的活动也包括把焦点放在了解专业助人者以及与之有效沟通等方面。

第四个层面的介入是把案主引向问题的政治方面,包括社会行动或其他方面的集体努力,以影响造成个人问题的环境力量。

古铁雷斯等(1998)认为,上述四个介入层面中的任务可能会同时开始,而且这些层面不一定呈单线性,介入可以在任何一个层面上开始,每个层面都可以促进其他层面的完善。社会工作者在整个过程中充当"催化者",通过提出不同的私人问题和相关的公共议题之间的关系问题,帮助人们辨析个人问题和社会动力之间的联系,促使群体成员找出自己解决问题的方法。这样的介入策略会增强私人问题和公共议题是一个连续体的意识,但意识的提升活动同时也必须把焦点放在问题的内化方面,以促进增权。

(5) 评估

增权的性质决定了案主和社会工作者是增权实践的参与者,我们应该把评估努力视为合作的和持续的。因此,持续性评估理论上贯穿于整个助人过程之中。在评估方法上,社会工作者通常运用定性的方法,如用案主的故事和意见来设计和执行调查。评估增权实践的结果时,社会工作者必须评估案主最初关注的问题是否得到了解决,评估案主是否获得了个人内部、人与人之间和环境(政治)等三个层面的权力。

三、增权取向的社会工作的原则和策略

根据西方社会工作服务的经验,在增权取向的社会工作实践中,社会工作者需要坚持以下原则和策略:

- 增权是一个集体行动,案主与参与者以伙伴形式一起工作。
- 在增权过程中,应把案主看作有能力的群体,从而使他们得到资源和机会。
- 案主应该视自己为改变的动力,相信自己有能力做出改变。
- 能力是从生活经验特别是那些成功的和有效的经验中得到并获得提升的。
- 任何情况的形成和发展都受到多种因素的影响,因而有效的解决办法必定也有所不同。
- 非正规社会网络对调解压力、增强能力和控制功能是一种重要的支持力量。
- 人们必须亲自参与增权行动:自己制定目标、手段,确定预期结果。
- 意识觉醒程度直接影响增权,信息是转变发生的重要因素。
- 增权包括得到资源和对资源的有效运用。

- 增权过程是动态的、不停改变的和进化的。
- 增权通过个人和社会经济层面同时得到发展。

小 结

“增权”的概念和“权力”(power)、“无权”(powerlessness)这两个概念具有十分紧密的内在逻辑联系。按照西方学者的观点，权力一般可以归纳为以下三种：第一，获得所需要的资源的能力；第二，影响他人思考、感受、行动或信念的能力；第三，影响资源在诸如家庭、组织、社区或社会等社会系统中分配的能力，并且权力有不同的来源，而且因为它是社会互动的结果，所以它是无穷的。在社会工作领域中，权力主要是指人们所拥有的能力，它具有客观存在和主观感受双重属性。

无权的概念是与权力的概念相对应的，主要有“资源”和“内化过程”两种假说。古铁雷斯从内化过程的视角提出，增权是一个尝试去增加个人、人与人之间或者环境(政治)权力的过程，令个人、家庭和社区能通过行动去改善处境。它是一个目标、一个过程和一种介入方式，涉及个人、人与人之间和环境(政治)等多个层面。

新教改革、资本主义工业和商业革命、杰弗逊式民主、先验论哲学、乌托邦社区理想、无政府主义理念、扩展中的公民权观念，都是社会工作领域中增权理论的思想渊源。

根据古铁雷斯等(1998)的观点，增权过程需要进行批判性的思考和行动。所谓批判性，主要来自对自我态度和信念的反思，以及由此产生的有关知识和技巧，个人经验的有效化也十分重要。这个过程反映了增权取向的社会工作的基本特点：社会工作者要重视与案主和相关方建立合作关系；在案主有能力的假设之下设计和开展服务；将工作重点放在对个人及其外部环境的支持上；将案主视为有积极能动性的主体，充分尊重案主的各项需求，协助其履行相应的责任；遵循增权的理念，自觉将服务重心放在失权和去权的个体和群体上。

在坚持增权核心理念的基础上，古铁雷斯等(1998)建构了由价值基础、介入认可、指导实践的理论基础、社会工作者和案主相互关系的指引、实践架构等要素所组成的一个增权取向的社会工作模式。

参考文献

[1] GUTIÉRREZ L M, GLENMAYE L, DELOIS K A. The organizational context of empowerment practice: implications for social work administration[J]. Social Work, 1995, 40(2): 249-258.

[2] GUTIÉRREZ L M, DELOIS K A, GLENMAYE L. Understanding empowerment practice:

building on practitioner-based knowledge[J]. Families in Society: The Journal of Contemporary Social Services, 1995, 76(9): 534-542.

[3] GUTIÉRREZ L M, LEWIS E A. Empowering women of color[M]. New York: Columbia University Press, 1999.

[4] 陈树强. 增权:社会工作理论与实践的新视角[J]. 社会学研究,2003(5):70-83.

[5] HIRAYAMA H, CETINGOK M. Empowerment: a social work approach for asian immigrants [J]. Social Casework, 1988, 69(1): 41-47.

[6] PARSONS R J, JORGENSEN J D, HERNÁNDEZ S H. The integration of social work practice [M]. CA: Wadsworth Publishing Co Inc, 1994.

[7] COX E O, PARSONS R J. 老年人社会工作:权能激发取向[M]. 赵善如,译. 台北:扬智文化事业股份有限公司,2001.

[8] RAPPAPORT J. Studies in empowerment: introduction to the issue[J]. Prevention in human Servies, 1984, 3(2/3): 1-7.

[9] RAPPAPORT J. Terms of empowerment/exemplars of prevention: toward a theory for community psychology [J]. American Journal of Community Psychology, 1987, 15(2): 121-148.

[10] KIEFFER C H. The emergence of empowerment: a development of participatory competence among individuals in citizen organizations[M]. Doctoral Dissertation: University of Michigan, 1981.

[11] PERKINS D D, ZIMMERMAN M A. Empowerment theory, research, and application[J]. American Journal of Community Psychology, 1995, 23(5): 569-579.

[12] GUTIÉRREZ L M. Working with women of color: an empowerment perspective[J]. Social Work, Volume 35, Issue 2, March 1990, Pages 149-153.

[13] SIMON B L. The empowerment tradition in American social work: a history[M]. New York: Columbia University Press, 1994.

[14] SOLOMON B. Black empowerment: social work in oppressed communities[M]. New York: Columbia University Press, 1976.

[15] GUTIÉRREZ L M, PARSONS R J, COX E O. A model for empowerment practice[M]// Empowerment in Social Work Practice: A Sourcebook. Pacific Grove, CA: Brooks/Cole Publishing Company, 1998.

第九章 社会支持理论

社会支持理论是最近30年来一个方兴未艾的研究视角，被运用到社会工作领域之后，更加成为一个有效的理论工具，用以指导具体的人类服务和社会工作实践。

一、社会支持理论的渊源和发展

（一）社会支持理论的基本概念界定

在社会支持理论中，有两个基本概念即网络和社会支持被经常使用。

网络是指将三个或更多的人有目的地联系起来，并使他们之间发生连锁反应。而在过去几十年的相关研究中，关于社会支持（social support）的定义相当多，大多肯定社会支持是具有多向度的概念，如把它区分为工具性支持、情绪支持、信息支持、自尊支持等；此外，文献中也有将其区分为实际的支持（actual support）和感知的支持（perceived support）。前者是指客观的事实，后者则是个人主观的评量（Lin N, 1986）。这两者之间有时并不一致，主要视个人对他人的期待程度而定。当期待他人给予支持时，主观感受支持的程度可能不如实际得到的来得多。再者，文献中也探讨支持的来源，如家人朋友、邻居、同事等，以及不同来源各提供何种类型的支持，即试图了解个人关系网络中的人能够提供的支持类型与程度。

林南等（Lin N et al.）学者曾对社会支持的多种概念进行综合研究和讨论，他在1986年提出了社会支持的综合性定义，以整合不同学者的论点。根据这一综合性定义，社会支持被视为“意识到的或实际的由社区、社会网络和亲密伙伴提供的工具性或表达性的资源”（Lin N, Dumin M Y, and Woefel M, 1986）。在这一定义中，林南等学者试图区分社会参与（social involvement）的宏观、中观和微观层面，以及感觉到的和实际支持层面的差异。同早期的和目前已被广泛使用的定义相比，这一定义似乎更加深入和具有综合性。

在上述关于社会支持概念的综合定义中，林南等学者分别从“社会”和“支持”两个面向进行探讨。就前者来看，社会支持隐含个人和社会环境的联结，可区分为三个层面：社区、社会网络和亲密伴侣(confiding partner)。虽然区分为三类,不过社会环境是连续的而且人的关系网在不同场域间有重叠之处。由此也可以看出,社会支持网络作为一种支持系统在其介入过程中所呈现的三个基本层次。

社区是最外层的一般关系,个人和社区的关系反映其与社会的整合度(social integration)和对社区的归属感,亦即个人对社区的认同与参与。具体的表现是参与社区志愿组织及其活动,如学校、教会、俱乐部、政治与公民团体等。这种一般关系具有非个人的(impersonal)性质,但是这种归属感以及成为社会的一分子,对于个人在生活中的定位有相当的重要性。

社会网络是更接近个人的一层。处于这一网络中的人是个人可以直接或间接接触的一些人,关系的来源包括亲戚、共同的工作场(同事)和朋友。这些人对个人而言比上一层的人更具特殊性,他们使个人有"联结感",它指涉实质联结的关系,虽然有时是间接的关系。

最靠近个人的是亲密伴侣,这是一种"系属关系"。这一关系中的人达成共识,期待彼此互惠与相互交换,并且对彼此的福祉有责任感。这一层的人当然比社会网络中的人更少,往往是少数知己、密友或配偶。这三层关系,越靠近个人,对个人的影响越大,也越具有意义。林南(1986)认为,这三层中有包含的关系,社会网络中的人往往来自个人所处的社区,而亲密伴侣则从社会网络中浮现。然而以当今通信的高度发达程度来看,通过电话与电子邮件,人际关系的形成已不再受有形地理空间的限制。

在上述论述的基础上,台湾学者宋丽玉等(2002)则进一步将"社区""社会网络""亲密伴侣"的支持分别划分成两个维度:"工具性支持"和"表达性支持 ",而这两个维度下又有"实际的支持"和"感知的支持"两个子项,从而丰富了社会支持的含义与内容。

(二)社会支持理论的渊源

虽然社会支持一直存在于人们的生活当中,但它成为一个热门研究领域却是在20世纪70年代以后的事情。它最初是由一些健康医学家、精神病学家、心理学家和社会工作者等发展起来的。在研究和工作实践中,他们认识到社会关系对于保持个体身体健康的重要性,强调社会关系具有潜在的优势,可以调节或缓冲心理紧张或情绪压抑、低落等对身体健康造成不利影响(House J S, Umberson D and Landis K R, 1988)。他们的这种观点激发了一批学者的兴趣,去研究社会关系对个体健康状况的影响,于是有关社会支持的研究成果大量涌现。

在关于社会支持的最初研究中,研究者的注意焦点是社会支持与个体健康状况的关系。他们力图证实社会支持对于维护个体的健康,帮助人们面对和解决压力、消除心理紧张的重要性。在这方面,学者们在理论上形成了两派。其中一派认为,社会支持主要是起到缓冲压力的作用,而社会支持的崩溃会令人产生不平衡,甚至导致疾病的形成。支持这一假设的学者赞成建立个人的支持系统，以帮助个人缓解危急情况所导致的心理和生理冲击。这些支持系统可以包括亲戚、朋友、互助小组及邻里关怀照顾团体等，而所提供的支持可能包括心理和情感上的支持，协助处理日常生活中的细节问题，提供物质、金钱、技术和意见等。社会支持可以在两个关键性时刻介入，一个是在危机将发生时或刚发生但在压力产生之前，社会支持可以帮助个人采取较乐观的态度或做较适当的准备工作去减少压力的负面影响。另一个是社会支持亦可以在压力产生后、病态形成前发挥作用，帮助个人以较积极的态度面对困难，或鼓励个人执行适当的治疗程序，如定时吃药、维持足够休息和放松等。

另一个学派则认为，社会支持对个人不仅提供缓冲压力的帮助，而且能够起直接或整体的维护作用。这些学者认为，社会支持能帮助个人融合进社会的网络之中，因而强化个人的心理和生理健康，促进个人与社会间的协调。当个人确知自身是生活在一个富有支持性和关怀性的社会网络之中且主观地感觉到其他人时刻都会愿意提供适当的帮助时，他自然会感觉到自信心、安全和可以控制周围的环境。这种健康的心理状态自然能够帮助个人提高对危机和疾病的防卫度，预防问题和压力的产生。

二、社会支持理论的基本思想

（一）人际联结的类型

在上述社会支持的综合定义中，我们可以看到社会支持涉及社区、社会网络和亲密伴侣等多个层次。其中，失去知己或重要他人对个人的影响巨大。西方学者洛夫兰德（Lofland）提出了个人和重要他人之间联结的七种类型（宋丽玉等，2002）：

- 角色伙伴：关系的建立基于角色互补。
- 生活协助：一方为另一方提供服务，以满足其日常生活的需要。
- 网络联结：通过另一方结识其他重要的关系人或朋友。
- 肯定自我：对方对自己珍视的形象予以肯定，由此而建立关系。
- 心灵安慰：关系的建立是因为对方在面对生命挑战与困境时，把自己纳入因应过程中，共同创造生命故事和观感。
- 现实确认：关系建立在对方支持自己对于社会现实的假定。
- 目标一致：关系的联结是基于彼此有一致的目标，共创未来。

对于持社会支持理论的学者而言，失去了上述这些重要他人，代表着失去了个人部分的自我，将有损于个人自我形象的维系，其调整的过程中需要进行艰难的自我重组，这时悲伤治疗就十分重要，其目的在于帮助个人重新找到生命的联结和意义。

（二）社会支持介入的层次

社会支持理论通常将社会支持对服务对象的介入分为四个层次，即个人网络工作、自助群体、组织网络联系工作和社区网络工作。

1. 个人网络工作

（1）个人网络的定义和网络策略

个人网络是指大部分人都通过亲属关系以及其他形式化或非形式化的渠道，与他人进行接触。而这些人际关系形成一个社会支持系统，以使个人在社会功能遭受损害时得以恢复。

个人网络策略也就是个人建立社会支持网络的方法。它强调服务对象的现存人际关系或其身处的环境内有发展潜力的关系。服务对象的个人网络通常包括家人、朋友、邻居。服务对象在社会工作者的协助下，识别网络中可以给予自己辅助的主要成员。随后，社会工作者鼓励服务对象与有能力和愿意提供辅助的亲友接触，建立或强化服务对象与他们的关系。

（2）个人网络内容分析和个人网络工作的处理步骤

该理论认为，在开展个人网络工作时，社会工作者需要对以下网络内容进行分析：

- 个人网络的大小，即自我认为周围“愿意伸出援手”的人的数量。
- 关系的基础，指来自五个不同影响范围的愿意提供援助的人：家庭/亲属、朋友、邻里、同事、其他援助者。
- 网络成员的能力，即他们提供资源和运用资源的能力。
- 资源，包括有形的和无形的资源。例如，金钱、房屋、个人联络网、资料或与其他专业或非专业援助网络的关系。
- 愿意的程度，指实际提供援助时的愿意程度。

开展个人网络工作时，通常需经过以下处理步骤：

- 辨认：辨别联系的潜力，包括大小、关系基础、能力、资源、愿意程度。
- 网络分析：在数量和质量上辨别网络内联结力的强度，并令效果达至最大。分析内容包括接触的次数、方向、耐久性、强烈程度。
- 联结：将最合适的网络成员联结在一起——通常成为某一个人与其他网络成员的中介。

2. 自助群体

（1）自助群体的定义和特征

在相互援助的网络工作中，自助群体居于十分重要的位置。自助群体指的是一群能够界定目标同时具有加入资格的人所组成的网络，即由拥有共同兴趣的朋友自然形成的网络。

自助群体与自然形成的网络不同，自然形成的网络成员流动性大、无明确的有意识的群体目的或目标。

从上述定义中，我们大致可以归纳出自助群体的一些基本特征：当面的接触；自力更生，具有一定独立能力；有共同确认的问题或关注点；自发性的草根阶层运动；强调依靠自助群体本身的力量，不强调依赖专业人员。

（2）自助群体的类型

自助群体有以下一些基本类型：专门帮助经历转变中的人；相互提供帮助，以克服共同的困难；提供一个新的社区共同体，让成员可以投入其中。

3. 组织网络联系工作

（1）定义

组织网络联系工作是指将服务提供者与他们的组织结合成一个网络，以改善相互沟通和资源分享的状况。

（2）主要类型

① 个案管理的联系，是指牵涉多队或多个网络的专业人员合作，利用个人的专长和资源以帮助一个服务对象解决问题。

② 社会服务的联系，是指社会服务机构的领导者组成的持续的联络系统，用以减少资源的浪费。比如，其委员会结构常常保持网络协作的方式。

4. 社区网络工作

社区网络工作是指自然发展的援助被联结在一起，形成社区网络，强化了社区的社会构成，并促进社区生活素质的提升。这个过程有助于联合社区内的民众并赋予民众组织一定的影响力。

社区网络工作的目标和方式大致有：让社区内的居民觉察邻里本身的力量和需要；强化邻里间的非专业援助网；帮助强化专业的援助网；将非专业援助网与专业援助网互相联结；将非专业援助网与专业援助网和社会的宏观体系相联结。

三、社会支持和社会工作

（一）社会支持介入的基本假设

自社会支持理论兴起以后，社会工作就把它作为有效的理论工具和方法工具，用于儿童、青少年、老年人、女性、残疾人以及社区和邻里的服务与资源链接工作。社会工作者运用社会支持理论对服务对象进行介入，主要基于以下假设：

- 人的生存需要与他人合作，以及依赖他人的协助。
- 人在生命发展历程中总会遭遇一些可预期或不可预期的生活事件。
- 人在遭遇生活事件时，需要资源以因应伴随事件而来的问题，其中包括个人的内在资源和外在资源，而社会支持就属于外在资源的一种，一般又分为正式支持和非正式支持两类。
- 社会网络也可能对个人造成负面影响，但个人通过与他人的联结，能够产生社会整合感或感到自己是社会的一部分，这种感觉关系到个人的生存。
- 在压力事件中，社会支持可以缓解压力带来的负面影响，有助于个人问题的解决。
- 一些弱势群体的社会支持较为薄弱，需要专业人员协助，以增强社会网络的支持功能。

（二）社会支持介入的策略

社会支持介入的策略有以下五种类型。

1. 个人网络策略

这种策略强调服务对象的现存人际关系或其所处的环境内有发展潜力的关系。服务对象的个人网络通常包括家人、朋友、邻居，社会工作者会协助服务对象识别哪些成员具备提供支持的潜力。根据识别结果和个人网络成员的能力及意愿，社会工作者会鼓励服务对象与这些成员进行接触并逐渐建立起支持关系。

2. 自愿联结策略

该策略在遭遇困难或需要援手的人与可提供支持的非形式化辅助者之间发展出一对一的关系。社会工作者的努力集中在设法让服务对象与适当的辅助者配对；辅助者常是由于其对特定问题有经验或是对辅导有热忱而获招募的。

3. 相互援助网络策略

相互援助网络策略是指将面对着相同问题或具有相同兴趣、能力的人聚在一起，促进他们建立实在或潜在的关系。相互援助网络是非形式化的，而且没有明确的意识形态或既定的活动程序。在采用这个策略时，社会工作者可以尝试联系现存的相互援助小组，以便在网络建立过程中获得咨询及支持；组织具有相似困难的对象，发展相互援助网络；在服务对象与社区内的非形式化辅助者之间建立联系，以持续地获得支持；通过组织相互援助网络而取得示范效果。

4. 邻里辅助网络策略

在此策略下，服务机构以一个地域上界定的社区作为根据，然后尽力识别其中的非形式化辅助网络。社会工作者要找出该区的非形式化辅助网络和现存的自然辅助人手；这些自然辅助者可在提供多方面的援助上扮演关键的角色。社会工作者接着可与邻里辅助者携手，帮助孤独的人，提倡邻里间的互助，确认当地的问题，以及强化在邻里范围内的非形式化的社会组织。

5. 社区授权网络策略

这个策略是要识别并联系同一个地域社区内的关键人物、地区领袖和主要代表，目的是要发展一个聚合了非形式化社区领袖的会议场，以有效反映区内各种利益群体。非形式化的领袖获鼓励参与那些能解决社区问题的群体活动，成为社区内申述问题及倡议政策改革的领导者。

（三）社会支持介入的方法

社会支持介入的过程由评估案主的社会关系网络和社会支持程度开始，然后根据其优势和不足拟定介入计划。这些方面的工作是整体介入的一个重要组成部分，相反，结案和跟踪服务并不占据特别重要的位置。

社会支持评估可以包括结构和内容两个方面。结构指的是网络的组成，包括人数、人的类型（职业或场域）、人们彼此的距离等。内容则指的是所发挥的支持功能。社会支持评估的对象又可以包括个人层次和社区层次。

1. 个人社会支持评估

要了解个人关系网络状况，首先可以区分个人生活范围，然后列举与服务对象有关系的人，并询问彼此是否有关系，以及各种关系中的人对服务对象的相对重要性。这样的评估通常借助于社会网络图（详见图 9－1）来进行。

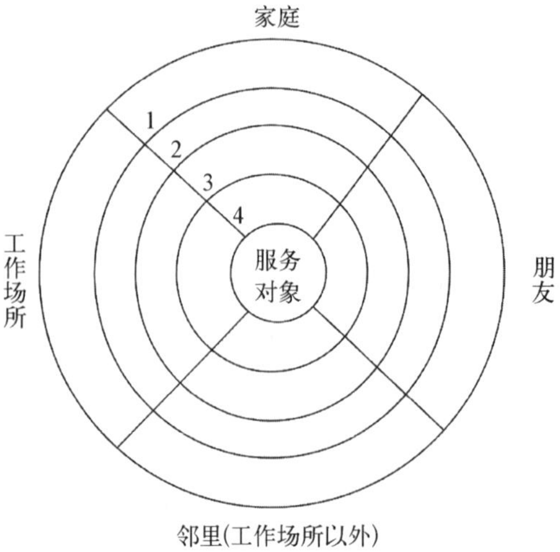

图 9－1　社会网络

图 9－1 表明，与一个服务对象生活有关的方面包括家庭、邻里、朋友与工作场所。请他分别就这四个方面列举比较熟的人，并将这些人放入图中，当然“比较熟”是根据服务对象自己的主观判断来认定的。其中，1～4 分别代表重要程度，越靠近个人则关系越重要。至于网络中人与服务对象之间的互助状况，或是网络中的人对于服务对象所提供的支持类型与程度，则可以使用社会支持的相关量表。

2. 社区社会支持评估

西方学者比格尔等（Biegel D E, Shore B K, and Gorden E, 1984）主张，在进行社区支持评估时应该回答下列问题：

社区中高危险人群的问题和需求是什么？社区中有哪些非正式资源可以满足这些需求？非正式支持体系的限制有哪些？社区中有哪些正式资源可以满足这些需求？有哪些限制？正式资源和非正式资源之间的关系如何，如何增进它们之间的联结？有哪些问题未利用现有的资源去解决？

针对上述内容的评估，社会工作者要想获得资料主要有以下几个途径：人口统计分析、社区调查、使用机构的服务对象接案表格和其他有关档案资料、关键人调查等。

（四）社会支持介入和专业人员的角色

比格尔在他的研究中发现，采用不同的社会支持介入模式，专业人员所扮演的角色也存在一定差异，详情见表9-1。

表9-1　社会支持介入中专业人员的角色

角　色	介　入　模　式						
	临　床	家庭照顾者	个案管理	邻里协助	义　工	互　助	社区增权
倡导者						*	*
统筹者			*				
咨询者		*		*	*	*	*
直接服务提供者	*						
促进者		*	*	*	*	*	
发动者/发展者		*	*	*	*	*	
系统内的联结者	*	*	*	*			*
系统间的联结者	*		*	*			*
管理者/行政者				*		*	
资源提供者	*	*				*	*
督导者/教导者						*	

注：*表示有此项角色和介入。

在表9-1中，专业人员扮演的各个角色的主要内涵是：

- 倡导者：设计和组织活动以协助服务对象获得物资、服务、权利和其他资源。
- 统筹者：带入更多的正式支持，为服务对象提供完整且适切的服务。
- 咨询者：为主要照顾者或服务提供者提供指导和协助，使他们能够发挥更多的功能。
- 直接服务提供者：为服务对象直接提供支持、咨询和统合资源等服务。
- 促进者：加速服务或活动的运作进程。

- 发动者/发展者：发掘社会资源和启发个人潜能的人。
- 系统内的联结者：使不同的非正式支持来源相互联结，以共同支持服务对象。
- 系统间的联结者：使非正式支持和正式支持来源之间建立联结，从而为服务对象提供更好的服务。
- 管理者/行政者：监管服务的输送，使其适当地进行。
- 资源提供者：提供或创造资源给非正式支持者，以使他们能够提供更佳的服务。
- 督导者/教导者：为专业人员提供知识和技巧，使他们能够适当地提供服务，以确保其履行职责和保持信誉。

此外，表 9－2 中只有“临床治疗模式”专业人员才扮演直接服务角色，其余则大多扮演咨询者、促进者、联结者等角色。比如：在“家庭照顾者模式”中，专业人员提供照顾者咨询、联系非正式网络成员的服务，并提供资源给照顾者；在“互助模式”中，专业人员主要扮演倡导者、促进者、发展者和资源提供者等角色。在所有这些介入模式中，社会工作者或其他专业人员的联结者角色最为重要。

小　　结

对于社会支持理论的运用和经验研究是社会工作领域的一个重要主题与内容。根据林南等(1986)的定义，社会支持被视为“意识到的或实际的由社区、社会网络和亲密伙伴提供的工具性或表达性的资源”。社会支持理论被充分地运用到社会工作服务领域之中，成为介入的有效工具和视角。

社会支持主要分为个人、团体、组织和社区四个层次开展介入工作，由此产生了不同层次的介入策略。在具体运用社会支持理论开展社会工作服务时，社会工作者首先要对服务对象进行个人社会支持和社区支持的评估，同时在整个介入过程中，社会工作者承担着倡导者、推动者、资源提供者、督导者、系统联结者等多种角色。其中，联结者的角色至关重要。

参考文献

[1] LIN N. Conceptualizing social support[M]//LIN N, DEAN A, ENSEL W M. Social Support, Life Events, and Depression. Orlando: Academic Press, 1986.

[2] LIN N, DUMIN M Y, WOEFEL M. Measuring community and network support[M]//LIN N, DEAN A, ENSEL W M. Social Support, Life Events, and Depression. Orlando: Academic Press, 1986.

[3] 宋丽玉，曾华源，施教裕，等. 社会工作理论：处遇模式与案例分析[M]. 台北：洪叶文化事

业有限公司,2002.

[4] HOUSE J S, UMBERSON D, LANDIS K R. Structures and processes of social support[J]. Annual Review of Sociology, 1988, 14: 293-318.

[5] BIEGEL D E, SHORE B K, GORDEN E. Building support networks for the elderly: theory and applications[M]. Beverly Hills, Calif: Sage Publications, 1984.

第十章 叙事治疗模式

“叙事转向”已经成为学界一种相对新兴的研究范式(Roberts G and Holmes J, 1999),在社会科学、卫生保健和人文领域内得到广泛关注。叙事治疗(narrative therapy)的实践最早可以追溯至20世纪80年代的家庭治疗领域,以澳大利亚的迈克尔·怀特(Michael White)和新西兰的戴维·艾普斯顿(David Epston)为代表人物。叙事治疗的观点认为,人的生活可以被看作故事、叙事,在此基础上以解决个人或家庭问题为目的的治疗方法都离不开“叙事或谈话”。“叙事”成为几乎所有治疗领域都会用到的方法。叙事治疗的假设包括:人们是自己生活的专家,尊重个体的独特性;人有能力定义和理解自己的问题,并有权为自己的生活承担责任。可以看出,叙事治疗与社会工作在许多价值理念上具有较高程度的契合性,因而它在社会工作介入中得到了广泛的应用。

一、叙事概述

(一)叙事的概念

一般意义上的“叙事”即“讲故事”,是人们讲述自己的经历和感受。卫小将和何芸(2008)认为,“叙”和“事”分别代表个体理解的主观层面和客观层面。前者主要包括意向性理解、内在性理解、认知和知识,后者指的是事件及其发生的环境、结果、时间和情节。由此可以发现,叙事本质上是一个赋予价值意义的过程,影响着自我的形成和发展。这种价值意义包括对自我和他人以及自我和他人关系的理解,过去经验、当前经历和未来预期综合构成了生活的意义。个体的叙事通常是选择性的,这种选择性主要受到其背景环境和主流文化的影响,并不能真实客观地描述和反映事实真相。

叙事和故事通常可互换使用。社会建构主义、后现代主义和诠释学的支持者认为,两者同样重要。无论人们生活在哪里、文化有多么大的差异,故事都是他们生活中不可或缺的部分。故事通常被定义为叙事的某个结构,因为叙事可以澄清故事中某些特定事件对双方产生的影响。叙事也可以理解为创造故事的过程，即故事如何发生、结果是什么等。叙事的意义在于其不仅能够帮助我们了解故事中发生了什么，还能够帮助我们理解叙述者如何理解事件的意义，进而探索叙述者的世界观、价值观或信仰等。

人们在与他人的谈话中建构了自己和他人的世界（刘亮、赵旭东、缪绍疆，2007），影响着人们如何看待自己的过去、现在和对未来的希望。有心理学观点认为，心理问题的出现便代表着人们关于生活故事的叙事出现了负面的、否定的理解，通常称之为病态的叙事观。心理问题既然是由病态的叙事观造成的，叙事治疗的过程就是由治疗师和当事人共同构建新故事的过程。治疗师应当恰当运用治疗技巧来充分挖掘当事人的生活故事，界定和外化相关问题，与当事人一同重写和诠释这些故事，从新的角度发展新的积极的故事，对抗压抑性和占支配地位的主流叙事。这样的方式可以帮助当事人改变病态的心境，寻求新的生命意义。以叙事为方法的治疗模式的传统受到了存在主义、符号互动主义、多元文化主义和社会建构主义的影响（何雪松，2017）。笔者认为，后现代主义和社会建构主义对叙事治疗模式的影响最大。

（二）后现代主义与叙事

不同于现代主义的认识，后现代主义的认识独具多元性、变化性，它注重个人观念的内在情感、价值和意识的诠释。后现代主义关注的焦点是语言如何组成我们的世界和信念（赵快乐等，2016）。在后现代主义观点中，我们告诉自己和别人的关于生活故事的表达才是可知的，这些故事不仅构成了记忆，而且具备一定的影响力。后现代主义是在自然科学、社会科学进一步发展的背景下兴起的，因此后现代主义者对传统的实证主义知识概念提出了疑问和挑战，认为社会的宏大叙事不值得信任。相较于结构主义，后现代主义关注人们对生活的直接的、日常的、具体的、个人的理解，而非宏大叙事和宏观理论的意义。

后现代主义的思潮标志着这样一种趋势，即从试图证明和接受理论转向揭示理论所依据的基本假设。其中的代表人物之一福柯就认为，权力和知识是不可分割的，权力分布在整个社会的各个角落，而非掌握在少数当权者手中（黄耀明，2015）。在这样的假设下，社会的论述决定了什么样的知识是真实正确的“主流知识”，所以控制论述的人便控制了知识。这表明知识与权力存在转化的可能。后现代主义的思想对心理治疗的理论和实践影响是巨大的，原本现代主义认知中的家庭治疗观点受到怀疑和批判，例如家庭内部的内在等级概念，治疗师作为观察者，其观察行为是否会对家庭行为造成影响；作为拥有知识的专家，治疗师的权力如何……这些反思为叙事治疗的发展提供了基础。

（三）社会建构主义与叙事

建构主义者相信，相比于寻求能够解释一切的普遍真理，关注语境中的意义构建更具价值。社会建构主义的主旨可以归纳为：现实是社会建构出来的；现实是经由语言构建出来的精神产物；现实是由叙事组成并得以维持的；绝对的真理是不存在的（卫小将、何芸，2008）。建构主义者相信，知识不是对客观现实的反映，而是建立在主体解释框架之上的创造（同雪莉，2015），因此不存在特定的或唯一的真理，真理变得更加多元，取决于个人建构和赋予的意义。

简而言之，个人过去的经历、背景和社会交往影响着他们对周围世界的认识和理解，叙事则能很好地澄清个体独特的现实和经历。在这样的视角下，了解文化、语言和话语在语境中如何构成人们的体验和身份显得尤为重要。个体在特定人群中经历的特定细节是值得关注的，因为生命的价值体现在独特性，即例外的故事，而不是符合一般的主流叙事。叙事治疗的观点认为，故事作为人们叙事的结构，所有人都是彼此故事的参与者，每个人都塑造着他人的信仰、意图和行为，同时也被他人所塑造。大众集体的参与形成了话语，也可以称之为主流叙事，有学者将其定义为“一个拥有共同价值观的陈述、实践和制度结构的体系”（Hare-Mustin R T, 1994）。从治疗的角度来看，故事作为叙事的载体，治疗师可以通过对案主故事的解构和建构来帮助其获得生命的动力，形成更为积极的生活故事，实现治疗的目的。

二、叙事治疗模式

自叙事治疗模式诞生以来，不同领域的学者和实践者将其应用于不同主题的研究中，有效地拓展了研究的思路和观点。本书从以下三个方面对此进行阐述。

（一）叙事治疗的含义

关于叙事治疗的定义，怀特曾经工作过的达利奇中心（Dulwich Centre）提出的定义是：叙事治疗是将叙事的方式应用于咨询和社区工作中，将个人视为自己生活的专家，将问题视作独立于人之外的存在。叙事方法假设人们有许多技能、信仰、价值观等，这些要素将帮助他们更好地应对生活中遇到的问题（Morgan A, 2000）。“叙事”一词强调的是人们的生活故事，以及对特定故事的讲述和改写能够产生的意义。

国内学者也给出了相关的定义。叙事治疗是指治疗师通过倾听案主的生活故事，运用适当的方法，帮助案主找出遗漏的片段，使问题外化，从而引导其重构积极故事，以唤起其发生改变的内在力量的过程(赵君、李焰,2009)。从定义中我们可以看出,叙事治疗关注的核心是人们的生活故事,因为自我叙事能够帮助个体从现实经验中创造意义。自我叙事和别人的描述,一定程度上可以塑造个体的行为和自我意识。也正因如此,自我叙事是由我们生活中的重要他人和许多其他来源共同撰写的,一些不需要的和有害的"故事情节"也被强加到个体的生命故事当中,导致问题的产生。治疗师采用适当的方法和技巧,引导案主讲述自己的故事,并从中找出被遗漏的具有积极意义的生活故事,通过形成积极的故事版本来充分挖掘案主的潜能,唤醒其改变生命的动力,以此作为对主流叙事压迫的反抗。叙事治疗的意义在于帮助个体解构问题故事和价值观,发展偏好故事和价值观,探索解决问题的知识和技能,并建构积极的身份认同。

(二)叙事治疗模式的目标

正如怀特所言,问题不是人发明的,人常常是被卷入产生问题的行动和思维方式中的。这种观点可以帮助我们更好地理解叙事治疗的目标,例如分析人们是怎样被卷入其中的。结合前文所述,叙事治疗以目标为导向的特征十分明确。何雪松(2006)指出,叙事治疗模式旨在将案主从有问题的生活模式中唤醒,并将其从外在的限制中解放出来,重新书写具有尊严的、体现能力和智慧的故事。叙事治疗模式十分注重治疗师与案主积极合作以讨论、发展特殊故事,重构充满力量的积极叙事(王忆情,2017)。社会工作者需要运用解构的技巧来帮助案主界定问题故事对其生活的影响,进而为发展新的生活故事打下基础。还有的观点认为,在叙事治疗中,社会工作者帮助案主理解和处理自己与他人的关系是重要的目的。叙事治疗模式拒绝将人本身视为问题,转而通过各种技巧帮助他们将自己与问题分开,这样的处理可以为治疗和改变提供更多的可能。叙事治疗另外的目标在于抵制问题故事对案主产生的消极影响,协助案主探索自我并帮助案主创造替代故事(尹新瑞,2019)。叙事治疗模式反对心理治疗中将人"物化"并对其进行流程化的治疗,注重案主的独特经验,强调案主的主观感受与体验。本书将叙事治疗模式的目标归纳为以下三点:一是解构问题故事和界定外化的问题;二是寻求独特结果,调正人与问题的关系;三是建构和充实期望故事。

(三)叙事治疗模式的主要观点

作为一种理论和治疗方法,叙事治疗模式拥有许多核心概念和重要观点。

1. 叙事隐喻

叙事隐喻指的是人们通过故事来体验各自的生活,了解这一概念有助于我们从丰富和挖掘个人的生活故事入手开展治疗。常用的技术是"深描"(thick descriptions),重视探索人们生活中丰富的、有意义的和包含多重线索的故事。在叙事治疗实践中,个体一开始会纠结在一些非常浅显的故事中，实际上这些故事只能反映他们生活经历中很小的一部分。这些浅显故事既是他们不断重复告诉自我的，也是别人不断灌输给他们的。通常来说，浅显故事只能反映很少的生活经验，人们难以从中寻求有用的意义。针对这一情况，叙事隐喻指导我们倾听、理解和挖掘人们的经历，注意人们在叙事中提及的例外事件、偏差事件或者描述的问题的反例。一旦确定了一个例外事件，我们就可以借此提出问题并邀请人们继续讲述和反思例外事件，介绍其对这一事件的理解以及该例外事件的意义，并将其发展成丰富的主流故事。在治疗过程中，人们讲述越来越多的生活故事，每个故事都具有从中探索到意义的可能性。

2. 将问题作为叙事

对问题的不同理解是区分各个心理治疗流派的重要依据。以弗洛伊德为代表的精神分析学派认为，问题源自个体童年时的问题经历；人本主义治疗流派重视个体自我实现的需求，一旦需求无法得到满足，相应的问题就会出现；认知行为理论将问题归咎于不合理的信念或认知。这些流派对问题理解的共同之处在于问题始终源于个体又存在于个体中，是难以割舍的存在，会让案主产生无力感进而影响其潜能的发挥和问题的解决。叙事治疗模式认为，问题只是特定历史文化条件下人们在互动中共同建构的一种叙事，而非个体固有的客观实在（同雪莉，2015）。这种观点尊重来自各种文化背景的个体对同一事物的不同叙述和理解，重点在于案主自身的叙事而非问题的客观事实，通过叙事的改变而重新建构生活意义和态度。简而言之，问题和人是独立的。我们相信，问题可以存在于叙事之中，人与问题的关系也是问题。

3. 把问题与人分开

叙事治疗模式关注的不是人自身的问题，而是问题本身和人与问题的关系。这样的观点允许治疗师积极与案主进行互动，重点从改变人与问题的关系入手。这比试图改变个体的本性或者帮助其适应有问题的生活容易得多。以家庭治疗为例，把问题与人分开就意味着我们可以团结所有家庭成员一起努力，使问题远离他们的关系或家庭，而不是像传统意义上那样命令家庭成员从彼此身上寻找问题。

4. 似有还无（absent but implicit）

怀特相信，个体对任何经验的理解都来自与其他经验或系列体验的对比，任何经验的获得都无法完全脱离其他经验。在口语中，我们通常以“这与……不同”来对意义进行理解和创造，这意味着我们对经验的描述始终是需要参照物的。一些问题故事其实是与某些经历进行比较得来的。由此怀特提出了“双重倾听”（double listening），关注故事的背景和情节，以便从中获取有关当前故事的另一条线索和暗示。举例来讲，一个人自述正经历挫折，另一条线索就是其正在追求某种目标并为之付出努力，只是目标尚未实现。个人的生活故事中如果充斥着绝望情绪，其实也就代表着其曾经追求希望、梦想或者未来愿景。如果个人受到过不公正的待遇，那么公正世界的概念就会悄悄在他头脑中扎根。治疗师通过使用双重倾听的技巧，可以挖掘案主更多的有关价值、渴望或追求的故事。这样的倾听是以一种含蓄的方式，试图发现那些"缺席"却重要的相关故事。

5. 强化个人动因

个人动因可以理解为个体通过自身的行动以达到目的一种机制。人们在遭遇问题之后，往往觉得自己无力反抗，什么事情都做不了，这种消极的叙事进一步强化了他们对自身的否定，削弱了改变的动因。叙事治疗相信个体即便在最受限制的情况下也会做出一定的反应——这种反应看起来微不足道，往往被人们忽视。治疗师应当努力帮助案主意识到：其无论如何都有能力对问题做出回应。不管回应的效果如何，这种意识的觉醒能够让案主提升自身的能动性，为之后的改变奠定基础。社会工作者在消极环境中寻找体现个人能动性的故事是很重要的。

6. 治疗伦理

我们可以从两个维度来说明叙事治疗的伦理。第一个维度是分享知识，这意味着治疗师从不隐瞒治疗理念，在治疗过程中保持开放透明的态度，坦陈自己的经历、知识结构和治疗意图，以便案主相信治疗师也可能会受到特定经历的影响，同样可能犯错。案主可以自由决定是否认可治疗师的理念或建议。第二个维度是更多的可能性，这意味着治疗过程是相对开放的，治疗师致力于帮助案主在现实生活中建构出更多的选择和可能性，以使其在治疗过程中获取对生活的"控制感"。通过叙事治疗，案主可以发展出更加多元的生命故事并建立起身份认同，从而更好地处理自身与问题的关系。

三、叙事治疗模式的技术和过程

叙事治疗既是一种治疗模式，也是一种世界观或者是一种生活方式。喜欢叙述式工作方式的人对意义往往比对事实更感兴趣，对复杂性和多种可能性比对标准化和统一性更感兴趣。本节从介入技术和一般过程两个方面对叙事治疗模式进行概括。

（一）常用的介入技术

1. 倾听

倾听是社会工作者常用的专业技术，在叙事治疗的每个阶段都起着重要作用。社会工作者应当充分秉持尊重的原则，重视与案主建立起平等、灵活的专业关系。合适的专业关系能够使案主在讲述自己的故事时感到自在与安全，能够更充分地交流其所面临的迫切问题。

社会工作者在治疗过程中要以“无知”的态度进行倾听（刘亮、赵旭东、缪绍疆，2007），鼓励案主作为自身问题的专家讲述自己的问题故事。在治疗过程中，社会工作者应注意不要将自身的专业知识和判断强加到案主身上，避免以主流的、专业的知识来掌控治疗过程。

2. 提问

怀特和爱普森（White M and Epston D，2013）认为，进行有关影响力的问话（relative influence questioning）对叙事治疗的开展十分必要。其内涵主要是为问题的影响力画蓝图和为人的影响力画蓝图。前者可以鼓励人们找出问题对他们生活与关系的影响，进而帮助他们弄清楚问题对行为、情绪、身体、彼此的互动、态度等方面的影响。制定问题的影响力蓝图可以为后续寻求独特结果和采取相应的行动打下基础。后者指的是厘清自己在面临问题困扰时所拥有的能力和资源，也可以说是“人对问题的影响”。实现这一点在案主已经面临问题困扰时并不容易，因此社会工作者要引导案主充分认清问题产生的影响，思考自己接下来所能采取的行动。通过有关影响力的问话，案主可以更加充分地认识自己面临的问题，以更加抽离的姿态审视问题以及问题与人的关系，实现发掘独特结果的可能。

3. 外化对话

个体在面对生活中或是人际关系中遇到的问题时，常常归咎于自己做了错误的反应。基于这样的归因，个体将更多的精力投向自我否定，让错误的认知主导自己的行为。叙事治疗模式以“将问题对象化”的方式代替常见的“把人问题化”的方式，因此个体能够意识到自己本身不是问题，从而脱离了自我否定的恶性循环。一旦明确了这样的设定，案主从复杂的逻辑中抽离出来，解决问题的方法就变得可以期待了。怀特（2011）在《叙事疗法实践地图》一书中提出了“立场说明地图”的方法，把外化对话分为四个基本阶段，这种方法的优势在于可以创造相应的语境，让人们更清楚地了解自身所面临的问题以及解决问题的可能性。

（1）为问题商讨定义和起名

社会工作者总是将案主视作独特的个人，案主所面临的问题也总是差异化的。人们面临的问题不是完全相同或者可以复制的，即便同一个人在不同时间对同一个问题的感受也不相同。社会工作者应当结合案主自身的叙事和理解，与案主共同探索合适的问题定义。对问题的定义有助于案主提高对问题的认知水平，反思和检索自身是否具备应对问题的能力与资源。

在下定义的同时，社会工作者不妨尝试让案主为问题起名。名字可以反映出案主对问题确切性质的认识，命名可以赋予案主对问题的掌控感，这对案主接下来进一步厘清问题十分有意义。使用隐喻、拟人等方式为问题命名还可以发掘新的问题视角。问题可以直接人格化为某种实体，有其自己的行动、感觉和对个人的影响（例如，抑郁症阻止了你）。社会工作者可以与案主共同努力来尝试获得对这个独立实体的控制与处理，可以提问如下：

① 我想知道，我们可以把这个“问题”称为什么？

② 你对自己目前正在经历的事情有什么特别的称呼吗？

③ 有很多事情发生在你身上，我们要不要试着把它们找出来？它们是什么？我们应该给它们起什么名字？

④ 我一直把他们对你所做的事称为“问题”，这个词用得对吗？

⑤ 从你所说的情况来看，你已经受到了“问题”的困扰。如果我们从现在开始就这样称呼它，那么你会有什么感觉？

（2）描述问题的影响

明确了问题的定义之后，接下来应当对问题的影响进行充分描述。怀特的调查建议如下：① 家庭、单位、学校、同辈交往环境；② 家庭关系、自己和自己的关系、朋友关系；③ 自我认同，包括问题对人的目的，如希望、梦想、愿望、价值的影响；④ 一个人未来的可能性。

在治疗实践中，社会工作者可能会发现，案主起初对问题及其影响的描述是十分单薄的，或者将焦点放在自己身上而非问题上。在治疗中，社会工作者不可能通过简单的提问来引出问题的所有方面，而应当引导案主对问题的影响进行更详细的描述，以便更好地澄清问题。无论故事的细节是否足够丰富，社会工作者都要让案主感受到自己的生活故事正在被认真对待。对问题进行详细的描述，通常有助于案主意识到问题的影响其实是有限度的，可以帮助案主具体了解他们的生活是如何被问题所影响的。在此基础上，案主可以增强面对和解决问题的决心。社会工作者可以这样提问：

① “问题”是什么时候在你的生活中出现的？

② “问题”是如何影响你的生活的？它如何影响你与朋友/父母/配偶/子女的关系？

③ “问题”是否会影响你与人相处的方式或他们对待你的方式？你愿意多告诉我一些这方面的情况吗？

④ “问题”是否影响了你对其他事情的感觉，而你还没有提到？

（3）评估问题行为的影响

在对问题的影响进行了相对充分的描述之后，这一阶段的焦点是鼓励和支持案主从自身出发评估问题行为的影响。社会工作者要注重强调案主中心的原则，在治疗过程中引导案主审视自己对问题的感受和态度。正如怀特（2011）所言，大部分年轻人没有评价过自己的生活困境，通常的评价大多来自他们的父母、老师、治疗师、社会工作者、警察等。社会工作者可以这样提问：

① “问题”促使别人对你有什么看法或说法？

② “问题”对你的职业选择有什么影响？

③ 如果“问题”继续沿着目前的情况发展下去，在一周/一月/一年后，这对你可能意味着什么？

(4) 论证评估

这一阶段的核心问题是案主“为什么”做出这样的评估。在叙事治疗的过程中，社会工作者要明确非批判的原则，切勿将关于“为什么”的问题误解为道德评价或者道德审讯。提出“为什么”的问题有两个好处：一是可以帮助案主学习和尝试表述生活的概念，例如生活的目标、愿望、价值等，这是一个学习和建构的过程；二是可以帮助案主形成较为积极的自我认同，“为什么”的追问可以使案主从自身出发探索对问题的理解，而非一味地接受外界对其问题的定义。

4. 改写对话

在叙事治疗的过程中，案主会倾诉自己的生活故事，这些故事的主题包括不幸的遭遇、问题和困境，这种问题故事反映了案主的绝望或无力感。怀特提到的改写对话是指要求人们继续发现他们生活中的故事，同时也帮助人们察觉曾被忽视却非常有意义的事件或经历。这些事件和经历被看作“特殊事件”或“例外”，由此可以发展出一些“独特的结果”来建构新的生活故事。

社会工作者要鼓励案主讲述自己生活中一些看似不重要的例外事件——仿佛是日常生活中的次要情节，但它们是潜在的，并且与主要生活故事交织在一起。通过案主对过去生活经验的回忆和审视，这些例外故事的情节逐渐丰富起来。人们可能会对这些被遗忘或忽视的情节产生好奇，并尝试定义和理解这些例外故事的意义。这些事件往往与案主的主要生活故事存在矛盾之处，这意味着社会工作者可以从矛盾出发与案主讨论为什么会存在这样的矛盾，以及矛盾带来的改变的可能性。

5. 重塑对话

在案主倾诉的过程中，他们会提及生活故事中的人物或主角，会与社会工作者交流他们对于这些人物或主角的看法，以及他们的情感、意图和个性。这实际上反映了个人的身份认同会受到重要他人的影响。在这样的假设下，有目的地重塑案主与其生活中重要他人的关系成为重塑对话技术的核心。社会工作者要帮助案主厘清，哪些人的影响和评价应当被重视，哪些人的话语可以被适当地忽视。例如，一个被父母虐待的女士寻求咨询和帮助，治疗师通过案主的讲述了解到，邻居在该女士被虐待殴打时提供过多次帮助。邻居的帮助让该女士在绝望时保留了对生活的希望，治疗师可以引导她思考邻居实施善意行为的原因，尝试构建更加积极的自我认同：

这个邻居很欣赏你的某些特点，而你父母对你的这些特点视而不见。你觉得这些特点是什么？

在重塑对话的过程中，案主的问题进一步被客观化，案主可以通过不同的方式来思考这些问题。这样一来，案主便能够逐渐意识到，某个问题在过去或者现在都没有完全像自己所说的那样“完全占据自己的生活”。

6. 寻求独特结果的对话

尽管每个人的生活体验都比较丰富，寻求帮助的案主却往往只叙述那些困扰和问题，因为个体会为不同的故事或者情节赋予不同的意义，很多重复或者寻常的情节往往被忽视了。因此，案主大量的日常生活体验很少被讲述，社会工作者要做的工作之一便是在案主的叙述中捕捉有关“独特结果”的线索，着重识别那些与主要生活故事不一致的情节或经历。社会工作者可以进行以下提问：

你是否有过能够克服“问题”对你的影响的时候？你是如何做到这一点的，它给你的感觉如何？

社会工作者应当明确“独特结果”并不是新生的产物，而是案主内在已有的特质和能力的反映，这些“结果”将成为新的叙事的基础。叙事治疗模式需要打破案主陈旧的、充满问题的叙事，注意到案主解决问题的独特经验，并将其发展为新的叙事，社会工作者要与案主重建和共同编写新的生活故事。在这一过程中，社会工作所强调的“案主中心”理念应当再次被强调，要引导案主自主反思生活的意义，主动为自己的生活经验赋予意义，为进一步行动做好准备。

7. 设置治疗性文件

设置治疗性文件在叙事治疗模式中是十分有效的技巧，其可以将治疗延伸到咨询场所以外的人的现实生活中，并在治疗结束后继续发挥作用。治疗性文件可以采取多种形式，包括信件、声明、证书、电子邮件、录音和视频、绘画和照片。与其他治疗也会遇到的问题相类似，案主在治疗结束后可能会因自身的思维习惯或环境影响而导致治疗效果被削弱。如果仅仅保持治疗场所的口头交流，那么在数次治疗之间和治疗结束之后，被建构的新的叙事可能会因记忆模糊而被遗忘或扭曲。此时以文件形式保存的总结、提醒和记录可以帮助案主再次巩固他们的积极叙事。怀特十分重视治疗性文件的使用，例如各种形式的信函，主要包括邀请函、辞退信、转诊回信、参考信等。这些治疗性文件可以帮助社会工作者了解案主参与治疗的进展情况以及相关的感受，以便改进接下来的治疗方案。一个受厌食症困扰的案主在治疗的最后阶段，对“厌食症”写下了这样一份宣言：

治疗师让我给你写封信，而我唯一想到的是告诉你我有多恨你——厌食症。

我希望你从地球上消失。你撒谎，你从我12岁时起就控制了我，你毁了我父母的生活，你粉碎了我的自尊心。我恨你！我不再害怕你了，我不会让你继续摧毁我的生活了。现在我知道我的父母才是爱我的人，而不是你，你的承诺是谎言。你承诺每个人都会重视我，但我必须苗条漂亮才行。只有这样，每个人才会喜欢我，我可以做任何我想做的事。但事实是，现在我知道我不必听从你的谎言。这样我就会变得坚强，我就会成为我自己，而不是一个傀儡。我必须挣脱绳索，不再听你的。你对我造成了很大的伤害，你不让我见朋友，也不让我去上学。我越是听你的话，你越是孤立我，你是个骗子。再见了。

资料来源：Chimpén-López C and Muñoz R A, 2021。

在叙事治疗过程中，各种治疗性文件应被妥善保存，在治疗结束之时社会工作者再以适当的方式提供给案主。通过对治疗过程的回顾，案主的自信心可以得到进一步增强。如果面临的是类似厌食症这样相对普遍的问题，那么社会工作者还可以发挥倡导作用，将相关的成果以恰当的方式向社区和公众展现，为扭转压迫性的、不恰当的主流叙事做出努力。

（二）介入的一般过程

叙事治疗模式在国外已有较长的历史和丰富的实践，其具体治疗过程也不尽相同。卡尔（Carr A, 1998）将叙事治疗的过程和相应的技术总结为以下几条：

- 采取一种合作的、共同书写生活故事的立场；
- 帮助服务对象通过外化问题将自己从问题中分离出来；
- 帮助服务对象通过发现独特的结果来找出其在生活中没有被自己的问题压迫的时期；
- 通过使用行动图景和意识图景问题的技术来丰富服务对象对独特结果的描述；
- 将独特的结果与过去的其他事件联系起来，并将故事延伸到未来，形成一种替代的和偏好性的自我叙事；
- 邀请人际关系网络中的重要成员来见证这种新的自我叙事；
- 记录新的知识和实践，用文字的方式来支持新的自我叙事；
- 帮助有同样问题的人摆脱压制性叙事。

近年来，有研究将叙事治疗按时间框架大致分为四个阶段：外化（externalization）、影响（influence）、征服故事（subjugated story）和重建（reconstruction）。重点强调的是，当案主处于重建阶段时，他们已经开始创作自己的新故事，治疗师要制定一个安全的计划来防止案主受到旧有叙述的影响（Wedley D and Rutter A P, 2020）。

也有学者认为，叙事治疗包含以下六个阶段：

一是问题饱和描述性（problem saturated descriptive），即深入全面地研究问题、案主的语言偏好、提问前的倾听偏好；

二是命名问题并将其外化（naming the problem and externalizing it），即命名案主的隐喻、对象化和个性化案主的外部化问题、外部话语和信仰的外化；

三是针对问题的独特成果和定位（unique outcomes and positioning against the problem），即突出案主的独特成果，研究案主对问题的影响，动员案主力量应对问题，预测问题的前景；

四是重新命名和替代叙述（renaming and alternative narrative），即命名案主的新叙述，用新的叙述取代旧叙述，突出案主对问题的影响；

五是深化新的情节，将这一情节与过去联系起来，然后与未来联系，即扩大案主对未来独特成果的期待；

六是外部证人的邀请和治疗文件的记录与提供（invitation from external witnesses and therapeutic documents），即对案主社会网络中重要人物的邀请，他们可以见证一种新的个人叙述，利用文本措施记录、优化知识和新行为（Ghavibazou E, Hosseinian S, and Abdollahi A, 2020）。

国内的学者将叙事治疗划分为三个阶段，分别是外化案主所面对的问题、发掘独特结果和重新编写故事、巩固新故事。具体步骤为：（1）与当事人及其家庭就所困扰的问题达成一致协定；（2）将问题拟人化，借此与当事人一起描述为何以及如何压迫当事人及其家庭；（3）探讨问题如何干扰、支配或阻挠当事人及其家庭完成他们的意愿；（4）发掘出有哪些时候当事人并未受到问题的支配，或生活未受其干扰；（5）找出过去的证据来支持新观点，显示当事人与其家庭有足够能力站起来对抗问题的压迫；（6）引导当事人及其家庭思考有了上述能力之后，未来应过何种生活；（7）找出一群听众听取当事人宣告新的认同感和认识（卫小将、何芸，2008）。从不同的阶段划分中，我们可以看到一些类似的共性，在具体的时间和服务中还需要社会工作者结合实际情况进行选择，本书将其归纳为倾听、外化、重构和巩固四个阶段。

一是倾听：通过叙事界定问题。

案主在接受治疗的初期，往往对自己的生活仅有一段单薄的、充满问题的叙事。社会工作者的中心工作是要引导案主进行“深描”，帮助案主拓展他们的生活故事，对自己的生活进行更详细的描述，以便能够更好地界定问题。叙事治疗相信个人的生活充满了复杂性，不会全部受到问题或缺陷的影响。

因此，除了需要提供安全合适的场所来让案主讲述他们的生活故事，与案主建立恰当的专业关系也是社会工作者实施叙事治疗的必要条件。灵活、恰当的专业关系在一定程度上能够更好地引导案主进行倾诉。接下来，社会工作者可以从描述问题对个人生活和关系的影响入手，帮助案主看到自己是如何组织自己的生命故事的。在案主结束最初的简单描述后，社会工作者可以利用澄清和追问的技巧，对问题的其他方面进行更深入的了解，以促进和鼓励案主思考在对问题产生影响的因素中被忽略的方面。社会工作者要保持开放性的态度倾听案主的叙述，帮助案主对问题的定义和影响形成初步的认识。

二是外化：个人与问题的分离。

当案主来寻求帮助时，他通常会认为自身存在着某种问题而导致相应的困境持续存在。例如："我可能有某种缺点或不足，因此我的生活总是很难令人满意。"这些缺点有时会被社会归因为个人道德或者智力上的缺陷，使案主陷入恶性循环。叙事治疗理论主张，问题是在社会系统中构建的，并不存在于个人身上。

问题外化是指通过特定的语言形式来对提到的问题进行描述，把问题委婉地描述为影响人的东西而非人内在的特点或品质。社会工作者可以将问题表述为对案主的攻击、入侵案主的生活、困住案主或者以其他方式试图伤害案主。通过使用这样的隐喻，案主就可以与困扰他的问题分离开来。这符合叙事治疗的假设，即人只是对问题情境做出反应，而不是问题的体现。因此，问题是个体可以努力从自己生活中排除的东西。问题外化有以下优点：减少无益的人际冲突；降低失败感；让人们合作，共同面对问题；打开新的可能性；改用较轻松、没有压力的方法看待问题；提供对话的可能。问题外化代表着一种去病理化的倾向，是隐含希望和鼓励的技巧。

以抑郁症问题的外化为例，从"我有抑郁症"转变为"抑郁症有时会扰乱我的生活"。叙事的转换代表着案主本身不再是问题，而且也不再与问题紧密相连。相反，抑郁症作为一个独立的实体，案主可以作为观察者从不同的视角了解问题，并且在问题之外发展自己新的身份。

三是重构：寻求独特结果。

在上一阶段对案主问题进行外化的基础上，这一阶段的重点在于通过发现案主生活故事中的"特殊事件"和"例外"来发掘独特的结果，重构新的自我叙事。社会工作者应当引导案主了解什么是对自己有意义的"特殊事件"，并对其进行更深入、更细致的说明。个性化的原则在这里应当再次被强调，每个人在不同的发展阶段会有不同的变化，对问题的理解与意义各不相同，因此有关定义需要具体地在访谈中共同确定。怀特相信，可以从过去、现在和未来三个时间段寻求"特殊事件"。案主在讲述生活故事的过程中可能会提到已经发生过的事件，社会工作者可以进一步提问："你有过不受问题影响的情况吗？它发生在什么时候？你对此有什么感受？"在治疗的过程中，一些例外情况也可能出现。例如，多动症儿童或许在咨询过程中保持了安静，社会工作者可以以支持和鼓励的态度询问儿童是如何做到的，并予以充分的肯定。社会工作者还可以针对未来进行奇迹式提问：“假如现在困扰你的问题突然消失了，你的生活会有什么样的变化？你最想将这个消息告诉谁？”

我们可以发现，这些“特殊事件”对案主来说通常具有成功应对的积极意义。一般是他们自发找到解决策略，这是难得的成功经验。为了扩大这种成功经验对案主的积极影响，社会工作者可以引导案主讲述更多的“特殊事件”，为建构新的生活故事提供素材，同时鼓励案主将成功归因于自身潜在的能力和资源，帮助他们建立起新的生活方式和生命意义。

四是巩固：充实新的自我叙事。

当案主原先充满问题的叙事被解构时，他探索独特的结果帮助他发展全新的自我叙事。巩固治疗成果需要对新建构的自我叙事进行丰富和充实，邀请局外人参与是一种有效的方式。在治疗过程中，社会工作者本身就是案主生活故事的见证人，在巩固阶段还需要邀请更多的人来见证案主的生活故事，例如对案主生活有不同影响的家人、邻居以及朋友，或者面临同质性的问题的其他案主。社会工作者需要向邀请来的见证人说明：他们的作用不是对案主的行为进行解释、建议、分析或者祝贺，更不要以自己的标准来评判案主的生活；他们要做的是，当案主向他们讲述自己新的生活故事时，他们需要说明案主的哪些故事对自己有吸引力，这些故事让自己想到了什么，自己是否有过和这些故事相类似的经历，以及听了故事之后自己的生活可能会有什么变化。组织交流的核心作用在于为案主服务，见证人尤其要避免见证人自我中心的启示、回忆或者说教。

四、叙事治疗模式的优点和不足

正如怀特所言，人们通常通过将他们的经历编入故事来赋予自己的生活更多的意义，而这些故事塑造了生活和关系。叙事治疗是基于社会建构主义而提出的一个具有重要意义的社会工作实践理论，颠覆了传统的社会工作或家庭治疗的结构隐喻和系统隐喻。它在社会建构主义思潮的影响下，充分尊重案主作为自己生活问题的专家，是自己生活故事的作者和生命历程的决定者，相信案主有潜力去应对自己生活中的问题，这与社会工作的理念十分一致。叙事治疗所表现出的开放性和建构性，为不同领域的社会工作实践提供了广阔的空间。此外，在叙事治疗模式基础上发展出的依恋叙事模式、职业治疗叙事模式等，是心理治疗领域的创新，可以为社会工作服务所借鉴和学习。

叙事治疗模式的建构特征决定了其无法实现结构化，而要根据案主的实际情况进行治疗和服务，类似社会工作的个性化原则。这将对社会工作者的学习和服务提出较大的挑战，也意味着如何对服务效果进行评估存在一定的困难。叙事治疗模式很难像心理治疗领域的其他模式一样实现手册化，这也受到了一部分以证据为本的治疗师的批判。在具体的治疗实践中，首先要求社会工作者具备专业理论素养与较强的实务能力，根据案主的实际情况选择合适的服务技巧，灵活处置；其次需要社会工作者反思，如何在协助案主重构生活故事的过程中避免受到自身观点的影响，充分尊重案主自决的原则。不仅如此，叙事治疗模式在服务对象上也有明显的局限性。案主需要讲述和理解自己的生活故事，并在社会工作者的引导下进行反思和改写。这就对案主的逻辑思考和认知状态提出了一定的要求，例如遭遇精神疾病问题困扰的服务对象显然不适合接受叙事治疗。在中国本土化的实践中，服务对象的年龄、个性、受教育程度都影响着他们的叙事行为，这些都是开展叙事治疗模式需要具体考虑的因素。

小　结

叙事治疗的实践源于20世纪80年代的家庭治疗领域，并逐渐拓展到其他咨询和治疗领域中。以叙事为方法的治疗模式某种程度上反映了以人为本的理念，相信案主作为自己生活领域的专家，有能力应对生活中的问题，发展新的、积极的自我叙事。本章主要介绍了叙事治疗的基本原则、介入技术和介入过程。社会工作者要结合案主的实际问题来设计和开展叙事治疗，根据案主的故事来选择介入技巧，在介入过程中保持专业性和灵活性。

参考文献

[1] ROBERTS G, HOLMES J. Healing stories: narrative psychiatry and psychotherapy[M]. Oxford: Oxford University Press, 1999.

[2] WHITE M, EPSTON D. 故事、知识、权力：叙事治疗的力量[M]. 廖世德，译. 上海：华东理工大学出版社，2013.

[3] 卫小将，何芸. “叙事治疗”在青少年社会工作中的应用[J]. 华东理工大学学报(社会科学版)，2008(2)：29－32，57.

[4] 刘亮，赵旭东，缪绍疆. 后现代主义下的叙事治疗及其临床应用[J]. 上海精神医学，2007(4)：233－235.

[5] 何雪松. 社会工作理论[M]. 上海：华东理工大学出版社，2017.

[6] 赵快乐，黎湘艳，江莉，等. 叙事治疗概述及应用研究进展[J]. 护理学报，2016，23(4)：34－36.

[7] 黄耀明. 社会工作叙事治疗模式介入失独家庭重建的哲学渊源、方法和个案实践[J]. 社会工作与管理，2015，15(2)：16－21，96.

[8] 同雪莉. 抗逆力叙事：本土个案工作新模式[J]. 首都师范大学学报(社会科学版)，2015(1)：126－134.

[9] HARE-MUSTIN R T. Discourses in the mirrored room：a postmodern analysis of therapy[J]. Family Process，1994，33(1)：19－35.

[10] MORGAN A. What is narrative therapy？an easy-to-read introduction[J]. Adelaide，South Australia：Dulwich Centre Publications，2000.

[11] 赵君,李焰. 叙事治疗述评[J]. 中国健康心理学杂志,2009,17(12)：1526－1529.

[12] 何雪松. 叙事治疗：社会工作实践的新范式[J]. 华东理工大学学报(社会科学版)，2006(3)：7－11.

[13] 王忆情. 叙事治疗的理论论述及展望[J]. 科教导刊(上旬刊),2017(10)：164－165.

[14] 尹新瑞. 社会工作叙事治疗的研究现状及本土化转向：基于哲学文化视角[J]. 理论建设，2019(5)：105－112.

[15] WHITE M. 叙事疗法实践地图[M]. 李明,等译. 重庆：重庆大学出版社,2011.

[16] CHIMPÉN－LÓPEZ C，MUÑOZ R A. Narrative therapy for anorexia nervosa：using documents of resistance[J]. Australian and New Zealand Journal of Family Therapy，2021，42(1)：276－291.

[17] CARR A. Michael White's narrative therapy [J]. Contemporary Family Therapy，1998，20(4)：485－503.

[18] WEDLEY D，RUTTER A P. Helping reauthor the stories for women navigating hiv+ status and low sexual desire：a narrative therapy approach [J]. Journal of Black Sexuality and Relationships，2020，6(3)：1－12.

[19] GHAVIBAZOU E，HOSSEINIAN S，ABDOLLAHI A. Effectiveness of narrative therapy on communication patterns for women experiencing low marital satisfaction[J]. Australian and New Zealand Journal of Family Therapy，2020，41(2)：195－207.

下编

社会工作实务

本篇的主要内容是阐述社会工作的主要实务领域，如儿童、青少年、老年、家庭、学校等领域的社会工作开展的主要内容、过程和基本技巧的运用等。为了能够更好地展现社会工作理论、方法与技巧在不同的服务领域中与具体的服务案例的结合，每一章还附有具体案例予以详细阐述和深入分析，同时对相应领域的国内社会工作实务的开展情况进行相应的专业反思。

第十一章 儿童社会工作

在一个文明和民主的社会中，社会建设与发展的重要目标之一是充分保障儿童的各项权益和促进儿童的茁壮成长。儿童社会工作是保护和促进儿童成长的一个重要环节。海内外经验表明，儿童社会工作对于解决儿童面临的各种问题和推动儿童的全面发展，都具有重要的作用。

一、儿童社会工作概述

儿童始终是我国党和政府重点关注的对象之一，对儿童的保护关系着儿童的健康成长，儿童的健康成长关系着国家的未来。

（一）儿童社会工作的概念界定

1950 年，联合国儿童权利会议把儿童社会工作视为儿童福利服务项目之一，其对儿童福利的定义为：凡以促进儿童身心健全发展与正常生活为目的的各种事业均称为儿童福利（蔡汉贤，1972）。张乐天在《社会工作基础知识》一书中，将儿童社会工作定义为以儿童为对象的社会工作，是社会工作的专业价值、理论、方法和技巧在儿童的教育和保护领域中的运用。

笔者认为，儿童社会工作就是根据儿童的生理、心理特点和成长、发展的需要，以专业的价值为指导，以科学的理论为基础，充分运用社会工作的专业方法和技巧对儿童所开展的助人服务活动。

这个定义包括三层含义：第一，儿童社会工作的开展建立在对象的需要和特点的基础之上。第二，儿童社会工作的开展需要充分运用专业的价值、理论和方法。第三，儿童社会工作是一种助人的服务活动。

（二）儿童社会工作的发展阶段

第一阶段是 1601 年《伊丽莎白济贫法》颁布前后至 19 世纪，可以称之为以救济为主的儿童社会工作时期。其特点是，服务手段主要是领养和寄养等被动、消极的救济方法，工作对象主要是孤儿、弃儿和部分贫困儿童。

第二阶段从1959年《儿童权利宣言》获得联合国大会通过起，进入以积极的儿童福利为目标的儿童社会工作时期。这份宣言强调：儿童应该受到关怀、爱护和了解；儿童应该得到足够的营养和医疗照顾；儿童应该有法定的免费教育；儿童应该有全面的康乐和游戏的权利；儿童应该有自己的姓名和国籍；如果遇到伤残和灾难，儿童就应该受到妥善的照顾和获得优先救济；儿童应该有发展潜能，成为社会有用之才；儿童应该有建立友爱与和平精神的权利；无论种族、肤色、性别、国别情况如何，儿童都应该同等享有上述权利。《儿童权利宣言》成为现代儿童社会工作极其重要的思想基础。

（三）儿童时期的人生任务和儿童社会工作内容

1. 儿童时期的人生任务和可供利用的资源

整个儿童期可以划分为早、中、晚三个时期，不同时期的儿童所面临的人生任务和可供利用的资源各不相同。

儿童早期的生理、心理表现和人生任务是：急速的身体发育；力气、协调性与神经系统增强；语句表达更复杂；发展出象征的能力，学会在观察中学习；开始对性别进行分类；发展出更多对同伴的兴趣。此时的一项重要的社会化任务就是让儿童学会控制其攻击性，尤其是遭受挫折的时候。当儿童转向内化某些标准并且效仿环境中的重要成年人时，就显现出其良知的发展。

除了生理发育方面的问题，这一时期的儿童会有分离焦虑且会出现恐惧：害怕环境中出现陌生物体或新事物、新面孔；害怕黑暗；害怕睡觉（因为有时候会做噩梦）。

父母和家庭是照顾儿童和帮助儿童克服成长过程中面临的问题的重要资源。父母的资源包括他们对婴幼儿的接纳能力与感受，以及他们在婴儿与儿童发展方面的知识。家庭是婴儿的情绪来源，它使婴幼儿与这个群居社会有了第一次接触。此外，医疗照顾的形态、安全住处、健全的营养和适当的儿童照顾安排都是重要的社会结构资源的实例。

儿童中期、晚期的生理心理表现和人生任务是：身体的快速发育；认知技巧快速提升；能够将复杂的事物系统分类；能够借由问题解决的过程快速因应问题；产生运思能力（概念、记忆、推理、反映、演绎）。除了习得初步的社会规范和掌握基本的生活技能外，儿童整体的自我概念深受家庭的影响，与兄弟姐妹及朋友的关系对儿童人格的发展具有重要意义；此外，随着儿童成长，对儿童服从规范的行为要求也随之增加，同时课堂上的成功与失败对儿童变得更为重要。

儿童中期和晚期成长所面临的问题可能包括恐惧症、抽搐、焦虑反应、强迫性行为、身心症状（如胃痛、头痛、睡眠问题等）。儿童自身的生理、心理资源是儿童应对自身发展及其障碍的重要因素，也是儿童理解和完成人生任务的重要动力源泉。此外，社会结构资源在这个时期仍然保持着重要性。家庭结构、社区结构、学校系统和同辈网络都是儿童面对新的人和环境时极为重要的机会来源。当这些方面支持儿童的生理成长和心理发展时，它们就变成非常强势的资源。

2. 儿童社会工作的基本内容

（1）儿童养育和儿童保健

儿童养育主要是指在饮食喂养、合理营养、居住环境、托儿设施等方面对儿童进行更完善、更全面、更科学的抚养和培育。

儿童保健主要包括两个方面：一是妇婴保健，即利用各种有效措施降低婴儿死亡率；二是指儿童的卫生工作，即通过健康检查、锻炼及问题矫治、传染病的预防、健康教育和科学生活方式的宣传来促进儿童健康发育成长，全面提高儿童的身体素质。

（2）儿童照顾和儿童教育

儿童照顾是指在家庭、托儿所、幼儿园、学校等环境中给予儿童生活、学习、成长等方面的呵护和关怀。

儿童教育主要是指通过各种手段和途径使儿童学会认知，掌握必要的知识和思维方式，具备生活所必需的能力，习得初步的社会规范，培养基本的道德品格的过程。

针对残疾儿童的照顾、教育和康复问题，社会工作者应充分考虑残疾儿童的特点，采取各种特殊的方法。

（3）儿童救助和儿童保护

儿童救助主要是指对孤儿、被遗弃儿童和生活困难儿童的救济和帮助。对孤儿、被遗弃儿童的救助形式主要有儿童福利院教养、家庭寄养和收养等。对生活困难儿童的救助是为贫困或单亲家庭提供经济和物质上的救助，以使儿童获得基本的生活保障。

儿童保护包括三个层面的工作：一是通过立法和制定政策从制度上规定和保护儿童的各种权利；二是在实际生活中通过具体手段切实保护儿童的合法权益，如生命权、被抚养权、健康权等；三是保护儿童的成长，与有关社会力量（家庭、学校、公安机关、法院、青少年保护专设机构等）合作，与一切危害儿童身心健康和成长的行为作斗争。

二、儿童社会工作方法

儿童社会工作方法除了个案、小组和社区工作方法外，还可以运用整合的工作方法，但核心是必须针对儿童的问题与需要并以促进儿童的成长、发展为根本目标。

（一）儿童辅导

1. 儿童辅导的基本概念

儿童辅导是指专业人员运用科学的知识和方法，帮助儿童了解自己、学会面对困难和解决问题的办法，并且利用各种机会促使儿童在生活、学业、感情和人际关系等方面全面发展以及发挥潜能的过程。

2. 儿童辅导的游戏治疗模式

儿童辅导有许多方法或模式，如行为治疗法、当事人中心治疗法、社会技巧训练等。但是，由于儿童年龄较小，许多困惑或遭受的伤害难以用语言表达清楚，因而过于理性或复杂的治疗模式有时候并不能获得理想的辅导效果。针对儿童的身心特点和年龄特点，社会工作者可以运用游戏治疗模式进行儿童辅导。游戏治疗模式也有多种理论取向，其中想象互动游戏治疗是儿童辅导或治疗的常见方法之一。

（1）想象互动游戏治疗的基本理念

下述理由可以说明让孩子通过想象游戏而非语言来表达他们的经验的重要性：① 孩子不像成年人那样在口语和自我反省等方面的能力得到了发展，即使是成年人在用语言表达私人情感经验时，也会有困难。② 公开讨论孩子及其家庭问题，可能让孩子对父母亲有一种矛盾的内心状态，一方面孩子的问题常常与他们的父母有关，另一方面孩子又极度地依赖他们的父母，且在许多方面依恋着他们。

所以说，通过想象游戏的媒介，孩子有机会以转化的方式沟通，也能透露隐秘的事情。当在游戏世界里沟通时，孩子知道能较容易也较安全地表达焦虑、生气及其他负面情绪。游戏世界也使孩子有可能尝试一些新的想法和其他解决方法，而不会伤害到任何人。社会工作者协助孩子发展自己的主题，在游戏中完成这些主题，并引导他们朝向更有建设性的方向发展。

（2）想象互动游戏治疗的技巧

在运用想象互动游戏治疗的方法进行儿童辅导时，社会工作者可以凭借很多不同的方式介入游戏世界：首先，社会工作者的态度应该表现出有兴趣而且融入进来。其次，社会工作者可以成为一个更积极的玩伴。最后，社会工作者应该以口语参与。以下一些特别的技巧的目的都在于增强、深化和影响孩子在想象游戏中的经验表达。

① 用言辞表达或口语化，就是把孩子正在玩的一项动作用言辞表达或者口语化地进行表达，然后对孩子所做的事赋予更明确的意义。下面这些表述有许多不同的目的：

- 结构化，即工作人员将分散的游戏片段组合成前后一致的游戏，从而把游戏整合起来。结构化也常常能帮助孩子更明确地表达他们的意思。

- 意义的强化，即口头表达的目的在于帮助孩子澄清意思、表明态度。
- 预测未来的事件，即口头表达在一个故事里能引起持续性发展。
- 清楚地说出游戏人物的感觉和想法，社会工作者使得孩子的感觉和想法正当化。
- 说出治疗性信息或针对游戏的介入做解释。

② 刺激化，意义在于鼓励孩子能更专注地玩。当一个孩子想玩游戏却难以开始的时候，社会工作者可给孩子提出适合玩的游戏器材的建议，或者鼓励孩子玩不同的玩具，也可建议孩子结合新的游戏器材、游戏空间和游戏内容来玩。刺激化对于一个孩子克服重大障碍也是必要的，通过与孩子一起玩，社会工作者让孩子清楚地知道他的行为没有被禁止，如此孩子才不会感受到压力。

③ 设定限制，当被辅导的孩子使用了太多游戏器材，以至于失去了游戏的方向时，社会工作者首先必须用口头提示的方式尝试把所设定的限制整合到游戏里。如果这种劝说无效的话，社会工作者就需要抽离游戏世界，然后清楚地告诉孩子，什么是被允许的，什么是不被允许的。同时，社会工作者需要接受的事实是：这个孩子想要做一些脱轨的事情。此外，不能将玩具带回家、不能故意破坏玩具、不能伤害他人或自己、遵守时间表等，这些限制事先都要规定清楚。当然，针对个别被辅导的儿童，社会工作者还需要设定一些与辅导目标直接有关的特殊限制。

④ 相对游戏，这是想象互动游戏的最后一个技巧。社会工作者扮演的角色就是要在游戏中玩出跟被辅导儿童有不同观点和想法的游戏内容，同时也向被辅导儿童传达辅导或治疗的信息。

（3）想象互动游戏治疗的指示

这种方法对于有隐性身体疾病的孩子具有很好的功效。这种方法也可以应用在心情非常混乱的孩子身上，但是在这种情况下，社会工作者需要提供足够的结构化模式方法。为了使治疗或辅导能够成功，父母亲必须愿意审视和改变他们的行为，改变对孩子的态度（在社会工作者的帮助下）。这些孩子应该在 4 岁至 10 岁之间，这个年龄层的孩子喜欢参与想象游戏；对于较大一些的孩子，其他游戏类别如画图、捏黏土、讲故事可能更合适。

（二）儿童小组工作

儿童小组工作是指一种通过小组工作过程以及小组社会工作者的协助，小组中的儿童能够获得小组经验、产生行为改变和恢复正常功能，以及与他人和周围环境达成有效的调适，最终促进个人和小组发展的专业服务活动。

适合开展儿童小组工作的儿童小组类型有很多，如幼儿园和小学中的各种课外兴趣班、少先队小队、课外补习小组、假日服务小队等等，只要将社会工作的理念和工作手法对小组成员进行讲解，就可以展开儿童小组工作服务。当然，社会工作者也可以根据事先设定的主题，利用各种招募手段来组成儿童小组。

开展儿童小组工作需要注意：第一，活动安排要新颖有趣，符合儿童好动活泼的性格特征，但要注意安全；第二，多利用示范来讲述活动的安排和小组规则；第三，避免空泛的道理和讲述过于复杂与抽象的问题；第四，社会工作者的态度需亲切和蔼，应该具有很强的亲和力，善于与儿童交往；第五，社会工作者无论是在空间位置还是在心理距离方面，都应该带给小组中的儿童一种平等的感觉。

儿童小组工作的主题确定、活动设计和基本技巧运用等，在本书《学校社会工作》一章中有类似的详细描述，这里不再赘述。

（三）亲职教育服务

亲职教育服务是指专业人员运用社会工作的方法向家长提供诸如沟通、孩子教育、家庭环境改善等方面的专业服务活动。亲职教育服务以训练的方式为主，训练的内容有沟通技巧、环境设计技巧、孩子行为改变技巧、家长训练、家庭改变技巧等等。传统的亲职教育服务始终把重点放在孩子方面，不少家长的训练科目均以处理或改变孩子的行为问题为主，例如孩子的学习问题、不服从或滋扰行为、情绪控制问题、难以与家长有效沟通等等，而忽视孩子本身的关注点与需要，也很少为子女提供参与的机会。

亲子沟通平行小组是亲职教育服务的一种新形式。它可以被定义为两个分开但同时进行的小组，通过联合活动，如实践练习、互相配合的小组内容和进度、联组活动等，改善亲子关系。亲子沟通平行小组的优点在于，父母参与对子女学习各种技巧有很大的帮助。参与的父母可以成为培训者，因为父母了解小组的内容，在子女的学习问题上，父母可以发挥提醒和鼓励的作用，并且协助子女在家完成实践练习。此外，父母和子女双方都参与亲职教育服务活动，会让子女感受到父母也愿意努力学习改善关系，而彼此在服务活动过程中的改变和进步对对方来说都会成为一种鼓励，从而增强处理冲突和解决问题的信心。

亲子沟通平行小组内容的选择和设计大致可以遵循这样的过程：

在小组活动正式开始之前，社会工作者首先应该对服务对象——家长和子女——的需要和问题做一个了解和评估。家长组方面，假定的重点是增强他们的倾听能力，从而鼓励子女表达，增进亲子沟通和学习处理冲突。子女组方面，假定的重点是训练他们掌握一些技巧去争取表达机会，以平和、协商的态度与家长沟通，以及积极消除亲子间的意见分歧。由此我们可以设计小组每节（共 8 节）的主题内容（见表 11－1）。

表 11 - 1　亲子沟通平行小组

节　数	家　长　组	子　女　组
1	互相认识,订立目标	互相认识,订立目标
2	找出倾听的障碍	回归正题的方法
3	以理性想法改善沟通障碍	成功沟通的要诀
4	跨组交流,知己知彼	跨组交流,知己知彼
5	心平气和之道	怎样回应父母的批评
6	处理冲突的方法和步骤	处理冲突的方法和步骤
7	跨组练习——处理冲突的方法	跨组练习——处理冲突的方法
8	总结和检讨	总结和检讨

上述亲职教育服务的设计特色在于：两组内容互相配合,实践练习可以做多种变化和配合,跨组交流和练习,在设计上还可以衍生出很多变化。

(四) 受虐儿童的社会工作介入

儿童虐待是严重的社会问题和违法行为。《中华人民共和国未成年人保护法》《中华人民共和国家庭教育促进法》等法律法规都严厉制止针对未成年人的暴力。各级政府部门以及未成年人保护机构等单位均有责任和义务保护儿童远离各种暴力与欺凌。

1. 儿童虐待的相关概念

(1) 受虐儿童

受虐儿童是指被其父母、近亲或任何对该儿童福利有责任者,或与儿童居住于同一处所的任何人,采取一些行为,造成儿童的身体伤害、外貌的损毁、身体或情绪健康的伤害、身体功能的丧失或损伤;或者制造一些非意外的身体伤害,对儿童性侵犯,拷打、折磨儿童乃至死亡;等等。

(2) 儿童疏忽

儿童疏忽是指任何一个儿童的父母或其他对该儿童福利有责任者,并未提供适当或必需的支持、法定教育、医疗或其他法律认定儿童所必需的相关照顾;或者儿童遭受其父母或其他对该儿童福利有责任者的遗弃。

2. 儿童身体虐待的指标

儿童身体虐待的指标包括瘀伤、烫伤、撕裂伤、骨折(具体项目略)、头颅伤、内伤、性虐待以及其他指标(严重发展迟缓、对孩子如何受伤的原因解释不一致等)。

3. 受虐儿童的社会工作辅导

(1) 受虐儿童社会工作辅导的主题

通常情况下,社会工作者介入受虐儿童辅导的主题主要包括：受害经历的讲述;对暴力责任的看法；惭愧及与人隔离感觉的介绍；自我保护的计划；陈述感觉；解决冲突的方法；性别角色的认定；自尊心建立。

（2）受虐儿童的社会工作辅导的功能

这种介入方式的主要目的和功能是协助儿童学习新的价值观和行为，包括：暴力的发生不是他们的错；学习自我保护的新方法；认识和搜集对自己有帮助的正式资源与非正式资源；学习以非暴力方法解决问题。

（3）与受虐儿童的会谈

针对受虐儿童或来自暴力家庭的儿童，社会工作者可以从以下内容着手进行会谈：

- 在你的家里，家长为什么会争吵？他们是如何吵架的？
- 当你的父亲/母亲生气时，他/她是怎么处理的？大声吼叫？跑掉？摔门？丢东西？是否打了爱人？踢爱人？抓爱人的头发？还有其他什么动作？
- 你的母亲/父亲如何反应？
- 你的反应又是什么？
- 你家的规章制度有哪些？
- 你是否因为做一些不被父母允许的事情而遭受惩罚？你认为这种惩罚公平吗？
- 哪些事情对你而言是一种伤害，例如某些字眼、动作或某种想法？什么样的事情会使你感觉舒适？
- 你了解什么是不合适的碰触（指身体上的），什么是好的碰触吗？
- 你是否有过遭遇不合适碰触的经历？是谁让你有了这种经历？你会怕你的父亲、母亲吗？
- 在你的生活环境中，有哪些人会让你感到害怕？
- 你曾经试图伤害过自己吗？如果有，你可否详述当时你做了什么？

除了上述会谈内容外，社会工作者与受性虐待的儿童的会谈还应注意以下事项：

- 不要询问那些引导性问题，而要多问开放性问题：发生了什么事？什么时候发生？在哪里发生？
- 使用儿童易于理解的语言。
- 儿童的注意力较低。
- 在一个能让儿童放松的环境中会谈，如果是家庭内部出现了性虐待，在与儿童会谈时需要避开家庭成员及住所。
- 做好相信儿童的准备，即使孩子可能无法对有些事情具备准确的知觉，社会工作者也可以给孩子提供参考点，以协助其建立有关事情的概念。例如，当时外面是冷还是热？当时你住在哪里？

- …………

4. 其他社会工作介入方法

对受虐儿童的辅导是儿童社会工作介入的第一步。它优先考虑的是儿童的安全，进而协助儿童表达他们的感觉。此外，社会工作者还必须与家庭、学校、医院、法院、公安、儿童和青少年保护机构以及社区有关力量或社会资源密切配合，对受虐儿童进行积极的介入。如警察的介入方式——逮捕施虐者对降低儿童被暴力虐待事件的发生率有显著影响；学校及老师通常能够比较早地察觉受虐儿童的异常情况；而医院则能够提供受虐儿童在生理上遭受伤害的医学诊断。所有这些社会力量都需要社会工作者与之密切联系，商讨对受虐儿童的介入和辅导方案，把对受虐儿童的伤害降到最低限度。

三、中国儿童工作的状况和思考

中华人民共和国成立以后，儿童的保护、照顾和教育一直是被高度关注的一项社会事业，从中央到各级地方政府，从各种儿童行政教育和服务机构到各类民间组织，从学校到家庭，均把有关儿童事业放在越来越重要的位置上。但是，从专业社会工作角度思考，这个领域里还有许多工作可以进一步开展。

（一）中国儿童工作的现状

目前中国儿童工作主要围绕以下三个方面展开。

1. 制定有关儿童福利政策

中国政府制定和颁布的许多法律，如《中华人民共和国宪法》《中华人民共和国义务教育法》《中华人民共和国未成年人保护法》等，直接规定了儿童应该享有的生存权、被抚养权、继承权、教育权等各种基本权利。20 世纪 90 年代初，国务院批准的《中国儿童发展规划纲要》规定了儿童保健、教育和保护等方面的一系列目标，成为当代中国儿童福利服务的纲领性文件。此外，各级职能部门还制定了一批如《学校体育工作条例(2017 修订)》《幼儿园管理条例》《学校卫生工作条例》等具体的法规，规范儿童保护、教育和健康等工作事项。

2. 推行儿童福利服务

中国有许多儿童公园、儿童图书馆和儿童之家，一些社区服务中心还设有“儿童角”，不少类似机构还配备专职教师以指导儿童的娱乐和学习，培养儿童在音乐、绘画、舞蹈、书法、体育和科技方面的兴趣。随着生活水平的不断提升，儿童及其家长在精神健康方面的需求不断增长，国内设立了不少儿童精神辅导治疗中心、儿童救助热线、家庭教育热线、亲职教育学校等，直接为儿童及其家长提供心理和成长辅导与服务。

对于各种特殊儿童，中国各级政府和儿童服务机构更积极地投入资金提供有效服务，如：对各类残疾儿童，除开办特殊学校外，还采取在普通学校办班和随班就读的方法，使绝大多数残疾儿童能够接受教育和必要的训练，为他们将来融入社会奠定基础；对于贫困失依的儿童，各级政府积极创办儿童福利院予以收养，让这些儿童的成长有一个正常的生活环境。

近年来，国内许多大城市的儿童服务机构及其工作人员依据有关法令积极介入流浪儿童的收容和安置工作，保护未成年人的身心健康和各方面的权益。

3. 倡导民间儿童救助

在各级政府的支持下，民间儿童救助工作有了长足发展，比较著名的服务项目有希望工程、春蕾计划等，这些服务项目为许多失学儿童提供了重新读书的机会。此外，一些民间组织和非政府机构设立了专项儿童基金，为孩子们的成长提供了有利条件。

（二）中国儿童工作的改善

在中国，政府和有关人民团体内部有一系列面向儿童的工作机构和组织，如国务院设立了妇女儿童工作协调委员会、共青团组织设有少年部、全国妇联设有家庭和儿童工作部、全国及各省市建有未成年人保护委员会；此外，全国建有统一的中国少年先锋队。上述各机构在各自的领域里行使着保护、教育、培养儿童的职责，全国各地方组织和具体的服务机构在上述全国性机构的统一领导和部署下开展具体的工作。显然，从全国性组织到地方部门再到具体的儿童服务机构，已经形成了一整套完善的行政架构，这样的行政体系无疑有助于集体力量的调动和集体资源的动员。但是，无论是经验表明，还是从严格的社会工作含义来衡量，目前这种行政架构下面向儿童的许多工作更多的是行政性工作而非儿童社会工作，为儿童提供的更多的是活动而非专业服务，所以我们只能说目前的有些儿童工作只是准社会工作或半社会工作，不少还只是行政性工作。

如果需要把更多的儿童行政性工作转变为专业性的儿童社会工作，那么我们可以尝试在以下方面进行改善：

第一，立足现有的行政体系，大力扶持非政府组织，利用非政府组织的灵活、高效的运作机制来为更多的儿童提供丰富多彩的专业服务。

第二，强调在设立具体的儿童服务项目之前，先进行特定的服务对象的需求调查和评估，以使服务更具有针对性和确保资源更有效地使用。

第三，对现有的从事儿童工作的人员，尤其是在一线从事相关工作的人员进行儿童社会工作的专业培训，让他们把现有的知识和儿童社会工作专业理念、理论以及方法、技巧进行有机整合，以便更有效地帮助儿童解决困难和问题，有力地促进儿童的健康成长。

小　结

儿童社会工作的具体内容包括养育、保健、照顾、教育、救助、保护等。根据这些工作内容,儿童社会工作提供了儿童辅导、儿童小组工作等方法,为儿童开展具体的服务。除了围绕儿童自身开展服务以外,社会工作者还必须考虑与儿童成长发展相关的组织、正式系统和非正式系统等,通过链接资源和多方协作,全方位促进儿童社会工作服务效果的落实。在许多儿童社会服务主题中,儿童受虐问题越来越引起高度的关注。儿童受虐问题的产生往往与儿童疏忽有关,针对这种严重危害儿童身心健康的行为,社会工作者要积极地介入。

中国有专门从事儿童工作的一整套行政架构,但从专业化的角度考虑,中国儿童工作还可以从组织结构、专业理念和专业方法等方面予以进一步完善。

参考文献

[1] 蔡汉贤. 社会工作理论与实务[M]. 台北:社会福利研究会,1972.
[2] 张乐天,徐玲等. 社会工作基础知识[M]. 上海:上海社会科学院出版社,2003.

案例　单亲家庭儿童自信心发展的社会工作介入

郜雨桐

一、社会背景和案例需求分析

（一）背景介绍

随着时代发展，婚恋观念也在发生改变。民政部公布的离婚数据显示，自 2013 年起我国的结婚率开始呈下降趋势，但离婚率却在不断上升。2015 年，我国的离婚率达到了 2.8%，到了 2016 年上升至 3.0%（中华人民共和国民政部，2017）。离婚率增长、未婚生子等现象出现，导致单亲儿童家庭数量逐渐增多。

研究结果显示，相较于双亲家庭儿童，单亲家庭儿童如果没有经过正确的引导，就更容易出现情绪与行为问题，表现为自信心差、人际交往能力弱、自闭等。其中，自信心是影响儿童人际交往和情绪问题的重要因素，是儿童个性的核心内容，它的形成和发展直接影响着儿童个性的发展和成熟。自信心强的儿童能积极主动地进入社会角色，参与各种活动，在活动中得到锻炼和发展；能积极地与他人交往，与同伴建立起良好的关系；能勇敢地面对困难，大胆尝试（刘敏、夏禹波、姜志荣，2008）。

戏剧疗法主要源于英国、美国和荷兰，近几年在我国渐渐进入大众视野。国外学者认为，将戏剧游戏应用于儿童教育当中，可以帮助有学习障碍与情绪障碍的儿童缓解症状，同时也可应用于治疗遭受战争创伤的青少年和行为不良的青少年。戏剧疗法的主体可以说是源于儿童，这证明了戏剧疗法应用于儿童领域的可行性和适应性。本案例正是将戏剧疗法中的元素与小组工作相结合，以期帮助单亲家庭儿童提升自信心，为戏剧疗法与社会工作相结合提供新的实践思路。

（二）案例需求分析

研究表明，单亲家庭儿童关于退缩、社交问题、焦虑抑郁的分值显著高于双亲家庭儿童，其主动性、社会交往、家庭人际、自我评价、自我表现等能力明显弱于双亲家庭儿童（李晓芳、杨淑红、王敏娜，2005；何宏灵、刘灵、杨玉凤，2006）。

本案例主要依托于上海市的 G 机构,社会工作者通过 G 机构进入 N 街道,接触到一部分单亲家庭儿童;通过与机构工作人员及单亲家庭儿童的接触,收集了关于单亲家庭儿童的基本资料与需求,了解了单亲家庭儿童的生活、学习和自信心现状。基于此,社会工作者拟安排以自信心提升为主题的小组活动。

本案例主要聚焦于如何将戏剧疗法中的元素与小组社会工作的模式相结合。其中,通过提取戏剧疗法中的元素来增强儿童自信心,是实务和研究的关键点。

二、理论基础和方法运用

(一) 角色理论

本案例主要运用戏剧疗法中的角色理论指导小组模型的构建和小组框架的设计与实施。纽约大学戏剧疗法学家兰迪(Landy)认为,戏剧疗法的方法多种多样,它的开创者包括莫雷诺、史雷德、约翰逊、伊姆娜等(罗伯特·兰迪,2012)。"角色"一词原来是戏剧界的术语,指演员所扮演的戏剧中的人物。1934 年,美国社会学家、符号互动论的创始人乔治米德将"角色"概念引入社会心理学的研究中。戏剧疗法中的角色理论认为,每个个体都有一种虚拟的自我认同,这种认同可以通过角色表演表现出来,被扮演的角色可以与个体的真我建立一种创造性的对话关系,这种关系是治疗取得成效的基础(李晓辉、张大均,2012)。

同时,在角色理论的基础上,罗伯特·兰迪也提出了一套角色方法(Role Method)。角色法分为三个阶段与八个步骤,这三个阶段分别为热身、演出、结束;八个步骤中涉及引发召唤角色、命名角色、演出角色、联系虚拟和现实生活中的角色等。罗伯特·兰迪认为,戏剧疗法是指参与者借由角色取替和模仿、认同、投射、移情与角色扮演,经过再现、距离化与自发性的表达,呈现美感距离并触及潜意识,以达到宣泄与平衡的治疗目的。戏剧疗法中角色理论指导下的自信心提升小组,重点在于剧本角色的选择,通过排练与表演的形式,让小组成员扮演自信者的角色,建立一种创造性的对话关系,在小组成员扮演自信者的过程中,进行情感投射、体验与对话,以实现表现力、成就感的提升,最终实现自信心的提升。

(二) 方法运用

本案例以小组工作方法为依托,从角色理论的视角出发,结合戏剧疗法元素,开展了为期 2 个月共计 10 次的小组活动。本次小组为发展性小组,以帮助小组成员成长、提升自信心为目的,同时也期待在发展性小组的基础上能够有治疗效果。在小组工作开展前期,社会工作者运用访谈法了解与收集到了 8 个单亲家庭儿童的基本情况,并完成了需求评估。在小组工作开展过程中,社会工作者运用观察法,通过全程录像和个人观察,记录小组成员的表现与变化，帮助笔者更全面、客观地对小组工作进行过程评估。

社会工作者在介入前期对小组成员进行罗森伯格（Rosenberg）自信心量表测量。该量表由罗森伯格于1965年编制，是目前我国心理学界使用最多的自信心与自尊测量工具，具有良好的信度与效度，据统计其信度范围为0.590 0~0.906 5（田录梅，2006）。该量表由5个正向计分和5个反向计分的条目组成，“非常同意”计1分，“同意”计2分，“不同意”计3分，“非常不同意”计4分。其中第3、5、8、9、10五个条目为反向计分，即“非常不同意”计1分，“不同意”计2分，“同意”计3分，“非常同意”计4分。将10个条目的分数相加得出总分，满分40分。根据评分的不同等级，可以分为10~15分为自卑者；16~25分为自我感觉平常者；26~35分为自信者；36~40分为超级自信者。

前测结束后，小组将进入为期2个月共10节次的小组介入当中。小组介入活动将戏剧疗法元素嵌入介入模型当中，通过几个阶段的介入实践，对单亲家庭儿童自信心进行提升训练。小组介入结束后，社会工作者再次对小组成员进行相同量表的后测，通过前后测的非参数检验，并结合质性资料，探究此次小组介入是否对单亲家庭儿童自信心产生影响。

三、具体介入过程

（一）设计思路

由于实际条件限制，本研究设置了一个介入组，分为三个阶段，分别为前期基线测量、中期介入实施和后期成效测量。经过罗森伯格自信心量表前测筛选，最终招募8名组员（组员基本情况见表11-案-1）正式形成介入组，并对其展开为期2个月的介入，在介入结束后对小组成员自信心进行后测，通过威尔克森非参数检验对前后测试结果进行比较，并结合质性资料对介入效果进行评估。

表11-案-1　研究对象基本情况

编　号	姓　名	性　别	年龄/岁	家庭情况
1	H	女	10	隔代抚养
2	L	女	12	父亲抚养
3	W	男	10	母亲抚养
4	C	女	12	母亲抚养
5	Z	男	10	隔代抚养
6	Y	女	10	母亲抚养
7	J	女	7	母亲抚养
8	S	女	10	隔代抚养

（二）小组工作方案设计

1. 小组介入模型

本案例将小组工作方法与戏剧疗法中的元素相结合，以戏剧疗法中的角色理论与方法为理论基础和方法指导，将戏剧疗法中的元素融入单亲家庭儿童自信心提升小组。整个介入过程由四个阶段构成，在每一个阶段中，融入戏剧性游戏与热身、角色体验与剧本排演、角色投射与反思回顾等戏剧核心元素。

介入模型通过两大途径帮助小组成员提升自信心：小组戏剧排演过程本身和以剧本为载体的角色对话。

小组名为“Yes, I can 自信心提升小组”，共分为四大阶段。第一阶段为戏剧导入，成立小组并实现融合，引入戏剧概念，通过“童话故事会”对戏剧与角色进行初步的了解与讨论，通过“声临其境”与“我形我秀”，借助声音与肢体的戏剧性游戏以及热身，唤醒小组成员的想象力、创造力与感知力，使其通过声音与肢体进行角色塑造与自我表现。第二阶段为戏剧发展，在此阶段通过 4 次童话故事片段式排练，进行角色的深入体验、感知与讨论，同时邀请组员共同参与道具设计与制作。第三阶段为戏剧分享，经过 8 节小组活动后，小组成员完成一整部童话剧排练，并邀请父母、同学进行观演。在本次活动中，舞台、服装、道具等齐备，为组员打造了充满仪式感的表演空间，增加了小组成员的成就感。第四阶段为回顾，通过回看表演录像的形式，揭露剧中的“隐喻”，引发小组成员对剧中人物特点与日常生活的折射进行思考，同时通过小组回顾对小组成员进行奖励，巩固与提升小组成员的成就感，进一步增强其自信心。

此外，结合“儿童”“自信心”“同辈交往”等几个关键词，笔者选择将“美国童话之父”弗兰克・鲍姆的经典代表作《绿野仙踪》贯穿于整个小组的童话剧表演活动始终。该童话剧的内容本身具备了“成功经验”“团队合作”“重新认识自我”三个关键元素，因此在介入的过程中，组员与角色之间的“对话”十分重要，童话剧对日常生活的折射也贯穿于小组介入过程中。

2. 小组介入目标

小组目标对于激励与引导小组成员、评估小组成效有着重要的作用，通过前期调研与需求评估，我们确定了以下小组目标。

（1）小组总目标

通过戏剧疗法元素介入单亲家庭儿童小组中，提升小组成员的自信心。

（2）小组具体目标

在个人层面，小组成员自我表现力得以提升——能积极地进行自我展示与表达；小组成员的成功经验增加——能够圆满完成小组排练和最后演出；小组成员自我认知得到启发——通过成员与角色的深度对话，能够将表演经验投射到生活经验并形成积极的自我评价。在人际层面，小组成员之间能实现良好的交流与合作。

3. 小组介入具体内容

“Yes, I can 自信心提升小组”共 10 节，分为四大阶段，主要以《绿野仙踪》脚本排练为载体，运用戏剧疗法的元素，提升小组成员的自我表现力，增加其成功经验，增强其成就感，改善同辈交往模式，最终达到提升小组成员自信心的目的。具体内容如下：

第一节小组活动为“Yes, we are”，旨在订立小组契约，明确小组内容与目的，建立组内关系，进行团队融合，营造良好的小组氛围。因此，在第一节小组活动中，与小组成员共同订立“星光大道”小组契约与“摘星”规则。随后以戏剧性游戏贯穿整节小组活动中，帮助小组成员融入团队，营造信任与开放的小组氛围。游戏包括肢体游戏“手肘脚跟打招呼”和团队融合游戏“蒙眼探险”，以对游戏的回顾与讨论作为本节小组活动的收尾。

第二节小组活动为“童话故事会”，旨在导入童话故事，进行小组成员与角色的“初见”。本节小组通过歌舞类肢体热身《阳光彩虹小白马》进行导入；通过分段播放与即兴表演和提问的方式，小组成员以开放的方式熟悉故事本身，一步步引发小组成员对角色和故事进行思考，甚至重构童话故事的片段；通过对部分故事情节的即兴表演，小组成员获得自我表现的空间，其创造力与想象力得到激发，以对故事和表演的回顾与讨论作为本节小组活动的收尾。

第三节小组活动为“声临其境”，通过让小组成员体验声音，从而获得自我表现的空间，小组成员与角色之间的交流与理解得以增加。本节小组活动通过歌舞类肢体热身《阳光彩虹小白马》进行导入；以声音类热身和体验游戏贯穿整节活动，包括声音的热身——传递“外星话”，引导小组成员完成声音的创造与天性的解放；探索角色声音的特点——“声临其境”，通过观看配音片段，引导小组成员分析不同角色声音的不同之处；用声音与角色对话——配音小试，选择童话剧代表性对话，邀请小组成员进行分角色体验，并启发他们思考关于自己角色的声音应该怎样创作，以对声音练习的回顾与讨论作为本节小组活动的收尾。

第四节小组活动为“我形我秀”，通过对形体的体验，小组成员可以获得自我表现与创作的空间，通过小组集体活动，小组成员的合作意识得以增强。本节小组活动通过歌舞类肢体热身《阳光彩虹小白马》进行导入；以肢体类热身和体验游戏贯穿整节小组活动，包括形体热身——无声传球，通过眼神交流与肢体运动，完成组员之间的接抛传球；用肢体与角色对话——你演我猜与片段排练，通过即兴肢体表演，引导小组成员增进对于角色的理解，着重引导小组成员思考在此情景下，角色们是如何行动的，以对形体练习的回顾与讨论作为本节小组活动的收尾。

第五节到第八节小组活动为“我在戏中游”，旨在通过戏剧排练，引导小组成员透过角色进行思考与行为体验，深度学习与体验《绿野仙踪》当中的角色，重新认识自己以及合作闯过难关的成功经验；并通过小组成员的分工合作，完成《绿野仙踪》童话剧从表演、道具到音乐的完整准备。

在第五节到第八节活动中，社会工作者的工作流程大致相似：通过戏剧性热身进行导入，包括观察模仿类游戏“谁在做动作”、想象力肢体游戏“想象中的大球”等。随后进入小组活动的核心内容——《绿野仙踪》片段排练，在每次排练过程中，社会工作者不为小组成员设限，鼓励他们根据自己对人物的理解，进行台词和表演的再创造。同时，社会工作者对小组成员进行引导，使其“入戏”，进一步完成小组成员与角色之间的理解与对话。通过4次片段排练，将所有片段串联在一起，进行整体戏剧演出的排演。在第五节到第八节小组活动中，除了体验戏剧内容，鼓励小组成员担任剧组内的职能角色，这样他们能更深地融入整个小组活动与作品创作当中，充分激发他们的想象力、创造力与合作意识，为组员自我表现提供充足的空间。

第九节小组活动为“Yes, I can!”，旨在通过“仪式感”的舞台表演，增强小组成员的自信心与团队成就感。本节小组活动以戏剧分享为主，邀请小组成员的家人、朋友作为观众，同时准备好舞台、道具等设备，为小组成员营造一个特殊的“剧场”。通过戏剧表演与分享、观众问答等环节，充分利用“剧场”氛围，小组成员的成就感与自信心可以进一步提升。

第十节小组活动为“明日之星”，旨在揭露剧目中的“隐喻”，引发服务对象对于自己扮演的人物与自己日常行为的思考；通过颁奖典礼，增强服务对象的成就感，强化其正面情绪与行为。通过回看表演影像的方式，邀请小组成员回答社会工作者的引导性提问，揭示戏剧表演与真实生活的联系、小组成员与剧目中角色之间的联系。回顾整个小组活动历程，引导小组成员分享关于团队合作、目标设定与成功完成的经验与感悟，为小组成员颁发“明日之星”奖，作为本节小组的收尾，增强小组成员的自信心。

（三）小组工作介入过程

1. *初期——在戏剧导入中解放天性*

（1）营造戏剧环境

小组活动场地的布置有助于增强小组成员的仪式感与融入感，帮助小组成员进入活动室，即沉浸于活动室的氛围当中，解放天性、表现自我，去除拘束感，完成戏剧导入。本次戏剧类小组活动场地的布置在整个小组介入过程中起到非常重要的作用。结合本次小组介入的目标，小组活动场地的选择和布置遵循以下原则：首先，场地面积要大，小组成员可以在场地内进行自由的肢体活动与小范围跑动。其次，要安全与整洁，因为本次小组涉及许多肢体类活动。最后，色彩丰富且充满童趣与创意，这样可以激发小组成员的想象力，增强小组成员的融入感。

根据以上原则，社会工作者在布置小组活动场地时，选取了N街镇的某个活动中心，将桌椅放在活动场地四周，以大面积空出的中心区域为主要活动范围。在中心区域，社会工作者选择了彩色的拼图地垫作为小组成员活动的设施，安全卫生，有趣味，小组成员可以在活动中完成“躺”“坐”“爬”等动作，将场地对小组成员活动的限制降到最低。在场地的墙面上等可视位置，社会工作者贴上了彩色的卡通贴纸，营造了轻松的充满童趣与想象力的环境，更好地减轻了小组成员的紧张感。

（2）制定小组契约

第一节小组活动中，社会工作者首先进行自我介绍并介绍小组情况，公布“星光大道”星星排行榜，并鼓励小组成员共同提出与制定“摘星”规则。社会工作者为每个组员发放一张星星卡片和两张彩纸，每个成员可以在纸条上写出自己期待的小组规则与小组氛围，社会工作者进行引导。小组成员书写的小组规则纸条都以无记名的方式被念出来，并由全部小组成员进行投票表决，其中“不许骂人”和“不许讲脏话”出现的频率最高。经过组员的讨论，小组契约形成。共同的契约有效地帮助小组成员形成了小组意识，并一直贯穿于小组接下来的每一次活动中。小组成员在自己订立小组规则与契约时表现出较高的积极性，并且在后期遵守与维护小组规则时也会表现出更强的自觉性。

组内关系的建立与小组氛围的营造在整个小组介入的初期持续进行着。社会工作者在第一节小组活动中通过戏剧性游戏“手肘脚跟打招呼”帮助小组成员初步认识。第一轮为小组成员在活动范围内随意走动，用手肘碰手肘的方式和迎面遇到的成员打招呼，同时介绍自己的名字。第二轮为小组成员以脚跟对脚跟的方式互相打招呼，并告诉对方自己最喜欢的颜色。小组成员一开始会比较害羞，不敢与遇到的成员主动打招呼，有的组员站在活动范围边缘，不敢融入。这时社会工作者融入小组成员当中，与迎面的小组成员用手肘触碰的方式打招呼。

在社会工作者的带动下，小组氛围变得轻松起来，于是组员们在活动中更加投入，并更加主动地去与其他组员打招呼。组内关系初步建立后，社会工作者利用“蒙眼探险”的环节，使小组成员进一步加深了对其他组员的信任。“蒙眼探险”要求小组成员围成一个圈站好，每个人用眼罩蒙住眼睛，随后社会工作者将他们随意更换位置。组员手牵手站成一排，由一人睁眼带领，一排人蒙眼在教室内通过社会工作者提前设置好的各种障碍。整个过程不允许发出声音，只能通过牵拉手，或用脚步发出的声音来示意。有的小组成员经过这一环节后，对“信任”有了更多的感悟，一些组员则对“责任”与“互助”有所思考。通过团队游戏，社会工作者在第一次小组活动中完成了组内关系的建立，营造了合作、互助与信任的小组氛围。

(3) 初识角色

在小组介入前期，第二、三、四节小组活动分别从童话剧整体认识、声音的体验、肢体的体验，总分式地让小组成员对戏剧表演有初步的认识，使他们在体验的过程中实现对天性解放、想象力与创造力的培养并积极进行自我表现。

在第二节小组活动中，社会工作者为小组成员放映童话故事《绿野仙踪》。该故事分为多萝西遇险、小人国、初遇稻草人、铁皮人、狮子、路遇大河、飞跃悬崖、迷人的罂粟花田、翡翠城等关键片段，在故事的几个发展节点进行暂停，并邀请小组成员进行讨论、表演与创作。对于几乎未接触过戏剧表演的小组成员而言，无结构、无框架的即兴表演不仅无法激发其想象力，反而会使其更加紧张。对于表演手足无措，因此在小组成员刚刚接触角色的阶段，社会工作者首先采用问答的方式，启发小组成员进行思考。每一个小组成员都发表了自己的看法，有的组员在社会工作者的引导下进行了即兴表演。随着活动的进展，社会工作者慢慢邀请更多的小组成员进行简单人物的讨论与演绎。在社会工作者的引导下，小组成员都认真演出了各自想象中的稻草人的样子，大家都把双手举平，有的组员单脚站立，表示稻草人是一根棍子插在地上的；有的组员双脚站立。在童话故事放映的过程中，社会工作者通过不断在关键节点暂停，与小组成员进行互动，引导小组成员进行即兴表演，使得小组成员对整个故事的内容有了更深入的了解。在童话剧的核心部分，社会工作者进一步引导组员进行分角色再创造表演。虽然前期小组成员在社会工作者的引导下，不断对角色进行体验，但角色表演不是一帆风顺的，当小组成员害羞、担心时，社会工作者的行动引导则显得尤为重要。在接下来的每一个关键节点，小组成员在社会工作者的引导下，都通过角色扮演的方式将故事进行了再创造。

除了引导小组成员对角色进行初步了解外，社会工作者还通过声音与形体的练习让小组成员对角色进行感受。在第三节小组活动中，社会工作者主要带领小组成员体验声音的表达，通过声音传递热身练习和观察与模仿，让小组成员体会到声音与角色之间的关系。

在第四节小组活动中，社会工作者主要带领小组成员体验形体的表达，通过“无声传球”中“呼”与“吸”的肢体表达，“你演我猜”中角色的即兴动作与表演，小组成员体会到了形体与角色之间的关系。

借助角色的声音与肢体的感受体验，小组成员在声音的展示和形体表达上更加勇敢，不再是纸上谈兵，声音和肢体的放松练习帮助小组成员在精神上完成了放松，解放了部分天性。

2. 中期——在戏剧发展中与角色“对话”

中期包括第五节到第八节的小组活动，小组成员通过戏剧排练的形式进行自我认识、合作和反思，体会通过努力获得成功的经验。

（1）片段式剧本排演与角色体验

社会工作者将童话故事《绿野仙踪》进行片段筛选，并创作成剧本。经过筛选改编的剧本保留了原有的人物定位与故事线索，根据小组人数，社会工作者删除了“战胜西方巫师”等情节，最终“Yes, I can 自信心提升小组”童话故事剧本共六幕，分别为：第一幕“遭遇龙卷风”，第二幕“小人国奇遇”，第三幕“三个新朋友”，第四幕“冒险之旅”，第五幕“到达翡翠城”，第六幕“重返堪萨斯”。其中第三幕、第四幕与第五幕为三个重要情节，因此小组介入中期主要以这三幕排练为主、其余排练为辅，通过引导式排练与体验，小组成员可以更好地理解角色，实现“我”与角色的“对话”。

在戏剧发展中，为了实现小组成员与角色的“对话”，社会工作者首先引导小组成员表达真实情感，更好地以同理心看待角色的处境与情感。联系真实经历对于小组成员体会剧本中的情景有着很好的助力作用，除了肢体上的感受，社会工作者会进一步对其情感与角色的交流进行引导，同时与角色进行情感上的交流。小组成员在社会工作者的引导下，与角色在情感上产生共鸣，可以感受角色的行为与情绪。此外，角色行动背后的原因也是社会工作者会与小组成员进行分享与讨论的重要环节。社会工作者可以运用倾听和回应的技巧，进一步对小组成员进行引导，以帮助小组成员与角色进行更深层次的“对话”，了解角色的所思所想，在反复练习与分析中“成为角色”。在小组成员与角色“对话”的过程当中，社会工作者发现小组成员表演的时候声音很小，因此社会工作者还加入了一些表演技巧的训练，帮助小组成员提升自信心并完成表演。

循序渐进的练习让小组成员一步步打开了自我。通过分片段、分幕的童话剧排练过程，社会工作者运用“真实情绪投射”“行动背后的原因”“模仿”等引导方式，帮助小组成员一步一步地进行角色的塑造，同时辅之以声音、形体的训练与放松，帮助小组成员加强对自己声音与肢体的感知和运用，提高自我表现力，进而提升自信心。

（2）多职能分工合作

在第五节小组活动中，小组成员通过自荐与竞争进行了童话剧剧组内职能的划分。每一个组员都承担了一项童话剧剧组的职能，部分职能由多个小组成员共同承担，包括负责童话剧道具构思和制作的道具组，负责服装选择搭配的服装组，负责配乐选择与安排的配乐组以及协助社会工作者进行童话剧排练的副导演等。小组分工进一步激发了组员们对童话剧作品的融入程度，在分职能的讨论与戏剧排演中，组员们围绕自己的分工进行合作，他们的想象力与创造力也得到了进一步激发。

除了对道具的想象与创造外，职能分工也大大激发了小组成员的责任心与参与感，让他们更多产生了“这是我们的作品”这一感受。社会工作者为小组成员赋权，将童话剧的排演过程变成了小组成员共同的作品，为小组成员在最后收获成就感做了铺垫。

3. 后期——在戏剧分享中收获自信

小组后期活动开展的主要目的在于通过具有“仪式感”的戏剧分享与回顾，增强服务对象的自信心与团队成就感，并将“戏剧照进现实”，引发服务对象对于自己扮演的人物与日常行为的思考。

（1）仪式感的戏剧分享

在第九次小组活动中，小组成员邀请了他们的家人与朋友来到现场当观众。在社会工作者的开场主持下，《绿野仙踪》演出正式开始，每一个组员都穿着戏剧服装，在音乐与道具的配合下，顺利完成表演。其中一个组员带来了精彩的即兴表演，引发现场观众哈哈大笑，充分调动了表演的气氛。小组成员在大家的鼓励下，表演得更加卖力，并增加了许多幽默有趣的表演细节。从他们生动的表现中可以感受到，现场的氛围与仪式感对于提升小组成员的自信心和成就感产生了积极作用。

表演结束后，社会工作者带领小组成员向台下观众进行有奖提问，问题主要围绕童话剧的内容展开。例如，表演稻草人的小组成员向观众提问：“稻草人想要获得什么？他最后得到了吗？”该组员选择了小观众回答问题，这一环节也增强了小组成员的参与意识。作为童话剧的“小主人”，相较于其他同龄小观众，小组成员更了解故事内容，表现出对这一环节的自信与控场能力。

（2）戏剧与现实

在最后一节小组活动中，社会工作者首先带领小组成员一起回看表演录像，邀请他们回答一些引导性提问，揭示戏剧表演与真实生活的联系。社会工作者在这一环节还要注意帮助小组成员与角色进行“脱离”，简单地对小组过程和排演活动进行讨论与反思，帮助他们释放情绪，回归现实生活。在对整个小组历程进行回顾时，社会工作者要引导小组成员进行自我分享，巩固小组工作的成效。

小组成员主要围绕小组整个排演过程和排演内容本身进行分享。通过戏剧的分享与反思，小组成员将他们的表演体验与实际生活联系起来，从相处 2 个月的角色身上，深度体验与学习，发现角色身上的优点与变化。同时，小组成员也实现了分工合作与团队交流，提升了与同伴沟通的能力、表现力，获得了实现共同目标的成就感。

（四）介入结果与成效评估

1. 介入结果

本次研究中，笔者对介入组在介入前后进行了罗森伯格自信心量表评估。运用自信心量表测量对 8 名小组成员进行前后测，得分有所变化（见图 11－案－1）。在小组介入前，有 4 名小组成员选择自我感觉平常及以下；小组介入后，所有小组成员得分均处于 26～35 分，即达到了自信者的标准。小组成员的基础得分不同，他们在自信心变化方面略有不同，但小组介入对于小组成员自信心的发展与提高产生了影响。

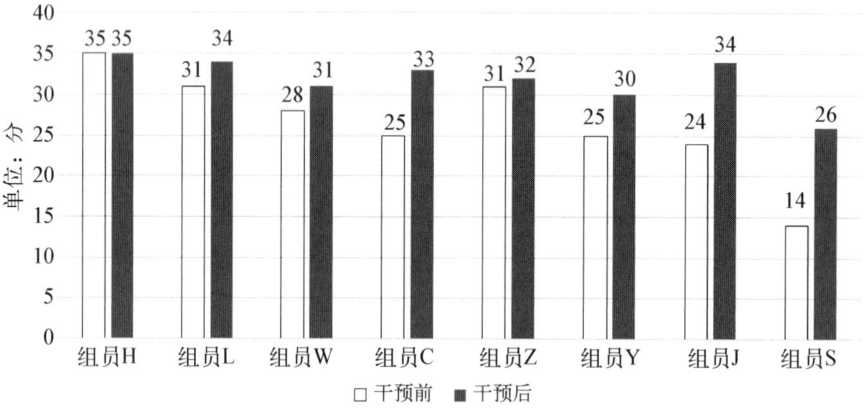

图 11-案-1 组员自信心干预前后测分数对比

（资料来源：小组成员问卷填写）

基于小组工作介入设计，我们运用 SPSS 对小组介入前测与后测进行非参数检验。由描述性统计数据（见表 11-案-2、表 11-案-3）可知，小组前后测平均数分别为 26.625 0 和 31.875 0，后测平均数比前测平均数增加了 5.25，$p=0.018<0.05$，达到显著性水平，说明介入前后小组测评分数存在显著差异。从数据分析可以得出，自信心小组介入确实对小组成员自信心的提升起到了作用，自信心水平略高的小组成员提升相对较小或者持平，而自信心较低的小组成员，通过小组的介入，自信心表现出了较大的提升。

表 11-案-2 自信心描述统计

	平均值	个案数/个	标准差	标准误差平均值
介入组前测 O_1	26.625 0	8	6.345 70	2.243 54
介入组后测 O_2	31.875 0	8	2.900 12	1.025 35

资料来源：小组成员问卷填写。

表 11-案-3 非参数检验

	介入组前测分数 O_1-介入组后测分数 O_2
Z	-2.371^{b}
渐进显著性（双尾）	0.018

资料来源：小组成员问卷填写。

运用威尔克森非参数检验，对8名小组成员罗森伯格自信心量表中的10个条目进行逐条分析发现（见表11-案-4），除自信心整体水平前后测存在显著差异以外，其中第1条“我认为自己是个有价值的人，至少基本上与别人不相上下”，第3条“总的来说，我倾向于认为自己是一个失败者”，第6条“我对自己是抱着肯定的态度的”，以及第7条“整体而言，我对自己感到满意”的渐进显著性分别为0.014，0.014，0.020，0.011，全部小于0.05，前后测产生显著变化。在5条评估自我肯定的条目中，3条前后测都产生了显著变化，因此本次小组介入对小组成员自信心特别是对小组成员自我肯定方面产生了更加明显的影响。

表11-案-4　自信心单条目非参数检验

问卷条目	介入组问卷单条目前后测		非参数检验
	$\overline{X}_1$(SD)	$\overline{X}_2$(SD)	p
1	2.625 0(0.916 13)	3.875 0(0.353 55)	$p=0.014^*$
2	2.750 0(0.886 41)	3.000 0(0.534 52)	$p=0.414$
3	2.375 0(1.060 66)	3.500 0(0.534 52)	$p=0.014^*$
4	3.125 0(0.834 52)	3.125 0(0.640 87)	$p=1.000$
5	2.875 0(0.991 03)	2.625 0(1.060 66)	$p=0.317$
6	2.500 0(0.534 52)	3.375 0(0.744 02)	$p=0.020^*$
7	2.500 0(0.925 82)	3.500 0(0.755 93)	$p=0.011^*$
8	2.500 0(1.069 04)	2.125 0(1.125 99)	$p=0.257$
9	2.625 0(1.060 66)	3.375 0(0.744 02)	$p=0.063$
10	2.750 0(1.035 10)	3.375 0(0.744 02)	$p=0.059$

注：* $p<0.05$。
资料来源：小组成员问卷填写。

2. 成效评估

根据前人对于自信心的研究，结合戏剧疗法的特点，社会工作者主要从以下三个方面对研究资料进行分析。

（1）自我表现——“胆小鬼”与“小明星”

小组介入初期，小组成员在自我表现方面普遍较弱，最简单的戏剧性游戏也有部分组员游离在小组边缘观望，组员W在第一节活动手肘脚跟打招呼当中，站在边缘，躲避他人的目光，担心如果与其他组员对视就得与其打招呼。组员S在刚开始参加小组活动时常常选择后排座位或两边的座位。在社会工作者的引导下，组员W与组员S能够渐渐地参与到小组活动中来。

我们发现，在肢体游戏类的小组活动中，小组成员的参与度有了明显提高。例如，“无声传球”环节，小组成员在有呼吸的抛接球过程中，能够渐渐打开自己，放松下来，笑声连连。在信任温暖的小组氛围中，小组成员在一个又一个解放天性的游戏中，学习了声音与形体的自我表达。

在小组介入中期，小组成员开始接触真正意义上的角色排演。8 名小组成员中，只有 1 名参与过戏剧表演，因此在前期排练中，组员们声音微弱、姿态畏缩，不敢面对观众。经过几次片段式排演后，小组成员的声音变得洪亮有力，表达清晰，做动作时也不再小心翼翼。之前只敢和自己姐姐说话的组员 J，在经过几次戏剧排演后，可以流畅地说出自己的台词。

小组介入的后期，小组成员面对即将到来的演出，都显露出了积极的情绪，即使有紧张感也是正向的：每一名组员都认真检查自己的服装、道具并熟悉台词，确认自己的上场位置，检测麦克风。组员 L 觉得自己有点儿黑，希望社会工作者为自己化底妆，让自己更白更好看些，组员 C 也希望可以在自己的脸上画一颗小爱心，组员 Z 在奶奶的配合下认真熟悉台词。在表演的过程中，组员们都可以清晰地说出自己的台词，其中年龄最小的组员 J，在没有佩戴麦克风的情况下，声音洪亮，大方地完成了自己的演出任务。组员 Z 临场的即兴发挥引得现场观众笑声连连。更加灵活的肢体动作、响亮的声音表达、在现场数十位观众的注目下富有创造性的现场表演，都显示出组员们自我表现力的提升。

（2）成就感——播种与收获

小组成员成就感的变化主要出现在小组介入的中后期，但萌芽于介入前期。在前期，小组成员除了设立“提升自信心”这一目标外，还有另一个共同的目标与期待，即完成童话剧的演出。介入中期，组员们接触到了完整的剧本，并进行了组内的职能分工，大家在这一阶段体现出了更强的小组融入感与责任感。每一名组员都在为最后的表演进行着积极的准备。在介入后期的表演中，观众的参与和反应、戏剧服装与道具营造的仪式感，都促进小组成员收获更多的成就感。

自信心的提升是循序渐进的过程，而童话剧的完成则更加具有仪式感。排练过程的推进、台词形体的进步、服装道具的充分准备、现场观众的热烈反应等，让小组成员实实在在地感受到完成设定目标的成就感。前期的目标设定为后期成就感的获得埋下了种子，介入过程中每一次进步都帮助小组成员不断体验成就感，在介入后期的表演与分享中，这种成就感的获得则更为明显。

（3）人际交往——冲突与合作

在小组介入前的观察与访谈的过程中，笔者发现小组成员在与同伴交往方面存在一些问题。有些组员在与他人交往时，采取闪躲、消极对待等行为方式。年纪最小的组员 J，在参与俱乐部活动时，与其他组员的沟通交流效果不佳，往往在表达需求和回答问题时表现出害羞、扭捏等，音量微弱，组员 Y 是组员 J 的亲姐姐，因此常常代替妹妹转达她的想法。在小组介入的过程中，组员J渐渐离开了姐姐的“小喇叭”，开始主动与其他组员和社会工作者进行交流。在最后的表演中，由于扩音器数量有限，组员J表示自己台词比较少，不需要扩音器，作为唯一没有扩音器的组员J大声地说出了自己的台词，虽然在台上仍然有些害羞，但组员J在眼神交流、言语表达方面有了明显的进步。

此外，在人际交往方面，小组成员们的合作意识得以增强。社会工作者了解到，部分组员在过往活动中，曾出现无故离组、争吵甚至打斗的现象。组员L与组员W曾在校内发生过摩擦，两个人在后续参与俱乐部活动时常常发生言语冲突。在本次小组活动中，组员L与组员W饰演的两个角色为朋友关系，两人可以通过角色进行良好的对话与交流，角色间的对话也影响了两个人角色以外的关系，他们的言语冲突明显减少。在共同目标的指引下，在角色与角色的对话之间，小组成员在人际交往技能与态度方面都有了明显的变化。

四、社会工作专业反思

（一）价值伦理的反思

就价值观与伦理而言，戏剧疗法是对戏剧进行有目的的运用，以改善参与者的身心状况，社会工作者要遵守心理治疗师职业的基本原则，如接纳原则、保密原则、自决原则等，其价值观与目标基本上与社会工作相一致。

（二）专业关系的反思

就建立专业关系而言，戏剧疗法包括一对一治疗和团体治疗，而社会工作包括个案、小组和社区三大工作方法。其中，一对一治疗对治疗师的能力有着更具专业性的要求，虽然社会工作者也接受了相似的训练，但在一对一运用戏剧疗法元素的把控能力上仍然相对较弱。相较而言，小组社会工作则是戏剧疗法元素的一个很好的载体。戏剧疗法源于古代宗教仪式且主要是集体活动形式，因此戏剧疗法也是由团体形式发展而来的。戏剧疗法的四大阶段即戏剧导入、戏剧发展、戏剧分享、戏剧回顾可以很好地与小组社会工作的前期、中期、后期相结合，在小组动力的辅助下，戏剧因素会更加充分地发挥作用。

在本次小组介入当中，小组工作方法，如筛选招募组员、成员破冰、订立契约等，为戏剧疗法元素的融入做了很好的铺垫，而戏剧元素的融入成为小组工作开展的载体，小组成员在戏剧排演的过程中进行交流与学习、分工与合作。除了“提升自信心”这一小组目标外，他们还有一个共同的外显目标——完成戏剧排演，完美演出。这一目标更好地增添了小组动力，激励了组员参与小组活动的积极性。职能分工增强了组员们完美演出的责任感，在小组活动过程中，组员们常常询问演出时间，为顺利演出出谋划策。

（三）方法运用的反思

本案例主要运用了实验研究方法，通过小组来对单亲家庭儿童的自信心进行介入，通过质性与问卷的方式进行前后测对比，以探究介入成效。首先，在介入成效方面，除了比对实验组前后测的表现外，还可以通过对照组的前后测进行横向对比，更好地探究小组介入的成效。其次，在问卷测量方面选取了罗森伯格自信心量表，进行单一因素的测量，因此只针对“自信心”这一个变量进行分析，今后可以适用引入多维度、多因素的测量，进一步探究是哪一个因素对“自信心”的提升起到了更重要的作用。

（四）服务成效的反思

本案例主要探索戏剧疗法元素与小组社会工作相结合对于单亲家庭儿童自信心提升的影响。社会工作者通过参与式观察、访谈法和问卷调查评估小组介入成效。结果显示，戏剧疗法中的元素与小组社会工作相结合有助于单亲家庭儿童自信心的提升。在小组介入的基础上，儿童自信心提升的影响元素可以简单总结为以剧本为载体的角色对话和角色扮演、特别的剧场表演带来的成就感、戏剧疗法中的元素与小组社会工作相结合带来的小组动力与凝聚力。这些元素对于儿童的自我表现、人际交流、自我认知等起到了积极作用，从而培养了儿童的自信心。

在小组工作开展的过程中，虽然社会工作者并不是接受过专业戏剧疗法培训的治疗师，但是提取戏剧疗法中的元素并将它们运用于小组工作中，的确为社会工作者与儿童提供了一个良好的沟通载体。固定剧本的运用，帮助社会工作者减少了因缺少戏剧疗法培训而产生的障碍，反而更有助于社会工作者运用倾听、回应与引导等技能，帮助服务对象在排演的过程中完成关于角色的深度体验。

参考文献

[1] 中华人民共和国民政部. 中国民政统计年鉴：中国社会服务统计资料[M]. 北京：中国统计出版社，2017.

[2] 刘敏，夏禹波，姜志荣. 单亲家庭学龄期儿童52例个性及行为特征分析[J]. 山东医药，2008(31)：64－65.

[3] 李晓芳，杨淑红，王敏娜. 单亲家庭子女个性特征和行为问题对照研究[J]. 中国健康心理学杂志，2005(5)：375－376.

[4] 何宏灵，刘灵，杨玉凤. 单亲家庭儿童个性和学习成绩研究[J]. 中国现代医学杂志，2006(3)：476－478.

[5] 罗伯特·兰迪. 躺椅和舞台：心理治疗中的语言和行动[M]. 彭勇文，等译. 上海：华东师范大学出版社，2012.

[6] 李晓辉，张大均. 戏剧治疗的回顾与展望[J]. 医学与哲学(A)，2012，33(6)：49－50，76.

[7] 田录梅. Rosenberg(1965)自尊量表中文版的美中不足[J]. 心理学探新，2006(2)：88－91.

第十二章 青少年社会工作

心理学、人类学、社会学等学科的许多研究发现，青少年时期是人生重要的转折关头之一。随着青少年的生理、心理的不断发展、变化和个人社会关系的不断重新组合，青少年对自己的探索与认同、对个人行为的选择、与他人关系的建立以及社会角色的扮演、领悟和实践等，也时刻处在变化过程之中。因此，帮助青少年认识自我、克服困惑、解决疑难、促进发展，就成为专业的青少年社会工作的重要任务。

一、青少年社会工作概述

青少年期是人生的关键时期，如何协助青少年在这段时期健康成长，是家庭、学校、专业服务机构乃至政府部门的义不容辞的责任。

（一）青少年社会工作定义

1. 青少年年龄划分

中国台湾 1991 年出版的《张氏心理学辞典》对“青少年期”的注释是：由青春期开始到身心渐臻成熟的发展时期，女性自 12 岁至 21 岁之间，男性约 13 岁至 22 岁之间，儿童后期到成年期之间的大约十年时间称为青少年期。

根据心理学家（如艾瑞克森）划定的人生心理发展阶段，以及国内外的有关法律规定，本书倾向于将青少年期视为从儿童晚期向青年期转变的一个过渡阶段。倘若一定要从年龄上加以划分的话，不妨把进入儿童晚期的 12 岁视作青少年的起始年龄，把法律上规定需要承担相应的法律和社会责任的年龄 18 岁，视作青少年期的终止年龄。当然，因各地的文化和环境的差异，这个年龄界限也可以延伸至 22 岁。但无论怎样划分，这一年龄的活动主体与儿童或青年相比较，在身心发展、个性特点、兴趣爱好、动机需求、活动空间等方面都有很大的不同。因此，面向儿童和青年的社会工作服务与面向青少年的社会工作服务，显然有不同的内容和侧重点。

2. 青少年社会工作的基本定义

青少年社会工作是指在专业的价值观指导下，根据青少年的身心特点、动机需求、兴趣爱好，社会工作者充分运用专业的理论、方法和技巧，帮助青少年解决问题、克服困难、恢复功能、获得全面发展的一种服务活动和服务过程。青少年社会工作的开展需要注意以下几点：

（1）开展青少年社会工作需要坚持社会工作的价值观。青少年期是人生的“多事之秋”。这一时期的青少年出现“叛逆”，要求独立，不断面临着“心理断乳”而带来的波动。爱出风头、标新立异、唯我独尊等，也是许多问题青少年的主要行为特征。因此，要做好青少年社会工作，社会工作者就需要运用和秉持接纳、不批判、尊重、保密、个别化和当事人自决等社会工作价值原则。

（2）开展青少年社会工作需要接受过专业训练的专业人员采用专业的方法和技巧。青少年工作当然也需要说教和灌输，但是基于青少年的年龄特点和行为特点，通过精心设计和安排，采用融合社会工作价值理念的个别辅导、角色扮演、小组游戏、技巧训练、集体活动等，对青少年的启发、帮助与促进效果将更加突出和理想。

（3）开展青少年社会工作需要从具体的事情做起。青少年工作当然也要教育青少年树立远大的理想，但是远大理想不是空中楼阁，它的确立和青少年的具体问题的解决以及青少年的每一次进步是联系在一起的。在青少年期，人生面临着许多困扰、迷惑甚至危机，而青少年社会工作就是要从解决青少年在成长过程中遇到的具体问题入手，帮助青少年学习和掌握克服困难的方法，逐步确立正确的人生观和人生目标，推动青少年努力把自己塑造成一个对社会、对国家、对他人有用的人。

（二）青少年成长和青少年社会工作的主要内容

1. 青少年成长的任务和发展障碍

青少年期个体成长的主要任务是以生物性发展和继续学习社会规范、掌握更多的社会生活技能乃至进一步整合社会制度为核心。在青少年期，重大的变化体现在第二性征、身高和体重上，生理上的快速成长和成熟无疑会影响青少年生理外观与情绪需求两个方面。事实上，青少年的人生任务大部分是围绕着如何适应于身体形象、生理能力和性需求上的改变而展开的。

在社会性成长上，学业方面的要求越来越严格，并且与事业规划的联系持续增加，最终将影响青少年的未来发展，同辈团体之间的压力直线上升，长期的友谊或互动模式可能就于此时建立。

不过，在青少年成长的同时，发展的障碍也相伴而生。生物性发展可能在青少年时期以各种不同的形式呈现而成为一种障碍，青少年因此出现社交方面的困难。身体的改变会受到其他人（尤其是同辈团体）的贬抑。荷尔蒙的改变会对青少年的能量等级、情绪、幸福感和满足感等方面产生影响。

生理和心理的改变密切相关，因为青少年个人身体和外观的变化是形成自我形象的重要因素，并且与他人的评判联系在一起。同辈的嘲笑和孤立会对青少年的幸福感有极大的影响。

正因为青少年在成长过程中会遭遇许多困难或障碍，所以迫切需要各种社会力量（包括青少年本身、家长、教师、社会工作者、心理学家乃至司法部门和宣传部门的有关人员等）充分利用各种资源来推动青少年健康成长。这些可资利用的资源来自许多方面。

在文化方面，价值观成为协助青少年形成其自我认知和树立其自我形象的非常重要的因素，并帮助他们对个人的价值观和终身的重要事项按优先顺序排序，以促进自己稳步前进。

2. 青少年社会工作的主要内容和基本方法

青少年社会工作的主要内容包括三个方面：一是解决青少年问题，二是推动青少年发展，三是协助制定青少年政策。

青少年社会工作在解决青少年问题方面的具体服务内容有学业辅导、偏差行为矫正、生活困难照料、越轨行为预防、人际交往障碍训练等。

青少年社会工作在推动青少年发展方面的具体服务内容有成长指导、就业辅导、生活方式辅导、社会交往和社会适应训练、领袖素质培养、自我发展训练等。

在充分了解青少年需求的基础上，社会工作者还可以协助政府有关部门在制定更契合青少年成长和发展需求的政策方面发挥重大作用。

二、青少年社会工作方法

青少年社会工作的基本方法主要有个案工作、小组工作和社区工作，这些具体的服务手法在《学校社会工作》等有关章节中已做介绍。为了避免重复，本节只针对青少年发展阶段的特殊任务和所面临的独特问题，着重介绍服务于这些主题的具体的青少年社会工作方法。

（一）青少年忧郁症和社会工作介入

1. 青少年忧郁症的表现

据临床观察和医学、心理学研究，青少年忧郁症常常表现在饮食失调、睡眠困扰等方面。

此外，身体的不适，如头痛、下腹部疼痛等可能是忧郁的症状，其他困扰行为，如行为问题、攻击性、多动等，可能是青少年尝试掩饰他们的忧郁和保护自己不陷入绝境的手段。自杀与忧郁相关，并对青少年的生命造成严重威胁。青少年的酗酒及其他会改变情绪的药物滥用，也是忧郁症状的一种。当然，国内外有关青少年忧郁症及其表现的研究仍处于发展中，尤其是青少年忧郁症与青少年其他问题的因果关系或相互联系，更是值得探索的一项重要主题。

2. 青少年忧郁症的诱发因素

关于青少年忧郁症的形成原因，国内外医学界、心理学界仍在探索之中。通常认为，生物的、认知的和家庭的功能丧失，与青少年忧郁症具有密切联系，许多社会工作介入都是以这些假设为前提而展开的。

医学和生物学研究初步表明，忧郁青少年的泌尿系统代谢物与非忧郁青少年的似乎有些差别。

近几十年孜孜不倦的探究已经发现，青少年对自我的负面认知是诱发忧郁症的重要因素。许多饱受忧郁之苦的青少年同时也具有弱自尊的倾向或表现。青少年的认知技巧是评估情境和选择行为所必备的。缺乏问题解决能力的青少年，无法正确地辨识问题，或者思考替代性的问题解决方法，他们会比那些拥有适当问题解决技巧的青少年存在较高的忧郁风险。

家庭环境也是影响青少年忧郁症的重要变量，其主要观点和结论有：

- 青少年忧郁症事实上是其在观察他人尤其是家庭成员的忧郁症状之后发展出来的。
- 代际思想和情感失调具有传递性。如果父母被诊断有精神疾病，其子女就会被视为高危险人群。但是，孤立和缺少社会支持、虐待等问题的存在，比起有精神疾病的父母，会让青少年有更易患忧郁症的风险。
- 家庭面临越来越大的经济压力、社会缺乏可靠稳定的教育资源、青少年受到虐待和疏忽、父母离婚以及父亲的缺席等，都会对青少年忧郁症的形成有影响。
- 青少年忧郁也与家庭内部父母之间的严重冲突相关。

3. 青少年忧郁症的社会工作介入

青少年忧郁症的社会工作介入通常有行为介入、认知介入和家庭服务。

行为介入把具体、可测量的忧郁问题行为的改变作为介入的目标。比如，有外向行为（攻击或破坏）的忧郁青少年，如果能保持安静地坐着，就会获得奖赏；而对有内向行为（退缩、安静）的忧郁青少年，则会因为其与他人交谈或参与活动而获得奖赏，因其拒绝与他人接触而受到惩罚。

认知介入所采用的技巧包括认知重组、角色模仿、问题解决、行为演练等。认知重组涉及对青少年思考模式的改变。根据认知介入方法的基本假设，忧郁被视为错误的想法和思考过程的结果。思考的扭曲，如不能从经验中吸取教训，或者凭借不恰当的证据得出不恰当的结论，或者夸大单一事件的重要性等，就会加重青少年的忧郁。如果能够改变思考模式，探索新的思考方式，理解后果以及探索替代性的问题解决方法，当事人持有的一些负面观点就会被消除。

家庭的参与是有效的、针对忧郁青少年介入的必要和充分条件。青少年在情感上、生理上依赖其家庭而生存。由于父母对于行为的容忍度影响了他们看问题的角度，因而家庭成员尤其是父母参与辅导或治疗过程十分重要。在以整个家庭为介入范围的服务中，工作人员需要对忧郁青少年的家庭进行深入的探访、观察，在收集丰富的资料基础上进行评量，必要的时候工作人员也需要利用家庭以外的资源来促进当事人及其家庭的改变。即便采用具体的治疗技术，如行为治疗，也需要家庭的积极参与。混乱、无秩序的家庭，都会阻碍忧郁青少年发生积极的改变。所以，父母关系、父母与子女的互动方式、父母的认知与行为等家庭因素的改善必须和忧郁青少年的治疗同时进行。只有这样，青少年忧郁症的治疗才可能获得比较理想的效果。

（二）青少年受虐和社会工作介入

1. 青少年受虐的含义

青少年受虐的含义可以参照儿童受虐的定义，在此不再赘述。

2. 受虐青少年的家庭特征

（1）父母形态

通常有两种父母形态：接纳—负责型（以儿童为中心）和拒绝—不负责型（以父母为中心）（Larose L and Wolfe D A, 1987）。拒绝—不负责型父母常被称为权威型，与青少年受虐现象的发生有关。权威型的父母对孩子的能力、情感需求、兴趣和自尊需求缺乏敏感度。他们依赖权力、威胁和处罚来控制孩子。这种父母带来的影响是，孩子容易出现社会退缩行为，缺乏主动性和自发性，对同辈欠缺情感与好奇。

虐待家庭常有的特征是家庭成员间会暴力相向，因此亲职形态可视为父母受上一代影响，面对子女所产生的适应型挑战。

（2）家庭压力

有些家庭生活在过度压力下，每个压力都会导致另一个压力的产生，例如疾病会导致长期失业及贫穷。有些家庭因应压力的方法便是崩溃或向外攻击。此时，社会工作的主要目标就是减轻家庭的压力。基于这种理念，社会工作者必须随时准备好以供家庭使用的多样服务，才可提供有效的干预。这些服务包括电话咨询、紧急日间照顾、紧急寄养和庇护照顾、24 小时青少年保护热线、长期心理健康服务和环境改造服务。

(3) 精神症状

通常情况下，施虐父母患有严重的情感性违常(Famularo R, Barnum R, and Stone K, 1986)。例如，施虐父母普遍有双极症(俗称躁郁症)、重郁症和酒瘾。

(4) 环境变项

家庭收入不足、不良的居住环境与虐待之间关系密切。

3. 青少年身体虐待和青少年性虐待的测量指标

关于青少年身体虐待的测量指标，可看儿童社会工作相关章节，这里不再重复。

4. 虐待对青少年受害者产生的行为和心理反应

虐待对青少年的成长具有极大的威胁，当青少年长期遭受严重虐待时，通常会有以下几种反应：认同攻击行为、沮丧、冷漠、报复、叛逆、寻找、早熟。

5. 受虐青少年的社会工作介入

(1) 受虐青少年的个人辅导

受虐青少年的社会工作介入首先要进行个人辅导，辅导的目标、内容或方向大致可以围绕以下几个方面展开：

了解：让青少年当事人了解自己是受害者，承认自己的真实感受。

提出异议：当了解到自己是受害者时，他们开始体验到痛楚和真实的感受；在辅导的过程中，他们应被允许反复体会这些感受。

沉默：当事人开始觉得在某些地方(在消极层面或是积极层面)他们是有责任的；基于某些理由，他们觉得“我是自找的”。

绝望：在辅导的过程中，当事人开始觉察到其童年和别人的不一样，通常会对自己所经历的感到失落。

对关系的再评估：儿童期受虐的青少年当事人会为满足自身的人际需求而寻求完整性及人际关系。

面对：青少年当事人准备好面对加害者。

再建构：青少年当事人被鼓励与他人做更多的接触。

(2) 受虐青少年的家庭辅导

家庭治疗、受虐青少年的父母的个别辅导、施虐者的父母小组等，都是对受虐青少年家庭的社会工作介入方法。维系家庭服务和家庭重建方案被广泛地运用到受虐青少年的家庭辅导中。

有三个层次的社会工作服务用以维系家庭(Pecora P J, Fraser M W, and Haapala D A, 1989)，即：

第一，以社会为基础的服务，协助和支持成年人扮演其父母的角色；

第二，以家庭为中心的服务，提供各种服务（如个案管理、咨询、辅导或治疗、教育技巧、倡导和实质服务），以使家庭状况稳定；

第三，密集式以家庭为中心的服务，当孩子需要被带离时所提供的服务。

家庭重建方案（homebuilder）是指"一项密集的、在家庭内所进行的家庭危机咨询以及生活技巧教育方案，这样的设计是用来预防受困扰家庭的不必要的瓦解，以及尽量避免将青少年安置于公共设立的照顾系统中"。家庭重建以"自己的家庭是儿童和青少年的最佳生长环境"这一信念为基础（Kinney J M et al., 1977）。

开展以家庭重建为导向的社会工作服务时，实务工作者需要一些技巧，如评估家庭的优点、改变环境、计划目标，设定时间限制，与家庭签约，教导特殊的生活或社交技巧，在危机时介入，在家庭内与家庭成员一起工作，以及迎合家庭需要的个别化服务。

（3）受虐青少年的环境干预

家庭的直接环境中的自然协助者（如朋友、亲戚、邻居）是可利用的良好资源，而且比实务工作者更常与家庭接触。个案直接环境中的机构和自然协助者都是促成受虐青少年及其家庭正向改变的重要资源。与专业人员或志愿者相比较，自然协助者的另一个优点是，他们通常在助人关系结束后，还会持续与该家庭保持联系。

（4）受虐青少年的医疗干预

被虐待的青少年个案呈现出复杂的心理社会问题和法律问题，而这样的状况需要医疗、法律以及心理等方面的专业技巧来协助干预。对受虐青少年的医疗干预的工作内容包括：介入团体应设立在小儿科或急诊室，能有急救反应、不需预约的临床服务，对受性虐待的青少年及其家人进行心理测评。另外，也需要医师的咨询服务，以协助进行青少年及其家庭管理，协助行政人员处理面对性虐待和其他虐待案件时的焦虑。此外，还要有一个特殊的诊疗室，实务工作者可对青少年应对压力、创伤的能力以及举报后的影响进行考量。同时，实务工作者也和青少年保护机构合作，在实务工作者、心理师、精神科医师以及其他相关专业人士的共同监控下开展工作。

（三）青少年违规行为和外展社会工作

1. 青少年违规行为的定义

青少年违规行为与青少年犯罪行为是两个有差异的概念。后者是指青少年的行为不仅违反了社会规范，而且触犯了法律，严重危害社会秩序，损害了其他人的正当权益，依照法律应当受到制裁。而青少年违规行为又称越轨行为，主要是指青少年在成长过程中，由于受各种不良的亚文化影响，出现了不为社会主流文化所认可的价值观念和行为模式，因而对特定的社会刺激不能有合适的反应。简而言之，青少年违规行为就是指违反规范的并易引起非议或轻度惩罚的行为。构成青少年违规行为的最基本要素主要有两个：一是越轨行为的客观存在，即该行为已经对别人或社会产生了或重或轻的消极影响；二是社会成员的价值判断，即人们历来认定某种行为是违反社会规范的。

青少年违规行为的产生源于对处于主导地位的社会文化、价值观念、道德准则和行为模式的不良适应。它虽然尚未严重触犯法律，对国家、对社会与其他人的危害相对于青少年犯罪而言要轻，但是它同样会给青少年的健康成长带来严重危害。

2. 青少年违规行为的种类

朱力(2002)在《社会问题概论》一书中将青少年违规行为划分为：青少年校园越轨(包括厌学、逃学、狂热偶像崇拜等)、青少年涉毒越轨、青少年性越轨、青少年团伙越轨、青少年强索等等。

美国密歇根大学儿童青少年社会工作专家艾伦-米尔斯(Allen-Meares P, 1999)把青少年违规行为划分为流氓行为、欺诈行为、不正当行为、不道德行为、过失行为、物质滥用(主要是化学性依赖)、非法性行为等大类。限于篇幅，本节只选择其中三种行为予以介绍。

(1) 青少年化学性依赖

所谓化学性依赖乃指对酒精类饮料以及其他药物的依赖。它是一种慢性、渐进的成瘾行为，特征为失去控制、有一种无力感。虽然多数青少年并不会失去控制或有无力感，但仍是处于物质滥用的高危险群中。当化学性依赖发生在青少年身上时，他们会有一些特定的症状，包括学业表现不佳、对朋友和活动不感兴趣、炫耀用药的经验、记忆力减退、对家人表现出抗拒或退缩，除此还有价值观的改变、好辩、外表颓废、无视禁规、偷窥等等。化学性依赖对青少年有很大的影响，具体情况见表 12－1。

表 12－1　化学药物及其影响

化学物品或药物	行为改变	戒断的症状
酒	话语含糊、脸泛红、情绪不稳、判断力和身体的协调性受损	头痛、战栗、呕吐、幻觉
安非他命	瞳孔放大、血压升高、身体发汗、心神兴奋、夸张的动作	疲惫、失眠或嗜睡
咖啡因(咖啡、茶、可乐、巧克力)	无法休息、兴奋、脸泛红、尿频、肌肉紧绷、胃肠有问题	头痛、无法入眠、焦虑
可卡因	瞳孔放大、血压升高、反胃或呕吐、陶醉感、夸大感	烦躁不安、失眠或嗜睡、沮丧
迷幻药(大麻、大麻烟、LSD、梅斯卡林药剂)	瞳孔放大、发汗、视线模糊不清、发抖、焦虑或沮丧、妄想	幻觉、知觉扭曲、慢性的或复发的精神症状、情绪不稳

续　表

化学物品或药物	行 为 改 变	戒 断 的 症 状
吸入性药物(颜料、颜料稀释剂、磨亮剂)	虚幻、话语含糊、步伐不稳、沮丧的反应、冷漠、具攻击性	沮丧、焦虑、不易入眠
尼古丁(烟)	易怒、愤怒、无法休息、心跳速度降低	体重增加、渴望抽烟
鸦片剂	嗜睡、话语含糊、注意力或记忆受损、动作迟缓	渴望、肌肉疼痛、瞳孔放大、打哈欠
镇静剂、安眠药	话语含糊、步伐不稳、记忆力受损、情绪改变	呕吐、颤抖、发作

弗雷泽(Fraser M, 1984)提出了两个有关青少年使用和滥用物质的社会性观点。第一种观点关注青少年药物滥用的各个阶段,它假设青少年药物滥用起始于尝试,然后才有使用的习惯,接着逐渐转为滥用。

第一阶段:尝试用药——偶尔使用烟和酒。

第二阶段:定期使用烟酒。

第三阶段:使用大麻,与烟或酒并用(大麻通常被看作使用禁药的门路药)。

第四阶段:多种药物(或称多重药物)的使用。多数青少年一般不会到此阶段。

第二种观点则尝试界定不同种类物质滥用的危险因子,由这种观点可以知道青少年药物使用有许多途径。青少年在自尊心弱、学习成绩差、家庭疏忽、压力、沮丧、寻求一时的快感与满足、遇到有害的同辈团体和父母用药等情境中较有可能用药。在大多数情况下,青少年药物滥用主要是仿效父母或重要他人行为的结果。

(2)青少年强索

青少年强索就是指未成年人在学校门口或其他地方结伙,采取语言威胁或暴力手段,向被害人强行索要或敲诈财物的行为,被侵害人通常是在校的中小学生。

在青少年强索现象中,侵害人多为在校的问题学生或刚离校不久的流失生,他们一般都与流散在社会上的不良青年有较密切的联系。这些青少年在强索时,一般很少意识到自己的行为是错误的,认为只要自己得到满足,就可以不顾他人利益。实务工作者对这些违规行为需要进行及时有效的社会工作介入,一些违规行为也应受到治安处罚,因为这种违规行为极有可能对其他青少年产生不良的示范作用。事实上,某些强索的侵害者本来就是被侵害者,由于受到影响,自己也从受害者转变为侵害者。

(3)青少年团伙越轨

它是指青少年结成具有一定规模、有特定规范和行为特征的结构性小团体,采用统一行动共同违反某种社会规范的行为。不良青少年团伙的形成和发展,是基于青少年个体社会地位的相似性、面临困惑的相似性、受到社会刺激的相似性、解决问题方法的相似性，这使他们在思想意识、行为方式上达成一致，互相信任，互相感染，并不断强化。当这些群体性的意识、规范和行为模式在小团伙中得到认可时，实际上已经形成了不良青少年团伙独特的亚文化，而小团伙的亚文化进而形成一种群体压力，无形中支配着青少年团伙中成员的行为，更加强化不良青少年团伙中个体的叛逆意志。

上述青少年越轨行为通常不会发生在社会规范力量比较强的正式场合，如学校、家庭。相反，一些社会规范的力量比较弱而且青少年又相对集中的场所，则容易滋生青少年越轨行为，如偏僻的街角、昏暗的网吧、青少年聚集的游艺场等。此外，这些存在越轨行为的青少年产生困惑和问题时，通常不会主动上门寻求社会工作者的帮助，因此对那些越轨青少年开展社会工作，首先需要采用另外一种社会工作方法——外展社会工作。

3. 外展社会工作的含义和基本方法

外展社会工作，通俗地说，就是专业社会工作者走出办公室或机构，来到服务对象聚集的地方，为潜在的案主提供帮助的一种社会工作服务手法。由于外展社会工作的对象多是爱流连街头的青少年，工作环境基本上是青少年聚集的地方，如街角、新村空地、球场、电子游戏机中心、快餐店、桌球室等，因而实务工作者必须主动出击，走到上述地点结识工作对象。通常，外展工作对象较难与人建立信任关系，因此实务工作者往往先静态地观察对象群体的出没时间、言谈举止、活动爱好等，在确定群体初步符合工作对象的特征后，便设法引起工作对象的注意，如在相同时间出现，亦可以单刀直入进行自我介绍，并邀请工作对象协助做问卷，或是采用介绍工作对象参加有津贴的活动，以期与工作对象建立社交关系。简而言之，外展社会工作建立关系的手法通常以频繁曝光、闲聊和利诱为主，在取得对方的初步信任后，实务工作者才正式以个案或小组工作手法辅导服务对象。为了更好地介绍针对违规青少年的外展社会工作的具体方法，这里介绍一下中国香港圣公会福利协会下属的一个社区服务中心——圣公会马鞍山青少年综合服务中心，为所在社区一部分具有比较严重违规倾向和行为的青少年提供外展服务的情况。

社会工作实例：青少年外展服务

一、活动理念

马鞍山利安村篮球场吸引了邻近地区热爱足球运动的青少年聚集进行足球运动，其中的一些青少年有着不良社会背景，或在不同程度上受不良社会亚文化影响，包括学校青少年、职业青少年和无业青少年。为了阻止他们进一步的违规行为，圣公会马鞍山青少年综合服务中心于 1994 年 9 月根据以下服务理念，为他们展开了一连串的辅导服务。

这群街头青少年正处于价值判断尚未成熟、喜欢寻求同辈认同的阶段，故必须将尚未受不良社会文化影响、影响较为轻微的青年与影响严重者分隔，以阻止问题恶化。

这群街头青少年也可以因接近与不良社会文化相对立的积极健康向上文化而受到正面的熏陶，发展出良好的品行。因此，社会工作机构需要提供机会，让他们体会正面行为带来的好处，以引导他们抛弃原有的行为。

这群街头青少年受不良社会亚文化影响之余，个别人也有特殊的成长背景，例如因缺乏适当的引导和社会资源而阻碍其成长，所以社会工作者需要运用多元化手法和灵活的服务模式，提升街头青少年解决问题的能力。此外，服务对象荒于学业，缺乏求学与职业发展目标，这些问题的出现除了未能获得家长的指导、管教以及学业根基欠佳等原因外，他们在生活上缺乏正面的同辈带领影响也是一个重要的因素。因此，社会工作者需要协助服务对象建立优秀的同辈网络，提供正面榜样。

青年义工在为街头青少年提供辅导的过程中也会因个人的成长经历或自身所面对的成长困惑而出现情绪问题。因此，在推动义工成为照顾者的同时，社会工作者也需视他们为照顾的对象，通过个别面谈和工作会议，让他们的情绪获得支持与疏导，并增强其自信心和解决问题的能力，这也是青少年发展的一项重要工作。

二、活动目标及其内容

（一）减轻青少年受不良社会亚文化的影响

1. 通过将不同行为表现的青少年分组，成立不同足球队，转移训练场地，以减少服务对象接触不良同龄人的机会；

2. 安排严格规范的球赛，让球员获得满足感而摒弃不良团伙；

3. 安排多种类型的活动，使服务对象将注意力转移至社会工作者一边。

（二）展开抗衡不良社会亚文化的计划

1. 安排已受训和有良好品格的义务教练进行指导，培养青少年对足球的兴趣，并在训练过程中渗入球队规则；

2. 推行品德奖励计划，培养球员互助团结的精神和公德心；

3. 转化小组为结构性小组，共同订立小组规范和分工责任制，并共同监察。

（三）兼顾青少年的个别困难和成长发展需要

1. 运用个案工作手法，协助青少年解决个人问题；

2. 定期举办文娱活动，舒展他们的身心，培养他们的兴趣；

3. 推动他们参与社会工作机构举办的成长活动，以改善他们与人相处的态度；

4. 促使他们协助中心推行社区活动，以培养他们服务社会的精神；

5. 通过小组配对，协助他们养成良好的学习习惯。

（四）建立非正规支援网络—社区照顾工作策略

1. 推动义工参与小组的文娱活动和足球比赛，促进义工与组员关系的建立；

2. 鼓励义工以朋友的态度与组员相处，并提供实质的技巧训练、情绪支持，使其获得组员的认同与爱戴；

3. 协助义工与组员进行配对，分小组温习功课，建立积极的成长目标。

（五）解决义工的个人问题并提升其照顾服务对象的能力

1. 运用个案工作方法，协助义工解决以往的负面问题；

2. 通过赋予职位（例如领队、教练、辅导员），鼓励义工们协助策划、执行工作并给予嘉奖，以强化其成就感；

3. 定期安排个别的或小组的工作策划及检讨会议，令义工一方面能掌握中心的服务宗旨，另一方面又能从中学习服务技巧，获得情绪支持。

三、服务对象

街头少年和青年义工。

四、活动地点

主要在球场和中心。

五、执行步骤

（一）足球组

1. 第一期（1994 年 9 月至 1994 年 12 月）：解组及关系巩固

在足球场内接触服务对象后，社会工作者运用解组方法将街头少年与受不良社会文化影响的青年分组，各自成立“大/小骏马”足球小组，为他们安排训练场地，在不同时间进行练习和比赛，并由不同社会工作者带领“小骏马”足球小组成员，安排小组文娱活动。此时，“小骏马”足球小组内开始建立小组规则。

2. 第二期（1995 年 1 月至 1995 年 4 月）：建立抗衡不良社会文化的行为

球队成立了一段时间，组员们已与社会工作者建立了互相尊重与接受指导的关系，减少了不良行为（如发脾气、武力解决问题，轻易与场外的观众、球队发生冲突）。于是，社会工作者便引入行为和品德奖励计划，让他们感受到因做出符合社会标准的行为而带来正面结果，同时义务教练加入后有助于提高他们的球技。

3. 第三期（1995 年 5 月至 1995 年 8 月）：巩固正面行为

推行了行为和品德奖励计划、进行了足球训练活动后，组员改掉了随地扔垃圾、讲粗话、随时在球场内与人发生冲突等陋习，互助行为也随之出现。同时，组员也在此时对“大骏马”

足球小组产生了不满,不满他们时常扮演被服侍者和强者的角色,因而导致“小骏马”足球小组将平日的玩乐场地由利安转往富宝花园,从而进一步减少与“大骏马”足球小组的接触。社会工作者适时在社区举办活动,以培养他们服务社会的精神,助推他们逐渐融入中心。

4. 第四期(1995 年 9 月至 1995 年 12 月):强化正面的社会行为

经历了暑假两次大型正规足球比赛,以及推行了行为和品德奖励计划后,组员通过反省有了较大改变,再不愿意与不守规则、缺乏球品的队伍比赛。因此,社会工作者在此阶段将小组转化为更具结构性的小组,协助他们选出队长,创建分工制度并修改小组的规则。

5. 第五期(1996 年 1 月至 1996 年 6 月):融入环境和建立互助网络

修订小组规则和创建分工制度后,组员们在球场上的责任感得以增强,例如准时出席、愿意自动接受纪律处罚、对自己的行为负责。社会工作者在此时便开始加速推动他们融入中心的环境,让他们共同参与中心的活动,与中心工作人员和青年义工建立良好关系,了解中心的资源,更多地在中心活动,少出现在街头,从而建立正面的同辈网络,提高学业成绩。

(二）义工

1. 第一期(1994 年 9 月至 1994 年 12 月):建立关系

社会工作者在足球场内接触足球少年群体的同时,也在球场内接触他们所欢迎的领袖人物,因为此领袖人物已开始步入正轨,加上当时他正面对着情感与健康的负面影响且处于无业的阶段,所以社会工作者邀请他协助组织球队,也帮助他提升个人能力,重建面对他人的信心。

2. 第二至四期(1995 年 1 月至 1995 年 12 月):提升义工的能力,建立伙伴关系,协助他们成为照顾者

随着关系的建立,义工(领队)已乐于向社会工作者透露心事,提出了发展足球小组的意愿。社会工作者又邀请他共同为足球小组酝酿行为与品德奖励计划,推动社会服务活动,并给予嘉奖,以提升他的能力。同时,社会工作者邀请义务教练参与小组活动以扩展他与组员的关系。

3. 第五期(1996 年 1 月至 1996 年 3 月):加入新的义工网络

中心青年义工加入后,通过中心其他社会工作者的协助及活动的安排,协助双方建立互相接纳的同辈关系,然后展开小组学习。

六、工作手法

社会工作者采用以下手法协助组员建立同辈关系:(1)凡是举办足球小组活动,例如暑假宿营、足球友谊邀请赛,均会尽量利用义工和教练工余时间;而在推动组员参与服务社

会活动时，也会邀请他们共同筹划，以便深化彼此的关系，让他们进一步了解机构的工作目标，做出相应的配合。（2）在处理中心青年义工与组员关系时，也着重建立自然的同辈关系（例如将每组再细分成数个小组，容许他们与中心青年义工间有自由的社交活动），以扩展组员的社区伙伴数量，建立起社区支援网络。街头少年伙伴关系的转变流程见图 12－1。

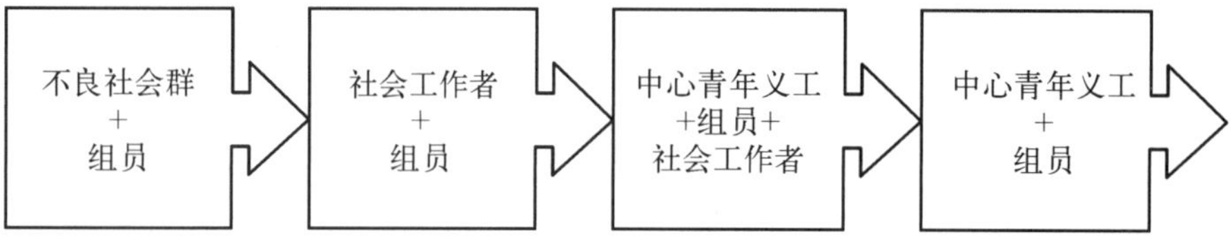

图 12－1　街头少年伙伴关系转变流程图

三、中国青少年工作和思考

在中国有许多机构的主营业务为青少年工作，几十年来这些机构为青少年的健康成长做出了卓越的贡献，也产生了许多可供推广和总结的经验模式。随着社会的不断发展和变迁，如何根据时刻变化的青少年群体及其特点，更有效地推动青少年工作的开展，以及采用更理想、更合适的方法与手段促进青少年的成长，则是一个需要深入讨论的话题。

（一）青少年工作机构及其工作内容

目前，我国专门从事青少年工作的主要机构有中国共产主义青年团、中华全国青年联合会、中华全国学生联合会等。近年来，一些大城市还成立了未成年人保护的专门机构。2003 年，在上海市政法委和共青团上海市委的组织与协调下，上海市专门成立了以社区“三失”（指失学、失业和失管——笔者注）青少年为服务对象的上海市阳光社区青少年事务中心，专门从事社区青少年社会工作服务。该事务中心通过 20 余年的探索，积累了较为丰富的青少年专业服务经验。此外，还有少量历史比较悠久的非政府组织。在上述各类组织或机构中，共青团占有重要地位，其组织结构严密，行政体系完善，曾经在青少年群体中有较大的影响。

近些年来，青少年保护工作越来越成为国内除青少年思想教育以外的一项被关注的工作，一些城市的青少年保护机构——未成年人保护办公室在《中华人民共和国未成年人保护法》《中华人民共和国预防未成年人犯罪法》《中华人民共和国义务教育法》《中华人民共和国家庭教育促进法》等的指导下，在社区、学校、家庭等许多领域里积极开展青少年的家庭保护、学校保护、社会保护和司法保护工作。家庭保护主要包括对青少年身体健康的保护、对青少年受教育的保护、对青少年思想品质的正确引导和对青少年其他合法权益的保护。学校保护则是指各级各类学校在其自身的职能范围内,依照法律、法规,对在校青少年进行教育并对他们的身心健康和合法权益进行保护。社会保护的基本内容可以分为三个方面:社区保护(指在城乡的范围内,由基层政权组织、群众自治组织、青少年保护组织及社会各有关方面,依照法律规定和社区公约,从青少年的成长特点和需要出发所实施的教育、保护、照料和帮助等)、文化保护(指通过法律手段,利用全社会的力量,为青少年提供一个比较好的社会文化环境,保护青少年免受不健康的社会文化的影响)、国家保护(指国家通过制定方针、政策,并通过政权机关在政治、思想和组织上的领导,保证青少年合法权益的实现)。而青少年的司法保护则是指国家司法机关和有关行政执法机关通过各种司法和执法活动,保障和维护青少年所享有的合法权益,以保证青少年健康成长。

(二)中国青少年工作的完善和发展

从专业角度来看,共青团组织的宗旨是带领广大团员青年为实现共产主义事业而奋斗。而青少年社会工作的服务对象首先是那些在生活或工作中遭遇困难和挫折、社会功能暂时被抑制的青少年,要通过专业服务使这些青少年摆脱困境、提升信心、恢复功能。当然,青少年社会工作除了具有补救、预防的功能外,它和共青团工作一样也具有发展的功能,即利用各种途径和专业手法,帮助青少年挖掘自身的潜力,协助他们全面健康成长。此外,共青团组织在发动青少年开展各种活动方面具有丰富的经验,这些有益经验也是开展专业的青少年社会工作的财富。

正因为如此,目前中国在发展青少年社会工作时,应该充分考虑基本的国情和现有的青少年工作架构,把共青团工作和专业的青少年社会工作有机结合起来。这种结合,在一定意义上,就是宏观青少年工作和微观青少年工作的结合,这两个层面的工作并不互相排斥而是互相补充的。宏观青少年工作关注的是青少年群体的整体需要,而微观青少年工作则着眼于协助个别青少年在成长的历程中,达到不同阶段的人生目标,从而让服务对象在青少年的亚文化中找到自我和归属,同时又掌握主流文化的价值观念、生活方式和行为模式。

青少年社会工作可以通过实务的四个环节来促进宏观青少年工作和微观青少年工作的有机结合,它们是倡导、服务设计与提供、人际关系与沟通和促进社会教育。它们之间互相联结,互为影响。倡导就是号召和鼓励青少年为远大的理想而奋斗,帮助青少年确立平等、民主、正义等社会理念,培养青少年的集体主义和利他主义精神。倡导也可以是青少年社会工作者会同其他有关人士为青少年争取合适的政策与服务。所谓服务设计和提供,就是根据既定的目标和政策，设计青少年的服务内容，包括工作目标的具体化、确定轻重缓急的次序、安排工作日程、调配所需的有关资源等。在开展青少年社会工作的过程中，社会工作者与青少年通过有效的沟通，建立互信关系，这种人际关系成为青少年工作中的重要资源，成为青少年社会工作者影响青少年思想与行为的最重要途径。促进社会教育包括从个人到社会各个层面的非正规教育，内容如价值观念的熏陶、生活知识的传授和社会技巧的学习等。上述宏观和微观的结合可以用图 12－2 直观地表达出来。

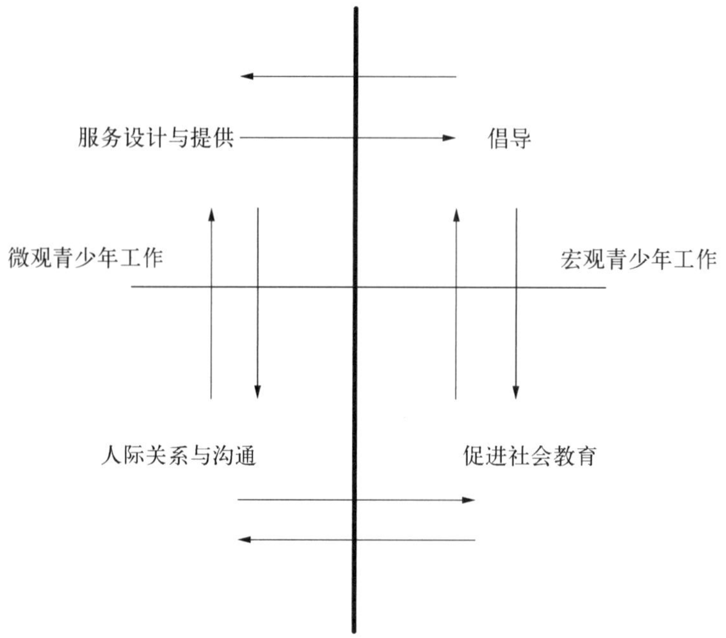

图 12－2　青少年社会工作的宏观层面与微观层面的结合

小　　结

从青少年社会工作的定义来看，我们可以明确服务的工作重点。首先，根据青少年的身心发展特征，有针对性地运用专业方法预防和解决青少年的问题；其次，通过资源链接、体系建设等方式保障青少年的权益，促进青少年全面发展；最后，协助制定有助于青少年全面发展的相关政策。

本章主要讨论了以下几种青少年发展的障碍状态及其社会工作介入的方法：

1. 青少年忧郁症及其社会工作介入：主要是从行为和认知两个层面进行介入，并结合家庭系统共同开展有针对性的问题分析和服务。

2. 青少年受虐及其社会工作介入：可以综合运用个案工作、小组工作开展受虐青少年及其父母的介入工作，家庭治疗的方法在实践中也得到了广泛的应用。

3. 青少年违规行为及其社会工作介入：这种违规行为又称越轨行为，产生的主要原因是青少年受到不良亚文化的影响，因此介入的主要目标是改变其不为社会主流文化所认可的价值观念、生活方式和行为模式。针对青少年的各种违规行为，社会工作者常常以外展工作为先行的介入手法，在此基础上再以个案辅导、小组工作等方法为服务对象提供进一步的服务。

中国历来有组织和动员青少年开展工作的方法和模式。随着社会变迁尤其是青少年群体在需要、个性等方面的变化，为了提高青少年工作的有效性，当前社会工作者迫切需要考虑宏观青少年工作和微观青少年工作的有机结合。

参考文献

[1] 张春兴. 张氏心理学辞典[M]. 台北：东华书局，1991.

[2] ERIKSON E H. Childhood and Society: the landmark work on the social significance of childhood [M]. 2nd ed. New York: Norton, 1963.

[3] LAROSE L, WOLFE D A. Psychological characteristics of parents who abuse or neglect their children[M]// OLLENDICK T H, PRINZ R J, ed, Advances in clinical child psychology. Boston: Springer, 1987.

[4] FAMULARO R, BARNUM R, STONE K. Court-ordered removal in severe child maltreatment: An association to parental major affective disorder[J]. Child abuse & neglect, 1986, 10(4): 487－492.

[5] PECORA P J, FRASER M W, HAAPALA D A. Intensive home-based family treatment: Client outcomes and issues for program design[M]// HUDSON J & GALAWAY B, Ed, The State as Parent: International Research Perspectives on Interventions with Young Persons. Dordrecht: Springer Netherlands, 1989.

[6] KINNEY J M, MADSEN B & FLEMING T, et al. Homebuilders: keeping families together [J]. Journal of Consulting and Clinical Psychology, 1977, 45(4): 667－673.

[7] 朱力. 社会问题概论[M]. 北京：社会科学文献出版社，2002.

[8] ALLEN-MEARES P. 儿童青少年社会工作[M]. 阙汉中，译. 台北：洪叶文化事业有限公司，1999.

[9] FRASER M. Family, school, and peer correlates of adolescent drug abuse[J]. Social Service Review. 1984, 58(3): 434－447.

案例　丧亲青少年哀伤反应的社会工作介入

薛星潼

一、案例及社会背景

（一）案例反映的社会问题

丧失是每个人都要面对的人生难题。每次的丧失事件都会对个人造成一定的影响，其中丧亲所带来的痛苦尤为强烈。丧亲是每个家庭最大的伤痛，尤其是对于身心尚未成熟的青少年来说，在遭遇丧亲事件时容易陷入困境中。在青少年时期失去自己最爱的亲人，乃是人生最重大的打击之一。无法处理好丧亲带来的伤痛，对青少年的成长乃至整个人生都有重大的影响。研究发现，我国每年有 16.2 万小于 18 岁的青少年因父或母自杀成为丧亲者（徐洁、张日昇，2011）；初中生至少经历过一次亲人死亡的占 70.65%。其中，自杀与丧亲有密切的关系，丧父/母的青少年自杀概率较高（刘世宏、李丹、徐晓滢，2014）。

研究发现，丧亲者的哀伤反应常常表现为生理功能、社会功能受损，容易出现认知、情绪、行为等负面问题，甚至增加了自杀、疾病的风险。丧亲会对儿童和青少年带来各种各样的负面影响。巴尔克（Balk D, 2011）发现，丧亲会影响青少年的身体、认知、情感、人际、行为和精神，且其哀伤程度远远高于他人的预期；阿佩尔等（Appel C W et al., 2013）认为，这种不利影响会一直持续到未来的生活中。在身心方面，丧亲青少年表现出恐惧、自卑、愤怒、自责、内疚等（Hoffmann W A, Myburgh C, and Poggenpoel M, 2010；张学伟，2009；Holland J, 2008; Bartik W et al., 2013），会出现失眠、出汗等情况（Dyregrov A, Yule W, and Yule B, 2008）；在行为方面，丧亲青少年更容易出现偏差、自杀等行为（Pitman A L et al., 2016）；在社交情感方面，发现丧亲青少年会害怕建立亲密关系，对他人不信任、无归属感，怕被看成异类，在学校里的表现也会变得糟糕，损害了家庭功能（张文文，2015；Berg L et al., 2014），其中最危险的是发展为抑郁症（Brent D et al., 2009）。与大多数学者观点不同，有小部分人认为经历丧亲事件会对儿童、青少年的个人成长有积极作用，比如尊重生命、关爱他人（Balk D E, 2014），生命价值得到了提高（Heffel C J et al.,2015），塑造了一个新的自己。

失去亲人的青少年，哀伤是一个自然而必经的过程，只有在这个过程中处理好哀伤，才能减少其对未来生活的负面影响。大多数经历过亲人死亡的青少年能通过自我调节和周围人的支持而正视现实。然而，个体的哀伤具有独特性，受多种因素的影响，有些人的哀伤反应是复杂多样的。帮助丧亲青少年处理哀伤反应，可以使其恢复日常生活，发挥社交、情感和身体功能，这是社会工作者需要关注的一个重要领域。

（二）8个丧亲青少年个案的哀伤反应

本案例中将丧亲青少年的年龄界定为10~18岁，其父母因疾病、意外、自然灾害等去世；哀伤反应被界定为失去亲人后，包括生理、心理、情绪、人际、认知、行为等一系列的反应，会出现被孤立、害怕建立亲密关系、出现人际交往障碍、在学校里表现糟糕等问题。

个案的基本资料如表12-案-1所示，他们的哀伤反应主要体现在两个方面：痛苦的个体哀伤体验和受伤的家庭。个体的哀伤体验主要表现在认知、情绪、行为三个维度，三者息息相关，消极的认知是产生消极情绪和消极应对行为的重要原因。表12-案-2详细阐述了丧亲青少年哀伤反应的不同表现。

表12-案-1　个案基本资料

个案编号	性别	年龄/岁	学习或工作状况	丧亲时年龄/岁	丧亲时间/年	丧亲对象	丧亲原因	社会工作者编号
C1	女	16	高一	15	1	母亲	癌症	SW1
C2	女	17	中专一	15	2	父亲	脑梗	SW1
C3	女	21	大二	17	4	母亲	车祸	SW2
C4	女	18	工作	13	5	母亲	自杀	SW2
C5	男	20	大二	18	2	父亲	车祸	SW3
C6	男	23	工作	14	9	母亲	癌症	SW3
C7	男	24	工作	16	8	父亲	坠楼事故	SW4
C8	男	17	中专一	10	7	父亲	癌症	SW4

表12-案-2　丧亲青少年哀伤反应的表现

哀伤反应及其体验维度	哀伤表现	具体表现剖析	案　例
消极认知	归罪论	无法合理看待丧亲事件，将丧亲的责任揽归于己。即使并非由自己引发，也会将错误的原因归结于己，或认为是自己没能及时阻止错误发生。	SW1-C2："案主的父亲因为突发脑梗去世，案主无法接受父亲这么年轻就去世的事实，就责怪自己平时没有注意父亲的身体情况，对他关心太

续 表

哀伤反应及其体验维度	哀伤表现	具体表现剖析	案　例
消极认知	归罪论		少了。如果能够早点儿督促他去体检，可能这件事就不会发生了。” SW2－C3：“案主母亲是因为车祸意外事故而去世的。但是案主将这件事揽到了自己身上，认为如果自己能够推开母亲就不会发生这件事了，是自己导致了母亲去世。”
	留恋丧失	以阻抗的形式，拒绝去适应生活。案主认为，如果其很快恢复正常生活，而非保持痛苦，就表示对亲人的去世无动于衷，能够轻易接受至爱去世。案主通过保持原状，将留恋丧失当成与逝者的联结或是补偿，以此来纪念已逝之人。	SW2－C3：“案主对于改变自己目前的状态是很抵制的，她认为如果允许自己像无事发生似的，是对母亲的一种背叛，只有选择不参加周围的任何活动，才能让自己一直记得。”
	对自己的消极认知	案主面对亲人死亡时，会将自己的反应与他人的进行对比，可能出现认为自己反应不正常、不恰当的情况。其实每个人都是独立的个体，哀伤反应的强度、表现、频率皆不同，与他人哀伤反应不同并非代表自己本身存在问题。	SW4－C8：“你怎么看待你的反应？”“我记得我当时没有哭，我没有像我妈妈和我弟弟那样，我那时觉得我很奇怪。我当然是在乎他的，虽然我很不喜欢他在的时候的样子，但是我也会想他。但我和周围人不一样，那是我第一次接触到死亡，我表现得很冷漠，我好像有问题。”
	对其他人的消极认知	案主把他人当作观众，认为自己的一言一行时刻被关注，因此案主不断构建或对想象中的观众做出反应。“观众”对案主的关注会随时间的推移而减少，但这种需要回应对方关注的想法会对青少年产生持续的影响，从而进一步强化案主“他们在关注着我，我不能表现出我的不同之处”的意识。	SW3－C6：“案主用‘我不能表现出我很难过，不然他们会将我看作不一样的’来形容自己为什么不能表现出自己的难过。”
消极情绪	绝望	青少年自身力量较薄弱，面对重大事件时易产生无能为力感。丧亲切断了案主与死者的依恋关系，尤其是对于失去生活依靠和心理依赖对象的青少年来说，更易陷入绝境，感到迷茫、恐慌和绝望。突发性的丧亲更易导致绝望感，尤其对与死者关系亲密的案主来说更是残酷。这种绝望感在特殊的日子和场合更加激烈，使案主经受着煎熬。	SW2－C4：“案主与母亲的关系很密切，加上父亲有不良的行为，对于她来说母亲是唯一的精神支柱，母亲的自杀让她深深陷入了绝望中，觉得被母亲抛弃了，一度产生自杀的念头……一次学校组织活动邀请父母参加，案主无家长来参加，案主表示那时候还不如和母亲一起离开。” SW1－C2：“案主的父亲突发脑梗去世，留下了她和母亲两个人，家里的顶梁柱不在了，失去了重要的经济来源，生活陷入了困境中。”

续　表

哀伤反应及其体验维度	哀伤表现	具体表现剖析	案　　例
消极情绪	内疚	个案C3中,案主与母亲一起经历车祸,只有案主幸存,因而产生独活的内疚感。研究发现,当人们在自然灾害、人为灾害或其他竞争下存活时,都会产生内疚感,这种幸存者内疚主要存在于家庭成员、亲戚和朋友之间。内疚感会在别人的关心慰问下更加明显,案主也不知如何回应他人关心,同时更提醒了其独活的事实。	SW2－C3:"案主本身遭受了车祸,身体上受到了严重的创伤。她在醒来后知道了母亲去世的现实,难以承受,觉得自己活下来是一件罪恶的事情,对母亲抱有深深的内疚感,当周围人来安慰的时候,这种感觉会更加强烈,仿佛自己是偷了母亲的命而活下来的。"
	羞耻	在我国,死亡是较避讳的话题,学校和家庭里少有针对青少年的生命、死亡教育。青少年在面对死亡时不知如何应对,周围人就成了他们参照的模板。若自己没有表现出一般人的悲伤,他们自然而然会对自己产生怀疑,觉得自己冷漠并以此为耻,进而会厌恶自己。加之没有强烈的表现,案主会被忽视、漠视,甚至被误解、被责怪,更难纾解以自己哀伤反应为耻的情绪。	SW1－C1:"这是案主第一次接触亲人去世。案主一直见证母亲在病痛折磨下的变化,有时候宁愿早点儿让母亲得到解脱。当母亲去世的时候,案主表示就像是担心的那一天还是到来了……回到学校的时候,案主觉得周围人会用不可思议的眼光看自己,觉得她没有表现出强烈的反应是错的,案主因此对自己产生了怀疑。" SW4－C8:"和母亲、弟弟相比,案主没有表现出强烈的反应,案主觉得自己是一个冷血动物,不正常,以自己的反应为耻。"
	愤怒	无论丧亲原因为何,愤怒都是普遍而强烈的情绪反应。愤怒的对象各不相同,包括自己、死者、他人或整个世界。预期之外的丧亲更易导致愤怒,案主难以理解这种事情为何会发生在自己身上,觉得是世界不公平;责怪自己为什么没能早点儿发现并阻止事件的发生;埋怨死者,认为自己被抛弃和背叛了。	SW2－C4:"案主对母亲自杀有很强烈的怨恨,她觉得母亲抛弃了她。" SW4－C7:"案主的叙述中有浓浓的愤怒情绪,他觉得这个世界是不公平的,他的父亲为什么会遭遇这么不幸的事情。"
消极应对行为	逃避	青少年通常从家人、学校或朋友处得知死亡消息,在没有任何预兆和心理准备的情况下,被通知父/母的死亡,会带来巨大冲击,无法相信丧亲事实而选择逃避。就算有证据证明也会在心底拒绝,不愿去相信并下意识地回避一切有关的线索以麻痹自己。	SW4－C7:"案主拒绝承认父亲已经去世的事实,他认为父亲只是出差了,像之前一样,过一阵子就会回来。他说,如果自己没有看到过父亲,是不会相信他已经走了的。"
	惩罚	对于将丧亲事件发生的原因归结于自己的案主来说,她会对死者抱有弥补亏欠的心理,试图通过惩罚自己以缓解这种情绪。但是这种惩罚并不会带来积极的结果,长此以往反而会带来更多的问题,这种选择让她陷入了恶性循环中。	SW2－C3:"案主将母亲的死因归结在自己身上,因而会惩罚自己,她认为自己没有资格再享受,比如参加娱乐活动等。和之前相比,她变得自闭,不愿意与周围人交往,她觉得这样才对得起她母亲。"

续 表

哀伤反应及其体验维度	哀伤表现	具体表现剖析	案　例
消极应对行为	隐藏	面对丧亲，青少年有两种选择：一是冒着被视为异类的风险选择与他人交流感受；二是假装无事发生，以便融入同辈群体中。与他人谈论悲伤并非易事，易导致差异感。为了避免被当作异类，案主经常假装自己没事。然而隐藏哀伤并不意味着不存在，反而不利于缓解哀伤。从个案中我们可以看到，有的案主因为担心与周围人不同而选择麻痹自己，从而陷入了哀伤情绪中，苦苦地挣扎着。	SW3－C6："案主一开始拒绝承认自己有哀伤反应，他表示自己很好。在和他的交谈中可以发现，他担心周围人会将他当成特殊的人对待，这让他觉得不自在。所以，在大家面前他不会表现出伤心的样子，那样会有损于他的形象。" SW3－C5："案主认为只要不去想那些事情，自然而然就会好了，但是有时候又希望能和谁说一说，又担心大家用同情的眼光看他，那样会让他觉得自己是可怜的。想到这些情况，他表示宁愿自己一个人待着，至少自己是安全的，不用面对周围人的指指点点。"
	强迫	青少年在形成自我独立意识的同时，会察觉到自身所应承担的责任，尤其是即将成年，他们不再仅仅关注自身，作为家庭的一分子，会主动关心家庭成员。丧亲对青少年及其家庭来说都是巨大损失，有一部分青少年会主动承担家庭的责任而强迫自己迅速成长，为了帮助支持其他家庭成员而承担超出自己能力范围的责任。专注于其他人和事，短期内会转移他们的注意力，而非沉浸于哀伤中，但同时错过了他们表达自我的感受的机会。这种责任意识具有两面性：过早承担超出能力范围的责任，又无法处理好问题，最终会陷入更困难的境地中。	SW3－C5："案主在陈述中提到，在收到爸爸出车祸的消息后，他妈妈一下子崩溃了，作为家里唯一的男性，他需要承担起照顾妈妈和处理一系列事情的责任。他表示，当有事做的时候，根本没有时间想太多，自己就像一台机器一样。但是当闲下来的时候，他就控制不了那种感觉，但是为了不让妈妈更难过，不能在她面前表现出来而假装自己很坚强。" SW3－C6："案主表示，这件事对于整个家庭来说都是一个打击，为了不让其他人更加操心，他不能表现出自己的难过。尤其是在事情发生的时候，案主感到在帮助家人方面自己无能为力，觉得自己没有用，这种无用感加深了他的痛苦。"
受伤的家庭	家庭成员消极应对哀伤	青少年生活经验不足，容易受到家庭成员的影响。若家庭成员本身无法顺利应对哀伤，则会对青少年带来负面影响。一方面，家庭成员应对哀伤的方式会被青少年"习得"；另一方面，青少年的哀伤反应不能被及时发现，存在发展为复杂哀伤的可能。在 C8 中，案主的母亲本身就沉浸在哀伤中，对案主的关心少并且对案主给出了"白眼狼"的过分评价，导致案主的哀伤反应更强烈。	SW4－C8："对案主造成最大影响的是他母亲。案主的母亲曾用'白眼狼'这种比较强烈负面的字眼评价案主，导致案主对自己的怀疑达到顶峰。且案主内心觉得母亲一直对自己不太关心，更加感觉到不安全。"

续　表

哀伤反应及其体验维度	哀伤表现	具体表现剖析	案　　例
受伤的家庭	与照料者的紧张关系	丧亲导致原来的依恋关系解体，短时间内很难建立起新的依恋关系。加之照料者与青少年原本就紧张的关系，导致丧亲青少年缺乏安全感，无人支持其度过哀伤期。如果青少年和主要照料者之间的关系不亲密，就会导致其担心被他们抛弃，未来生活无所依靠。这种恐惧和焦虑会促使他们回避亲人死亡的事实，导致其对生活失去信心。	SW2－C4："案主的父亲无业在家多年，经常喝酒打牌，常常喝得烂醉回家，或者输钱之后就会对案主肆意打骂，或者打骂案主的母亲。案主对父亲是憎恨的，觉得如果不是自己的支持，可能母亲就会忍受不了而自杀了。现在母亲走了，自己就是在世上孤零零的人了，觉得生活没有什么意思。"

8个丧亲青少年的哀伤反映在个体层面表现为归罪论，留恋丧失，对自己、对其他人的消极认知，绝望、内疚、羞耻、愤怒的消极情绪，采取逃避、惩罚、隐藏、强迫的消极应对行为。

羞耻感和选择隐藏都是源于自身哀伤与社会期望之间的矛盾。前者是参照其他人的哀伤反应后发现自己的哀伤反应不同而带来的，后者是担心自己和其他人不一样而选择隐藏。家庭支持不足导致丧亲青少年的绝望感进一步加重，而且外界的评价会影响其对自身哀伤反应的评价，一些糟糕的评价让其更痛苦。

在痛苦无法缓解的时候，丧亲青少年会选择惩罚自己，或逃避，或隐藏，这些行为非但不能缓解哀伤，反而会恶化为其他问题。

二、个案介入的社会工作理论和方法

（一）理论基础

1. 心理社会治疗模式

心理社会治疗模式的理论假设主要包括以下四个方面：一是对人的成长发展的假设。个人所遇到的问题和面临的困境是由生理、心理和社会三大因素共同作用的结果，因此在个案介入的过程中，心理社会治疗模式特别强调将个人放在特定的情境中去观察，通过服务对象在特定情境中的表现来分析和评估其所面临的具体问题。二是对服务对象问题的假设。个人当前出现的问题及行为反应受到各种压力的影响，比如个人在成长的过程中因为自己的期望没有得到满足而产生内心压力；个人承受来自当前社会环境的压力而产生各种问题行为等。心理社会治疗模式强调，在个案的介入过程中要特别注重寻找服务对象的压力源，并且帮助服务对象缓解所面临的压力。三是对人际沟通的假设。人际沟通对于个人的健康发展具有至关重要的意义，尤其是家庭成员之间的沟通尤为重要，与家庭成员之间的沟通和互动对个人的健康人格形成具有重要作用。因此，在个案工作实务过程中，社会工作者要通过帮助案主改善与他人的交往关系来促进其问题的解决。四是对人的价值的假设。心理社会治疗模式相信每个人都有自己的价值和潜能，所以在个案介入的过程中社会工作者要鼓励并激发案主的潜能，从而促进其问题的解决。

心理社会治疗模式认为，每个人都生活在一个特定的社会环境中，会受到生理、心理、社会三个因素的影响。这三个因素的相互作用共同推动了个人的成长与发展。社会工作者运用“人在情境中”这个系统理论的概念，把案主置于其所生活的日常社会环境中去认识，在了解案主所处的社会环境的同时，更加准确、客观、全面地把握案主所面临的问题；运用支持、直接影响等治疗技巧，帮助案主正视自己的问题，增强其与人交往的信心，帮助其构建社会支持网络。

2. 理性情绪疗法

理性情绪疗法是认知疗法的一种。人们的情绪是由人的思维、人的信念所引起的，而不合理的信念往往使人们陷入情绪障碍之中。因此，这种疗法就是要以理性治疗非理性，帮助求治者以合理的思维方式代替不合理的思维方式，以合理的信念代替不合理的信念，从而最大限度地减少不合理的信念给情绪带来的不良影响，通过以改变认知为主的治疗方式，帮助求治者减少或消除已有的情绪障碍。理性情绪疗法的创立者美国心理学家埃利斯(Ellis A)认为，人的情绪和行为障碍不是由某一激发事件A(Activating event)直接引起的，而是由经受这一事件的个体对它不正确的认知和评价引发的信念B(Belief)，最后导致在特定情境中的情绪和行为后果C(Consequence)。对于丧亲青少年来说，丧亲是其负面情绪产生的刺激事件，最重要的是案主对于这些事件存有非合理性的认知，因而产生了一系列消极的情绪与哀伤反应。社会工作者要寻求合适的方法与服务对象不合理的认知进行辩驳，使其最终拥有合理的认知，能够以合理的角度去看待所面对的实际情况，从而顺利解决问题。

（二）方法运用

在G机构的8个丧亲青少年介入案例中，社会工作者尝试根据案主的实际情况与自身需求，有侧重地把心理社会治疗模式与理性情绪疗法结合在一起使用。

从微观角度来看，宣泄是心理社会治疗模式常用的治疗技巧之一。社会工作者通过倾听、积极回应、营造安全氛围等技巧，使案主渐渐愿意打开自己的心扉，有机会表达哀伤，宣泄长期被压抑的需求和情绪冲突，以便与案主共同深入探讨丧亲的痛苦经历。在案主宣泄内心矛盾和冲突之后，社会工作者与案主一起探讨其丧亲的整个不幸历程，探索挖掘案主的各方面情绪、感受与哀伤反应和行为，分析其内在逻辑和原因，并寻找转移注意力的方法，通过一些其他体验，如努力工作、关爱他人、对待困境如何面对等，来追寻意义。社会工作者在整个过程中持续性对案主给予支持与鼓励，并根据自身的专业知识和丰富的人生阅历，为案主提供一些参考性的建议。

人们应对和适应亲人死亡的能力存在巨大差异，其中最重要的是人们的信念。面对丧亲事件，青少年如何解读是产生相关情绪和行为的关键。研究显示，丧亲事件会掩盖人们对自我、关系、生命以及其他人生主题的积极认知，丧亲青少年的哀伤反应中的不合理认知与适应性不良的情绪和行为是紧密联系的。社会工作者通过运用理性情绪疗法进行社会工作干预，使丧亲青少年重构对自我、生命、关系、丧亲等方面的积极认知，从而使哀伤反应合理化。

在中观层面，社会工作者一方面积极发挥调和剂的作用，帮助丧亲青少年和健在养育者之间建立亲密的亲子关系，加强沟通，使双方分担苦痛，从而使哀伤情绪得到纾解；另一方面帮助丧亲青少年建立互助支持型的同辈群体小组，鼓励其积极参加活动，使其能够在与同辈群体的互动中获得相互学习的机会，学习调节情绪的技巧，尤其是和具有相同经历的青少年接触，可以提供有效的支持和减少孤独感。此外，社会工作者积极链接资源，整合家庭、学校、社区各方力量，帮助丧亲青少年构建完整的社会支持网络。

三、社会工作具体介入过程

（一）丧亲青少年哀伤反应的介入内容

社会工作者针对丧亲青少年哀伤反应的个案干预聚焦于案主的微观和中观表现层面，在促进其内在改变的同时寻求外部的支持。

1. 微观层面——内在的改变

（1）给予哀伤表达机会

丧亲青少年为了融入周围人群而选择隐藏或因为不相信死亡事实而选择逃避。这些心理会阻碍丧亲青少年哀伤表达。丧亲青少年需要决定何时何地向何人说，只有当他们感觉到在足够安全的场所里并且足够信任对方时才会倾诉。社会工作者的第一步是获得丧亲青少年的信任，这样才能为接下来的服务做好铺垫。

表达哀伤的需求与担心被周围人视为异类的恐惧、对自己生活的控制感是相关联的。丧亲打破了青少年控制自己生活的感觉，帮助青少年重新建立起对自己生活的控制感有利于其复原。社会工作者遵循案主自决原则，能够在一定程度上帮助其获得这种感觉。当丧亲青少年意识到自己重新拥有对生活的控制感时，表明他们相信自己拥有自助的能力。这时，社会工作者应将谈话的主动权交到案主的手中，让其掌控整个过程并能够做出决定。

社会工作者的积极倾听和案主自决充分给予案主表达哀伤的机会。他可以决定向社会工作者倾诉，不用担心别人的眼光，而且案主是会谈的主导者，他在不舒服的情况下可以随时结束，可以决定是否采纳社会工作者的建议。同时，社会工作者的专业知识和人生阅历也可赢得案主的信任，案主认为社会工作者可以提供一些有价值的参考性建议。

（2）合理化哀伤反应

个人应对和适应亲人死亡的能力无疑存在巨大的差异，其中的关键因素就是个人对此事的信念。面对丧亲事件，青少年如何解读是引发相关情绪和行为的关键。丧亲事件会掩盖人们对自我、关系、生命以及其他人生主题的积极认知，在8个案例中，案主都表现出不同程度、不同类型的消极认知，包括哀悼者对死亡情况的看法、对死者的感受和他们对自己的评价等。例如：

对生命意义的反思："她死了，我活着还有什么意义。"（C4）

对其他人："我不能表现出我很难过，不然他们会将我看作不一样的。"（C6）

罪恶："是她替我死的，都是我的错。"（C3）

对自己的致哀："我的反应和其他人不一样，我是有问题的人。"（C1、C8）

留恋丧失："我不能快乐，不然我觉得对不起他。"（C3）

这些非合理性认知是阻碍丧亲青少年复原的重要因素，社会工作者干预的重点是帮助其识别，与其探讨并重建积极合理的认知。同时，社会工作者运用认知行为技能知识减少案主与照顾者消极的自我对话，增加积极的自我对话和愉快的体验，是帮助案主重新获得控制感和希望的重要途径。

第一，运用理性情绪疗法，邀请案主参加ABC的讲座，使其理解压力事件、思想和感受之间的联系，让其思考用更"有用的想法"来取代消极的想法。第二，讨论这些思想如何导致无望无助、不堪重负和痛苦，引导案主注重对未来的希望，赋予其更有希望的想法。比如，"现在可能很糟糕，但其未来会变好"。鼓励案主通过以下方式挑战消极思想：认识到关于丧亲的不同感受，确定感受背后的思想，以积极的思想取代消极思想。当然，改变认知并非易事，社会工作者找出反驳的证据，循循善诱，与案主进行反复训练，不断帮助案主切换视角来考虑问题，使哀伤反应合理化。

识别、重建丧亲青少年的认知是一件困难的事情，有时候可能会出现倒退、反复的情况。社会工作者采用多种方式来支持这种治疗，核心就是引导丧亲青少年学会从不同角度看待丧亲事件，使他们对世界的理解多样化。用不同的方式看待问题有时候不会立马改变不合理的看法，但是学习用不同的方式思考问题可以找到某种平衡。

（3）追寻意义

至亲至爱的死亡总会让人直面生命的脆弱和短暂，尤其是对于首次面对亲人死亡的人来说,这种对生命逝去的恐惧和困惑或许更多。人与人之间建立起来的关系使人具有联结感,亲人离世破坏了这种联结感,常常让人们觉得生活失去了意义和目标。社会工作者干预的重点是引导案主将对哀伤的关注转变成对事件过程的关注,以期在过程中找到意义,使其明白丧亲事件无法改变,但是可以选择如何面对。社会工作者可尝试引导案主关注在哀伤时能做些什么,如何减轻痛苦,思考、选择何种方式和行为会带来何种不同的结果等,使其了解这种思考、尝试和选择本身就是独特的意义,可以追寻,以此提高案主的自我效能感。

此外,社会工作者还会通过询问案主过去遇到困境时如何对待,对待困境的不同态度取得了什么样的效果,有没有哪种态度让他有成就感,引导其思考并积极地渡过难关。这种对于积极的态度的讨论能够增强其自我效能感,同时能够思考如何面对当下的哀伤。当然,这种对意义的追寻也可以通过努力工作、关爱他人等一些意义的体验去获得。

(4) 转移注意力

双重应对模式(DPM)认为,“让自己忙碌”起来,如学习、运动,能够缓解哀伤。已有研究发现,处理丧亲哀伤涉及短暂性逃离,有助于适应丧亲后的生活,社会工作者干预的重点是帮助案主挖掘出可以转移注意力的事情(Clute M A and Kobayashi R, 2013)。比如,邀请案主在空闲时当社会工作者的志愿者,从而转移注意力,更了解社会工作者并从工作中收获正能量;鼓励案主连续一周记录每一天的哀伤程度并在个案会谈时讨论,向案主说明这种多变的哀伤反应是正常的,从哀伤到复原的过程便是如此,允许自己哀伤,但同时也要允许自己有时将哀伤搁置。通过讨论,与案主一起制订计划,多做一些缓解哀伤情绪的事情;提前与案主共同梳理因丧亲感到特别痛苦的情境,如家庭聚会、丧亲生日忌日等,一起讨论在这种情况下应如何面对;采取一系列措施来应对未来可能出现的困难,通过预先安排并帮助案主做好准备,以规避事情发生时案主可能会出现的问题,相对从容地去应对挑战。

2. 中观层面——外在的支持

(1) 修复亲子关系

父/母去世,不仅破坏了家庭中原来的依恋关系,而且会影响案主与健在养育者的亲子关系,导致丧亲青少年缺乏安全感,有的会造成二次伤害。如果与健在养育者的关系不亲密,那么这些青少年还会产生“被抛弃”的忧虑。有部分丧亲青少年对逝者的死亡现实采取回避的应对方式,这样便会被困于恐惧和焦虑之中,进而对生活的意义失去信心。社会工作者干预的重点是帮助丧亲青少年及其健在养育者建立亲密的亲子关系,缓和双方的紧张状态,增进亲子间交流,制定新的家庭规则,开展积极的家庭活动,改善家庭内部支持系统,缓解双方的哀伤情绪。

(2) 加强亲子沟通,分担痛苦

家人彼此分担痛苦可以建立起更牢固的关系,增强家庭的凝聚力。针对丧亲青少年不愿意向家人倾诉自己的痛苦、不想增加家人负担的情况，社会工作者选择邀请丧亲青少年的家人了解他们的伤痛和彼此为对方着想、关心对方的心情，鼓励他们携手渡过难关，一起好好生活下去。

有时候，双方不谈论丧亲事件是因为担心自己无法应对对方的反应，害怕不能及时处理而引发更糟糕的后果。对此，社会工作者向青少年及其家人传授沟通技巧，同时交流各自的感受，鼓励双方做出积极的回应，并且鼓励采用创造性方法。例如，在C6个案中，案主与父亲以篮球为媒介，加强了父子之间的沟通。在丧亲事件后，亲子运动便停止了，社会工作者运用篮球活动这一沟通方式，使双方不必通过语言交流就能体会到彼此陪伴、共同分担的感受，有了充分的沟通与关心，从而使案主与父亲的关系更加紧密。

（3）同辈的助力

支持性的同伴关系可以对青少年产生显著的积极影响（Andrews C R and Marotta S A，2005），帮助案主建立互助支持网络，促进案主身心健康成长，缓解哀伤反应，一定程度上弥补丧亲带来的家庭支持的不足。社会工作者干预的重点是帮助丧亲青少年找到互助支持型的同辈群体，构建同辈支持网络，使其能够在同辈群体的互动中获得相互学习的机会。丧亲青少年学习调节情绪的技巧，尤其是和具有相同经历的青少年的接触，可以获得有效的支持，减轻孤独感。虽然有些案主表现出对周围人或身边伙伴关心的排斥，但是其内心深处也期待被关心、重视，希望获得帮助。社会工作者同时鼓励案主积极参加学校、社区、社会等举办的各类活动，展现自己的特长，增加与同辈群体交往的机会，在收获友谊、鼓励和支持的同时也收获自信。

（4）家校社联动

家庭和学校是青少年成长的重要环境。丧亲青少年不仅需要在家里获得安全和被照顾，而且需要在学校里获得支持。学校作为青少年活动的重要场所，有机会为丧亲青少年提供一个安全的环境，教师的角色至关重要。教师是父母角色在家庭以外的延伸，对青少年有详细而深入的了解。对于青少年来说，教师也是一个潜在的资源，是影响深远的重要人物，能够在青少年遇到困难时给予一定程度的支持和鼓励。大多数教师愿意承担这一责任，帮助班上遭遇困难的学生。

社会工作者鼓励家人与教师建立一种伙伴关系，为青少年提供一种额外的资源。一方面，社会工作者可以开辟家长和教师之间的沟通渠道，以共享青少年在家或在学校时的表现；另一方面，当社会工作者离开的时候，可以发挥家校联动的作用，巩固干预效果。当然需要对能在学校里为青少年提供支持的教师进行一定的筛选。社会工作者不仅是服务的提供者，也是资源链接者，家校社的联动整合了丧亲青少年可以利用的资源。但是这种资源是否可以运用，需要得到青少年和教师的同意，并需要对此进行科学评估，以避免引发其他难以预料的问题。

（二）丧亲青少年哀伤反应的干预成效

我们对上述个案的哀伤反应干预成效的分析主要通过个案记录和社会工作者自述来进行，个案服务效果主要体现在积极认知的重构和多方支持网络的建立两个方面。

1. 重构积极认知

丧亲青少年哀伤反应中的非合理性认知与适应性不良的情绪和行为紧密相连。为了适应丧亲这一现实，丧亲青少年需要保持一种对自我、生命、关系等更为积极、有益的观点，通过社会工作者的干预，实现从消极认知到积极认知的改变。

（1）对自我的看法

丧亲青少年如何解读自己对丧亲事件的感受和想法，将会引发不同的哀伤反应。在干预前，有些案主不愿意承认自己的哀伤，或者不能合理看待自己的哀伤反应。经过社会工作者的干预，案主能够做到承认哀伤并顺利地表达，愿意与社会工作者一道探讨自己的感受，并且理解"每个人都是独立的个体，哀伤反应的强度、表现、频率都不同"，接纳并合理看待自己与他人不同的哀伤反应。

（2）对关系的看法

丧亲破坏了青少年和死者的依恋关系，同时影响与周围人的关系。正确看待与逝者的关系和与他人的关系是案主适应丧亲现实的重要因素。社会工作者针对不同的案主可以运用不同的技术，帮助其处理与死者的关系。在个案C4中，社会工作者运用空椅子技术，帮助案主处理了与母亲未完成的告别；在个案C1中，社会工作者帮助案主梳理出一天中哀伤反应程度情况，探讨案主可以通过制作与母亲拥有共同回忆的纪念册来纪念母亲，在这个过程中案主可以获得平静。

（3）对生命的看法

丧亲让青少年直面死亡，对生命和死亡的深刻认识，加深了其对生活的理解。通过确立生活目标，保持积极正向的生活方式，案主可以体验更有意义的生活。有关研究表明，生活目的与较弱的丧亲影响相关。在C4个案中，案主通过参加活动获得正向体验，在自己擅长的领域内的表现得到了大家的赞扬，提高了自我效能感，并且明确了今后努力的方向。寻到明确的生活目标，会增进其对未来的期待，能有效缓解哀伤情绪。

同时，丧亲青少年在体会到生命的脆弱和无常后，尊重生命，每一天都过得更加充实和快乐。在社会工作者的记录中，案主表示自己会制定计划，并参加时间管理培训，规划时间，确定哪些是优先要做的事情，珍惜生命，享受生活，保持积极的生活方式，让每一天都过得有意义。

（4）对丧亲的看法

丧亲的结果无法改变，但是选择何种态度对待则是可控的。社会工作者应该引导案主关注哀伤过程中能够做的事，而非结果，以此来说明选择本身的意义，进而共同探讨出更温和、恰当的方式尝试处理问题，而非快速、完全摆脱哀伤情绪。

同时，社会工作者还应该引导丧亲青少年不要一味关注不利影响，而要随着时间推移和自我调整，学会换个角度思考问题，使自己收获面对一切挑战的勇气和应对挫折的能力，变得更加勇敢、坚强。

此外，案主会寻找丧亲的原因，社会工作者帮助案主探寻合理的理由解释事件发生的原因，避免案主陷入深深的自我怀疑和混乱之中，沉浸于痛苦之中无法自拔。社会工作者要引导案主获得内心的平静，正确应对哀伤，逐步适应失亲的正常生活。

2. 建立多方支持网络

丧亲青少年消极哀伤反应与外部支持不足之间的关系密切，案主需要各方支持以帮助排解哀伤。

（1）家庭支持

家庭强有力的支持是案主应对哀伤反应的重要支持元素。家人的支持主要体现在积极应对哀伤的方式与对案主的积极照料上。一方面，社会工作者通过干预，帮助健在照顾者缓解哀伤情绪，习得放松训练、冥想等应对哀伤的技巧，并通过会谈与活动来调解亲子关系，使家人都抱着积极应对哀伤的心态，并尝试积极应对行为，促进案主在家庭内部正向地表达哀伤，促进亲子间的情感交流，传达正向的情绪，相互鼓励，共同扶持，走出丧亲阴霾。另一方面，社会工作者鼓励健在照顾者对案主进行积极的照料，运用家庭正向沟通与关怀的方式，传达更直接的心意，从而给青少年带去安全感。

（2）同辈支持

社会工作者鼓励案主向亲密朋友倾诉，寻求慰藉，与其讨论生死观的话题，讨论彼此共同的回忆。如果案主没有可以深入谈论问题的朋友，社会工作者就鼓励其多多参加各类活动找到亲密朋友，或参加丧亲同辈支持小组。有共同经历的青少年坐在一起谈心和进行活动，会更有同感，进而缓解案主的孤独感，在这个过程中给予彼此力量，获得支持，案主也在这一过程中满足苦楚倾诉和情感宣泄的需求，并可能由此习得其他同伴有效应对哀伤的技巧。

（3）社会工作者支持

社会工作者本身是服务的提供者，为遭遇丧亲困扰的青少年提供帮助，运用积极倾听等技巧和专业知识，帮助案主识别不合理的认知，追寻应对哀伤过程的意义，学习应对哀伤的技巧。社会工作者同时也是资源链接者，可以帮助丧亲青少年链接可利用的资源。丧亲青少年的哀伤反应不仅源于自身的哀伤体验，而且受到家庭、同辈、学校、社区等方面的影响。社会工作者帮助案主修复亲子关系，加强亲子沟通，共同分担痛苦，构建同伴支持网络，促进家校社联动，链接可利用的资源，帮助丧亲青少年走出哀伤。

（4）社交网络的支持

社交网络（如微信、微博）已成为青少年沟通的重要方式，社交网络为青少年提供了表达哀伤感受和寻求支持的平台。中国人在现实生活中通常不轻易谈论死亡。而互联网虚拟世界为青少年提供了抒发平常难以言说的苦痛的平台，可以记录心情、纪念逝者；也提供更多应对丧亲哀伤情绪的途径，获取有共同经历的人或他人应对哀伤的经验。

四、社会工作服务专业反思

（一）干预成效的反思

1. 个案干预效果具有差异性

影响个案干预效果的因素主要有两个方面：一是干预过程中有关人员的配合度，比如个案C4中案主与父亲双方抗拒交流，阻碍干预进程。二是社会工作者个人能力与专业素养有所差异。帮助丧亲者从哀伤到复原，对社会工作者来说挑战巨大，社会工作者需要具有过硬的专业能力并不断学习、内化、提高，才能为案主提供更高效且高质量的服务。例如，个案C8中，社会工作者SW4与案主针对非合理性认知进行讨论却未取得很好的效果，而在个案C1中，社会工作者SW1借助具体情境举例讨论并进行对弈，效果更佳。这与社会工作者的学习背景、接受的专业培训、工作年限等有很大关系。为了取得更好的干预效果，社会工作者需要不断学习、应对与哀伤相关的社会工作理论，同时需要把理论与实务相结合，这对社会工作者的个人能力与专业素养提出了更高要求。社会工作者需了解生命与死亡的发展过程，了解青少年群体本身特征与发展特点，更好地与青少年建立专业关系，同时需要了解丧亲青少年哀伤反应的特点及其出现不同类型反应的原因，这样在实务过程中才能对症下药。

2. 干预成效缺乏科学证据

G机构在评估8个案例实践成效时，主要通过观察法和访谈法，缺少测量方法的运用，在效果呈现上缺少科学证据，这是现有个案干预普遍存在的问题。这主要是因为社会工作者缺乏此方面的意识，更注重实务性操作，较少运用相关量表。因此，社会工作者不仅是一位实务工作者，还是一位研究者，需要将这两种角色相结合，并在实务开展之前就具备关于评估方面的考量与设计，在实务中不断进行调整，从而激发和提高自身与团队的专业能力。此外，评估在实际操作中困难重重，所以针对这种情况，社会工作者在设计干预方案时就应进行更加全面的考虑，以防止对成效的诟病。

3. 个案干预的针对性不足

丧亲青少年哀伤反应既有共性也有个性。在对8个丧亲青少年哀伤反应的干预实践中，我们并未划分不同的类型，针对性也不明显。这是因为案主在认知、情绪、行为表现上具有高度重合的特征，但通过研究发现，丧亲青少年哀伤反应还是有所差异的。目前社会工作者个案干预实践主要着眼于非合理认知的改变和支持系统的建立，较少关注关于情绪表达和促进积极应对行为方面的实践。因此，我们需要对干预方案做进一步的优化，针对个案的具体情况设计更有针对性的方案，解决不同类型丧亲青少年的哀伤反应问题，使干预更完善，从而取得更好的效果。

4. 个案干预的持续性不足

个案干预持续性不足主要体现在两个方面。一是当前社会工作服务主要依赖政府购买，需要在有限的时间内提供服务，如果超过购买期限，社会工作者的干预就很难继续下去，缺乏相应的资金和人力支持，将会阻碍干预积极成效的发挥。二是在社会工作者退出后，可能会出现问题的反复，虽然在社会工作者干预期间案主的哀伤情绪得到有效缓解，但当其在日常生活中遇到突发情况时，之前的问题很可能会再次出现。因此，个案干预的持续性是社会工作者需要解决的问题，需要寻求有效的途径以保持干预的持续性，预防旧问题的反复和新问题的出现，以巩固干预的效果。

（二）干预策略的反思

1. 寻找关键人物

关键人物有两层含义：一是在干预丧亲青少年哀伤反应时，并非只关注丧亲青少年本身就能解决所有问题。有时可能因家庭其他成员沉浸于哀伤情绪中，对哀伤的消极应对导致丧亲青少年问题更复杂。因此，社会工作者需要寻找关键人物，例如个案 C8 中案主对自己哀伤反应的羞耻感主要来自母亲的责备，那么社会工作者在正式干预前就需了解案主母亲的情况。二是指对丧亲青少年有重要影响、有利于促进其积极改变的重要他人。在个案 C6 中，案主认为如果表现出悲伤，就会被周围的人异样看待。于是社会工作者找到给予案主支持性回应的朋友，反驳其不合理认知。在个案 C1 中，有相同经历的教师作为关键人物，也对案主提供诸多帮助。关键人物对于干预来说是成功的一半，一能挖掘问题的根源所在，二能提供支持案主的重要力量。

2. 讨论具体情境

丧亲青少年哀伤问题复杂，有效的个案干预并非让案主立刻变得完全不痛苦或立刻开朗起来。干预能给青少年带来对问题的新的觉察、思考，这不仅需要社会工作者对不合理认知进行讨论，还需要跟随案主的轨迹进行情绪方面的体验。感觉和关系都是非常抽象的概念，单纯探讨产生的效果非常有限，社会工作者可以就某些具体情境与案主进行具象化讨论。例如，在个案 C8 中，社会工作者只讲解 ABC 理论，使案主了解产生不合理认知的原因，但很难一蹴而就。而在个案 C1 中，社会工作者通过让案主记录出现哀伤强度不同的情境并讨论，可以更直观地感受出现这些情况的原因、不同情境中都是什么在发挥作用，以及作用物的适用性如何等,这种对具体情境的讨论效果更加显著。

3. 使用合适的媒介

与丧亲青少年直接谈论丧亲并非易事,需要借助某些媒介。媒介的选择需要基于案主的兴趣,而非生硬强加。对于丧亲青少年来说,有时用语言描述自己的感受十分困难,通过媒介则能够使讨论与干预顺利进行。在个案 C2 中,社会工作者发现案主热爱阅读,就请案主与俱乐部成员一起探讨书中的故事,了解书中的主人公如何应对丧失。图书可让案主与其自身经历保持一定距离,从新视角解读自身经历。

4. 抓住改变的时机

抓住案主改变的时机对于干预作用的发挥至关重要。因此,社会工作者需要不断培养案主对于时机的把控能力,才能在合适时机采取合适的干预方式。在个案 C4 中,社会工作者原先的干预计划是调和父女关系以巩固家庭凝聚力,该计划遭到案主的强烈反对,好不容易建立的专业关系变得岌岌可危。于是社会工作者及时转变了思路,才让干预继续进行下去。在个案 C3 中,社会工作者察觉到案主对老师的意见十分重视,于是询问案主能否邀请老师一起交谈。当案主犹豫时,社会工作者并未紧迫追击,而是给案主留出时间思考,以免案主产生过多压力而退缩,最后促成了家长、老师和社会工作者的会谈。当看到案主有改变的意向时,社会工作者就需要抓住时机以做出合适的应对。

（三）干预方案的反思

通过对 G 机构 8 个丧亲青少年案例的分析,我们发现需对干预方案做进一步的优化。优化方案的干预应分为两个阶段:第一阶段,社会工作者作为专业人员,拥有专业知识和技巧,提供整合连贯的专业服务。社会工作者运用哀伤相关理论与实务策略介入青少年的行为,帮助其缓解哀伤情绪,促进其身心健康发展。同时,社会工作者作为资源链接者,能够减少案主及其家庭在寻求资源中所耗费的时间和精力,帮助丧亲青少年链接可利用的资源,共同支持丧亲青少年度过哀伤。第二阶段,由重要他人作为干预的执行者和资源整合者,从而保持干预的一致性与连贯性,避免因社会工作者逐渐退出而出现的案主反复、回退的情况。同时,重要他人对于青少年的情况比较了解,能够很好地将策略应用于与案主相处的日常生活中,了解其生活中不断发生的变化,也能够更好地评估干预效果,防止问题反复出现,真正做到持久有效地进行干预。但是这对重要他人的要求很高,需要其不断学习反思,并且需要高度的耐心和精力且有挑战性。两个阶段运作模式如图12 -案- 1 和图 12 -案- 2 所示。而介入的优化方案主要分为建立照料者与青少年之间积极的关系、积极重构认知、情绪表达、促进积极应对等四个方面,分别从家长与青少年两个方面入手,具体方案详见表 12 -案- 3。

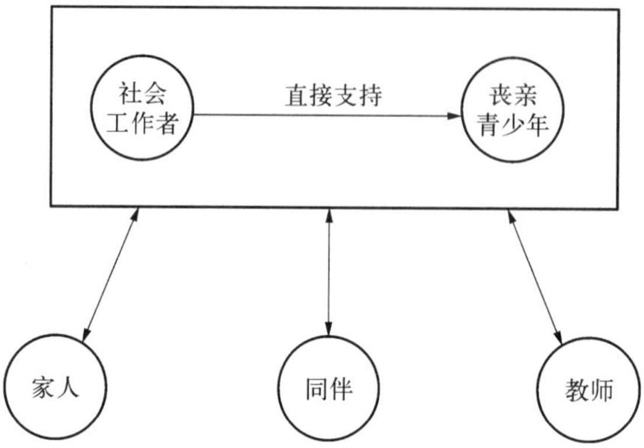

图 12 -案- 1　干预的第一阶段

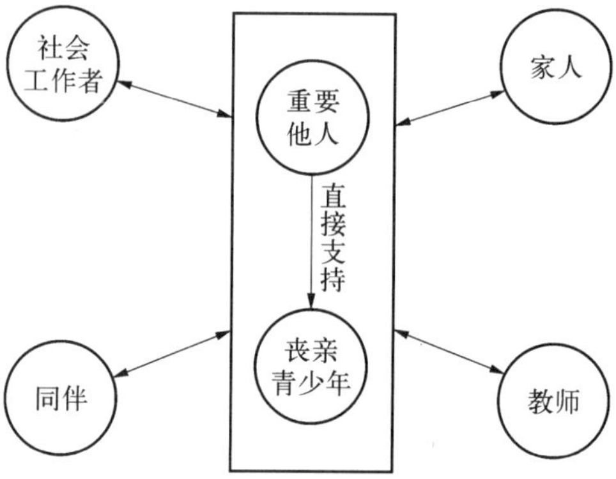

图 12 -案- 2　干预的第二阶段

表 12 -案- 3　丧亲青少年哀伤反应的介入方案

<table>
<tr><th>干　预</th><th>家　长</th><th>青　少　年</th></tr>
<tr><td rowspan="2">建立照料者与青少年之间积极的关系</td><td colspan="2">学习聆听技巧；
学习表达技巧(使用以“我”的信息表达自己感受)；
家庭活动时间；
区分“大人”和“孩子”不同的责任，避免因承担过多责任带来问题</td></tr>
<tr><td>使用积极的语言增强青少年应对困难的信心</td><td>用拥抱等行为表达对家长的关心</td></tr>
<tr><td>积极重构认知</td><td colspan="2">教导压力事件、认知和感受之间的联系；
注入对未来的希望，并考虑优化现状的可能性；
以积极的想法代替消极的想法</td></tr>
<tr><td rowspan="2">情绪表达</td><td colspan="2">在一个安全支持的环境中提供机会，讨论和宣泄与哀伤有关的感受，包括处理愤怒、绝望等情绪</td></tr>
<tr><td>避免将孩子作为“出气筒”</td><td>由青少年控制向谁表达和表达的深度</td></tr>
<tr><td rowspan="2">促进积极应对</td><td colspan="2">设定预计要达到的目标(如向健在照顾者表达感受)；
运用学习的技巧来实现；
定期审查目标的完成情况；
评估最有效的手段</td></tr>
<tr><td>肯定孩子为完成目标而做的努力，协助孩子制定解决问题的方案，以培养其对生活的把控能力</td><td>学习评估生活压力的过程，将最优的方案与具有相同经历的人分享，形成可复制的经验</td></tr>
</table>

参考文献

[1] 徐洁，张日昇. 丧亲对青少年心理影响的质性研究[J]. 教育学术月刊，2011(10)：18 - 21.

[2] 刘世宏，李丹，徐晓滢. 丧失事件与青少年生命认知的相关研究[J]. 苏州大学学报(教育科

学版),2014,2(1):83-92.

[3] BALK D. Adolescent development and bereavement: an introduction. (Report)[J]. Prevention Researcher, 2011, 18(3): 3-9.

[4] APPEL C W, JOHANSEN C, DELTOUR I, et al. Early parental death and risk of hospitalization for affective disorder in adulthood[J]. Epidemiology, 2013, 24(4): 608-615.

[5] HOFFMANN W A, MYBURGH C, POGGENPOEL M. The lived experiences of late-adolescent female suicide survivors: "a part of me died"[J]. Health Sa Gesondheid, 2010, 15(1): 1-9.

[6] 张学伟. 地震对丧亲青少年的心理影响及其心理援助[J]. 西南交通大学学报(社会科学版),2009,10(2):20-24.

[7] HOLLAND J. How schools can support children who experience loss and death[J]. British Journal of Guidance & Counselling, 2008, 36(4): 411-424.

[8] BARTIK W, MAPLE M, EDWARDS H, et al. Adolescent survivors after suicide: Australian young people's bereavement narratives[J]. Crisis, 2013, 34(3): 211-217.

[9] DYREGROV A, YULE W, YULE B. Grief in children: a handbook for adults[M]. Jessica Kingsley, 2008.

[10] PITMAN A L, OSBORN D P J, RANTELL K, et al. Bereavement by suicide as a risk factor for suicide attempt: a cross-sectional national UK-wide study of 3432 young bereaved adults [J]. Bmj Open, 2016, 6(1): e009948.

[11] 张文文. 丧亲大学生延长哀伤状况及其哀伤辅导研究[D]. 上海:上海师范大学,2015.

[12] BERG L, ROSTILA M, SAARELA J, et al. Parental death during childhood and subsequent school performance[J]. Pediatrics, 2014, 133(4): 682-689.

[13] BRENT D, MELHEM N, DONOHOE M B, et al. The incidence and course of depression in bereaved youth 21 months after the loss of a parent to suicide, accident, or sudden natural death [J]. American Journal of Psychiatry, 2009, 166(7): 786-794.

[14] BALK D E. Dealing with dying, death, and grief during adolescence[M]. New York: Routledge, 2014.

[15] HEFFEL C J, RIGGS S A, RUIZ J M, et al. The aftermath of a suicide cluster in the age of online social networking: a qualitative analysis of adolescent grief reactions[J]. Contemporary School Psychology, 2015, 19(4): 286-299.

[16] CLUTE M A, KOBAYASHI R. Are children's grief camps effective? [J]. Journal of Social Work in End-of-Life & Palliative Care, 2013, 9(1): 43-57.

[17] ANDREWS C R, MAROTTA S A. Spirituality and coping among grieving children: a preliminary study[J]. Counseling & Values, 2005, 50(1): 8-50.

第十三章 老年社会工作

人口老龄化是当今许多国家都面临的社会现象，对此，不少国家提出了“健康的老龄化”口号。为了达到“健康的老龄化”这个目标，除了政府的福利政策制定和福利事业投入以及老年人自身的努力和争取之外，各相关社会组织还应该为老年人健康的、科学的晚年生活提供多样和有效的服务。从海外的经验来看，老年社会工作就是其中一种有效的服务活动，老年社会工作队伍是一支重要的服务力量。

一、老年社会工作的含义和内容

随着人口老龄化状况的加剧，老年社会工作越来越显示出它的价值和重要性。

（一）老年社会工作界定

1. 老年人年龄划分的标准

按照国际惯例，通常衡量一个国家、地区是否进入老龄化社会的标准是该国家、该地区60岁及以上的人口数量占总人口数量的比例是否达到了10%，或者65岁及以上人口数量占总人口数量的比例是否达到了7%。从生理学角度考察，年龄达到60岁的个体的各种生理功能以及神经、消化、泌尿、循环、呼吸、免疫和骨骼等系统都发生了不同程度的退行性变化。

2. 老龄化和老龄问题

随着人口再生产模式向“低出生率、低死亡率、低增长率”转移，适龄生育人口的生育观念的变化，经济发展带来的社会保障、医疗条件、卫生条件、营养状况和生活水平的提高，人口平均预期寿命的普遍延长等，近50年来，发达国家先后成为老年型国家，而斯堪的纳维亚半岛上的北欧国家和一些西欧国家的人口老龄化问题更加严重。进入20世纪以来，发展中国家也逐渐步入了人口老龄化的阶段。以中国为例，一些经济比较发达的省份和城市，如上海、北京、广州、浙江、江苏等先后在20世纪70年代末至80年代中后期步入老年型城市的行列。由此，老年人服务已愈来愈成为当今社会运转过程中一个重要的环节。

3. 老年社会工作的基本定义

老年社会工作就是因应老年问题而产生的一种专业服务活动。它是指受专业训练的社会工作者在专业价值理念的指导下，充分运用社会工作的理论和方法，为在生活中遭受各种困难而暂时丧失社会功能的老年人解决问题，帮助他们摆脱困境。

追根究底，比较专业地为老年人服务的工作最早可以追溯到20世纪初。当时英国颁布的养老金制度、1935年美国历史上著名的《社会安全法案》、20世纪40年代英国发布的《贝弗里奇报告》等，都以法律的形式规定了老年人的权利和义务以及政府和社会应该承担的为老年人服务的责任。不过，老年社会工作的蓬勃发展则是在第二次世界大战以后。直至今日，老年社会工作的重要性不仅体现在补救性和预防性功能上，而且也越来越表现在诸如挖掘老年人的潜能、协助老年人体现晚年人生价值、倡导老年人互助等发展性的功能。

（二）老年社会工作的内容

老年社会工作涉及两大方面，一是老年人困难的帮助，二是老年人发展需要的服务。前者主要包括经济生活困难、日常生活照顾困难、机体健康方面的困难、家庭夫妻关系或代际关系处理困难等的协助解决。在这一方面，社会工作者帮助老年人寻找资源、争取权益，也可以通过个案辅导的方法帮助老年人改善认知、纠正行为，更可以通过家庭治疗和家庭服务来改善产生老年人问题的家庭环境。

许多老年人在退休以后都会产生一些新的需要，如受教育的需要、人际交往的需要、参加志愿者服务的需要、科学地充实闲暇生活的需要等等。社会工作者可以运用小组工作的方法、大型社区活动的方法、志愿者活动的方法等，为老年人各种发展需要的满足提供适切的服务。

二、老年社会工作基本理论

（一）活动理论

活动理论认为：

1. 活动水平高的老年人比活动水平低的老年人更易对生活感到满意，更能够适应社会。

2. 老年人应尽可能长久地保持中年人的生活方式，从而将自身与社会的差距缩小到最低限度。

活动理论对老年社会工作的意义在于，无论是从医学和生物学的角度来看，还是从日常生活中的观察来看，“用进废退”基本上是生物界的一个规律。因此，社会工作者不仅要在态度和价值取向上鼓励老年人积极参与力所能及的一切社会活动，而且要为老年人的社会参与提供更多的机会和条件。

不过，也有人对于活动理论提出一些疑问：第一，怎样界定活动？退休以后在家并不参加社区活动而只是在家种花养鸟或者习字绘画，这是不是活动？第二，除了活动因素外，晚年生活的满意与否和经济收入、生活方式、家庭关系、机体健康等因素有关吗？第三，一味强调活动是否忽视了老年人的个性因素？由此，一些研究者提出应重视个性因素在衰老过程中的重要作用。

（二）社会损害理论和社会重建理论

社会损害理论着重讨论的是，有时老年人的一些正常的情绪反应会被他人视为病兆而做出过分的应对，从而给老年人的自我认知带来损害。例如，患老年病的老年人询问子女自己是否应该搬过去与其同住。这种询问就很可能被子女视为老年人无能力再做出任何决定，从此凡事处处替老年人做决定。这种关心久而久之就会对老年人产生一种消极暗示，让老年人觉得自己的确缺乏能力而把一切决定权都交给子女。也就是说，接受消极暗示的老年人随后会进入消极和依赖的情绪中，丧失原先的独立自主能力。现实生活中有太多的案例证实，对老年人过分关心会导致他们认为自己无用，从而对他们的身心带来损害。这一理论对老年社会工作者具有深刻的启示意义，有些所谓老年人问题大多是被外界标定的结果，也是老年人自己受消极暗示所产生的连锁反应。因此，在帮助老年人的过程中，社会工作者不仅要切实地帮助他们解决实际问题，还要帮助他们增强信心和提升能力。

社会重建理论意在改变老年人的生存环境，以帮助老年人重建自信心。社会重建理论的基本模式是：第一阶段，让老年人了解社会上现存的对老年人的偏见及错误观念。第二阶段，改善老年人的生活环境，通过政府资助的服务来解决老年人的住房、医疗、贫困等问题。第三阶段，鼓励老年人制定自我计划、自我决定，增强老年人解决自我问题的能力。

（三）社会化理论

许多传统理论认为，人进入了老年期应该以享受为生活目标而不再需要社会化了，传统社会的老年人具有天然的权威性，他只对别人施行教化，而自己则不存在社会化的问题。然而，现代社会发展证明，老年人仍然需要继续社会化，主要在于角色的转换，这种转换及影响表现如下：

1. 劳动角色转换为供养角色，容易使老年人产生经济危机感。

2. 决策角色转换为被照顾者角色（在家庭中，由“家长”角色转换为被动接受照顾的角色），它容易使老年人产生“被抛弃感”和寂寞感。

3. 工具角色转换为情感角色。工具角色是指人们肩负着一定的社会公职，在社会政治、经济、文化领域中占据着主体地位，他们所扮演的角色是为了某种特殊的目的，如职业中的角色。情感角色是为满足身心需求的角色，比如家庭中父母、子女间的角色。这样的角色转换使老年人常常碰到性别角色模糊问题以及老年夫妻之间的冲突。

4. 父母角色转换为祖父母角色。

除了角色转换外，老年人还将遭遇多重“突然失去”的威胁，如子女情感支持的突然失去（子女成家分居，老年人成为“空巢”老年人）、健全身体的突然失去（疾病并可能面临肢残或死亡）、配偶的突然失去（丧偶并带来心理上的问题）。对老年人而言，这一切问题都需要通过继续社会化、提高修养和不断自我调整予以解决。

三、老年社会工作方法

除了个案、小组和社区工作外，整合的社会工作方法和老年个案管理等在最近十几年里也迅速发展。

（一）老年个案工作

1. 老年个案工作的定义和性质

所谓老年个案工作就是指社会工作者在专业价值观的指导下，运用专业的知识和技巧为老年人及其家庭提供物质或情感方面的帮助和支持，使当事人减轻压力、解决问题和达到良好的状态。

由此，我们可以发现老年个案工作的一些基本性质：

（1）老年个案工作的提供者是受过专业训练的人员，运用社会工作的理念、方法和技巧为老年人提供支持和服务。因此，它区别于一般的社会公益活动和志愿者服务。

（2）老年个案工作的服务对象是需要帮助的老年人及其家庭。

（3）老年个案工作的终极目标是增进老年人的社会福利，最终达到助人自助。

（4）老年个案工作实现助人自助终极目标时，面临着更大的挑战。这是因为社会、家庭和老年人自身对老年的认识都存在着误区。就社会而言，人们普遍认为，老年是“退出社会”的代名词，因此在观念上往往视老年人为家庭和社区的负担，对老年人的价值视而不见，却片面夸大其劣势；就老年人而言，他们退出工作岗位之后，与社会的联系逐渐减少，同时某些能力也不可避免地随着年龄的增加而变弱，从而导致一部分老年人认为自己只能消极地适应社会，甚至抱着“等死”的心态来打发时光。因此，老年个案工作的一个重要作用，就是要纠正这一错误认识，通过组织、宣传等方式改变社会与家庭对老年人的片面看法，同时在协助老年当事人工作的过程中，使老年人感受到他们仍然可以改变自己和改变周围的环境，是有价值的。

2. 老年个案工作介入的内容

（1）协助老年案主认识和接受老年；

（2）帮助老年案主重新整合生活的意义，从而使老年人产生积极的感受；

（3）改善老年人与家人的关系，解决相处中遇到的问题；

（4）支持老年人积极参与社区活动，使其晚年生活更加充实；

（5）为老年人争取权益，寻找各种社会资源；

（6）帮助老年人制定科学、健康的晚年生活计划，积极应对人生晚年期各种“生活事件”（如丧偶、重病、空巢家庭等）；

（7）辅导老年人正确认识死亡和接受死亡的来临，减少愤怒和恐惧等消极情绪。

3. 老年个案工作的基本技巧

（1）会谈技巧

老年个案工作会谈是指工作人员与老年案主相互接受有特定目标的一种专业性谈话。在这个过程中，双方交换观念、表明态度、分享情感、交流经验，老年案主向工作人员袒露心声，工作人员向老年案主表达愿意协助的态度，并借此收集有用资料，同时向案主传递一种新的观念、希望、支持、信心，以提升老年案主的能力。常用的会谈技巧有：

- 专注。专注是工作人员对老年案主的语言、情绪、心理的高度关注。这种专注，既有非语言的肢体专注表达（如工作人员要面向案主，面部表情要松弛，手势要自然，眼神亲切，身体适当前倾，等等），又有非语言的心理专注表达（如倾听案主的说话，观察案主的手势、神态、身体动作及语气语调，揣摩案主的心理以及体会案主话语的“言外之意”）。
- 真诚。工作人员的真诚有助于与案主建立专业关系。真诚地表示愿意协助的态度，不用专业的权威吓人，可以有效减轻案主的自我防御。
- 同理心。同理心是指工作人员对老年案主的一种“感同身受”和理解。同理心有高低之分。低层次的同理心仅仅表明工作人员只是进入案主的表层内心世界，并把对案主的感觉与理解进行一定的表达。而高层次的同理心则是在良好的专业关系的基础上，工作人员尝试运用专业的力量影响案主，引导案主从更客观的角度看待自己的问题，同时能够明察潜在的、隐含的或表露不足的部分，并对此进行有效的沟通。

（2）辅导技巧

怀旧。它是指让老年人回顾过往生活中最重要、最难忘的时刻，从回顾中让老年人重新体验快乐、成就、尊严等多种有利于身心健康的情绪，帮助老年人找回自尊和荣耀的一种工作手法。

生命回顾。它是指通过生动地缅怀过去成功或失败的经历,让老年人重建完整的自我的一种工作手法。生命回顾不同于怀旧,前者是对整个人生的回顾,而不只是回顾生命中最重要的事件和时刻。这种技巧的目的是依靠老年案主的内省重新体味人生的价值和意义。

运用生命回顾的老年个案辅导技巧时,社会工作者要注意以下几点:第一,建立相互信任的工作关系。第二,鼓励老年案主诉说往事,初期可聚焦于较愉快的人生经历,然后再慢慢过渡到较为消沉的往事。第三,侧重聆听老年案主诉说经历时的感受,尤其是注意他们喜怒哀乐的情绪,应该帮助他们抒发那些被抑压的感受。第四,对有子女的老年案主,社会工作者要协助他们把作为父母的经历和感受需要表达出来,以便于个案的诊断和治疗。第五,对于有丧偶经历,加上因病或意外而致伤残的老年案主,社会工作者要协助他们把痛苦的感觉尤其是配偶对案主生命的意义宣泄出来。第六,当抒发怀旧情绪后,社会工作者可以采用"时间紧迫"技巧,协助老年案主从过往生活重回到现实中。第七,生命回顾是协助老年案主中肯地评价自己一生的经历,而不是让其过分自责。如果遇到自责的情形,社会工作者应帮助案主分析导致自己失败的外在因素,避免案主把所有责任都担在自己的身上。

(3)寻找资源的技巧

在帮助老年案主的过程中,社会工作者只有通过与拥有不同资源的个人、团体、机构合作,才能为老年案主提供最完善的服务。资源包括有形的物质资源和无形的精神资源;资源又可以分为正式资源和非正式资源,前者是指从社会福利机构或其他正式机构处获得的资源,后者是指从家人、朋友、同事、邻居处获得的资源。为了更好地为老年案主提供服务,专业的社会工作者必须对案主的资源网络有一个详尽的了解,掌握相关的资源情况,同时明确各种资源之间的区别,取长补短,使资源对案主发挥最大的作用。

(二)老年人小组工作

1. 老年人小组工作的定义和主要类型

老年人小组工作是指在社会工作者的协助和指导下,利用老年组员之间的互动和小组凝聚力,帮助老年组员学习他人的经验,改变自己的行为,正确面对困难,恢复自己的社会功能和促进自己成长的专业服务活动。

适合老年人开展小组工作的小组类型主要有支援小组、治疗小组、社交康乐小组、服务小组、护老者小组等等。这些小组的成立都有各自不同的目的、工作重点、沟通方式和运作模式,表 13-1 对不同的老年人小组类型及其不同的特性做了一番比较,可以为开展老年人小组工作提供借鉴。

表 13-1　老年人小组特性比较

小组特性	老年人小组类别				
	支援小组	治疗小组	社交康乐教育小组	服务小组	护老者小组
目的	帮助组员应对日常生活压力	帮助组员改变行为及康复	帮助组员与同辈积极参与有益身心健康的活动	帮助组员学会合作，为他人提供服务	帮助家庭成员扮演护老者，发挥护老者功能
社会工作者角色	促进相互支持和帮助	专家、权威人物、改变者、促进者	优化活动程序，提供架构	协调者，帮助组织行动计划	教育者、支持者、使能者、倡导者
重点	组员分享和共同关注	组员的问题、关注及目标	小组程序成为活动参与、学习的媒介	完成任务	护老者的需要及老年人的需要
维系的因素	共同困难和相同经历	组员之间相互关系	对活动、学习、技巧发展上的共同兴趣	相同的目的和关注	护老者的角色
组合	曾经经历相同困难的组员	拥有不同背景或拥有共同点的组员	不同人士或类似技术水平，有能力活动者	人数多，背景不同，鼓励分工	不同人士但都是护老者，承受护老压力
沟通	高度互动公开沟通	社会工作者或小组领袖对组员	在活动中通过语言及非语言相互沟通	因任务及角色而不同	组员之间以及组员与小组领袖或社会工作者的沟通
自我披露程度	中度和高度，主要分项适应技巧	高度	低度	低度	中度和高度，主要分项适应技巧
运作	非正式，平等参与共同讨论	组员互助解决问题	决定程序活动性质、团队精神以及语言和非语言参与	形式化程序	一般非正式且平等参与，也可包括正式的演讲

2. *老年人小组工作的活动设计要点*

老年人小组工作的活动设计、活动安排和工作过程可以参见《学校社会工作》这一章有关内容，这里不再赘述。需要重视的是，由于老年人的年龄以及生理、心理特点明显不同于青少年，因此老年人小组工作的活动设计和技巧运用必须注意以下几点。

- 摒弃批判的态度而多接纳老年案主；
- 相信老年人能够改变；
- 小组活动正式开始之前，社会工作者应该充分了解小组内老年人的需要、期望和兴趣，经过充分沟通，与老年组员建立初步的信任关系；

- 每次小组聚会，社会工作者要预先准备好活动内容和所需物资，并通过示范教老年组员如何参与；
- 每次聚会的最后环节，社会工作者要多用启发的方式协助老年人表达参与活动的感受，并把这些体会与小组宗旨联系起来，加速老年人对小组的认同；
- 社会工作者对老年人多用称赞的技巧，以提升他们的自信心和参与小组的积极性；
- 小组聚会切忌选用过于复杂和抽象的游戏或程序，以免对老年人产生负面影响；
- 社会工作者要妥当地处理好小组结束时老年人临别的情绪问题，否则老年人会产生一种被遗弃的感觉。一种较好的处理方式是，让老年组员在较早的阶段就知道结束的一天终将来临，然后社会工作者把最后一次活动安排成一次有意义的结束性的聚会活动，如茶会、旅行等，让全体老年组员共享小组活动圆满成果。当然，社会工作者也可鼓励老年组员参与小组以外的活动，使他们能够从对其他资源的利用中满足自己的需要。社会工作者还可以安排跟进聚会。

（三）老年人社区工作

1. 老年人社区工作的定义

老年人社区工作就是指通过社会工作者运用各种工作方法，改善老年人与社区的关系，提高老年人的自助、互助能力，提高老年人的社区参与度，通过老年人的集体参与来改善生活质量的一种服务活动和服务过程。

2. 老年人社区工作的开展

根据国外社区工作的定义和发展经历，我们可以知道社区居民参与社区事务和社区民主建设是社区工作的核心。因此，在海外老年社区工作中，“灰权”“充实力量”“增加机会”等成为重要的概念。在中国开展老年人社区工作，除了强调增强老年人的民主意识、扩大老年人的民主权利和参与社区公共事务机会之外，社会工作者还要积极组织老年人自助和互助，积极开展各种为老服务和老年人文化娱乐活动，以提高老年人晚年生活质量。

具体而言，在中国，老年人的民主参与、能力建设、社区服务、社区康乐、社区教育、社区照顾等都是开展老年人社区工作的重要内容。本节着重介绍老年人社区服务和老年人社区照顾的有关内容。

（1）老年人社区服务

老年人社区服务是指政府或非政府团体通过社区组织、社区所在的福利机构为解决社区老年人的实际困难和满足各类需求而有针对性地提供设施与服务的福利性项目的活动。

（2）老年人社区照顾

老年人社区照顾的概念与老年人社区服务有相近的地方，但是严格地说，老年人社区照顾有两个基本含义：一是使老年人不脱离他所生活和熟悉的社区，在本社区内接受服务；二是动员社区资源，运用社会人际关系资源开展服务。

社区照顾作为一种运动始于20世纪50年代，是英国推行社会服务的一种方法，也是英国在福利国家政策变化下倡导的一种社会工作模式。它不仅包括“在社区照顾”，即那些有需要的、以前由院舍照顾的特殊人群（如老年人），现在尽可能地使他们留在社区内接受照顾，而且包括“由社区照顾”，即对这些特殊人群（如老年人）由社区政府机构、民间机构、社区自组织以及这些人的家庭、亲属照顾。具体地说，英国社区服务是通过以下服务项目与措施实现的：社区活动中心、家庭照顾、暂托处、居家服务、老年人公寓、老人院。

目前，我国香港地区提供给老年人的社区照顾的服务有医疗照顾、住屋服务、社区支援服务等方式。其中，社区支援服务的目的是要提供辅助服务，帮助老年人留在社区里生活，它包括老年人社交中心、老年人综合性社区服务中心、家务护理、老年人日间护理中心、老年人短暂住院服务、老年人外展服务、交通及公共娱乐方面的优待。

在中国内地，当前各城市由社区举办的老年社区照顾和服务项目主要有老年人保护服务、社区为老年人提供的收养或寄托服务、老年文化生活服务、老年人庇护服务、老年人生活综合服务等。当然，从更专业和更完善的角度考虑，内地在这一方面还有许多工作可以进一步开拓。

（四）老年个案管理

1. 老年个案管理的定义

老年个案管理是一种在人群服务中完成整合与绩效责任（accountability）的新兴方法。它是由一连串的行动所组成的，是一个过程，以确保老年案主与人群服务系统能得到他们所应享受的服务等。它也是一套有逻辑的步骤，是在服务网络中与老年案主互动的过程，以确保案主得到支持性、有效果、有效率且符合成本效益的服务。老年个案管理也是一种可有效监督服务的方法，以确保各个老年案主均能经过适度个别化的考量，而使有限的资源得以有效运用。

2. 老年个案管理的阶段和实施原则

老年个案管理的基本步骤包括评量、计划、联系、监督、记录、评估。它的最初阶段就是评量期。虽然接案工作可由他人来做，但个案管理者必须留意老年人的个人史、家庭史、先前所接受过的服务，以及相关人员的意见等。评量尤其重要的是能看到个案的优点，由此，社会工作者可以使老年个案管理避免从医学或精神病理学的假设出发来看待案主，并坚持以下原则：第一，评量的重心应注意个人的优点，而非病理。第二，个案管理者与老年案主的关系非常重要。第三,介入时必须以老年案主的自决为前提。第四,把社区看作蕴藏各项资源的重要场所。第五,个案管理者应有积极拓展的态度。第六,相信老年人是可以学习、成长与改变的。

个案管理者通过评量时收集的资料制定个案服务计划,因此个案管理者也是方案提供者。他通常必须了解什么服务对老年案主来说是适当的,也知道老年案主可得到哪些服务。个案管理者必须经常更新社区中可得服务的信息,才能针对老年人及其家庭个别的需求制定服务计划。

老年个案管理的第二阶段,就是要在确定老年案主及其家庭所需的服务之后,将老年案主与其所需的服务结合。这也许简单到打一通电话就能够完成,也可能需要更有针对性的倡导手段。有些机构不情愿接收新的老年案主,尤其是那些看起来比较麻烦的老年案主,而老年案主对接受服务也可能会犹豫或不感兴趣。这时,老年个案管理者就必须兼具经纪人与倡导者的角色。

个案管理者的角色决定了他不是服务的直接提供者和执行者,可以监控老年案主的进展。

3. 老年个案管理的开展步骤

(1) 完整的个案评量。收集家庭史、职业地位、环境评量,以及曾使用过的服务等资料;运用老年人发展、家庭、组织与行为等方面的知识。

(2) 社会工作者使用服务。与老年人服务、健康医疗、教育服务、司法体系、公私立老年人福利机构联系;确定提供服务所需的资源。

(3) 利用权威。运用各级政府在法令与财政方面的支援。

(4) 评估与追踪。评估服务,监督机构与服务者的品质;评估服务的使用与家庭的进展。

四、中国老龄工作和思考

中国的老龄化和高龄化问题正随着人口结构的变化而逐渐严重,所以老龄问题越来越引起广泛关注。

(一) 中国老龄工作的内容和特点

中国的老龄工作早在 20 世纪 70 年代后期就开始引起中央和地方政府的关注,各级老龄问题委员会和各级退休职工管理委员会等涉老机构的成立,就是因应人口老龄化的趋势和不断出现的老龄问题。中国各级各类涉老机构应对老龄问题的工作发展到今日,工作内容主要围绕着以下五个方面展开。

1. 贫困老年人慰问和物资援助

逢年过节，各级老龄问题委员会和退休职工管理委员会会上门慰问老年人，尤其是为那些特困老年人捐钱捐物和发放困难补助。

2. 各项权益的争取

一些涉老机构专门成立法律咨询部门或者设专人接受老年人的咨询，为老年人寻找资源或在财产、房屋、经济、婚姻等方面为老年人争取相关权益。

3. 机构照顾

随着家庭小型化和核心化的趋势以及邻里互助功能的逐渐式微，在倡导家庭养老的同时，国内养老机构不断发展，一些缺乏家人照顾和体弱多病的老年人在各种养老机构里获得了照顾和关怀。

4. 文娱活动的推展

在各级涉老机构的组织下，以社区为单位，不少老年人积极参加有益健康的体育、文娱活动，以充实自己的晚年生活。

5. 社区参与

在基层社区组织的推动下，不少老年人积极参与社区公共事务，为社区建设和发展贡献自己的力量。中国老龄工作首先具有行政化特点，大多老龄工作实际上只是在做老年人的行政管理工作，并不是专业的老年人服务；目前仍然较多关注老年人的物质生活方面，至于老年人的能力提升和信心培养等尚未引起有关机构和研究人员的关注。

（二）中国老龄工作的专业化发展

目前国内老龄工作存在的行政化管理特点，主要因为缺乏专业的老年社会工作者；而国内老龄工作更多着眼于老年人的物质需要，主要因为目前大多数老龄工作者缺乏社会工作的价值理念。进入 21 世纪以来，国内老年人社会工作获得长足的发展。在各级政府资金和政策的支持下，专业的老年社会工作组织和企业纷纷进入老年服务领域，在家庭、社区和院舍等多个层面提供多样化服务，成绩突出。但是面对日益严重的老龄化和高龄化趋势，专业的老年社会工作服务仍然远远不能满足社会需要。因此，我们可以从以下两个方面尝试推进中国的老年人工作专业化发展。

1. 壮大专业的老年社会工作队伍

变行政性老龄工作队伍为专业性老年社会工作队伍，这是专业化发展的一个方向。要达到这个目标，需要扶持各种类型的为老年人提供专业服务的非政府组织，让这些组织和现有的行政性涉老机构有机结合，互为补充，最终推动行政性机构的转变。

2. 提高老龄工作者的专业素养

可以对现有的老龄工作者进行社会工作或相关专业的培训，内容包括社会工作的价值观、社会工作的理论、社会工作的方法和技巧等，以提高老龄工作者为老服务的专业素质。上海及其他城市正在推行社会工作职业资格认证制度，这也是一项提高现有老龄工作者专业素质的有效措施。

小　结

老年社会工作就是因应老年问题而出现的一种专业服务活动，以帮助解决老年人的困难和提供老年人需要的服务为主要内容。老年社会工作是在活动理论、社会损害理论、社会重建理论和社会化理论等的指导下展开的。

个案工作、小组工作、社区工作和个案管理等社会工作的专业方法被广泛地运用到为老服务的专业活动之中，形成老年个案工作、老年人小组工作和老年人社区工作的针对性方法。其中，老年人社区照顾是老年人社区工作中的一项重要内容。随着老年人口数量的急剧增长，老年个案管理在老年社会工作中越来越重要。

中国的老龄工作一直受到各级政府和主管部门的高度重视，但是国内的老年人工作还需从壮大专业老年人社会工作队伍和提高现有工作人员专业素质两个方面着手，促进中国老年人工作的专业化发展。

案例 老年个案管理的应用

范明林

一、案例及社会背景

（一）案例反映的社会问题

近年来，中国的老龄化进程不断加快，2021 年第七次全国人口普查结果公布，全国人口共 14.117 8 亿人，其中 60 岁及以上人口占 18.7%，65 岁及以上人口占 13.5%，目前中国已经步入老年型社会。老年人口高龄化趋势日益明显，预计到 2040 年，65 岁及以上老年人口占总人口的比例将超过 20%。同时，80 岁及以上高龄老年人正以每年 5%的速度增加，到 2040 年将增加到 7 400 多万人（刘棣，2021）。

迅速发展的人口老龄化趋势，与人口生育率、出生率、死亡率下降以及生活水平与医疗条件提升带来的预期寿命提高密切相关。目前中国的生育率已经降到更替水平以下，人口预期寿命和死亡率也接近发达国家水平。随着 20 世纪中期出生高峰的人口陆续步入老年，可以预见，21 世纪前期将是中国人口老龄化发展最快的时期。

随着老年人口的急剧增长，社会工作者越来越难以按部就班、一对一地针对有需要者开展工作，同时大部分老年人伴有一种甚至多种慢性疾病、残疾或虚弱等复杂的身心情况，高龄老年人的长期护理照料成为难以解决的问题。更多的时候，社会工作者必须请不同的老年相关机构组织工作人员来配合与协助，才能更加有效地解决老年人遇到的问题与困难。因此，另外一种老年人社会工作的方法——老年个案管理应运而生，近年来这一模式也得到快速发展。老年个案管理是社会福利服务援助技术中一种非常专业的社会工作方法，同时也是针对老年人在社会生活中所面临的问题的复杂性、福利需求的多元化、福利服务的成本效益等问题而产生的。这种专业的社会工作方法在新保守主义福利思想和福利多元主义观念的双重影响下，已经越来越普遍地被视作为有福利需求的人们提供有效服务的一种重要方式。

（二）案例阐述

案例一：

张先生从外地来到上海已经 20 多年了，子女均已成婚。3 年前，张先生因为肺病复发而提早退休。今年60岁的张先生肺部功能已经减弱，需要依赖氧气瓶和间隔抽痰的护理照料服务。

在过去的一年内，张先生进入了上海某医院接受医治后不久，转往附近一所养老机构，出院后张先生曾回家短住。有一天，家人全部外出工作，张先生不小心摔倒在地，因脚部骨折再次入住医院接受骨科治疗。张先生曾经一度情绪非常低落，家人在关心之余，也埋怨张先生不小心。张先生在脚部骨折情况稳定之后，又转往附近一家疗养机构短住。之后，家人和医疗人员商量决定让张先生入住一所小规模的私营养老机构，以方便妻子和子女继续安心工作。

张先生的肺病在入住养老院3个月后再度恶化。这段时间，张先生依照家人和养老院职员的指示，尽量卧床休息。但张先生的病情日益恶化，于是再度入住医院，后又转往肺科疗养院养病。张先生在住院期间表现出了十分合作的态度，但却始终保持沉默。精神较好时张先生会在病房内进行短距离的散步。在张先生可以离开医院回家继续康复时，家人决定替他另选一所环境较为理想的养老院。但在入住养老院的日子里，张先生与其他老年人相处得很不愉快，氧气瓶在晚上发出的噪声对同室的老年人产生了很大的影响，大家开始抱怨并且疏远张先生。

案例二：

李太太65岁了，在最初得知自己患有乳腺癌并且是晚期的时候，她简直无法相信。但李太太很快便接受了现实，她希望能够在仅有的时间和条件下，将丈夫和瘫痪的孩子日后的生活安排妥当。

李太太一家居住的一栋旧式楼房的附近有很多小工厂，不仅空气污浊，而且70岁高龄的李先生对每天几次上下楼也感到非常不便。瘫痪的儿子（42岁）在这个小区中虽然能够享受到残疾人康复机构提供的服务，但帮助非常有限。按照李太太的愿望，他们一家最好能够搬出现在的小区，换一个环境较好的地方居住，并且她能够出院回家居住，与家人共同度过人生中最后的一段时光。

二、老年个案管理模式介绍

（一）个案管理模式和老年个案管理

个案管理（case management）是19世纪末期萌生于社会工作领域的工作模式，继而开始在美国的公共卫生、护理、社会工作等新兴学科中蓬勃发展。到了20世纪90年代，个案管理的工作方法已经在整个医疗保健、保险和社会服务行业流行开来（Rubin A，1992）。在医疗保健服务领域内，个案管理是一个充分合作的过程，通过充分的交流和合理选择可用资源，提高服务质量，降低医疗成本，满足患者的健康需求。这是一个共同参与的过程，促进个体对于医疗护理服务的选择，满足个体的健康需求，达到缩减不必要的服务开支、降低成本，同时提高护理质量和效果的目的。如今，个案管理在社会工作领域内被视为一种面向具有多重需求和问题的个人或家庭实施整合性服务的助人过程。个案管理者承担着服务直接提供者和资源链接者与监察者的双重角色，需要运用多元化的手法把服务对象和整体服务联系到一起，并监督观察服务的进展情况。尽管不同学科之间的定义存在分歧，但一个共识是，个案管理不是停留在某一阶段上，也不局限于某个场所中，而是发生在持续提供服务的全过程，旨在不断满足个体的需求（宋丽玉，1998）。个案管理通常由一个积极的、支持性的、有推动作用的多学科医疗保健团队来施行。个案管理师，最常见的是护士，致力于协助患者在日益专业化、分散化的医疗体系中把握方向，实现无缝信息沟通、协调、患者参与和共同决策，确保患者在现有的医疗体系框架内体验连贯的、个体化的照护服务。

美国社会工作者协会对个案管理的定义是：由专业社会工作者对当事人或其家庭的需要进行评估，安排、协调、监管和争取包括多种服务的一揽子服务，从而满足特定当事人的多种需要。这种理解得到了大多数国内学者的认同，也适用于老年个案管理案例实践与应用。现代社会分工越来越细化，专业越来越繁复，因此人类服务的输送、传递系统对案主尤其是老年服务对象而言是一个十分复杂的体系，通常案主很难去统筹和协调，特别是对一些需要得到长期照顾服务的老年案主来说更是如此。社会工作者的一个重要角色就是帮助人们找到并获得能够满足他们需要的服务，必要时还要为案主争取权益。当老年服务对象需要多种服务时，社会工作者就要作为一个管理者，通过计划与安排，协调不同服务机构所提供的服务，并把这些服务和资源与有需要的案主进行有效的链接。这样，社会工作者就成为案主与服务系统之间的一个联络人或中介人，这种角色用社会工作专业的术语就被称为“个案管理者”或“个案管理经理”。

老年个案管理强调的重点有以下六个方面：（1）一个来自不同职业和机构的专业人员所组成的团队，提供满足老年案主长期性、综合性需求的“一揽子服务”。（2）一种对多重服务进行协调、整合的过程和总体措施。（3）服务的对象一般是有复合需求的老年案主，他们的问题较为复杂，需要服务的时间较长。（4）将多重服务资源通过服务体系输送给老年案主，增强案主获得和使用资源的能力。（5）一定的服务效能与成本效益，通过提供持续性的服务，以确保对老年案主的服务质量。（6）社会支持网络资源的开发、协调与管理。（全利民，2005）

（二）个案管理中社会工作者的角色

在上述工作模式中，社会工作者通常扮演以下三种角色。

1. 服务协调者

针对老年服务使用者所面临的服务信息缺乏、服务组织科层制的阻碍及服务短缺的困扰，老年社会工作者着重管理和代表老年服务使用者，在辨别真实的需要的基础上，与各类服务机构沟通、联络并把服务输送到那些有需要的老年人身上。

2. 咨询者

老年社会工作者为老年案主提供有关信息咨询并给予有益的建议。

3. 辩护者和倡导者

老年社会工作者积极向当地政府主管部门和有关机构游说鼓动和竭力主张，进行宣传与倡导，以便设立和扩大符合老年人需要的服务。

（三）老年个案管理的服务对象

具体到老年服务领域，个案管理的服务对象包括以下几种类型的老年人（谢美娥，1993）：身体、心理、社会功能有着多重损害的老年人；需要两种或者两种以上服务的老年人；高龄老年人；需要长期护理照料的老年人；接受不适当、不符合其所需要服务的老年人；缺乏非正式社会支持的老年人；低收入或濒临贫困的老年人。

三、社会工作介入过程

（一）老年个案管理步骤

从接案、建立关系到监督评估、结案等过程都是分阶段进行的，这种阶段性的工作方法也与个案工作相类似。但是，不同的个案管理模式强调的重点阶段略有不同。一般来说，老年个案管理的过程都包含这样几个阶段：个案的选择、与案主关系的建立，对案主问题的初期评量，服务计划的制定，资源的协调与计划的执行，服务计划与质量的监督和评估，结案等。其中，每一个阶段都有其强调的重点（见图 13－案－1）。（仝利民，2005）

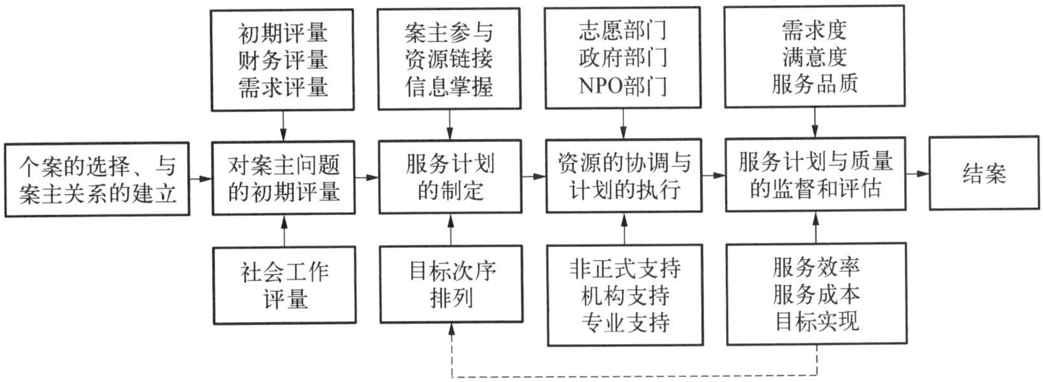

图 13－案－1　个案管理流程

老年个案管理包括以下基本步骤：评量、计划、联系、监督、记录和评估。这里择其主要的步骤做一简单阐述。

1. 计划

个案管理者运用评量时收集的资料，就可以发展个案服务计划。可以说，个案管理者也就是方案计划者。他通过梳理各类资源来确定可以为老年案主开展哪些服务，形成服务清单，并针对个案的具体情况选择适当的服务。这就要求个案工作者及时更新服务清单，才能制定更加切实有效的服务计划，更好地满足老年人及其家庭的需求。

2. 联系

老年案主及其家庭所需的服务需要多个部门提供支持，因此老年个案管理的重点工作，就是进行多方联系，把老年案主要接受的服务进行整合。老年个案工作者通常要与老年人服务、健康医疗、教育服务、司法体系、公私立老年人福利机构等部门进行较密切的联系。在实践之中，联系和协调工作能否顺利开展与许多因素有关，例如个案管理者的沟通技巧、机构的资源链接能力、有关部门的认识和规划等。此外，老年个案管理者还可以充分运用各级政府在法令与财政方面的支援，为有需要的老年案主提供帮助。

3. 监督

个案管理者的工作重点在于如何对多种服务进行管理，而不是自身扮演服务提供者和执行者的角色。因此，掌握老年案主各项服务开展的进度、客观评估服务开展的成效才是个案管理者区别于其他服务提供者的地方。

（二）个案管理的评量方法和内容

1. 老年个案管理的评量方法

老年个案管理的评量方法有许多种，其中主要有：

（1）标准化测量，包括问卷、快速评量工具、检核表、人格测验、会谈纲要、造句测验等。

（2）观察，包括直接观察和间接观察。直接观察可在治疗环境或案主的自然环境（如家庭、邻里或社区场所等）中进行，这些测量呈现了案主行为的实际范本。间接观察测量，有时被称为次级资料，由为其他目的所收集的信息组成，像医院、民政部门、老年学校、警方的记录等。

（3）自我陈述，包括通过案主的自我记述、案主的日记、自我评定量表和访谈等。

2. 老年个案管理的评量内容

老年个案管理涉及不同的老年案主及其生理、心理和社会环境的情况，也涉及不同的老年人及其不同的需要。因此，个案管理指向的主题也有所不同。本节着重介绍长者全面家居护理评量工具和评量内容，它是为需要长期护理的老年人而发展的护理评量系统的一部分，也是一套配合长者和社区护理发展的评量系统。这个系统有助于老年社会工作机构和老年个案管理者为长者安排护理计划和链接妥善合适的资源，近期已在日本、加拿大等国家获得普及采用。

长者全面家居护理评量工具主要识别老年人在活动能力、健康、支援和服务使用等方面的情况，评量其是否配合，然后在这个基础上，社会工作者为老年案主制定专门的家居护理计划。以下是该评量工具的主要内容(详见表 13 -案- 2)。

表 13 -案- 2　长者全面健康及家居护理评量表

一、个人资料		内 容 记 录
1	姓名	
2	性别	
3	出生年月	
4	婚姻状况	
5	主要使用的语言	
6	受教育程度	
7	经济状况	
二、转介资料		**内 容 记 录**
1	转介日期	
2	评估原因	
3	照顾目标	
4	出院记录资料(做参考)	
5	住所/家居护理	
6	居住情况	
7	过去 5 年内入住老人院记录	
8	居住历史	
三、评估资料		**内 容 记 录**
1	评估日期	
2	评估资料提供者	
(一) 认知形态		**内 容 记 录**
1	短期记忆	
2	日常生活事务的决定能力	
3	认知障碍指标	

续 表

（二）沟通与听觉能力		内 容 记 录
1	听觉	
2	自我表达能力	
3	理解能力	
4	沟通能力	
5	视力	
（三）		内 容 记 录
1	忧郁、焦急或哀伤的症状	
2	情绪低落或行为症状变化	
（四）社交能力		内 容 记 录
1	参与感	
2	社交活动上的改变	
3	疏离感	
（五）生理功能（7天内IADL的表现，3天内的ADL表现）		内 容 记 录
日常生活起居安排（IADL）		
1	膳食准备	
2	处理普通家务	
3	财务管理，平衡账目及日常开支	
4	药物管理（如按时、定量服药等）	
5	电话使用	
6	购物、购买食物及家庭用品	
7	使用交通工具	
自我照顾能力（ADL）		
1	床上翻身、转动	
2	身体坐姿、位置移动	
3	行走	
4	上下楼梯	
5	外出	
6	体力活动	
7	进食	
8	穿脱上、下身衣服	

续　表

(五) 生理功能(7天内IADL的表现,3天内的ADL表现)		内容记录
9	如厕(包括如何使用厕所等)	
10	个人卫生护理(如洗脸、刷牙等,不包括洗澡)	
11	洗澡	
12	耐力	
(六) 排泄抑制情形(过去7天内)		**内容记录**
1	排尿抑制情形	
2	排便抑制情形	
3	与90天前相比较	
(七) 疾病诊断		**内容记录**
1	医生诊断和需要治疗的疾病	
2	药物种类和数目	
(八) 健康状况与疾病预防		**内容记录**
健康和疾病预防		
1	过去两年内的疾病预防项目	
2	烟酒习惯	
3	健康状况	
服务对象表示或出现疼痛征兆频率		
1	疼痛的强烈程度	
2	疼痛的强烈程度影响日常生活	
3	疼痛特性	
4	药物	
跌倒		
1	过去90天内跌倒的次数	
2	跌倒的风险	
(九) 口腔/牙齿状况		**内容记录**
1	刷牙或清洁假牙的困难程度	
(十) 皮肤状况		**内容记录**
1	皮肤问题	
2	压力性溃疡	

续 表

四、家居照顾现状		内 容 记 录
（一）家居环境		
1	卫生状况	
2	冷/暖气	
3	进出门口(进出家门有无障碍)	
4	由客厅去卧室(如无法爬楼梯)	
（二）非正规支援系统		内 容 记 录
首要及次要照顾者		
1	与服务对象的关系	
2	与服务对象是否同住	
照顾的范围程度(以小时计)		
1	精神支持和建议	
2	日常生活起居安排协助	
3	自我照顾能力协助	
4	周一至周五所得到协助的总时间	
5	周末 2 天内所得到协助的总时间	
照顾者的状态		
1	身体情况	
2	情绪和心理状况	
（三）医疗及社区服务的使用(过去 7 天内)		内 容 记 录
正式照顾(以 10 分钟计)		
1	社康护士	
2	家务助理	
3	膳食服务	
4	日间护理中心或日间医院	
5	社会工作者探访	
疗程与计划		
1	注射/打针	
2	看医生或去诊所	
3	皮肤治疗	
4	特别膳食服务	

续 表

（三）医疗及社区服务的使用（过去7天内）		内容记录
入住医院或使用急诊室的记录		
1	过去90天内入住医院的次数	
2	使用急诊室服务或紧急医疗服务	
治疗目标和整体护理需求		
1	过去90天内有无治疗目标	
2	整体机能状态和对口支援的需求	
3	过去1个月内有无因资金不足而放弃购买必需的医疗物品	
用药情况		
1	药物数目	
2	精神镇定药物	
3	有无遵从处方用药	
评量完成日期： 年 月 日		

（三）案例分析

从案例一中可以看出，张先生一家非常配合院方，对于张先生的病情及其变化，家人都以服从的态度遵照医疗人员的吩咐。张先生对家人所做出的决定也具有相同的表现，目的是保持家庭的和睦。但是，我们发现，张先生的需求并没有得到详细的分析，更不要说有事先的计划和合理的安排。因此，针对张先生的问题和需要，我们采取老年人全面需求评估模式加以分析和评估（见下表13-案-3）。

表13-案-3 案例一 老年人全面需求评估量表

		专业人员的意见 个人问题/ 高危情况	专业人员的 意见 内/外资源	案主意见	家人或护理 照料者意见
A 个人 层面	老年人整体问题	生活质量差	辅导	不知道	多住医院好
	对自己的看法	情绪低落	案主与家人非常信任专业人员	因病而羞愧	没意见
	健康	日趋下降	康复期间进展良好	不会康复	住院最好
	应付日常生活	全部依赖他人	家人愿意协助	多休息	养老院的责任
	居住环境	经常转换	尽快出院	无意见	无意见
	金钱	养老院费用由家人分担	可申请政府补贴	由子女决定	申请政府补贴
	康乐	被忽视	肺科病人小组	没有经验	可以不投入

续 表

		专业人员的意见 个人问题/ 高危情况	专业人员的 意见 内/外资源	案主意见	家人或护理 照料者意见
B 家庭 层面	家庭成员及关系	不愿接病人回家	关系密切	无意见	身心压力很大
C 社区 网络 层面	邻居及社区关系	现在没有	社区康复护理、日间送饭	不知道	住院较简单
	支持网络	一些朋友	日间护理中心、日间医院、康复通勤车	不明白	无法独立活动
	社区互助小组	未能评估	转介	不明白	没作用

资料来源：林茱莉，1996。

运用老年人全面需求评估模式，专业社会工作者与护理人员、病人及其家庭成员可以一起在个人、家庭、社区网络等基本生活层面进行讨论。我们由张先生的案例可以看出，老年人在日常生活中不仅需要医疗服务，而且对经济、护理照顾、社会服务、居住环境和日常生活起居的辅助等都有一定的需求。从案例一中可以看出，详细、全面的初步评估和对社区资源的了解，协调、整合社区服务资源为老年人提供符合其需要的服务，是个案管理中至关重要的一步。

案例二首先对家庭的情况和需要的情感支持进行分析，再运用老年人全面需求评估模式对李太太的需求做全面的整体分析，然后根据得出的初期评估结果制定个案管理的服务计划（详见表 13－案－4）。

表 13－案－4 案例二 老年人全面需求评估结果和分析

		专业人员的意见 个人问题/ 高危情况	专业人员的 意见 内/外资源	案主意见	家人或护理 照料者意见
A 个人 层面	老年人整体问题	晚期癌症，担心丈夫和儿子生活需要照顾	丈夫和儿子不知道	不想把病情告诉家人，让家人担心	
	心理状况	情绪低落	家人需要心理准备	因病而羞愧	抱有很大希望
	治疗过程	晚期化疗	进展有时良好	不会康复	误会加深
	康复器材	助行器	家人在探访时愿意协助		有轮椅可以回家
	衣着、外表	随意、脱发情况不严重	家人常带衣物	无意见	

续　表

		专业人员的意见 个人问题/ 高危情况	专业人员的 意见 内/外资源	案主意见	家人或护理 照料者意见
A 个人 层面	饮食、体重	下降	食用家人带来的流食	对医院的伙食没兴趣	多带食物
	活动方便	下降	院内癌症病人小组	可尝试	没意见
	疼痛感	间隔性	止痛剂	不算难受	不知道
B 家庭 层面	家庭成员及关系	家人陪伴下回家一两天	关系密切	彼此挂念	丈夫有高血压、儿子瘫痪
	婚姻关系	多年的夫妻、病人本是家庭的护理者			
	家务	现丈夫承担	家务助理		
C 社区 网络 层面	朋友	没有深交的朋友			
	医院接触情况	曾有志愿者探访,住院情况满意,不能自己申请复诊		不想回家或出院	尽快出院处理公共住宅及搬迁、并申请复诊问题
	经济、保险方面	原有工作单位给予帮助		无积蓄	
	职业	已经停职	原有单位关心	担心丈夫年纪大,未必会有工作	儿子身体原因,无法工作

在李太太的案例中,对于其家庭成员以后的适应问题,包括对疾病的认识、疾病的治疗过程中的种种问题,也需要其他方面的帮助。比如,医院内的病人小组、志愿者的探访、临终关怀、情感辅导、教育讲座,可以满足李太太及其家人的需求。

四、分析与反思

(一)老年个案管理模式的比较与选择

老年个案管理研究的对象主要是老年案主。针对不同的案主面临的问题不同,社会工作者需要采用不同的个案管理模式加以应对,选择适当的个案管理模式可以更好地达到社会工作帮助需要服务人群解决自身问题的目的。根据个案管理所关注的角度的不同及其在不同领域内的应用,有学者将个案管理模式归纳为以下五大类(仝利民,2005)。

第一类,就资源的协调与利用及成本控制而言,老年个案管理模式可分为系统取向模式和成本效益取向模式。其中,系统取向模式比较侧重于对资源的协调,联系更多有利资源解决问题。这种模式认为，社会问题或老年案主的问题主要在于个人或群体在系统中的关系失调，而个案管理的特色正在于系统中各部分之间关系的协调，在老年案主体系、老年资源体系、服务运作体系和目标体系之间的协调与运作上得以充分体现（谢美娥，1993）。成本效益向模式较为注重对老年案主提供服务的成本与效益问题，有研究表明个案管理在提高案主的功能、降低服务成本等方面很有效，因此也是减少社会服务成本的有效方法之一。

第二类，从老年个案管理的具体实践过程来看，主要以临床的个案管理模式为主。在临床模式中，老年个案管理的功能在于从老年案主的发展到个案计划的执行与协调，帮助老年案主和个案管理者建立良好的专业关系。该模式强调个案管理者必须有丰富的临床技巧，以便给予那些情绪不稳、心智失常的老年案主一定的专业支持和实际帮助，同时还要注意老年案主在自我决定和个人成长方面的诸多需求。

第三类，以老年案主、个案管理者以及服务关系为基础，可分为案主取向模式（client-driven models）和服务供给者取向模式（provider-driven models）。在案主取向模式中，老年案主互动的主要决定因素是老年案主和个案管理者之间的专业关系，即通过个案管理者积极参与、改善缺失、提出指导，提高老年案主的自主性，模式强调的是非正式社会网络的利用；在服务供给者取向模式中，提供的服务计划是起决定作用的主要因素。

第四类，从为老年人提供服务与协调的内容来看，老年个案管理又可分为社会模式、基本护理照料模式、医疗与社会模式。社会模式主要是对居住在社区中，不需要高频率的医疗照顾，但有长期服务需求的这一类老年人，为老年案主提供一种基本的生活支持性服务。基本护理照料模式主要是为病人提供并协调其需要的医疗性护理照料，此种模式最主要的目的在于控制护理照料的成本。医疗与社会模式主要应用于预防或延缓老年案主进入机构，一般来说，老年案主的状况已经具备进入机构的条件，但通过个案管理者对老年案主所需要的医疗与社会服务进行计划、整合，从而使得老年案主能够继续居住在社区之中。注重“提供服务与协调的内容”这个角度的个案管理模式特别适合需要获得长期照顾服务的老年人。

第五类，从团队协作进行照顾的角度来看，老年个案管理又可分为个案整合模式（case coordination model）、预算持有模式（budget-holding model）、自主的个案管理者模式（independent care manager model）和提供案主经费模式（client-funded model）。老年个案管理模式的流程和内容是根据案主的需求或机构的授权而决定的，它强调某种具有特定面向的服务。

总之，不同的老年个案管理模式的选择会影响到其运作方法和服务功能。在选择不同的个案管理模式和设计个案管理的服务流程时，个案管理者需要全面了解案主的具体问题和需求，充分整合和协调其自身所在的社区资源，这样才能够真正实现对老年个案进行“管理”的目的。

（二）老年个案管理与老年个案工作

虽然老年个案管理的工作方法源于个案工作，但还是有别于个案工作的。老年个案管理不仅包含老年个案工作，还包含为老年案主及其照顾者提供一种持续性的实质帮助。同时，老年个案管理更强调老年案主的特定性、服务资源的协调与管理、服务效率和成本控制。就案主而言，老年个案工作比较倾向于解决简单问题；而老年个案管理则主要面对问题复杂且具有多重性的案主，或者一家有两个及以上老年案主。老年个案工作面对的问题类型通常是单一资源可以解决的问题，问题的性质具有治疗性、矫正性；而老年个案管理则解决需要多重资源才能解决的问题，这些问题往往具有危机性、复健性（rehabilitation）、教育性。老年个案工作大多运用深入心理和社会层面的分析诊断方式，往往是一对一、面对面地进行治疗，其中社会工作者主要充当协助者，老年案主较为被动，工作开展时间一般较短，通常运用开放式或者半结构式的记录格式。而老年个案管理则更多关注老年案主与情境的实际情况，采取评量、规划、协调、联结的方法，社会工作者不再是主要协助来源，而是结合其他相关的多重服务资源开展工作。在整个过程中，老年个案管理者都更加重视挖掘老年案主的潜能，帮助其不断改变自身，需要的时间往往较长，在记录格式上更具体、明确、详细（详见表 13－案－5）。

表 13－案－5　老年个案管理与个案工作的比较

	老年个案工作	老年个案管理
案主	问题比较单一的老年案主	具有多重、复杂问题的老年案主，或者一家有两个及以上老年案主的情况
问题类型	单一资源可以解决的问题	需要多重资源解决的问题
问题性质	治疗性、矫正性	危机性、复健性、教育性
目标	协助案主解决问题	促成案主有能力使用资源
分析诊断	深入心理和社会层面	关于人和情境的实际情况
主要方法	一对一、面对面	评量、规划、协调、联结
工作角色	社会工作者即主要协助来源	工作人员结合相关服务资源
案主参与	较为被动	重视案主改变的潜能
处置时间	较为短期	较为长期
记录格式	开放式或半结构式	具体、明确、详细、机构

资料来源：林胜义，2001。

（三）老年个案管理实施的过程中的注意事项

1. 老年个案或老年案主的选择

老年个案管理方法比较适合那些具有复杂的、多重问题的或需要多重机构提供服务的老年案主，或是一个家庭之中有多个成员需要接受相同或不同机构的帮助时，可以采用老年个案管理的方法，整合各种不同机构的资源为有需要的老年人提供社会服务，以确保老年案主能够得到可持续照顾。个案管理是为社区中居家养老的老年人寻找、协调和整合服务的，并为老年人的福利进行有效的倡导，个案管理的其中一个目标是预防居家养老的老年人过早地进入养老机构。因此，并不是所有老年人都适合接受个案管理的服务。

2. 对老年案主问题的初期评量过程

在对老年案主进行初期评估的阶段，个案管理者需要确认三个问题：第一，案主属于哪一类老年人群体；第二，老年案主认为解决问题可利用的资源有哪些；第三，老年案主在使用这些资源时的障碍和困难是什么。根据这三个问题，个案管理者需要确认服务的条件和成本，老年案主的能力、需求和资源，界定评量个案进展的指标。在这个过程中，个案管理者需要确认老年人的残存能力、问题的表现、期望得到的服务内容、环境的限制与障碍、资源量及其可利用的资源程度，财务评估的目的在于评估老年案主可支付服务成本的能力，而需求评估的目的是建立整合型的服务方案，是一种综合性评估。个案管理的初期评估着重在老年人的需求方面，需求评估是这个过程的重点，它可以为整合与协调案主不同形态的服务类型提供参考（仝利民，2005）。

3. 为老年案主制定服务计划

老年个案管理的服务计划是一种“包裹式”的一揽子服务计划，是一套能够为案主提供完整服务的可行性计划，其中应当包括治疗计划、康复计划及服务、照顾计划。根据服务对象的不同，计划也会有相应的变化。在制订计划的过程中，个案管理者应考虑以下三个因素：第一，充分掌握各种可用服务的品质和价格信息；第二，资源的取得应该富有弹性；第三，明确各部门间的财务责任分配与衔接（黄源协，1999）。此外，目标的确认以及选择、达到预期目标的方法也非常重要。在实际工作中，个案管理特别强调案主的参与过程，目的是达到增强其自我选择、自我决定、自我照顾、自我实现的能力，以及为案主“增权”的目标。

个案管理本身是随着社区照顾的推行，从传统的个案工作中发展出来的一种专业的社会工作模式。随着现代社会的发展，老年人对福利的需求日益增长，而能为老年人提供有效服务的资源又相对短缺，个案管理即是应对这种传统福利制度下产生的各种问题的一种有效措施。此外，老年个案管理含有成本控制的特征，而且更强调目标和成本分析，这些都不是以老年案主为中心的传统社会工作价值观所强调的内容。但是，我们需要注意以下两个方面的问题。首先，作为一种专业的社会工作方法，老年个案管理在社区照顾的综合性服务体系中，从提供发展性、预防性、补救性的服务角度出发，对社区照顾服务的各部门进行协调、资源整合和优化配置，从而达到提高服务质量和降低管理成本的目的，是当前社会福利发展的一种趋势。其次，老年个案管理同样坚持社会工作价值观中助人自助的基本原则，特别强调由各种专业人员组成的团队提供服务，以扩大老年案主的各种知识面和信息面，提高其处理问题的能力，改变老年案主对问题与现状的看法，增强老年人获得和使用资源的能力，使他们能够独立自主地生活。在对老年人这一特殊群体提供服务时，社会工作者更应该注重为老年人提供多种可供选择的服务方案——这种服务也应该是一种补充性的服务，而不是替代性的服务。

参考文献

[1] 刘棣. 中国人口老龄化现状与趋势[EB/OL]. (2021-04-03)[2021-05-20]. http://www.cctv.com/special/1017/-1/86774.html.

[2] RUBIN A. Case management[M]// ROSE S M (ed). Case Management and Social Work Practice. New York: Longman, 1992.

[3] 宋丽玉. 个案管理之内涵与工作模式：兼论个案管理模式在台湾社会工作领域之应用[J]. 社会政策与社会工作学刊(台湾), 1998, 2(1): 127-156.

[4] 仝利民. 个案管理：基于社区照顾的专业社会工作方法. 华东理工大学学报(社会科学版), 2005, (2): 29-33, 44.

[5] 谢美娥. 老人长期照护的相关论题[M]. 台北：桂冠图书股份有限公司, 1993.

[6] 林茱莉. 提高弱老及高危人士之全面照顾：个案管理模式与案例[M]. 香港：香港基督教服务处, 1996.

[7] 林胜义. 社会工作概论[M]. 台北：五南图书出版有限公司, 2001.

[8] 黄源协. 社会工作管理[M]. 台北：扬智文化事业股份有限公司, 1999.

第十四章 残疾人社会工作

残疾人在身体或智力上的缺陷使得他们在社会竞争、资源掌握、国家政治和经济生活的参与、有关信息的了解等方面明显处于劣势地位，因此在西方各国的社会工作发展过程中，学界和实务界都把残疾人服务作为极其重要的内容。

一、残疾人社会工作概述

对残疾人提供越来越全面的社会保障和完善的专业服务，无疑是社会进步和文明的一个重要表现。

（一）残疾的界定标准

事实上各国的文化不同，人们对于残疾的界定并无相同的标准。

1. 国外学者的分类

国外学者汤逊德等(Toashsent et al., 1990)根据世界上 23 种残疾的专业定义而归纳出五类残疾：第一类是畸形或损失。可能是解剖的、身体的或心理的损失，可能是损失某一肢体、某一部分神经系统或某一部分感觉器官。第二类是临床症状。这与改变生理过程、阻碍生理过程或者改变心理过程的疾病有关，关节炎、癫痫、支气管炎、精神分裂症等都属于此类。第三类是日常活动功能限制。这与无能或至少与能力受限有关，如不能正常地完成本人的活动或社会工作。第四类是由于异常而造成的残疾。其一，与公认的生理标准和健康标准不符；其二，在行为上与某个特定人物的身份不符，或与特定集团的社会地位不符。第五类是由于不利条件而造成的残疾。在等级制社会的某些地方，政府向公民分配物资时，残疾人得到的份额经常少于健全人。

2. 世界卫生组织的分类

世界卫生组织把残疾分成三类，表明不同的残疾对人的生理和社会功能具有不同的影响。第一类是功能、形态残疾，是指因意外伤害和疾病的后遗症，使人体结构和功能发生缺陷或异常的状况;第二类是丧失功能残疾,是指人体的结构缺陷和功能障碍使人丧失应具备的能力(如与性别、年龄、文化程度和职业等相对应的能力);第三类是社会功能残疾,是指由于身体的形态和功能的缺陷或异常而影响个体参加正常社会活动的情况。

3. 中国法律规定

《中华人民共和国残疾人保障法》对残疾人的界定是指在心理、生理、人体结构上,某种组织、功能丧失或者不正常,全部丧失或部分丧失以正常方式从事某种活动能力的人。当缺陷达到一定程度时即为残疾,中国把残疾分为视力残疾、听力残疾、言语残疾、肢体残疾、智力残疾、精神残疾和多重残疾七大类。

(二)残疾人社会工作的定义

不同的文化背景产生了不同的残疾界定标准,因而残疾人社会工作也有不同的定义。中国香港学者江绍康认为,社会工作是"助人的专业",所以几乎所有社会工作岗位——不论是一般的社会服务机构,还是专门的康复服务机构,都有机会接触到残疾人。因此,所有社会工作者都应该懂得基本的康复原则,以协助残疾人投入社会。由此而言,残疾人社会工作也就是"康复社会工作"(周永新,1998)。

笔者比较赞同英国社会工作专家迈克尔・奥利弗(Michael Oliver)的定义,即所谓残疾人社会工作指的是对残疾个人或残疾人集体进行的有组织的专业性活动。"专业性"意味着提供服务的人是通过鉴定被认为具备提供服务的能力并领取薪资的人员。提供这类服务不仅需要运用已有的人力物力以便与社会需要相配合,而且要求专业人员查明这些需要并争取适当的人力物力以满足需要。有关部门包括社会服务部、医院、居住设施、非政府机构等。工作方法包括个案工作、小组工作和社区工作。(迈克尔・奥利弗,1990)

与其他群体的社会工作相比,残疾人社会工作具有特殊性,集中表现在以下两个方面:

一是残疾人及其所在集体自身的特殊性。除了受社会或者自然条件的限制而使自己生活在困境之中外,残疾人及其所在集体更由于自己的身心缺陷或损伤,难以像健全人一样生活,他们所遭受的痛苦和不幸是双重的。

二是残疾人社会工作过程的特殊性。在大多数情况下,残疾人社会工作者通常都是身心健全者,他们一般很难具有与残疾人相似的生活经历或创伤遭遇。因此,社会工作者在具体的服务过程中,对服务对象"同理心"的表达以及服务需求适切性的考虑,远远比对其他群体的社会工作服务要困难得多。在工作中如果处理失当的话,残疾人所遭受的伤害就更加严重。

二、残疾人社会工作的内容

残疾人社会工作具有一定的特殊性。因为服务对象具有特殊性，服务对象的人生经历也有特殊性，所以专业服务更加需要满足残疾人的需求。

（一）残疾人经历和生命事件与社会工作服务

残疾人社会工作的特殊性决定了其工作内容和范围显然比其他类型的社会工作要广泛许多。一个基本观点是，需要把残疾人社会工作的介入内容和残疾人的经历与生命周期事件结合起来（迈克尔·奥利弗，1990）。残疾经历指的是从遭遇与致残有关的问题或产生身心障碍的事件开始，残疾人整个一生的发展过程。“经历”一词是指在开始残疾时，通过短期或紧急干预，给予残疾人以支持和帮助。但对更多的残疾人来说，他们是需要通过长期干预给予帮助的。这种干预、帮助与残疾人经历和生命周期事件的关系可以用图 14－1 表示。

根据图 14－1，残疾人在一生中也同健全人一样将经历关键的生命周期事件，只是残疾人涉及的问题可能使情况更加恶化。因此，残疾人更需要专业人员干预，如焦虑的父母可能会寻求社会工作者对儿童时期的残疾子女予以帮助以至成人。由图14－1可以概括出残疾人社会工作的具体内容：

- 康复，即社会工作者帮助残疾人最大限度地恢复其生理功能或进行功能补偿，以增强其参与社会生活的能力。比如，社区康复就是动员社区资源促进残疾人康复的一项有效活动。
- 对生有残疾儿童的家庭的服务，至少包括四个方面：提供取得实际帮助、物资支援的机会；在这些家庭需要精神支持时，适时地给予精神支持；减少各种官僚机构因冷漠的态度和工作作风对残疾人家庭带来的消极冲击；帮助建立各种良好的人际关系，以促进残疾儿童的成长。
- 教育，即社会工作者不仅要帮助残疾人掌握必要的文化知识，而且要把它视为残疾人享受权利和挖掘潜能的重要措施，是残疾人正常融入社会的关键环节。
- 就业，社会工作者可以帮助残疾人寻求更适宜的工作岗位，帮助他们自立和维护他们的合法权益。
- 婚姻和家庭生活，社会工作者通过咨询、介绍、指导和辅导可以帮助残疾人更好地建立婚姻关系、更好地调适家庭关系。
- 倡导和社会预防，即社会工作者可以在更宏观的层面上通过努力来改善残疾人生存的各种环境，尽量消除社会对残疾人的歧视和不平等待遇。在这一点上，社会工作者和其他专业人员具有不同的功能和职责。西方学者伦纳德（Lennard，1995）曾经把残疾人预防工作划分为三级。第一级预防的目的在于防止某些会引发不良结果的事件发生，医药工作者、保健工作者和教育工作者在第一级预防中负有很大的责任。例如，减少有障碍的婴儿出生，提供在工作中预防事故的知识，等等。第二级预防的目的在于防止事件产生直接影响，这项工作主要落在护理人员和康复工作人员身上。第三级预防的目的在于防止事件引发后果，减少社会强加给残疾人的限制。

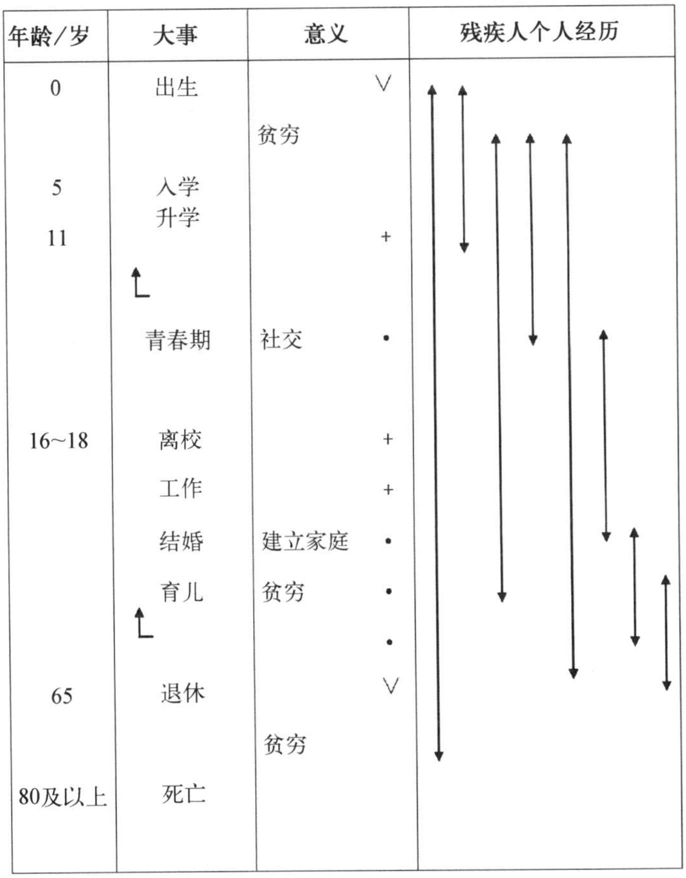

注：特别事件开始的可能时期；+ 肯定需要专业帮助和服务；
∨ 可能需要专业帮助；• • • 可能发生危机时期；可能的个人经历

图 14－1 残疾人经历和生命周期事件

（二）残疾人社会工作组成部分

中国香港社会工作学者江绍康认为，残疾人社会工作可以划分为三大部分。

1. 康复工作

康复工作包括三个环节：

一是预防残疾，暴力、贫困、意外、不良生活方式等是造成缺陷和残疾的主要原因。社会工作可以协助改善社会中处于最不利位置的群体的教育、经济和生活状况，建立稳定的家庭，形成健康的生活方式，以及普及照顾老年人和儿童的方法与普及预防残疾的知识、技术等。

二是复健，即狭义的康复，旨在使有缺陷的人在生理、心理和社会功能上都能达到最佳程度。除了医疗、护理、器械辅助等复健措施外，社会工作者还可以提供心理、社会等方面的辅导，以及进行生活自理训练和就业指导等。具体的工作包括了解残疾人的生活方式、家庭状况、经济条件、社会处境并评估其重返社会生活后必须解决的问题等。在社会联系方面，社会工作者还可协助残疾人取得家人、同学或同事、邻居的支持，建立社区网络，协助解决生活困难。

三是均等机会，社会工作者在争取残疾人的平等机会方面的具体工作包括：

- 社会调查：调查残疾人在就医、就学、就业、婚姻、家居状况，参与社会、文化、政治活动的情况，研究妨碍平等机会的因素及解决方案等；
- 社会立法及政策：协助残疾人及其团体认识其所享有的公民权利和义务，争取消除对残疾人的歧视，以及保障残疾人在行使与其他公民同样的权利和自由时，不会因其残疾而出现不被认可的情况；
- 自助组织：协助残疾人成立和维持自助互助组织，表达他们的意见和需要，参与制定影响其生活的政策。

2. 增能工作

在这方面，社会工作者的任务就是协助残疾人根据自己的情况，界定服务需要，并可自由行使权利；消除无力或无助感、疏离感和无从自主感。所罗门（Solomon, 1976）认为，增能社会包括五个具体项目：一是评估有关互动系统及其脉络；二是强化意识，使残疾人知晓采取集体的社会行动的可能性；三是调动资源，包括实际的帮助和辅导服务；四是建立支援系统和互助团体；五是进行组织性变革。上述工作可以分别在个人、组织和政策三个层次上进行。

3. 社区康复

社区康复是一项动用社区资源的服务方式。它将有关残疾的知识、预防方法、康复技能等普及给基层健康工作人员、残疾人及其家属等。参与社区康复的社会工作者，可以大量应用社区发展的工作方法，组织居民和服务机构整合成一个整体的支援网络，调动一切资源帮助残疾人康复和参与社会活动。

三、残疾人社会工作理论

在社会学、社会工作和教育学等领域中，有许多理论涉及对残疾及相关社会现象的分析与解释，本节择其主要的予以介绍。

（一）正常化理论

正常化理论是用来分析和看待诸如精神障碍患者及其他伤残人士等某些特殊的社会群体的理论。在社会工作领域中，正常化理论一般有两重含义：

第一，以服务对象为本的社会工作价值理念认为，由于贴标签，以往把残疾人及其他一些工作对象的行为视为异常，并采用主流社会通行的所谓正常的方法去治疗他们实际上是失之偏颇的，因为在一些社会工作者和治疗者或助人者眼里被视为不正常的行为，在服务对象群体那里完全是再正常不过的事情，关键是助人者把自己看问题的视角强加于受助者身上。换言之，问题实际上是出在助人者对服务对象的任意标定上。

第二，正常化就是为受助者提供与平常人相似的生活环境，包括让他们回到自己熟悉的社会，过常人的生活。英国倡导和推行的社区照顾就含有这种意义。美国全国智力迟钝公民协会对正常化的界定是：正常化就是帮助残疾人获得一种尽量接近平常人的生活方式，使他们的日常生活模式和条件尽量与社会中大多数人一样，而不是有意将他们区隔开来。在社会工作实务中之所以强调这一点，是因为社会工作承认包括残疾人等在内的所有人都具有尊严和价值。

上述正常化理论引出一个对残疾人社会工作共同的启示，即残疾人社会工作尤其需要从服务对象的角度去看待事物而不可妄加臆断和随意标定。

（二）回归社会理论

回归社会理论的提出和20世纪中期一些社会学家对西方普遍实行的将精神障碍患者长期封闭在院舍里的研究具有密切的关系。20世纪50年代，美国社会学家戈夫曼在深入研究庇护所里的精神障碍患者的情况后指出，由于在庇护所里精神障碍患者始终处于不良的同伴关系（指精神障碍患者长期生活在一起而形成的具有强烈刺激性的互动关系）和“关护”关系（指庇护所里的管理人员、医护人员对精神障碍患者的消极的、冷漠的态度和严格管制精神障碍患者行为而导致医患人员隔阂、紧张甚至敌视的关系）中，精神障碍患者的病情并没有好转，相反可能会加重。同时，也有社会人士关注到老年人和残疾人因长期住院而引发的种种不良后果，发现长期住院令那些残疾人等产生依赖性，渐渐失去重新适应社会的能力。正是在这样的背景之下，“非住院化”运动开始兴起，回归社会的理论也由此而产生。

回归社会理论的基本观点有：

第一，老年人、残疾人、精神障碍患者和康复者等多是社会上最脆弱和最无依靠的群体，他们往往需要社区的服务和照顾，协助他们在社区内继续过正常的生活。

第二，社区照顾是让残疾人、精神障碍患者等服务对象回归社会的典型模式。

第三，社区照顾的目标是尽量维持残疾人等有需要人士在社区内或自然生活环境内的独立生活。

（三）优势视角

优势视角起步于20世纪末对现存主流的病态或缺陷模式的反思与批判，这些病态模式通常基于以下假设和结果：案主有已命名的问题或病态；悲观主义和怀疑主义的语言；距离、权力不平等、控制和掌握标志着助人者和受助人之间的关系；环境的抽离，以问题为本的评估鼓励对案主进行个人式的而非生态式的述说；假设所有障碍均由疾病所导致，则问题的解决之路必在于此（何雪松，2007）。病态或缺陷模式在实践层面上对社会工作具有两大阻碍，一是阻碍探求提升或抑制人类可能发展与生活机会的动力环境，二是阻碍社会工作实践中对案主自决、责任、可能性等价值观和实务原则的强调与持守。

优势视角立足于积极心理学、抗逆力研究、社会建构论、叙事治疗与寻解治疗等理论模式，围绕服务对象的优势和资源建构优势、赋权、成员资格、悬置怀疑、抗逆力等核心概念。

1. 优势

优势视角认为，几乎所有事情在某种特定的条件下都可以被视为一种优势，包括体验、个人品德、天赋、感悟、故事、灵性、意义和社区资源。首先，在遭受挫折或在压迫之中挣扎和抗争时，人们能够从自己、他人和周围的世界中获得东西，无论是成功的经验、失败的教训还是失望的体验，从而获得分辨和感悟的能力。其次，人们拥有的个人品质、特征和美德可能就是在与灾难和不幸的抗争中塑造而成的。再次，任何人都蕴藏着天赋，只不过需要去发现和有展示的平台；故事和叙说也是稳定或转变的丰富源泉；灵性也是如此，它是应对生活压力和需求的力量因素。最后，社区是充满资源的优势领域（Saleebey D，2004）。

2. 赋权

优势视角认为，探求人们和社区内部的力量，就一定要推翻和抛弃歧视性标签；为家庭、机构和社区资源的链接提供机会；让受害者远离自己的思维定式；抛弃父爱主义；信任人们的直觉、陈述、观点等；确信人们的梦想（Saleebey D，2004）。

3. 成员资格

优势视角认为，成员资格是一种身份、一种权利和一种参与。如果没有这个资格，就有被边缘化、异化和压迫的危险。因此，成为成员或公民，享有参与权、义务、安全和保障等是赋权的第一步。另外一个重要意义是，成员资格让人们走到一起，人们的声音能够被听到、需求得到满足、不公平受到重视，如此人们的梦想才能实现（Saleebey D, 2004）。

4. 悬置怀疑

专业人士通常会将自己的理论强加于服务对象的思想之上，以特定的诊断语言或以疑问的方式进行评估，怀疑案主的判断和诉说，显示专业人士对服务对象的怀疑。悬置此类怀疑就能够真正地从一个信任服务对象的角度出发建构一种新型的专业关系，这样就有可能激发个人或集体所积蓄的力量，使人们的生活变得像他们所定义的那样美好（Saleebey D, 2004）。

5. 抗逆力

抗逆力是个人的自我纠正取向，是遭受挫折时可以恢复的能力。优势视角认为，以抗逆力为实践的知识基础创造了一种乐观的脉络。虽然存在贫困、压迫、歧视、疾病、失望、公众冷漠甚至敌意等因素，但那些被视为处于危机状态或者弱势地位的人们仍然没有放弃并以我们未曾料到的决心去迎接和创造未来的生活。逆境可以促使一个人反省自己的价值观念、信仰、优先性、承诺、人际关系等，从而做出必要的调整，进而真正改进个人的生活模式。这样的抗逆力不仅体现在个人身上，而且展现在家庭和社区之间（Saleebey D, 2004）。

四、残疾人社会工作方法

随着对残疾人工作的重视，近年来残疾人社会工作方法呈现多样化趋势。

（一）残疾认识模式

1. 医疗模式

这种模式将残疾视为疾病，认为通过医疗手段或辅助医疗方法及器具，可以解决患者的困难。在这种模式指导下，社会工作者应对现代医疗科技的进展有基本认识，并在适当情况下协助残疾人获得合适的服务，包括转介病人前往有关医疗机构、在病人有需要时帮助申请经济援助等。

2. 个人模式

这种模式将残疾视为个人的不幸，而康复工作的重点就是致力于使个人适应残疾带来的影响，并从心理方面接受残疾的现实和限制。在这种模式指导下，社会工作者的角色就是从旁协助，让伤病者渡过关口，接纳自己残缺不全的现实和重新适应环境。个人模式的缺陷在于：第一，它使个人处于被动的位置，把患者对残疾的反应必然化和固定化，忽视具体的环境因素，倘若社会的文化和价值观念接纳残疾并提供充分的保障，患者对残疾的反应便会缓和许多。第二，医疗和心理辅导在康复过程中固然很重要，但是毕竟凭此两者难以完全解决问题。

3. 社会模式

这种模式将残疾问题的焦点由临床诊治或个人调适转移到客观的物质环境和社会环境上。康复工作的重点在于改善残疾人的周围环境，而社会工作者的任务除了帮助残疾人恢复功能外，还致力于消除限制残疾人的外在环境和社会因素，协助残疾人获得与其他公民平等的权利和发展机会，以达到自强和自主的境界。

（二）残疾人社会工作方法

残疾人社会工作除了在上述医疗模式和个人模式指导下运用具体的方法如心理辅导、个案工作、寻找资源、转介等开展服务外，更注重在社会模式指导下选择合适的行动为残疾人提供服务。这些行动包括四个层面，它们构成了一系列从微观到宏观的介入方法。

1. 让残疾人充分运用其可以运用的资源和能力

社会工作者尽量从残疾人及其周围环境中去了解服务对象已有的能力和可资利用的资源，帮助其改变态度或学习某些技术和方法去解决问题。具体的工作方法有：

- 辅导，即社会工作者解释某些看法和教导残疾人，使其建立自我意志，发挥潜在能力，真正解决问题。
- 支持，即帮助残疾人认识自己所处的环境里可以运用的资源及途径，然后针对残疾人的困难，社会工作者安排提供援助服务，如残疾人家务助理、残疾病人短期照顾等等，使他们渡过难关。其间，社会工作者要不断地给予鼓励和支持，使残疾人从中获得经验和能力去面对困难。
- 保护，这是一种强化的支持，以防止残疾人受到伤害。保护的方式可以有多种，社会工作者应该根据残疾人的具体情况采取不同的安全措施避免伤害出现，比如在迫不得已的时候送残疾人至院舍进行照顾，以及在一般情况下安排亲友、家务助理、护士护理和照顾病弱的残疾人等。

2. 减少残疾人运用资源的环境阻力和矛盾

残疾人在求助过程中会因为周围的人事和环境中的许多阻碍和误解得不到足够支援，如残疾人的家庭成员对其应接受怎样的服务有不同意见、机构人员对残疾人情况并不了解等,社会工作者的介入就是要调解这些矛盾和澄清误会,使残疾人获得应有的支援和帮助。

- 调解,即社会工作者通过斡旋以消除或减少残疾人、家人和服务机构人员之间出现的不协调和冲突,促进各方的沟通和合作,为残疾人提供有力援助。
- 商议,根据残疾人的需要,社会工作者做好磋商和协调,以便残疾人能获得更多的社会资源和服务。

3. 发掘并有效运用社区资源

在大多数情况下,残疾人需要的帮助相较于社会服务机构所能提供的资源更多,因此社会工作者要为残疾人发掘和调动更多的服务资源,以满足残疾人的需要。为了达到这些目的,社会工作者采用的服务方法有:

- 调动资源。第一,协助残疾人辨认社区内一些潜在的且能提供帮助的人际网络、服务资源,如家人、邻居、志愿服务人士等;第二,鼓励和激发这些人际网络发挥作用;第三,调动不同的可运用的资源和支援网络去帮助受助人,针对独居而行动不便的残疾老人,社会工作者可以因应社区内能调动的资源为受助人创建一个合适的支援系统,例如安排家务助理协助处理家居事务、调动义工人员定期探访和组织活动、联络邻居在受助人遭遇危机时提供照应等。
- 链接新资源。社会工作者协助发展和设立一些新的互助或支持团体,以加强对残疾人的照顾和支援。这些团体可以有不同形式:由遭遇类似困难和问题的残疾人所组成的互助或支持团体,如残疾老人互助组、残疾女性自强小组等;一些照顾者的团体,比如残疾人支援小组、智力障碍人士家长组等;服务性的义工团体;倡导性团体,如残疾人权益促进会、残疾人关注组等。
- 社区联络。要与社区内不同组织、人士建立并保持一个合作的网络和关系,从而为残疾人的问题解决提供良好的资源和人员支持,大致有两种联络和合作形式:一是短期性针对某些残疾人的事件或问题解决的联络和合作;二是长期和持续性的联络和工作关系的建立,如定期接触、沟通,转介,合办残疾人服务计划等。无论上述哪种联络和合作形式,社会工作者都要对社区内残疾人的基本情况以及相关资源有一个充分的了解和认识。

4. 促进残疾人的权益

很多时候,社会资源的匮乏和人们的忽视使得残疾人的困难未必都会引起社会的关注或得到充分的解决。对此,社会工作者可以采取两种方法:

- 倡导,即为受忽视的残疾人争取合理的利益,包括工作人员在机构和社区内为残疾人争取更佳的服务,提出合理的政策修订建议,以帮助残疾人摆脱困境等。
- 社区教育,社区教育的目的就是要教育社区人士通过了解身处困境的残疾人士的状况，以消除他们对残疾人的偏见和歧视，从而争取更多的社区人士支持和参与残疾人扶助工作。社区教育包括社会工作者直接解释和游说、举办社区教育的宣传活动等，以营造社区互助和包容的气氛。

本节通过介绍香港某服务机构的一个服务实例来说明上述方法。

社会工作实例——以社区为本的康复工作

一、服务理念

以社区为本，希望康复工作通过弱能人士本身及其家庭成员、邻里、社区领袖，以至整个社区的参与，达到社区整合，为有需要的弱能人士提供照顾和支持。

二、服务对象

屯门良景村是新落成的公共屋村，总人口约 52 000 人。所住的居民中，单身老人、伤残人士、精神康复者和单亲家庭人员等占大多数。由于工作队人手有限（一个受训社会工作者、一个福利工作人员、一个文职人员），因而只能集中服务单身老人、伤残人士和智力障碍人士。

三、计划的目标及工作焦点

期望通过有效的工作，使弱能人士在行为和社会功能方面有所改变；弱能人士家庭对生活的满意程度有所提高；弱能人士与邻里间的关系得到改善；社区对弱能人士的接受程度有所提高。

配合以上目标，社会工作者需重点做好以下几项工作：

- 个人训练：为弱能人士提供简单的自我照顾技巧和康复技巧的训练，协助其发展个人才能。
- 义工的培训和发展工作：通过不同形式招募一群对康复工作有兴趣的人士，并为他们提供基本训练，使他们能为弱能人士提供定期探访或其他服务。义工对象可来自不同年龄和不同阶层。
- 建立及强化社区内非正式的网络：协助弱能人士建立社交网络，也协助其家庭成员建立互助网络。
- 策动社区资源：期望通过地区领袖、社区设施、事业人士、经济支援等不同资源的互相配合，弱能人士的需要能够得到满足，困难能够得到解决。
- 强化社区权益倡议：协助弱能人士提出他们的需要，协助其与地区政治团体磋商。

四、工作策略

1. 第一阶段

工作队首先在区内进行自我宣传。故在服务尚未正式推行前，工作队先成立了地区指导委员会，委员会成员包括区议员、区城市政局议员、社会福利署代表、特殊学校校长、中学校长、学前训练中心主任、社团领袖等。地区指导委员会的主要任务是协助开展工作、提供意见、寻找经济支援等。委员来自不同服务单位，便于从多方面收集意见。

地区指导委员会之下设有一个工作小组，小组成员除了几位受聘的工作队职员外，也有仁爱堂（协助机构）等部门的代表。工作小组的工作内容主要是发掘服务对象、策划工作策略和推行服务等。

工作队成立后，服务也正式推行。工作队首先在区内招募了一群青年同仁于屋村（公益性廉租房）内进行逐户的问卷调查，目的是发掘一些潜在的服务对象。在了解区内情况的同时，社会工作者顺便向居民宣传工作队的工作。除了通过问卷调查的方式找出服务对象外，工作队还得到房屋署的协助，提供了一些有关弱能住客的资料。

工作队根据问卷调查所得的初步资料进行家访，目的是深入了解服务对象的残障情况及其需要。在此阶段，社会工作者通过分期的家访已与服务对象建立了初步关系。

与此同时，工作队也开始于村内招募一些家庭主妇参加义工小组。最初，参加者的主要心态是消磨时间，其次是认为弱能人士及独居老人较值得同情，加上服务对象也是区内居民，有些甚至是他们的邻居，故十分愿意为区内弱能人士提供服务。社会工作者为组员提供服务技巧的训练并教授一些有关康复的知识。其后，组员开始随社会工作者上门进行家访，以了解服务对象的需要及生活情况。组员也开始举办一些文娱活动，邀请受访者参加，从而彼此建立初步关系。组员也为个别有需要的弱能人士和独居老人解决一些日常生活上的困难，如购物、协助就诊、家居清洁等。

除了吸纳区内女性加入义务工作行列，工作队也通过区内宣传以求吸纳一些青年义工，其中主要的是主动与区内中学接触，最后工作队成功地招募了一批青年学生，参加者的主要动机是出于对弱能人士的同情，认为他们是受社会忽略的人群，愿意为他们提供服务。

工作队在女性义工小组与青年义工小组的发展方向上有所不同。女性义工小组成员多来自所服务的屋村内，她们对所属的屋村有归属感，故容易培养互助精神。而青年义工小组的成员则多来自村外，他们对所服务的屋村认识不深，加上处于不稳定时期，可能只是短期地参与。因此，青年义工小组的发展方向便集中于举办一些社区教育的工作，通过不同类型的活动使社区人士彼此有更深的了解。

除了青年和女性义工，工作队还发掘了一些有潜能的老年义工协助参与制定活动的策略并做好推行工作。发展老年义工的主要原因是服务对象中有不少独居老人，而老年人与老年人之间会有更多话题可以分享，且更明白彼此的需要，因此训练年长领袖对服务推行将会产生很大帮助。

专业人士的策略对地区康复计划的推行也相当重要，尤其是在伤残人士的康复过程中，专业意见很重要。因此，工作队也尝试邀请区内的一些医生、物理治疗师、牙医等协助举办康复活动，并为有需要的弱能人士提供免费的专业指导和治疗。

综合而言，工作队推行服务的最初阶段主要集中于发掘服务对象、了解他们的需要，从而发展有效的人力资源为有需要人士提供适切的服务。

2. 第二阶段

这个阶段的主要工作策略是协助服务对象构建社区支援网络；推行社区教育工作，使区内人士对弱能人士有更多的了解；强化区内社区资源的联系。

在此阶段，服务对象主动寻求援助，愿意开放自己。因此，工作队开始协助他们组织、构建支援网络。社区支援网络可包括弱能人士的邻居、友群、提供服务的志愿小组及团体等。由于工作队所服务的伤残人士以单身占多数，因而在其所住范围内要构建社区支援网络。

工作队以一幢楼为单位为伤残人士成立互助小组，故小组成员皆来自同一大厦。小组的目的一方面是协助组员扩大其生活及社交圈子，另一方面是借此培养组员的互助精神。而小组内并非所有组员皆为伤残人士，也有健康人士。组员属于同一大厦的居民，接触机会较多，如急需时更易于互相帮助。事实证明，这种类型的小组很受服务对象的欢迎，而且在小组中更能发掘一些有服务潜质的组员，有些更能主动地协助组员解决生活上的困难。

工作队除了协助伤残者彼此构建互助网络外，也协助他们在邻舍层面构建互助基础，所以便有“互助钟”计划的出现。该计划的目的是替村内一些伤残人士和独居老人安置一个求救钟，当事主在家中有危机或意外事情发生时，可及时通过互助钟发出求救信号通知邻居，以最快速度得到援助。当然，在安装此设置之前，先要使邻居对此装置的目的与意义有所了解，才能发挥效用。而一般邻居均表示愿意在听到紧急求救钟声响起时加以援手。由此可见，此安排较能从邻舍层面协助伤残者构建互助网络。

要使社区居民了解和接受弱能人士，社区教育工作十分重要。工作队在区内也以多种形式，例如康复资料展览、征文比赛、标语创作比赛、同乐等，推行社区教育工作。工作队也了解到，单靠一些单元的文娱活动未必能够使参加者对弱能人士提高认识，故工作队也注重举办一些教育性活动，即活动会较有连贯性，不只注重提高认知水平，更看重伤残人士与健康人士共同参与。

要使社区居民对弱能人士有更多认识和了解，从而接受他们，并将其视为社区内正常的一分子，这是一项长远的教育工作。而接受教育的人员可以是任何年龄段的社区居民而不只是成年人。需要自小培养未成年人对弱能人士的正确态度，因此工作队要尝试与区内小学联络，邀请学校合作，鼓励六年级同学参加一些伤残人士和健康人士参与的活动，通过资料介绍、实地探访和共同相处以了解弱能人士的情况。而参加者经过亲身接触后自然会有更深刻的印象，他们或许会将信息传给家人或朋友，这种辐射方式能有效地传递信息和发挥教育的作用。

工作队在此阶段要更主动地联络区内不同类型的服务机构，并邀请这些机构共同提供一些为弱能人士而设的服务。最初这些机构均以合作的形式提供试验性服务，例如青年中心的义工小组尝试为伤残人士举办户外活动，也有一些机构的义工小组为独居老人和伤残人士提供家居清洁的工作。这些成功的例子和良好的经验往往使这些机构更愿意日后继续为弱能人士提供服务。

3. 第三阶段

计划的第三阶段可以说是服务的巩固期和检讨期。在此时期，社会工作者开始训练服务性小组自行策划服务和如何按服务对象的需要而制定小组的年度工作计划，并且训练小组自行独立运作。小组于此时已能完全掌握服务对象的特质和需要，且能够独自推行一些定期性的服务。

褒奖一些出色的义工，对于培养他们的互助精神有很大的帮助，也可肯定他们过去所做出的贡献。而服务对象和义工们除了在计划终结时分享感受外，还对整个计划的检讨工作提出具体意见。

五、总结

以社区为本的康复计划是一种非设施为本的工作取向，服务对象所需要的大部分资源也可以从社区的不同层面得到满足。可是社区能否为有需要的弱能人士提供照顾，直接反映出社区对弱能人士的接受度及其承担责任的意愿。因此，社区教育工作十分重要。只有社区重视弱能人士的需要，弱能人士才能获得分配的资源，才能平等参与，个人潜质才能得到更好的发挥。

五、中国残疾人工作状况及思考

多年来，中国各级政府和社会组织一直致力于对残疾人的保障和保护，并且取得了很大的进展，但是这项工作仍有完善的空间。

（一）中国残疾人工作状况

残疾人工作历来受到党和政府的高度关注，长期以来已经形成了以政府推动和单位提供服务为主的残疾人工作模式。具体表现为，残疾人的福利服务大多是在政府的政策推动下进行的，无论是残疾人享受的福利的范围还是水平都受到政府政策的直接影响，而残疾人福利的发放常常与其在全民所有制单位、集体所有制单位工作的家庭成员相联系，或者通过他们来传递。此外，若干年来，各级残联组织积极配合政府的工作要求与安排，在残疾人的行政服务方面开展了许多工作，在为各地残疾人提供生活保障方面发挥了不可替代的作用。

国内有许多部门参与制定有关残疾人政策并参与具体的实施工作：

- 民政部门。民政部社会福利和慈善事业促进司的职能有：研究制定残疾人福利工作政策；主管民政系统的残疾人福利机构；指导残疾人就业和制定残疾人就业政策；指导残疾人专用设备标准化工作等。各级民政机构的工作人员承担了大量的残疾人工作。
- 卫生部门。无论是残疾的预防，还是残疾的医疗救治和全面康复，国内的医疗卫生部门都积极参与其中。在残疾人福利政策方面，卫生部门与残疾人所在单位或社区协调，在公费医疗、医疗保险、工伤处理、后期康复待遇等问题上发挥了重要作用。
- 教育部门。教育部门主要从事的是残疾儿童和少年的特殊教育工作。除了普通高校开始适量招收残疾人之外，目前国内已开办了专门招收残疾人的大学、职业学校以及各类特殊教育学校。这些学校提供的教育对不同年龄的残疾人的成长和回归社会都具有极大的促进作用。

改革开放以后成立的中国残疾人联合会，在残疾人康复和残疾人工作研究等方面也发挥了突出的作用，特别是在残疾人的帮困脱贫、就业创业、生活照护、教育学习、权益保障和社会参与等方面提供了切实有效的帮助。同时，一些社会组织也进入了残疾人服务领域，专门从事社会工作、心理辅导、法律咨询、教育规划等专业服务，进一步改善了残疾人的生存和生活环境。

中国残联最新统计数据显示，截至 2022 年，我国有 8 500 万残疾人，约占中国总人口的 6.2%，主要集中在听力、语言、智力障碍等方面，合计占残疾人口总数的 53.89%。中国人口残疾率与世界平均水平基本相同，但中国残疾人口绝对数量大，残疾人的负担重，由此产生了一系列残疾人问题，其中比较突出的有：贫困问题尤其是农村残疾人贫困问题、就业问题、基本公共服务短缺问题、无障碍设施匮乏问题、平等参与机会欠缺问题、融合发展的社会环境不佳问题、社会歧视和排斥问题等。

（二）中国残疾人工作方法的思考

虽然各级政府部门和少量的民间组织在中国残疾人工作方面做出了巨大贡献，但是我们从专业的角度去考察仍然可以发现一些不足之处。

第一,目前国内残疾人工作尤其是康复工作大多数情况下仍然以医学模式为指导,更多关注的是残疾人的生理残疾以及随之伴生的生活困难。

第二,许多残疾人机构的具体工作仍然基于供养理论,仅仅着眼于在经济方面或者物质方面为残疾人提供帮助。

第三,国内的残疾人工作往往是通过其完善的组织架构来实施的,这尽管在一定程度上是一种优势,但是也伴有强烈的行政化色彩,许多针对残疾人的工作是一种行政管理或行政事务,而不是专业服务。

基于上述情况,我们可从以下三个方面来推进中国残疾人工作向残疾人社会工作转变。

第一,向从事残疾人工作的人员灌输尊重、接纳、个别化、非批判等社会工作的价值理念和原则,这是一切助人工作的基础,对残疾人社会工作来说尤其重要。

第二,大力倡导用正常化理论、标签理论、增能理论等理论来指导残疾人工作的开展,尽量减少无意地使用区隔、标定的手法对残疾人的进一步伤害。同时,社会工作者要注重在为残疾人提供物质帮助的过程中也重视对残疾人能力、信心的培养和提升。

第三,通过培育、扶持更多的非政府服务组织来逐渐弱化目前残疾人工作的行政性而提高它的专业性和专业服务水平。

小　结

残疾人社会工作指的是对残疾个人或残疾人集体进行的专业性活动。工作方法包括个案工作、小组工作、社区工作和个案管理等。

残疾人社会工作内容可以联系残疾人经历和生命周期事件一起考察,具体包括:一是康复,就是社会工作者帮助残疾人最大限度地恢复生理功能或进行功能补偿,以增强他们参与社会生活的能力。二是针对残疾儿童所属家庭的服务,主要有协助获取物质支持、为家庭成员提供精神支持、尽量保护残疾儿童家庭免受冷漠的官僚机构带来的消极影响、协助扩展人际关系网络、为残疾儿童成长提供有利条件。三是教育,社会工作者把残疾人接受教育作为服务开展的关键环节,通过学习必要的文化知识,残疾人能够更好地挖掘自身潜能,维护自身应有的权利进而实现与社会的融合。四是就业,社会工作者可以帮助残疾人寻求更适宜的工作岗位,帮助他们学会自立和维护自身的合法权益。五是婚姻和家庭生活,社会工作者通过咨询、介绍、指导和辅导,帮助残疾人更好地建立婚姻关系和更好地调适家庭关系。六是倡导和社会预防,即社会工作者可以在更宏观的层面上通过努力来改善残疾人生存的各种环境,尽量消除社会对残疾人的歧视。因此,社会工作者和其他专业人员具有不同的功能和职责。

中国残疾人工作已经形成一套比较完善的行政体系，但从残疾人社会工作的角度考察，它在专业理念、专业理论和方法、整体的专业素质方面仍有进一步改善的空间。

参考文献

[1] TOWNSEND E., RYAN B., & LAW M. Using the World Health Organization's international classification of impairments, disabilities, and handicaps in occupational therapy[J]. Canadian Journal of Occupational Therapy. 1990, 57(1): 16-25.

[2] 迈克尔·奥利弗. 残疾人社会工作[M]. 谢子朴，译. 北京：华夏出版社，1990.

[3] 周永新. 社会工作学新论[M]. 香港：商务印书馆，1998.

[4] LENNARD J D. Enforcing normalcy: disability, deafness, and the body[M]. New York: Verso, 1995.

[5] SOLOMON B. Black empowerment: social work in oppressed communities[M]. New York: Columbia University Press, 1976.

[6] 何雪松. 社会工作的四个传统哲理基础[J]. 南京师大学报(社会科学版)，2007(2): 33-38.

[7] SALEEBEY D. 优势视角：社会工作实践的新模式[M]. 上海：华东理工大学出版社，2004.

案例　社区康复中残障人士自我效能感提升的社会工作介入

周紫怡

一、社会背景和案例需求分析

（一）背景介绍

受到西方残障人士康复去机构化理念的影响，2009 年，中国残疾人联合会开始在全国推行“阳光家园计划”。该计划旨在将居家服务、日间照料和寄宿托养结合起来并提供统一标准化的服务。上海市也在政策的推动下建立了多个阳光家园，为社区康复的残障人士提供服务。截至 2018 年，全国残障人士动态更新数据显示，上海市的智力残障人士与精神残障人士共计 3.3 万名，超过了全市残障人口数量的五分之一（上海市残疾人联合会，2019）。基数的庞大与需求的多样性，对社区康复机构的服务理念、服务内容与方法都提出了更高的要求。

目前，上海市的阳光家园通过政府购买社会工作服务或者公益创投等方式，为残障人士提供需求性的康复服务。相对于传统社区康复的问题视角以及服务提供的非专业性而言，社会工作是一项专业助人的实践活动，社会工作者能够以发展的眼光、理念和视角来看待每一个残障人士，并且采用专业的方法提供服务。

S 农场社会工作项目作为公益创投项目，于 2018 年在上海市 D 街道落地，旨在为社区康复中的残障人士提供社会性康复服务。S 农场项目选址于阳光家园，力图打造真实的“天台农场”，通过需求调研和招募农场成员，旨在以种植蔬果为媒介，引导残障人士在种植的过程中了解蔬果的成长历程，帮助他们认识生命，理性认识自我价值。

本服务实施地点为上海市 D 街道阳光家园，是直属于 D 街道残联、面向 D 街道的残障人士服务基地，提供包括日间照料、康复训练、文体活动等在内的免费服务。可以看出，D 街道阳光家园主要以康复机构擅长的日常康复服务为主，间断性地提供志愿文体服务，但是尚未开展社会工作专业服务。目前在家园注册的托养残障人士包括智力障碍人士、精神障碍人士，总计近百人，通过查看阳光家园日间托养学员登记表，统计得出日常固定出入且在阳光家园里接受服务的学员约 10 名。2018 年，D 街道经过翻修，建筑空间大小相对于以往有了很大的扩展，其空间结构有三层：一层是服务咨询空间；二层是精神障碍学员的康复空间；三层则是智力障碍学员的康复空间。其中三楼的阳台经过S农场项目的入驻，经由专业人员与项目人员的规划和设计，成了D街道阳光家园独有的“天台农场”。S农场项目是首个进入D街道阳光家园的社会工作项目服务，“天台农场的建立”也为后续服务的开展提供了活动空间。

（二）案例需求分析

社会工作者通过一段时间的观察与了解发现，阳光家园的服务对象在参与项目服务活动时普遍表现出不主动、不愿意尝试甚至是“抵抗”的心理状态。社会工作者对残障人士的服务理念仍以问题视角为主，仅仅将残障人士作为服务的接受者，忽视了其自我康复过程中的能动力，导致其出现“被动”“依赖”的现象，“自卑”“自我否定”等负面情绪仍然存在，自我效能感低下，不利于康复。

从项目最初的需求评估和服务对象参与项目的动机表述中，社会工作者发现残障人士大都是因为对农场好奇或者感兴趣，所以主动参与到接下来的项目活动中来；从S农场项目本身对残障人士具有的吸引力而言，主要以丰富日常生活和促进人际交往为主。相对于一系列的日常志愿服务活动而言，S农场不仅希望丰富残障人士的生活，促进人际交往，更希望服务对象在农场中通过与农作物的接触，发挥自己的作用，认识自己的潜能，从而实现成长。

在社区康复中，残障人士自我效能感的提升需要得到关注。残障人士作为社区康复的主体，既是服务的接受者，也是服务的主动参与者。聚焦残障人士的自我层面，不仅体现了人文主义的理念，也是优势视角下关注残障人士自我力量与优势、发现潜在的内部与外部资源的体现。更重要的是，聚焦自我层面有助于激发内在恢复动机，从而更好地实现复原，促进社会参与。

本案例旨在探究社区康复中残障人士提升自我效能感的问题，从目前社区康复中残障人士所处的“被动”境况出发，聚焦于“自我”部分，关注残障人士在社区康复中的自我效能感；尝试运用社会工作的三大专业方法之一——小组工作的方法，结合自我效能感理论描述具体的介入过程，以期通过小组活动的设计与参与，帮助残障人士形成积极的自我效能感，实现自我的提升。

二、理论基础和理论运用

（一）自我效能理论

20世纪70年代后期，美国心理学家班杜拉从社会学习的观点出发提出了自我效能理论，自我效能理论是其社会学习理论体系的重要组成部分。自我效能感是指个体在进行某一行为操作之前对自己能够在什么水平上完成该行为活动所具有的信念、判断或主体的自我把握与感受。个体的自我效能感是人的主体因素的核心，决定了个体认知、情感、行动以及动机的模式，也决定了在面对失败、困难、压力等否定性情景刺激时的身心反应方式。在社会学习理论学者看来，个体人生的成功与否，不是取决于环境，而是取决于个体的自我创造。

通过对自我效能感的影响因素进行大量的研究，班杜拉指出可以通过以下四种途径来培养自我效能感。

1. 增加个体对成功的体验

个体对自己与环境发生相互作用的效能做出主观判断，是以个体多次亲身经历某一同类工作而获得的直接经验为依据的。增加个体对成功的体验是获得自我效能感的最重要途径，并且也是对个体已形成的自我效能感进行验证的基本途径。

2. 增加替代性经验

增加替代性经验是个体通过观察能力水平相当者的活动，获得对自己能力的一种间接评估。它是一种间接经验，使观察者相信当自己处于类似的活动情境时，也能获得同样的成就水平。

3. 言语说服

言语说服是通过他人的指导、建议、解释和鼓励等来改变人们的自我效能感。人们对自身能力的知觉在很大程度上受周围人评价的影响，尤其是来自有威信的人或对个体来说比较重要的人。班杜拉认为，对个体的无条件的积极关注会增强个体的自我效能感。但是如果说服者的言语劝导与个体的实际能力不相一致时，一开始就会增强个体的自我效能感，但经过验证后，反而会严重降低个体的自我效能感。

4. 情绪反应和生理状态

效能信念还部分依赖于进行能力判断时的生理、情绪状态。个体在面临某项活动任务时的身心、情绪反应，通常会影响行为的表现。正面的情绪状态能够增强自我效能信念，失望的情绪状态会降低自我效能信念。

（二）理论运用

本案例从自我效能理论的视角出发，从增加个体的成功经验、增加替代性经验、言语说服和情绪反应、生理状态四个维度，运用访谈和参与式观察等研究方法，将小组工作作为介入方法，通过前期现状分析和需求评估制定出残障人士自我效能感提升的小组计划书。我们在为期近 3 个月的时间内，针对服务对象的需求开展了九节次的小组活动，并在小组活动过程中通过对小组成员特性、组员行为、小组情境的关注与控制，在小组内部形成能推动小组向积极方向发展的动力，促进服务对象的改变和团体目标的实现。

三、具体介入过程

（一）前期评估

经过前期招募，符合项目对象要求，愿意且能够长期参与项目服务的在阳光家园固定康复的学员有10名（服务对象基本信息见表14－案－1）。其中，精神障碍患者6名、智力障碍患者4名，精神残障等级分别为四级、三级和二级，智力障碍等级分别为四级和三级，生活基本上能够自理。

表14－案－1　服务对象信息表

对象信息	性别	年龄	残障等级	基本信息
小李	男	37岁	精神残障二级	长期以来在社区康复，积极参与农场活动，但没有目标，总是觉得自己没有价值，很迷茫
小军	男	32岁	精神残障二级	在意别人对自己的看法，总认为有的人是歧视自己的；情绪低落，认为自己的付出是徒劳的，总是失败
小邢	女	32岁	智力障碍四级	动手能力较强，在前期活动中不喜欢表露自己，比较沉默，不做出回应行为，甚至会生气，然后中途离开
香香	女	25岁	精神残障四级	性格内向，“以自我为中心”，在活动中一遇到失败就想放弃
彤彤	女	28岁	精神残障四级	性格内向，对事物提不起兴趣，消极，非常听从家园工作者的指导，很被动
潘潘	女	32岁	智力障碍四级	性格较内向，喜欢农场，但不愿意积极参与，害怕交流，担心失败
小朱	女	22岁	智力障碍四级	因自身有疾病而很自卑，容易自我否定，对自己做的事总是抱有沮丧的想法
缪缪	女	23岁	精神残障四级	很认真，但在活动中总是一个人戴着耳机，很少同他人说话，缺乏安全感，自我动力不足
小桐	女	23岁	智力障碍三级	比较害羞，不愿完成项目中的家庭作业，总是想让别人帮忙完成；认为自己不会做，担心被别人议论
玲玲	女	30岁	精神残障三级	情绪很不稳定，不敢接触新事物；对他人的看法很在意，总是认为别人在说自己坏话；小心翼翼，自卑；活动参与较为被动

为了进一步了解服务对象对自身乃至对整个项目的需求，社会工作者结合服务对象可接受、可理解的程度，设计了问卷，了解他们对农场的需求，结果发现残障人士在自我方面存在一些问题，表现为消极的自我暗示、对自己能力的否定以及害怕失败而产生的抵抗行为等，进而形成低自我效能感。结合心理学中有关自我的概念，笔者将从自我认知、自我情感、自我意志、自我行为四个方面，对社区康复中残障人士自我效能感的状况进行阐述。

1. 自我认知

个体的认知和观念，既有正确的、合理的，也有不正确的、不合理的。社区康复中的残障人士对自我的认知一部分源于自我意识和经历，另一部分则源于他人对自己的评价。其中，在自我意识方面，由于对自身的障碍存在不正确的认知，服务对象容易将自己的失败经历或者无力感体验归因于自身的障碍和缺陷；在他人评价方面，源于家人、阳光家园的工作者和阳光家园的伙伴，但长期作为服务的接受者的学员之间缺少良好的互动，会使得服务对象将自己界定为一个"不会、做不好"的"弱势者"。刚进入农场时，多数学员对新事物感兴趣，但是当得知自己即将作为农场主管理农场时，就开始认为自己做不到，希望社会工作者帮他们完成。因此，社会工作者应当引导残障人士改善自我认知，形成理性认识。

2. 自我情感

"情"是个体在感知、理解、评价客观事物时所产生的一种情绪体验。个体的情感体验有正性的，也有负性的。残障人士的情绪体验集中表现为习惯性沉默、焦虑甚至是消极抵抗。沉默的服务对象认为，自己只需要听从，不需要主动；焦虑的服务对象认为，自己害怕完成不了，担心失败；抵抗的服务对象认为，活动对于自己来说太难了，不想做。消极的自我暗示使得服务对象在参与活动的过程中出现负面的情绪体验，长此以往便会对他们的身心健康和社会适应能力产生影响。

3. 自我意志

"意"是行为个体对自身行为关系的主观反映，表现为行为的决心，自我意志的不足会使得实践中的困难和障碍阻止认知和情感转化为有利的行为。服务对象由于以往消极的经历以及缺少成功感的体验，再加上对自我的认知不正确，因而意志力低下，没有足够的决心。在农场活动的前期，当活动失败时，多数服务对象就会退缩，然后选择放弃。而阳光家园的工作者一般是选择帮残障人士完成，而不是鼓励和引导，使得他们不愿意、不主动再次尝试，渐渐造成了意志力的"软弱"。

4. 自我行为

"行"是个体基于认知、情感和意志形成的外部表现所采取的行动。服务对象前期在农场中表现出来的"消极""被动"行为，一方面与其自我认识和评价有关，另一方面也同其缺少外部认同和支持有关。因此，社会工作者在引导服务对象树立正确的自我观念，提高对情绪的调节能力，将有益的行为逐渐转为自我的行为习惯时，也应当引导服务对象通过外部认同与支持获得对正向行为的反馈，将行为经验转化为改变的力量，从而更好地调节和巩固行为。

（二）小组工作方案设计

此次小组活动在设计时主要运用了自我效能理论，从成败经验、替代性经验、言语劝说、情感与生理状态四个维度贯穿自我效能感。社会工作者在引导组员管理和运营农场的过程中,通过设置从播种到结果的农场环境和体验,增加组员对成功经验的期望,减少焦虑和不稳定情绪产生的可能性;在农场的养护与管理中引导组员通过自身学习和观察他人的行为获得间接经验,以激励的方式强化习得经验,并不断进行完善,从而增强自信心;在农场运营的过程中,通过自评和他评,用言语和行动的方式对组员已有的行为进行肯定和鼓励,挖掘潜力,引导组员不断发现自己的特点和优势;从组员之间的互动中获得对自己的评价与态度,从而提高自我认知能力,促进积极自我效能的形成(具体见表 14 -案-2)。

表 14 -案-2 "天台农场"小组计划

<table>
<tr><th>节 次</th><th>名 称</th><th>主 题</th><th>目 标</th><th>介 入 内 容</th></tr>
<tr><td>第一节</td><td>我是农场主</td><td></td><td>小组成立</td><td>订立契约,进入农场</td></tr>
<tr><td>第二节</td><td>假如我是一粒种子</td><td rowspan="2">改善自我认知</td><td>认识自我</td><td>了解自己的社会关系以及支持有力、支持不力的情况</td></tr>
<tr><td>第三节</td><td>TA 和 TA 眼中的我</td><td>探索自我
认识他人</td><td>了解自己和他人眼中的自己,对自我进行全面的认知</td></tr>
<tr><td>第四节</td><td>我要守护谁</td><td rowspan="2">提升自我情感</td><td>建立信念</td><td>引导并发挥组员自我选择、决定的能力,明确行为目标,建立信念</td></tr>
<tr><td>第五节</td><td>我的守护责任</td><td>挖掘潜力</td><td>经验学习与实践,挖掘潜力,增加积极情绪体验</td></tr>
<tr><td>第六节</td><td>"守护王"PK</td><td rowspan="2">增强自我意志</td><td>激励动机</td><td>利用外部刺激,增强组员实现目标的动力</td></tr>
<tr><td>第七节</td><td>"我"能做得更好</td><td>给予信心</td><td>强化外部刺激,促进自我肯定,增强信心</td></tr>
<tr><td>第八节</td><td>农场大丰收</td><td rowspan="2">巩固自我行为</td><td>肯定自我</td><td>分享农场收获的成功经验,获得积极的自我认同</td></tr>
<tr><td>第九节</td><td>农场分享会</td><td>共同成长</td><td>分享成果,获得积极的社会认同,将既有经验转化为现在的力量,实现共同成长</td></tr>
</table>

(三)小组工作介入过程

1. 小组成立

在整个阶段的小组活动介入过程中,共有两名专业的社会工作者参加。其中一名社会工作者是小组活动的引导者,主要负责具体活动的开展,引导组员完成活动内容,协助组员促进自身行为的改变。另一名社会工作者则是小组活动的协助者,主要负责在具体活动中观察组员的参与和引导者的行为，并做好记录，促进小组工作的完善，为小组的效果评估提供参考。此外，还有一名志愿者负责活动照片的拍摄。

整个农场小组的活动内容是按照农场中播种—发芽—开花—结果的生命过程来进行的，贯穿了影响或提升自我效能感的四个维度，即认知、情感、意志、行为，从这四个方面介入，从而实现提升残障人士自我效能感的目标。

2. 发现自我，认识自我

(1) 存在问题

服务对象由于缺乏对自身的理性、客观认识，将以往的失败归因于自己的问题，忽视自己具备的优势与资源，因而将自己定义为“没用之人”。

(2) 介入方法

基于第一节组内规范的订立以及对小组期望与目的的澄清，本节活动首先主要从“假如你是一粒种子”的游戏出发，设置层层关卡，引导组员通过自身的努力，从播种—发芽—开花—结果的生命历程中，收集种子成长需要的正能量、可能遇见的负能量；其次在社会工作者的带领下，由种子的正能量、负能量过渡至自身，在图画中写下自己成长或生活中获得的支持和自己的优势，以及存在的支持不力又源于哪里；然后社会工作者鼓励组员进行自我分享和总结；最后布置家庭作业：“假如你是一名记者，请完成‘Ta 和 Ta 眼中的你’任务。”

(3) 介入过程

组员未曾有过此种游戏活动的体验，起初表现得比较紧张，一个关卡失败后就产生了打退堂鼓之心。在社会工作者与志愿者的鼓励下，各组员都依次在活动规定的时间内顺利通过了三个关卡，使得他们在首次体验中就收获了成功体验，情绪变得高涨起来。紧接着社会工作者通过引导组员展示自己在通关过程中因成功而获得的有利于种子成长的正能量卡片和因失败而获得的不利于种子成长的负能量卡片，从而引出自己也具备的正能量和负能量，并鼓励组员在图纸上写下来。鉴于部分组员的写字能力稍弱，社会工作者与志愿者便在一旁提供协助，最终所有组员顺利完成了任务。

一开始时，社会工作者鼓励组员进行分享，观察到有一名组员想尝试，但是又不敢举手示意，社会工作者就立刻鼓励他积极发言。该组员介绍了自己遇到过哪些困难，又是向谁寻求支持，以及自己在生活中存在的不利资源。该组员讲过后，紧接着多数组员也陆续发言。从交流的内容上看，几乎所有组员在生活中都遇到过不好的经历，包括因自身疾病而自卑，会把自己锁在家里，碰到过就业被拒等，并对此种经历进行归因思考；当然也有一些好的经历，包括家人对自己的接纳，在阳光家园里找到了朋友，健身舞蹈班的成员对自己很好，成为社区帮助老年人的志愿者。在每个组员讲完后，社会工作者都会对其发言内容进行归纳和总结，协助其更加清楚地认识自己的社会关系，发现其中的支持性资源。

（4）组员的成长

从最初组员带着“目的”去做闯关游戏，到通过交流和总结自己拥有的社会关系以及其中支持有力和支持不力的情况，组员在互动中对自己形成较为客观的认识，进一步了解了自我。在具体的参与过程中，个别组员还介绍了自己的负能量来源之一即自我病症以及应对方式，在“示范”作用下，小组内部进行了积极交流。从最开始对障碍话题的“回避”到“分享”，组员们在小组互动中开始面对自己，对自己有了进一步的认识。

3. 探索自我，认识他人

（1）存在问题

服务对象同他人缺乏良性的互动，对他人认识不足，影响了对自我的良好反馈与正确评价，促进了消极自我概念的形成。

（2）介入方法

本节小组首先通过“画画——我眼中的自己”环节激发组员的兴趣，引导组员了解自己，增强对自我的认知；其次在“Ta 与 Ta 眼中的你”环节中，通过介绍自己的“采访对象”促进组员对他人的认识，引导组员更好地欣赏与赞美他人。通过了解他人眼中的自己，组员可以全面地认知自我并进行相关的反思；社会工作者对以上情况进行总结，升华主题。

（3）介入过程

在热身游戏中，组员们以匿名的方式用简单线条在白纸上画出自己的样子，由其他组员一同竞猜画中的人是哪个组员。此环节不仅展现了组员的绘画水平和思维模式，彰显其共性与个性，也使活动达到了活跃气氛的效果。除了自我展现之外，社会工作者还通过引导组员进行自我反思以及反思他人的评价，从而深度挖掘了组员的自我认知。

在“Ta 与 Ta 眼中的你”环节中，多数组员“采访”了自己社会关系网中的人，包括家人、朋友、家园伙伴和社会工作者，并在组内进行介绍，客观地认识他人。对于他人对自身的评价，组员之间的反应则不同。得到鼓励和认可后，没过多久就有组员主动开始分享：第一个分享者是小李，他的评价是“性格活泼，热情，有孝心”，他表示听起来与自己很像，但从没完整想过，感觉挺不好意思的；组员小朱的评价是“大姐姐，帮助其他学员，很感性，带着大家一起做手工，挣补贴”。社会工作者注意到，小朱在念的过程中声音出现了一丝哽咽，于是社会工作者示意用掌声鼓励小朱，小朱表示没想过在别人眼里自己这么好，毕竟都习惯了以前的自己；小邢看到他人对自己的评价是“小公主，经常分享吃的，情绪容易暴躁”之后，先是开心而后沉默起来。对此，社会工作者在总结中鼓励组员正视自身的优缺点，正确看待他人的评价，展现优点，激发改变的信念，从而进一步提高自我认知水平。

（4）小组成长

结合对自我认识的澄清以及了解他人对自我的评价，组员在小组中学会了客观且正确地认识自我，分析自己的优缺点，在肯定自我的同时，增强了弥补不足的信心。从以往认为自己“一无是处”到现今“人无完人”的认识的转变，也促进组员改变了自我认知的负性思维方式。同时，在社会工作者的引导下，言语的鼓励与肯定、组员之间的良性互动，都给予了组员改变的希望和寻找目标的动力。此外，组员的参与度与积极性也较之前有所提升，但仍需社会工作者持续引导。

4. 设立目标，提升信念

（1）存在问题

服务对象缺少自主选择和自主决定的体验，只是用沉默作为回应，被动参与，自我情感消极。

（2）介入方法

本节小组活动旨在引导组员在自我选择和决定中基于明确的目标，提升信念，激发主动参与的动力。结合农场运营中的播种部分，小组首先以热身游戏“爱的抱抱农场版”引导组员自主讲述喜欢的农作物；其次以主题活动“长大后，我就成了你”自主感知喜欢的种子开花与结果的状态；然后通过“一对一认领”和“制作认领铭牌”环节，自主选择与决定，设定只属于自己的守护目标，加强与目标之间的联系，完成自主播种；最后社会工作者总结并升华主题。

（3）介入过程

热身游戏“爱的抱抱农场版”的趣味性使组员表现出了极高的参与热情，由一开始设置的三轮延伸至了五轮。另外，此游戏规则要求大家对各自所扮演的农作物进行不同的描述。经过试玩和演示，大家很快进入了状态。通过组员们的轮番描述，社会工作者发现大家对农作物的了解与观察非常细致。基于上一节活动中布置的家庭作业（你想要播种的种子），根据当季适宜种植的农作物以及组员自己选择的种子，社会工作者鼓励组员进行挑选，比如小军想种西瓜、李李想种黄瓜、彤彤想种番茄等等。社会工作者还以组员喜欢的种子的开花与结果图片来增强组员的好奇心。在自主制作铭牌时，组员们表现出了较高的参与性，还自主取了昵称。超人是李李喜欢的角色，昵称就叫“黄瓜超人”；小军想要多学习，了解很多知识，昵称就叫“西瓜学士”；晓桐一直认为自己长得很漂亮，昵称就叫“黄瓜美女”；等等。社会工作者在总结时，首先肯定了组员们自主选择和决定的热情，鼓励组员利用自己的优势和资源对自己的守护目标树立坚定的信念，并强调与守护目标加强联系，为之后需要组员做出主动行为（农作物的养护与管理）奠定基础。

（4）小组成长

社会工作者通过活动的设置使组员对“信念”有了一个形象的认识。自主选择和决定所包含的仪式感与责任感促进了自我目标的制定，激发了组员的动机与情感；达到目标的期望也促进了积极信念的初步建立；在小组活动中潜移默化地进行了心理转变，活动的参与以及结束后的分享也较之前更加积极、主动。

5. 经验学习，挖掘潜力

（1）存在问题

服务对象的守护目标具有不确定性；缺乏外部支持与经验学习；出现自我能力否定或者抵抗性退缩。

（2）介入方法

基于上一节目标和信念的初步形成，本节小组在“一分耕耘一分收获”环节中，学习直接经验和适当的间接经验，包括农作物的养护与管理，并以此作为外部信息的支持与资源，进入农场展开实践。社会工作者总结并升华主题。

（3）介入过程

在活动内容的设置上，为了进一步明确自我目标，并增强组员的自我责任感，在“一分耕耘一分收获”主题活动中，社会工作者引导组员了解并识别自己实现目标需要做什么以及如何正确去做。首先是进行活动主题的陈述。目前农场里的作物都已经种下，我们对农场作物付出得越多，收获的时候，它们给我们的惊喜也会越多，付出与回报是相辅相成的，组员对实现目标的步骤与内容进行思考。组员小李表示自己在电视上看到过，他提出要先浇水，小邢曾看过邻居种植，认为需要翻土，部分组员则表示不知道。其次是社会工作者针对以上情况，用趣味视频配音秀的游戏互动方式，引导组员科学、正确学习农作物的养护与管理知识。鉴于服务对象在接受与理解新知识方面存在一定的局限（组员小潘认为知识太多，记不住，小军则在学习相关知识后产生了自我否定的想法）。游戏结束后，社会工作者引导组员一同讨论体验中了解到的有关农场养护与管理的内容，在小组的共同努力下，农场养护与管理的手册的雏形便形成了。最后是组员将学习的内容进行实际操作。起初组员对未知行为感到恐惧，尽管社会工作者多次鼓励，却没有人愿意尝试。后来，社会工作者亲自示范，缓慢且细致地进行演练，减轻了组员的恐惧与不安。小李先进行浇水的示范，慢慢地其他组员加入进来，小朱尝试翻土，香香尝试剪枝……通过将直接经验运用于实际行动，组员们进一步增强了实现目标期望的信念与自信心。

（4）小组成长

在外界环境的刺激与支持下，通过主题活动中对直接经验的学习与实践运用，组员们不仅加深了对自我的认识，而且对自我学习和利用外部资源支持实现目标有了进一步的认知。组员们克服了在实现目标过程中的恐惧与不安，通过成功经验的肯定，在自我情绪体验中由消极的自我暗示转变为积极的自我信念，不断挖掘自身潜力，提升了自信。

6. 替代经验，激励机制

（1）存在问题

服务对象缺少外部环境的刺激，没有足够的决心，积极性与参与度不够。

（2）介入方法

本节小组旨在激发组员实现目标的动力，在热身游戏“爱的抱抱契约版”环节中巩固契约内容，增强组员目标实现的责任感；在“坚持与收获”主题活动环节中，通过激励机制的直接作用和“榜样”分享的替代性作用，激发自我动机，增强自我信心；最后是社会工作者总结并升华主题。

（3）介入过程

在本次小组主题活动中，社会工作者引导组员结合目前在农场中养护与管理的情况，形成激励机制。首先，在热身游戏“爱的抱抱契约版”环节中，大多数组员都对自己的守护责任有了清晰的认识，并且都能熟记于心，表明前期活动中组员在认知、情感信念方面有所提升，进一步明确了自己的目标、责任。

其次，在“坚持什么”环节中，社会工作者引导组员汇报目前农场中农作物的成长情况，并匿名选出各自心中的“守护王”。听到匿名投票时，组员之间有种莫名的兴奋感，也有期待，最终选出了排在前三位的组员：小李、小邢、彤彤。小李表示自己很开心，正是自己的悉心呵护才让黄瓜长得这么快；小邢表示受宠若惊，不过自己确实对守护的西红柿很上心；小潘则很失落，因为自己的茄子迟迟没结果，所以很失落。社会工作者在总结时对三名“守护王”给予了充分肯定，鼓励组员通过平时的观察与交流，感受其他组员的特长与成功体验，进而获得关于自我可能性的认识。同时，社会工作者引导情绪失落的组员及时对“未结果”的原因进行分析并思考。

最后，在“如何更好地收获”环节中，社会工作者同组员一起讨论并确定了农场的激励机制，即通过积分的多少获得相应的奖励，包括农场中需要的物资和自己的微心愿，最终获得“守护之星”的荣誉称号。社会工作者在本次小组活动结束后发现，有的组员会自主上传自己日常养护与管理的照片至线上联系群，也有的组员会非常开心地主动邀请社会工作者去看自己的农作物的生长情况。

（4）小组成长

外部环境能够激励个体的行为动机。组员在“实物奖励”和“精神奖励”的激励下，积极性得到提升。长期的激励过程使得组员坚持参与并激发了实现目标的动机，相信自己的能力，坚定了信念。

7. 结果期待，给予信心

（1）存在问题

服务对象缺少外部刺激的强化，信心不足，易退缩、中途放弃，甘愿成为一名失败者。

（2）介入方法

通过参与热身游戏“农场塔罗牌”，组员间接地了解到坚持到底的重要性；在主题活动

“我是你的守护者”中，组员回顾自己守护目标的生命历程，强化了自我肯定的信念；在“守护展望”环节中，组员近距离接触守护目标，对结果进行展望，增强了自信心。最后是社会工作者总结并升华主题。

（3）介入过程

首先，“农场塔罗牌”热身游戏玩起来远比想象中困难。此游戏包括塔罗牌的搭建和实现最后“一路到底”两个部分。虽然多数组员很快完成了搭建部分，但是几乎没有组员一次就能成功。几名组员经历过一次失败体验后，便开始出现失落情绪，再次尝试的积极性明显不高。社会工作者便告诉组员，一次失败，不代表整个失败，总结经验，学会接受他人的支持且继续尝试，坚持便是胜利。组员小李最先完成，便将自己的成功经验讲述给其他组员。在受到鼓舞后，组员们陆续挑战，直至全部顺利完成。

其次，在主题活动“我是你的守护者”中，按照上一节组员整理的农场日记，每个组员结合自己的守护目标记录了生命成长过程，以视频、照片、文字的方式展示了自己守护农作物的历程。在社会工作者的鼓励下，组员们陆续开始了展示，在回顾以往的点滴时，组员们的喜悦之情溢于言表，同时社会工作者也给予了肯定与赞许。多数组员表示，感觉时间过得很快，自己的农作物渐渐长出了果实，也意识到自己在此过程中的变化与成长。组员香香还表示胜利的曙光就在不久后，希望大家继续坚持，不要放弃。然后在“守护展望”环节中，社会工作者和组员一同进入农场，一方面观察守护对象的实时生长情况，另一方面通过结果期待，给予组员实现目标的信心。进入农作物生长茂盛的农场中，组员们主动前往自己的守护目标附近，组员玲玲迫不及待地拿出手机拍摄，告诉社会工作者家里的奶奶非常关心自己在这里守护的丝瓜，希望早些成熟，能带回家。在总结回顾中，社会工作者引导组员对守护目标进行展望，包括成熟时间的预估、守护中需要完善的地方，进一步将期望具体化，鼓励组员继续自主行动。

（4）小组成长

一方面，回顾对目标守护的过程，能够评估自己的完成情况，预估成功性，强化了行为动机；另一方面，展现自己参与的历程与变化，大胆展示自我，强化了实现目标的信念，由此也强化了组员的意志力。

8. 成功经验，肯定自我

（1）存在问题

服务对象将失败归因于自我的能力不够，怀疑自己的价值，出现消极、被动行为。

（2）介入方法

通过采摘与展示果实，社会工作者肯定组员们长期以来的付出与努力；在“守护之星”环节中，则进行荣誉的授予，组员们得到了其他组员的认同，从而肯定自我，获得了积极的自我认同。

（3）介入过程

首先，在热身游戏“爱的抱抱收获版”中以“果实”为主题，引导组员对即将到来的农场采摘做准备。多数组员表示期待，也有个别组员较为担忧，一直沉默不语，于是社会工作者及时分析组员的实际情况，避免组员产生不正确的想法。其次，在主题环节“守护者成果展示会”中，社会工作者与组员做好准备一同进入农场，对成熟的果实进行采摘。组员小李表示非常开心，自己的黄瓜长得好大；组员小朱表示自己的水果椒结了好多，还不断地将成果分享给大家；小潘进农场前非常担心自己的西瓜还没有成熟，当看到好几个西瓜已熟并长得圆圆的时候，她非常兴奋和欣慰。采摘结束后，组员们脸上都洋溢着自豪与喜悦，有的手上直接抱一大堆，有的组员则装了满满一袋，有的组员分享给了同伴、家园工作者和社会工作者。此次农场的播种—收获活动即组员实现目标的过程中，既有挫折和困难，又有努力与坚持。而最终农作物的收获、成功的体验，提升了组员对自我的认可。在“守护之星”的授予环节，社会工作者对组员的成功进行积极的归因，充分肯定他们的努力，并对成功地完成了目标的组员授予“守护之星”称号。另外，按照积分积累的多少，给予实物奖励。最后，社会工作者在总结与组员分享中，本以为组员仅仅分享和表达完自己的感受后就结束了，没有想到的是组员在分享感受后，还感谢同伴与社会工作者的陪伴与支持。组员认为，自己变得越来越积极了，对自己越来越有信心。社会工作者也对此做出了回应，以总结的方式，希望组员相信自己的潜能，也期望组员的获得性行为能够继续得到巩固，从而让自信成为常态。

（4）小组成长

只有体验过成功的喜悦，才能在潜移默化中发生行为上的改变。通过成功经验的获得，组员将成功归因于自己的能力与努力，不断地认可自我、相信自我。习得性的成功更加激发了组员内在的潜力，实现了自我肯定。

9. 成果分享，共同成长

（1）问题

服务对象缺少来自社会环境的认同，对自我进行了标签化，不能将经验转化为现在的动力。

（2）介入方法

本节小组活动旨在引导组员在“社区成果分享会”中获得认同，去除固有标签；在“希望便利贴”中学会将已有的成功经验转化为现在的力量，并针对未来制定新的目标。

（3）介入过程

作为小组系列的最后一节，本次小组参与对象由组员，组员邀请的父母、朋友，以及阳光家园的工作者、社区志愿者、社会工作者组成。组员很少参与除阳光家园之外的社区活动。

为了促进组员更好地适应此种环境，社会工作者首先在热身游戏“谁是偷菜人”剧本推理游戏中，通过分组展开游戏，拉近参与者之间的距离。其次在“社区成果分享会”中，社会工作者以视频的方式对组员在小组活动中的点滴瞬间进行回顾，使得组员及其家人、家园工作者和社区志愿者能够直观地了解组员以及农场的变化。再次在分享环节，社会工作者抱着鼓励组员分享的目的，而后很多组员的家长和家园工作者积极地分享孩子们的变化以及对农场的看法。香香的家长表示，以前香香对家里的很多事情都不关心，也不做什么，现在她在家里每天都会养护阳台上的盆栽，并且也变得开朗起来；小军的家长则表示，现在小军经常帮父母做家务，变得积极主动了，情绪也很稳定。面对家人的认可、家园工作者的认可和社区志愿者的赞许，组员们的反应也有所不同。有的组员感到很自豪，有的组员很开心，有的组员眼眶含泪，因为自己过去很少被这么多人认可。然后由组员带领参与者参观自己的农场，并向大家分享自己的果实。最后在活动结束时，社会工作者引导组员将自己对未来的希望与计划写在便利贴上，形成共同的“希望墙”。社会工作者在总结环节也感谢组员们近3个月的积极参与，对他们的行为改变和成长表示肯定，并对组员未来积极、自信的生活寄予了期望。

（4）小组成长

组员们在最后一节小组活动中获得了来自社会关系网络中不同人的认可，更加充满信心。通过彼此的分享与感悟，组员之间的联系也更加紧密。虽然组员在认知、情感、意志和行为上都有了变化，自我效能感提高，但是避免因小组的离别对其行为造成不良影响，后期的小组回访很有必要。

（四）小组工作介入效果评估

社会工作者综合对小组活动的观察与记录、个人的日志，以及小组后期的回访等评估资料，主要从两个方面来开展成效评估：一是对组员前后自我效能的变化，社会工作者分别从自我认知、自我情感、自我意志和自我行为四个维度，对组员的改变与成长进行描述；二是过程评估，社会工作者结合小组活动中组员的表现、参与情况所获得的质性资料来评估成效。从组员的自我认知、自我情感、自我意志和自我行为来看，小组活动在一定程度上增强了组员的自我效能感。

1. 自我认知的改善

组员们以往受到“标签化”和疾病观念的影响，缺乏对自我和他人的客观认识，习惯将困境或者失败归因于自身的残障，形成不正确的自我认知。这在他们的康复生活中表现为“无力感、做不好”，无法发现自身的优势与潜能。通过小组活动，组员们进一步认识了自我，了解了自己生活中可以利用的资源，得到了身边的人在心理与情感上的支持，获取了他人的评价，调整并改善了自我认知。在疾病归因方式上，组员通过介绍生活中的“负能量”，对自身的困境或者失败体验进行反思，了解到不应该将不好的事情全部归因为自己的问题，并从中汲取经验，从而客观地看待问题。

2. 自我情感的提升

长期不正确的认知和主观能动性无法得到锻炼，使得组员最初的情感表现为被动、习惯性沉默、无力感伴随的焦虑和消极性“抵抗”。由于缺少独立完成任务的体验或是设置的任务与目标难度过大，组员变得日渐消极，将自己“隔离”起来。他们在自主选择和决定的过程中，发掘了自己的能动性，树立了初步的信念；通过经验学习，获得了外部信息的支持，减少了对未知事物的焦虑与担忧。小组活动过后，组员们学会了积极探索自己感兴趣的新事物，并制定与自己能力相匹配的目标，学会利用信息资源与支持，从而避免产生负面的情绪体验。

3. 自我意志的增强

最初组员们普遍表现为意志力不强、害怕失败、恐惧挫折、自我动力不足，总是选择依靠他人的帮助或者直接放弃。在以往的经验中，组员们缺少成功经验，很少体验获得或者奖励，因而信念不坚定，每当遇到挫折时，就会习惯性地求助家人或者机构人员。组员们在小组活动的激励下，强化了继续完成某种活动或者任务的动机：一方面，体会到了独立完成任务后的正向结果以及信念不足造成的负向结果；另一方面，在期望中体会到了坚持即胜利的喜悦，从而使得自我的意志力得到提升。

4. 自我行为的巩固

最初组员们在认知、情感和意志的负面影响下，自主发生的行为普遍是“消极”“被动”的，有的组员即使做出了正向行为，也没有及时获得自我肯定或者社会肯定，容易出现行为消退。通过小组活动，他们从成功经验中发展出了正向行为，结合自我肯定和他人的认同，行为的持续发展得以激发。他们将已有的成功经验转化为现在的动力，勇于挑战自我，以自己想做且喜欢做的事情为目标，发展正向行为。

四、社会工作服务专业反思

（一）价值伦理的反思

在社区康复中，充分调动服务对象的潜在适应能力并使之复原是非常重要的。服务提供者扮演的角色不应该是专家，而应该是合作伙伴。在这个过程中，服务提供者要充分发挥其自主性，从“帮助”转变为“协助”，看到服务对象的优势与潜能，并提供不同层面的机会为服务对象进行引导，促进服务对象自我探索，减少对他人的依赖，促成对自身的接纳与肯定，形成积极的自我效能感，有利于复原。

结合目前的研究成果，在社区康复中，由于残障人士尤其是精神障碍患者和智力障碍患者受到各种因素的影响，因而服务提供者与服务接受者之间出现不对等的关系，服务提供者占据主导地位，不利于服务对象达到真正的康复效果。因此，在社区康复中需要实现从服务主导到需求主导的转变，发现服务对象的真正需求和意愿，激发其发生改变的动机，调动其主体性积极参与，这也是残障人士在社区康复中实现复原目标的基础。

（二）专业关系的反思

从复原的视角出发，社区康复中残障人士的自我效能感提升，是一个长期的过程，需要内外进行介入才可实现。这关系到残障人士的家庭以及所在的社区机构和社会层面，因而社会工作介入残障人士自我效能感提升，一方面需侧重对服务对象个体的直接服务，另一方面也要将与服务对象相关的家庭、机构、社区纳入间接服务体系中，从而更好地进行服务介入。

（三）方法运用的反思

本案例中的自我效能感，采用的是心理学中的观点，针对残障人士的自我效能感情况，社会工作者采用观察与半结构访谈的方法，整理和归纳出残障人士在自我方面存在的问题；同时，社会工作者对于服务对象提升效果情况的评估采用的是质性评估方法。尽管是从多个角度进行评估，但是缺少可测量性，可能会对本研究中评估的准确性产生一定影响。因此，在之后的相关研究中，研究者应该运用质性评估与量化评估两种科学的评估方法，从而避免单一化评估方法引发的准确度问题。

（四）服务成效的反思

本案例是以已有的社区康复项目为背景，在活动开展的过程中获得了社会工作机构和阳光家园的支持，且服务对象以阳光家园常驻学员为主，在组员的选择上缺乏一定的自主性。尽管服务群体都是阳光家园的学员，包括精神障碍患者和智力障碍患者，他们可以相互帮助，但是组员内部异质性较大，表现为认知能力和表达能力上的差异，这也导致在服务开展过程中会存在某些障碍和不足。另外，本服务在开展过程中需要遵循阳光家园的相关安排，以至于服务中曾经出现小组项目开展延迟的问题。因此，社会工作在介入社区残障人士康复服务的过程中需要在有效利用资源的前提下提升社会工作服务开展的效率和质量。

参考文献

[1] 上海市残疾人联合会. 2018 年上海市残疾人事业发展统计公报[EB/OL].（2019－04－25）[2019－05－10]. https://www.shdpf.org.cn/clwz/clwz/ztwz/tjgb/2019/04/25/4028fc7669572057016a5321e3281098.html/2.

[2] 阿尔伯特·班杜拉. 思想和行动的社会基础：社会认知论[M]. 林颖，等译. 上海：华东师范大学出版社，2001.

第十五章 学校社会工作

学生在学校这个重要的社会化场所中不仅学习文化知识,更重要的是学习和掌握社会规范和社会价值,为将来成为一个合格的社会成员奠定基础。因此,在这一人生阶段,给予学生更多的支持、指导就显得至关重要,而这也正是社会工作介入的一个契机。

一、学校社会工作概念界定和基本模式

(一)学校社会工作的概念界定

什么是学校社会工作?目前并没有一个统一的定义。本书对此的界定是:学校社会工作是社会工作者依据专业的理论和方法,在学校教职员工的密切配合下,在学校范围内,以帮助学生解决问题和促进学生成长为工作重点,为学生、家长、教师及学校提供服务的一种专业活动。

学校社会工作有以下两点特色:

第一,学校社会工作是一种专业性的服务活动,需要专业理论和方法的背景,因此它有别于一般的思想工作和政治教育。

第二,学校社会工作的基本对象是在校学生,但为了尽快解决学生问题,促进学生更好地发展,学校社会工作者还需要在教师、学校有关管理人员、家长、社区相应机构工作人员配合下开展具体服务。因此,上述人员不仅是学校社会工作者的合作者,还是学校社会工作者的服务对象。

(二)学校社会工作者的角色

在学校社会工作具体开展的过程中,社会工作者需要扮演的角色通常有:

- 专业指导者。协助和鼓励学生使用正确的方法满足本身的需要,有效地运用可获得的资源,解除其在成长过程中和适应学校过程中所遇到的危机。

- 行为和情绪辅导者。协助学生深入了解自己的感受，解决成长中以及面对学校生活时所出现的行为和情绪问题。
- 社会教育者。协助学生及其家长接受正确的社会价值观念和学校行为规范，增强社会责任感。
- 资料收集和咨询者。社会工作者广泛收集学生个人和群体的信息，从社会工作和社会学的角度向学校有关人员提供有需要的咨询服务。
- 资源获取指导者。社会工作者为学生、家长、校方等寻找如技能训练、社区设施、教育资源和专业服务等资源。
- 调解者。社会工作者加强与学生、家庭、学校和社会之间的联系，深化相互间的了解，促进融洽相处，遇到误解或摩擦时，协助调解。

（三）学校社会工作的主要模式

由于我国内地尚无系统的专业学校社会工作机构，因而本节只是对我国香港地区一家从事学校社会工作的机构——香港中华基督教青年会——所推展的学校社会工作模式做简单介绍。香港中华基督教青年会多年来开展的学校社会工作模式主要有以下四种。

1. 驻校社会工作者服务

“一校一社会工作者”是目前香港地区比较流行的学校社会工作模式。社会工作者分驻学校，配合不同学校的需要并与教师合作为学生提供服务，以协助受助者解决个人、学业、家庭等问题。通常采用的工作手法是面谈时的辅导、小组工作和多元化的活动。

2. 与辅导服务工作相互配合

学校社会工作者和校外其他辅导机构配合，能够带来三个方面的作用：其一，转介个案辅导；其二，社会工作者获得工作技巧和知识的培训；其三，可以为学校社会工作者提供有效的支援和咨询。

3. 与青少年中心服务工作相互配合

通过与青少年中心的合作，学校社会工作者能够运用更多的资源为受助者提供服务。此外，在场地的提供、活动程序的设计等方面，青少年中心也可以作为学校社会工作开展的幕后支持。

4. 与青少年综合服务队的相互配合

由于青少年综合服务队已经掌握了辖区内青少年中心和外展社会工作服务情况，并对辖区内学生在同辈、余暇消遣方式和社区层面的动态有比较充分的了解，因而学校社会工作与青少年综合服务队的密切配合，能使学校社会工作对在校学生的服务延伸至社区层面，并在青少年综合服务队的支持和协助下制定不同的介入策略，从而更有效地解决学生的问题。

二、学校社会工作基本理论

理论是指导社会工作实践的重要工具。理论也有多种类型,下述理论中,有些是解释性理论,用以分析社会工作所面临的现象,有些是操作性或实践性理论(模式),主要用来指导社会工作实务的具体开展。

(一)任务中心理论

任务中心是20世纪六七十年代在美国发展起来的一种个案工作方法,它的倡导者是里德和爱泼斯坦(Reid W J and Epstein L)。任务中心理论主张在诊断和服务过程中,首先制定明确的计划与时限,如此才可能达到治疗的目标。因此,它提倡简单且有一定时间限制的个案工作方法。任务中心理论的基本思想包含以下三点。

1. 对人和问题的看法

任务中心理论认为,人有解决问题的能力和潜力,个人通过专业服务可以增强解决问题的能力,并且学习方法和技巧,从而运用这些能力、方法和技巧应对日后可能发生的类似问题或新的问题。因此,人是健康的、常态的,问题的产生只是个人能力的暂时性欠缺而已。

任务中心理论认为,问题的存在是个人内在的心理因素与外在的环境因素交互作用的结果。因此,在解决问题的过程中,社会工作者需要对当事人的外在环境因素进行分析和考察。任务中心理论的主要目标是问题的分类,学界一般将问题分为七大类:人际冲突、社会关系的不满意、与正式团体之间的问题、角色执行的困难、社会环境变化的问题、反应性的情绪困扰、资源不足的问题。

任务中心理论的重点是确定核心问题。核心问题的界定需要社会工作者同当事人双方的合作。首先,必须是当事人自行确认并表示愿意加以处理的问题;其次,当事人在社会工作者的协助下应该有意采取某些行动来缓和问题;最后,问题的性质必须是特定且具体的,最好要有一定范围而不能过于抽象和空洞。

2. 任务的设定

简单地说,任务是帮助当事人解决问题而需要做的工作。如果说,解决问题是任务中心的目的,那么完成任务就是达到目的的必备手段。问题是任务的具体指向目标。在设立任务的过程中,社会工作者要考虑当事人的实际情况,包括当事人的能力、具备的资源,支持系统等,以制定合理的、最切合实际的任务。有时当事人的问题十分复杂,社会工作者还需要设定多重任务和次任务。在任务设定的过程中,社会工作者还应该注意,必须同当事人一起工作,避免社会工作者的意见过于主观。

3. 处理程序

任务中心理论有一套相对固定的处理程序。第一，社会工作者要同当事人一起确立核心问题是什么；第二，社会工作者要同当事人进行沟通并规划任务；第三，社会工作者要同当事人建立专业关系；第四，社会工作者要落实任务并进行预先练习，以熟悉职责所需的行为；第五，社会工作者要检查实行的情况，以作为解决下一个问题的依据；第六是结案，也就是完成职责目标或核心问题获得解决，问题的处理告一段落。

任务中心理论在实际运用时，并不仅仅是上面所说的方法和程序，还可以采用多种方法加以辅助，因此它的作用非常明显。

（二）越轨理论

越轨行为是指社会成员背离社会规范的行为。社会规范有成文和不成文之分，前者如法律法规，后者如道德习俗。越轨行为分为积极性越轨（如创新）、中性越轨（如女生留超短发）、消极性越轨（如常见的轻微违纪违规行为和情节严重的犯罪行为）。我们说的越轨行为多是指消极性越轨，它具有普遍性和相对性。前者是指越轨行为随处可见，轻微的如随地吐痰，严重的如违法犯罪；后者是指同一种行为会因为时间、地域、行为主体差异和文化规范不同而得到不同的评价。

早期针对越轨的研究重点放在“社会病理学”以及解决社会问题上，认为社会有许多复杂且相互依赖的分支结构，容易像有机体一样出现故障。20 世纪前期，受弗洛伊德心理学的影响，关于越轨研究的视角转向了心理学。心理学家多拉德（Dollard J, et al., 2013）对越轨动机进行了研究，提出了著名的挫折—侵犯理论。阿尔伯特・班杜拉（2019）认为由挫折引发的侵犯行为是后天习得的，伯科维茨（Berkowitz L, 1989）对挫折—侵犯理论做了改进，认为挫折使个体处于一种侵犯活动的准备状态，还需要环境提供刺激。

社会学界对越轨行为研究的集大成者是美国社会学家罗伯特・默顿（Robert Merton, 2003），他根据法国社会学家涂尔干（Durkheim）的失范理论提出越轨理论。涂尔干在 19 世纪末研究犯罪现象时提出了“失范”的概念：它是指利己主义得到强化，个人欲望和行为缺少约束，社会状态由于丧失整合而混乱（Marks S R, 1974）。罗伯特・默顿继承了涂尔干的观点，从功能主义的观点出发，提出了失范理论，将“失范”的含义由无规范更改为规范冲突，是目标与实现目标的手段无法对接的状态。

默顿在《社会结构与失范》（2003）和《社会结构与失范理论的连续性》（2015）两文中认为，越轨行为的许多重要形式（如少年犯罪）由社会规范本身的职能、社会结构以及社会结构发挥作用的方式引起，以文化或规范的方式描述的目标和以结构的方式描述的实现目标的手段在理解越轨行为方面有重要意义。当社会成员愿意追求社会为其规定的目标并获得社会为其规定的手段时,正统的目的和手段处于一种平衡状态;当社会成员不愿追求社会为其规定的目标,或被排斥在正统手段之外,或对正统目标和手段不感兴趣时,目标与手段之间就出现不平衡状态,默顿称之为“社会失范”。此时,个体会体验到压力或失范性紧张,并试图缓解,于是便产生越轨行为。默顿还列举了失范状态下人的五种行为:遵从、创新、形式主义、退却主义、造反。默顿认为,创新是人对因结构而产生的失范性紧张做出的最普遍、最重要的反应,亦是最常见的一种越轨行为。

(三)代沟和文化反哺理论

在当今社会中,很多家长往往不知道自己孩子的所思所为。他们给孩子提供优越的衣食住行条件,尽量满足孩子的要求,以为这就是父母角色的全部。然而,两代人之间却很少进行思想沟通,并非他们不想沟通,而是双方价值观念、认识、行为方式存在差异,以及一些父母持一种高高在上的态度,这一切使得双方的沟通根本无法顺利进行。代与代之间好像横跨着一道巨大的壕沟,它有一个十分贴切的名称——代沟。代沟是一种自然的社会历史现象,年青一代与年老一代在生活态度、价值观念、情感倾向和行为方式等方面总是存在着差异、对立、矛盾。从一定意义上说,代沟的存在促进了社会文化的发展;同时,只要社会文化不断变迁,代沟就难以避免。

美国当代著名人类学家玛格丽特·米德对代沟问题进行过深入持久的研究,并且取得了突出的成就。在她看来,所谓代沟,指的是两代人在价值观念、生活态度和兴趣爱好等方面存在的差异。两代人成长的历史时期不同,接受的教育不同,生活经验不同,社会各个方面的条件也不相同,存在差异在所难免。因此,代沟是一种自然的社会历史现象。代沟的问题在于如何面对和消除。诚如米德在《文化与承诺:一项有关代沟问题的研究》一书中写道,即使在不久以前,老一代仍然可以毫无愧色地训斥年青一代,“你应该明白,在这个世界上我曾年轻过,而你却未老过”。但是,现在的年轻人却能够理直气壮地回答:“在这个世界上,我是年轻的,而你却不再年轻,而且永远不可能再年轻。”(米德,1987)

沟通促进了解,了解消除差异。两代人之间的沟通和互动是消除代沟的有效方法。每一个人在生活中都会与他人有沟通,问题是如何沟通和沟通的结果是什么。在一种有问题的代际关系中,沟通是间接的、不真实的和不坦诚的。形成这种沟通模式的原因很多,可能是双方对彼此的身份存在一种定向的认识,如认为做父亲的就要严厉、不苟言笑,使得父亲在同子女的沟通过程中好像戴上面具的假人,影响沟通的正常进行;也可能是双方都抱着抵御、防卫的态度,或者双方为了某些特定的目的,掩盖自己真实的想法等。而在一种和谐的代际关系中,沟通是直接的、清晰的、真实的和坦诚的。在沟通的过程中,技巧固然重要,但是更加重要的是,隐藏在沟通方式背后的感受和意义。因此,为了增进代际了解,双方都必须克服障碍，真诚地交流，尽量了解对方的感受。

良好的沟通依赖于沟通方式的选择，沟通方式会影响沟通的效果。父母对子女常用的沟通方式包括命令、指挥、发号施令、警告、威胁、劝导、说教、批评、非难。这些沟通方式造成的实际效果是子女对父母权威形象的抗拒和反感，难以建立和谐的亲子关系。因此，父母有必要改变说话方式。例如，父母耐心地听子女表达自己的看法，不随意打断子女的说话，做一个倾听者，表达自己对子女的接纳，用自由发言的方式在谈话中引进更多共同关心的话题，不把自己的意见强加于人，学会称赞，以增进双方的了解并达成共识。子女应该认识到，在某些方面，父母的经验对自己有好处，要学会从中学习，而不是盲目地排斥。此外，子女要学会向父母说出自己的问题，寻求父母的支持和帮助。

米德认为，存在三种文化模式：前喻文化，指的是晚辈向前辈学习；并喻文化，指的是晚辈和前辈的学习都发生在同辈人之间；后喻文化，指的是长辈反过来向晚辈学习。后喻文化的发展将依赖两代人之间的持续不断的对话，通过这种对话，已经能够积极主动地自由行动的年青一代，一定能够引导自己的长辈走向未来。这样，年长的一代就能够获得新的知识。“我确信，此外别无选择，只有通过年青一代的直接参与，利用他们广博而新颖的知识，我们才能够建立一个富有生命力的未来。”米德所提出的后喻文化类型，为代沟的消除提供了一种方法。

在传统社会中，上一代人因为年龄和经验的优势，具备向下一代人传播文化和进行教化的条件，如常见的老师培养学生、家长教化子女。但是今天，随着社会的急剧变化、科技进步和知识的不断更新，年龄和经验不再成为一种优势；相反，年轻人却可以凭借自身的年轻和勇于实践的精神，在新知识、新技术的掌握上占尽先机。此外，年轻人更加容易接受新的思想和观念，打破传统的束缚，而这些因素对于社会的进步来说是必不可少的条件之一。如果上一代人对这些新知识、新观念、新思想和新技术没有清楚的认识，无法克服传统的认识，拒绝向年轻人学习，两代人之间的隔阂就会越来越大。因此，年轻人在向上一代学习的同时，也要积极地向长辈传授新的文化和观念，共同促进彼此的发展。

代沟和双向社会化理论对于开展学校社会工作有很大的启发。第一，对于作为学校社会工作的主要对象的学生，社会工作者应承认他们的独特性和差异性；第二，从双向社会化的立场出发，开展学校社会工作不能只是把学生当作一个受助的客体来看待，而是要将其视为社会互动过程中的另外一个主体。

（四）社会化理论

社会化包括两个方面的含义：一是个人在社会中通过学习、接受教化，掌握社会知识、技能、价值标准和行为规范的过程；二是个人积极调动，介入社会生活，对已有的社会经验、社会观念进行再生产和再创造的过程。因此,社会化实质就是一个作为“社会学习者”“社会参与者”的人的个性和社会性的全面发展的过程。

社会化可以分为两类。一类是正式的社会化,成年人有意识地进行选择与设计,将社会认可的价值、角色、知识、规范等有序地灌输给儿童,如学校教育。另一类是非正式的社会化,也就是非刻意地安排或训练的社会内容,如同辈群体的影响等。

家庭是个人社会化最早也是最重要的机构。个人从出生开始,就生活在一个特定的家庭之中,在与家庭成员的交往中,学习到最基本的生活知识、同他人进行交往的方法等。在家庭中,父母对子女的影响最重要。父母的管教态度、人格特点都会影响到孩子人格的发展。如果父母的态度是温和的,子女的人格特质就会表现出独立性强、责任感重;如果父母的态度是冷漠的,子女的人格特质就会表现出侵略性、缺乏自制能力;如果父母的态度是严厉的,子女的人格特质就会倾向于服从、有礼,但是缺乏自信心、依赖性也强;如果父母的态度是宽容的,子女的人格特质就会表现出负责、独立和表现欲强。这些不同的人格特质对子女今后的学习与生活会发挥不同的作用。因此,父母必须对子女采用合适的教养方法。

学校是一种社会化机构,是儿童离开家庭、进入社会所接触到的第一个正式组织。在学校中,儿童学习到专门的知识和技能,学会即使在自己不乐意的情况下也必须遵守的社会共同的价值与行为规范。老师和同辈群体对学生的社会化起着重要的作用。

随着社会的快速发展,各种形式的大众传播媒介不断涌现,电视、网络、杂志、报纸、电台等对人的社会化起到越来越重要的作用。

库利的“镜中自我”和米德的“自我概念”是社会化的重要理论。前者认为,在社会生活中,人人都是一面镜子,每面镜子都映照出对方,如同我们在照镜子的时候,从镜子中看到自己一样。换句话说,个人在想象别人如何评判自己的时候,就好像站在镜子面前,从镜子中看到别人对自己的看法,也就是通过别人了解自己。这面镜子主要是通过社会互动形成的。儿童会通过社会化过程,想象别人的看法,而且表现出别人期待中的行为。后者认为,在自我概念的发展中,重要他人,也就是儿童所羡慕和模仿的对象,对个人的评估最具影响力。同时,个人在社会互动的过程中,从他人的态度和行为中发现自己,也就是“概括他人”。这两种理论都强调在社会化的过程中他人的看法和行为对个人社会化的重要影响。

因此,在学校社会工作开展过程中,教师不能因为一些学生存在问题行为而否定学生的全部,而要尝试利用正向的引导帮助学生重塑自我形象和重建自我概念,激发个人的自尊心和动力,促进问题的解决。此外,社会工作者要充分了解对个人社会化过程起重要作用的家庭、学校、“概括他人”的详细资料,从中寻找有利于问题解决的方法,充分发挥它们各自的作用。

三、学校社会工作方法

学校社会工作的方法大致有个人辅导、学校小组工作、学校和社区综合性活动等。

（一）个人辅导

1. 辅导的含义

琼斯（A J Jones）认为，辅导是社会工作者给予另一个人的协助，使其能够明智地做出抉择，积极地适应生活并解决问题。

从狭义上来看，辅导最简单的定义是帮助一个人自助。具体而言，辅导是两个人在一种特别情况下的沟通。两个人中的一个受过专业训练，明白工作原则，能与人建立融洽和谐的关系。从广义上来看，辅导是全人发展，受辅导者借着辅导过程学会面对难题和解决难题的原则，从而全面均衡地发展人生。（林孟平，2022）

本书的定义是，受过专业训练的工作人员秉承专业的理念和价值，运用相应的方法和技巧，为学生提供各种正确面对困难、解决问题、恢复正常功能、促进全面发展与潜能发挥的服务活动和服务过程。

2. 学生辅导的层次和目标

（1）学生辅导的层次

根据问题的性质和严重程度，学生辅导可以分成不同的层次。

① 初级预防层次。对于学生的许多适应性问题，如果提前向他们传授相关的知识和技巧，使他们有所准备，就可以有效地避免问题的发生。例如，不少处于生长发育期的青少年学生对与异性交往有较大的困惑，如何同异性相处成为青少年学生的一个关注点。对此，社会工作者可以利用讲座、演讲和讨论会等多种形式，及时向学生讲明有关两性关系的问题，教导他们如何正确同异性相处。青少年学生具备了这些知识，就可以减少不必要的困惑和障碍。

② 次级预防层次。这个层面的辅导工作着重在早期发现问题症候，及早予以处理，将问题消除在萌芽阶段。次级预防层次的对象是具有生活适应问题的学生或者已有问题但是尚不严重者，它通过直接接触父母和教师来减少不良事件的发生。

③ 诊断与治疗。这个层面的辅导工作重在危机调适，对象是已经出了问题而且问题相当严重的青少年学生。社会工作者要设法将他们安置在特殊环境中，如感化所的感化服务，接受特殊课程或是由专家、心理医师直接施以个别矫治，协助他们解决适应性问题和辅导他们重新开始有规律地生活。

（2）学生辅导的目标

根据辅导工作的不同层面，辅导服务的目标也可以分为三点：

① 协助学生探讨和解决在生活、成长历程中碰到的问题，如建立自我形象，了解生理、心理和情绪转变，学习与家庭其他成员或他人相处，确立正确的人生观等。

② 协助青少年学生做好准备，帮助他们克服在成长中遇到的困难和危机，使他们能建立自信，顺利度过动荡的青少年期，培养健全的品格。

③ 提高学生自我认识和自我接受的能力，从而发挥其内在潜能，学习并掌握解决问题的能力。

3. 学生辅导的步骤

通常把学生辅导分为四个阶段，即倾听、反应、个人化和引入，具体如图 15－1 所示。

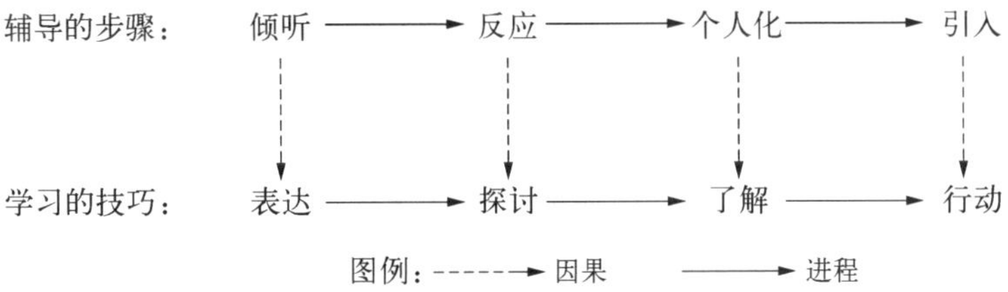

图 15－1　学生辅导的步骤

由图 15－1 可以看出，当进入辅导过程开始会谈时，社会工作者要多用倾听的技巧，继而用反应和个人化的技巧，最后引入行动。从理论上来说，辅导可以划分成上述四个阶段，在实际操作中，其实是一个阶段紧接下一个阶段，不能刻意划分。另外，在辅导的进程中，当学生每探讨一个新问题时，倾听、反应、个人化和引入的步骤便会逐一出现。在辅导会谈的过程中，社会工作者需要注意：

- 主动地倾听。
- 运用简短、肯定的言辞。
- 反映学生的感受。
- 总括学生的谈话内容。
- 尽量简单和直接地开始会谈。
- 容忍沉默的时刻。
- 注意学生的表情。
- 留意自己的限制和偏见。
- 鼓励和肯定学生的每一次进步。
- 回答学生的问题要根据问题的性质。

- 当学生对工作人员表示抗拒时，社会工作者仍需接纳学生，也可把这种情况提出来进行讨论。

4. 学生辅导会谈的态度

辅导过程中，社会工作者的态度和技巧需要相互结合。学生辅导会谈的态度和技巧有：

- 尊重、关怀和接纳：这是无条件的尊重、关怀和接纳受导者，表示相信学生所说的、他的感受和他有能力改善等，这也是积极的人格发展的条件。
- 真挚诚恳：工作中表现真正的自我，并准确地察觉自己的感受。
- 共鸣、同理心：社会工作者要进入学生的内心世界，设身处地地了解学生的观点、感受和想法。
- 简洁具体：这是用流畅、直接和完整的言辞，向学生表达他的感受和经验。简洁具体的好处是当社会工作者的反应符合学生的感受时，学生也会专注于自己重要的感受、经验和问题上，并鼓励自己准确、简洁、具体地去表达，消除误解。
- 对质：社会工作者表达自己感觉到学生有不协调的情况，如学生现实中的自己和理想中的自己不一致，所说的和所做的不一致等。
- 个人分享：社会工作者在适当的时机向学生表露自己私人生活的情况。适度的个人分享会鼓励学生表露自己和开放自己，帮助学生准确和具体地集中在问题上，加强学生对自己的探讨和了解。

5. 学生辅导会谈的方法

(1) 沉默法

沉默法是对学生的行为或语言不予回应和不予理睬，但目光仍然集中在学生身上，继续观察和思考。沉默法的作用是对学生的忘我般炫耀的行为或说话起否定作用。

(2) 称赞法

这种方法很适用于内心有自卑感，且喜欢以反叛行为来掩饰的青少年。这类青少年心目中觉得父母和其他长辈都不欣赏他们，他们渴望得到别人的尊重。称赞法可以为双方良好关系的建立和辅导的进一步开展奠定基础。

(3) 认同法

这种方法同样适用于反叛明显的青少年。这类学生在很多时候都与教师、家长对立，不接受忠告，原因是他们心目中认定教师和家长不了解他们的思想，也从未经历过他们的感受，只懂得说教。这时候社会工作者采用认同法就可能消除与学生的隔膜，因与这类学生有相似的经历和相近的看法而获得认同效果。

(4) 引起焦虑法

这是用不同的方法使青少年对自己一直坚持的价值观产生怀疑或动摇，甚至不知所措，这种心理状态容易促使当事人做出改变。

6. 学生辅导的资料收集

收集资料是学生辅导工作的重要一环。学校社会工作者收集学生资料的方法有综合累积记录、观察与记录、事件记录、社会测量法。

（1）综合累积记录

综合累积记录是对学生资料的累积记录，记载从各方面取得的资料，通常包括个人资料、家庭状况、家居环境、学业状况、健康状况、性格、与同学和教师的关系、课外活动的参与、事件记录和辅导会谈记录等。

（2）观察与记录

最有效的观察包括清楚地领悟个人在某种情况下的主要行为、行为对个人的含义、与行为关联的态度和感受，最重要的是能够明确该行为背后的影响因素。社会工作者需要不断提高准确观察的技巧：① 在观察学生之前，需要确定观察的行为、特征，以及观察的程序和深度。② 先观察学生的一般行为，以获得全面印象，然后详细地观察其某些行为和特征，并屡次重复这两个步骤。③ 在各种不同的情况下观察学生。④ 一整天内，进行分段观察，用时间抽样法观察，以获得比较全面和真实的印象。⑤ 尝试寻找学生行为的范型和优缺点。⑥ 与学校里其他教师讨论观察所得的资料。⑦ 在一个时期里只专注观察一个学生。如果需要较准确地观察一个小组，就先录像，然后分析。⑧ 练习准确地观察学生，观察完毕立即做记录并简要分析，以使记录较准确、清楚和完备。

准确的记录可帮助社会工作者分析、评价学生的行为和问题，以便制定有效的助人计划。准确记录的原则如下：

- 记录包括学生的行为、言语和表情，要直接记录其所做、所说和表情。
- 记录包括行为发生的情况，例如全班同学正在做什么、某个学生在做什么、他们又应该做什么。
- 记录避免使用形容词、判断词或比较式的言辞，例如“张军好像比较愤怒”。正确的记录应直接写下他表现愤怒的行为和语言。
- 假如学生与某些同学交往，就记录下这些同学的姓名（可用代名表示）。这样，当分析该学生的行为时，就可以清楚地知道他与哪些同学有联系。

（3）事件记录

事件记录是对学生在某个重要事件发生时或某种情况下的行为的客观记录，包括社会工作者对事件的评语和建议采取的行动。当事件记录累积到一定程度后，对研究学生行为的形成及其原因就具有很高的价值了。中国香港的学校社会工作者采用专门的事件记录卡收集学生的资料，很有参考价值（见表 15－1）。事件记录方法的运用，其目的不是记录学生的所有生活细节，而是观察记录对学生有意义的偶发事件，它着重记录的是学生的特质与行为、事件的客观性。

表 15－1　学生事件记录卡

学生姓名：________________
班级：________________
事件发生地点：________________
事件发生情况：________________
事件：________________

（反面）

对事件的分析和评语：________________ ________________ ________________ ________________
建议采取的行动：________________ ________________ ________________

（4）社会测量法

社会测量法是测量人际关系的技术，用于反映个人在团体中被接纳或被拒斥的程度，并揭示团体的基本结构。社会测量法能够提供丰富的资料，十分适合在开展学校社会工作时使用。

（二）学校小组工作

学校小组工作是指学校社会工作者在专业小组工作的价值、理论和方法的指导下，充分运用小组动力，协助组员在小组中汲取他人的经验，解决自己的问题，改变自己的行为，提升自己的能力并促进自我成长的专业服务。

学校小组工作涉及很多技术性的东西。其中，开展工作的基本技巧和活动设计是两个重要的方面，关系到小组工作的成败和是否有效。

1. 学校小组工作的基本技巧

美国加州州立大学富尔顿分校(California State University at Fullerton)人群服务与辅导系教授、小组辅导专家杰瑞德·柯瑞(Gerald Corey, 1982)曾经指出,开展小组工作需要采用的技巧有:① 小组准备工作的技巧,包括建立小组、招募成员、筛选成员、给定目标等技巧;② 小组开始阶段的技巧,包括小组聚会物理环境的安排与布置、成员相互认识、成员建立信任感、处理抗拒、成员自我评价等技巧;③ 小组转换阶段的技巧,包括处理防卫行为、处理问题成员、处理冲突和处理对领导者挑战等技巧;④ 工作阶段的技巧,包括处理所有成员同时产生的强烈的情绪、处理投射和自我觉知到的其他问题等技巧;⑤ 结束小组的技巧,包括结束每次聚会、小组成员分手、继续评价与追踪、小组评估等技巧。限于篇幅,本节择其重要的内容予以简略介绍。

(1) 学校小组工作流程和小组工作计划书的制定

学校小组工作和其他社会工作一样都是一门专业。因此,小组工作方法不仅需要在情境中灵活、创造性地使用,而且需要遵循其科学性。正因为如此,在学校小组工作活动开展的整个过程中,社会工作者都需要根据小组工作流程(详见图 15－2)来逐步推进。

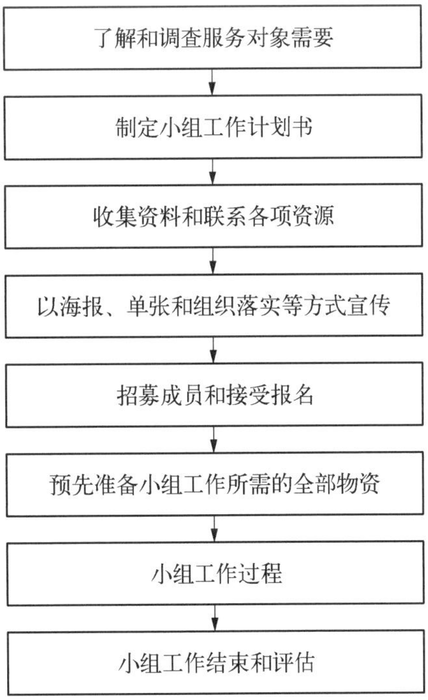

图 15－2　学校小组工作流程

上述过程其实可以被划分成两个阶段,一是小组工作前期准备阶段,二是小组工作开展阶段。在准备阶段,制定小组工作计划至关重要。通常而言,一份完整的小组工作计划书主要由基本理念、主要理论、目的和目标、小组活动主题的内容、预计困难和解决方法、评估方法、经费预算等构成。以下是小组工作计划书的样本(见表 15－2),可供我们在开展学校小组工作时参考。

表 15－2　小组工作计划书

一、小组名称：

二、基本理念：

三、主要理论：

____

____

____

四、目的和目标：______________________________

____

____

____

五、服务对象和招募方法：______________________

____

____

六、小组活动安排：需要明确一些具体要求。

第一节

时间	地点	主题	具体内容	所需物资

注：小组活动通常安排 8~12 节，因此需要设计和安排相应节数的活动内容。

七、预计困难和解决方法：______________________

____

八、评估方法：________________________________

____

九、经费预算：________________________________

收入项目	金额	支出项目	金额
	总计		总计

十、其他事项：________________________________

____

上述小组工作计划书的具体内容当然可以根据学校小组工作的实际情况进行调整，但是有些内容的安排经过实践证明调整幅度不宜过大，例如小组活动安排的次数（节数）通常为8～12次，不宜过少，否则小组活动就会失去它的有效性。

（2）小组成员的招募和筛选

一旦决定成立一个小组并且小组的性质、目标和成员的资格等确定下来之后，就要开始招募小组成员。大致而言，小组成员招募的方法有以下几种：

- 如果社会工作者手边就有预备成员资料的话，就用当面会谈的直接接触法。这种面对面的直接接触是最有效的成员招募方法，但是比较耗费时间。
- 以邮寄、张贴海报或布告栏公告等方式告知大众，让有兴趣者前来报名。
- 在教室里用影片介绍、演讲或讨论等方式进行宣传。
- 通过班主任、辅导员等利用班会时间加以宣传，或请各行政单位协助推荐合适人选。
- 函告家长鼓励孩子报名参加。
- 利用电视、广播、报纸、杂志等大众传播媒介进行广泛宣传。
- 与社会上各种组织、机构、团体等主要负责人接触，恳请协助宣传和推荐。

然而，不论采用哪一种方式进行宣传，活动通知单上都必须写明以下内容：小组成立的目的和目标；小组活动的日期、地点、次数和期限的长短；参加小组所需的费用；负责机构的名称和电话号码；小组工作者的姓名、电话、专业经历和训练等个人资料；小组工作者和小组成员的权利与义务；其他相关事项，如小孩照顾、交通服务和茶水点心供应等。

经过宣传后，倘若有许多人前来报名参加小组活动，就要对报名者进行挑选，除了要了解申请者意愿、向未来小组成员澄清有关疑虑、说明小组存在的理由、准备日后要探讨的一些主题，以及剔除有偏差人格特质的应征者（如自杀性、精神病、极端、高偏执狂、妄想、极度自我、仇视、行事行为独断专行、侵犯性以及自恋狂等，这类应征者更适合个别咨询、个别治疗等辅导方式）之外，还要考虑以下一些因素：

① 小组的性质是“同质性”还是“异质性”。小组的同质或异质，主要是指成员在人格特质、受教育程度、成长背景、社会和经济地位等方面的异同。

② 小组成员的性别组成状况。一般而言，治疗性小组通常是同一性别小组更加有利；而任务性小组或成长性小组则以混合性小组更利于实现目标；但是某些特殊年龄层次或某些特定目标的小组宜采用单一性别，如青少年学生的身心发展小组、女同学自强小组等。

（3）与小组成员的沟通

有很多因素影响着小组工作者与小组成员的有效沟通。例如，如何有效地发出和接纳信息、小组的沟通网络、小组的结构因素（规模大小、成员地位等），以及小组内的气氛和信任程度。小组工作者必须掌握五种技巧：① 语意简明，即指小组工作者能够正确且非评断性地简述说话者的信息内容和感受。② 知觉查核，指小组工作者用知觉描述的方法来查核自己是否正确地感知到了说话者的知觉感受。③ 信息含义的磋商，在沟通过程中，当小组工作者无法理解说话者的信息内容含义时，有必要耐心地和说话者协商交流，直到信息能够被正确理解和取得共识。④ 善于倾听，小组工作者要对说话者表达尊重，在倾听时要做到：停止说话；引发问题；倾听一些没有预料到的信息；在未听懂对方想表达的真正意见之前，不要急着与对方争辩；等等。⑤ 专注的行为，可以用语言和非语言的方式呈现出来。一是语言方面，可以用话语来引导，鼓励对方，如“你想谈些什么”，“你是否愿意多告诉我一些关于你妈妈的事情”。二是非语言方面，即“肢体语言”，它往往透露出一些重要信息，表达出我们是不是在专注地与对方沟通。

（4）小组聚会中议程的掌握

① 总结的技巧。小组工作者可以通过总结来检查是否已经得到小组成员传来的信息并进行正确的解释，也可以通过总结去处理难题或问题，把它拆成不同部分，使讨论更容易和更深入些。

② 集中焦点的技巧。小组工作者建议每次小组讨论只处理一个议题或一个问题。他可以指出小组成员的讨论是否脱离了议题，并要求他们只做与任务有关的陈述。

③ 关切的技巧。让小组成员知道，小组工作者密切关注着他们在说些什么或做些什么。小组工作者应该关注语言或非语言的沟通，避免判断和评价小组成员。

④ 保证公平参与的技巧。公平参与以小组成员期望的参与为标准，它是在小组成员的能力范围中，包括知识、信息和其他对讨论有贡献的，或他在小组中的角色。小组工作者保证组员在小组中发挥自己的作用。

⑤ 阻挠和支持的技巧。有些小组成员乐于在讨论中处于支配地位，而其他人就会趋于沉默。小组工作者就不得不用一些阻挠的技巧来中断个别成员的支配行为，以使其他人有机会阐明他们的观点。至于沉默的小组成员，小组工作者应该运用支持的技巧，如给予鼓励和奖励。

⑥ 质询的技巧。这是一种特别的传递信息的方法，用来影响一个成员改变他的行为。

⑦ 回应感受的技巧。在小组聚会中，小组工作者必须因小组成员的感受向小组成员表达同理心，以便培养信任和鼓励他们做更深层的理解和探索。

2. 学校小组工作的活动设计

活动安排是开展小组工作的一个重要环节。有些学校小组工作的展开和持续进行，需要丰富多彩的活动的支持。因此，针对学校中不同的服务对象设计不同的活动，就成为学校小组工作中非常重要的内容。

（1）破冰活动

破冰是一个隐喻，破冰用的破冰船就是专门为了破开冰封水道而设计的船只。在人际关系上,破冰活动就是针对初见时彼此关系拘谨、紧张甚至冷漠而设计的活动。所以,破冰活动亦被称为热身运动,它通常是较短的具有结构性的活动,只需要很少准备就可以直接开始。破冰活动常常被安排在小组聚会之前,实际上,每当小组气氛降至冰点或出现冷场时都可以使用。由此看来,破冰活动可以让成员互相认识,可以引导成员进入主题,可以强化成员对小组聚会的投入和参与。

一般而言,破冰活动应该具备以下一些要素:符合小组成员的需要及兴趣;重视过程多于结果;鼓励参与和分享;成员感到被公平对待;通常会展现一个主题或要点;令人觉得有趣且富有挑战性;没有对错之分。带领小组成员的社会工作者需要遵循破冰活动的要求,即不能强迫成员参与任何一项活动,对成员个人资料应该保密。小组领袖或社会工作者应该积极参与,社会工作者在开展活动前,应考虑活动是否恰当,要牢记破冰活动只是工具而不是最终目的。在破冰活动开展过程中,社会工作者需要对成员及小组的发展保持敏感性;社会工作者应该把破冰活动与小组主题及下一环节联系起来。

总之,经验表明,许多破冰活动如“捉虫”“进化论”“大风吹”等简单、有趣,容易上手,对小组工作的开展有很大帮助。

(2) 主题活动

大多数社会工作者都主张只有精心设计小组活动,才能使小组各项工作渐入佳境。

以下一些活动类型常常被学校社会工作者所采用:

① 配对或三人组讨论。把成员两两配对或以三人组进行问题讨论,最大优点是成员可以自由交谈,多次反复训练之后,当成员回到小团体或大团体之后,会比较有信心在大众面前发表意见或分享感受。

② 书写。社会工作者要求成员用书写的方式来表达他们的观念和想法,如使用“语句完成活动”,借由成员填写的语句投射出成员对某些主题或论点的信念与想法。这个活动往往可以使成员的注意力聚焦,也能激发成员的兴趣与活力,是书写活动中最有用的形式之一。

③ 肢体移动。以肢体活动的方式来表达某些主题或思想。

④ 美术与工艺技能的使用。社会工作者要求成员画出一幅能代表自己个性、嗜好或人格特点的“自我画像”,并且可以用任何线条、图案、颜色或象征来表达。这幅简单的美术作品能够反映出成员的某些人格特质或想法。

⑤ 一般阅读活动。社会工作者提供某一主题的阅读资料,引导成员进行深入的讨论。

⑥ 回馈活动。该活动主要是协助社会工作者和成员分享彼此的感受与想法,增强小组的凝聚力。

⑦ 道德两难情境活动。该活动主要是帮助成员:体验和认识每个人拥有的不同思想观

念、价值看法；训练成员表达自己的意见，学会尊重别人的想法；在两难的故事情境中，做出最有利于团体又符合社会正义的抉择安排。

⑧ 幻想活动。该活动是成员借助想象力把自己的一些思想、感觉予以形象化表达，再引导成员做进一步经验幻想的讨论。

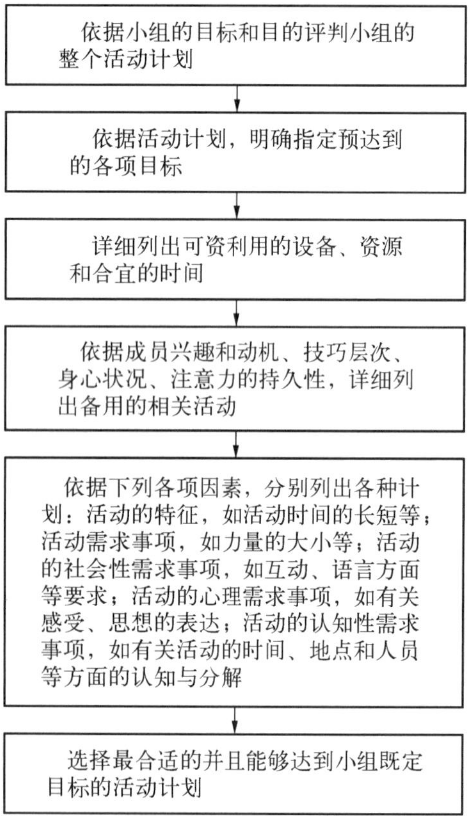

图 15－3　小组活动选择和安排流程

⑨ 绕圈发言。这类活动可以帮助工作人员在很短的时间内，针对一个主题广泛地收集成员的意见和看法。绕圈活动的进行是一个接一个地表达意见，无形地会刺激成员在思想上不得不做出比较深入的探索。

⑩ 小组决策。该类活动主要是引导成员群策群力、共同解决小组的问题，探讨的主题主要以与小组合作、小组思考、小组讨论、小组竞赛等方面有关的训练活动为主。

除了上述类型，还有一些活动，如接触活动、经验性活动、信任活动以及创造性道具使用活动等，都可以供社会工作者根据实际情况借鉴开展。

通常情况下，为了使小组工作能更好地达到目标，社会工作者所选择的小组活动可以依据以下流程来进行(详见图 15－3)。

（3）主题活动介绍

为了帮助社会工作者更好地了解主题活动内容，充分运用主题活动以有效地开展工作，本节将介绍一些常见的主题活动项目。

① 自我认识。许多小组工作在开始时往往先行安排一次“自我认识与自我探索”的小组活动，目的在于通过小组成员间的互动与分享，强化自我表达的能力，提升成员自我觉察和觉察他人需要的能力。强调成员间彼此回馈和反应的重要性，有助于个人和他人的成长。

下面的活动可以在进行“自我认识与自我探索”活动时参考。

※“自我画像”活动

此活动的目的在于，借助自己的作品来表露自我的个性；借助自我反省来提高自我认识；借助组员的感受，明白自我在其他人心目中所留下的印象，并促进组员之间的更深入了解。

活动的具体方法：

a. 社会工作者略述自我观念的意义，并说明它对人类行为的影响，然后请组员们构思自己的画像；b. 给每个组员分发一张白纸、一盒彩色蜡笔，请他们专心绘画，并告知时限为15分钟；c. 请组员们围圈入座，并请一名组员首先将自己的画像展示在中央的小桌或椅子上；d. 等大家都看到后，再传递给每个组员，并由每个组员说出看到这幅画像的感受，对画像本身与绘画者则不加点评；e. 全体叙述完毕，再由绘画者本人说明画像的意义以及如此绘画的理由；f. 由第二个组员展示画像并以同样的方式让在座者谈各自的感受。全体组员介绍完毕，进行自由讨论并观察大家的反应。

活动结束后可以讨论以下问题：

自我观念怎样左右人们的言行？自我画像之前与绘画时，分别有什么感受？画哪些部分时人们感到愉悦或悲伤？颜色与线条的运用和性格有什么关系？自我画像对自我认识有什么帮助？

② 相互信任。开展小组工作的重要功能之一，就是通过小组活动促使组员发生变化，而小组动力的产生又有赖于小组凝聚力和小组内成员之间信任感的形成。因此，在小组工作开展的初期阶段，提升小组凝聚力和培养组员之间的相互信任感，就显得至关重要，它是小组工作能够顺利开展下去的一个重要条件。

在一个团体中，如果成员之间彼此信任，团体的凝聚力就会更强，也将能更有效地发挥团体的效能。要信任他人，必须先学习放开自己、接纳他人，袒露自己的情感、思想、情绪、感觉，愿意和别人分享各种经验和观念。要能与他人有效地沟通，建立亲密的关系，自己应该先学会让人觉得可信。由成员所表现出来的高度或低度的“接受、支持和合作的意愿”以及所呈现出来的高度或低度的“开放和分享的意愿”，两个维度交互作用之后，会形成下列四种信任模式（详见表15－3）。

表15－3　Johnson信任模式

	高度接受、支持和合作的意愿	低度接受、支持和合作的意愿
高度开放和分享	信任别人 也值得别人信任	信任别人 但不值得别人信任
低度开放和分享	不信任别人 但值得别人信任	不信任别人 也不值得别人信任

资料来源：Ambrose P and Johnson G，1998。

为了使参加小组的每个成员信任别人，也受到别人信任，为了让小组成员高度开放并拥有高度接受、支持和合作的意愿，社会工作者必须在小组工作开展的开始阶段，对成员进行信任方面的培养和训练。下列两组活动可供训练时参考。

※“合作拼图”活动

活动开始前，先准备一张四开大小的风景图、挂历或海报等，用长尺将其分成20~25份，然后混装在一个小袋内，交给一个小组限时拼凑完成。如果有六个小组，就准备六张海报、挂历、风景画图，将其均匀切割后分装在六个袋子里，活动开始前交给各组使用，可以互相帮助。该活动具有竞赛性质，有一定的趣味性。

※“全身倾倒”游戏

让8~10人一组围成一个圆圈，大家要紧密地靠在一起。选择一个组员站在圆圈中央，用布将其眼睛盖住。然后让其双脚并拢站立，并将身体向圆圈中的任何一个人倒去。当他倒向圈中任何一个人时，那人需要以手轻轻地将他推往圈中另外一个人处。这一组的每一个组员都可以轮流站到圆圈中央去。

③ 人际沟通。许多人在成长的过程中都会碰到人际沟通上的问题，因此人际沟通和相处技巧训练就成为小组工作中的重要主题。这类小组工作的活动目标是帮助成员察觉自己日常沟通行为的“自我状态”，学习如何有效地表达信息，学习如何聆听和如何做有益的回馈，学习如何处理人际冲突，强化人际交往时的沟通技巧。

根据上述目标，在开展小组工作时社会工作者可以参考以下活动。

※“单向与双向沟通”训练活动

首先进行单向沟通演练，可以请一个志愿者到大家面前，背对着众人，口述一组预先准备好的方块组合图形，其他成员则依样画葫芦，在该过程中不准发问，没有任何形式的沟通，最后统计正确的图形数和花费的时间。

然后进行双向沟通的演练：口述者背对着大家，还是以口语表达的方式描述另外一组已经备好的方块组合图形，请组员依样绘画，唯一不同的是，在这一过程中绘画者可以发问，可以澄清问题，最后也是统计正确的图形数和核对花费的时间。

演练结束后，组员可以讨论如下问题：

单向与双向沟通的差别在哪里？为什么进行双向沟通时，往往正确的图形数会比较多一些？为什么双向沟通会花费较多的时间？

※“无声会议”活动

随意请两个组员（甲、乙）作为志愿者出场，站在会议室的两个角落，两眼注视、面面相对，然后双方逐渐走近但不发出一言，两人在中央以行动代表语言，彼此表达两者之间的同情、接纳、友善、喜爱或厌恶、反对、仇视、敌意等情绪。总之，双方可任意表达喜怒哀乐，或笑或哭，或动或静，尽情地吐露内心的感受，其他组员围绕旁观，根据自己的感受为其中之一辩护，待时机成熟时，趋近甲、乙并加入会议。待全体成员都加入后，社会工作者可寻找适当的时机，征求全体同意后终止会议。继而全体开始讨论，各人用语言讲述参加无声会议的感受，讨论的问题可以包括：

会议进行时，哪些人比较主动？是否有人逃避接受对方的情意？为什么有人不能尽情表达？组员们所表达的情意，哪些是真哪些是假？在虚假的表情背后，会有什么动机？

上述活动或训练的设计与安排主要基于约瑟夫·卢夫特（Joe Luft）和哈里·英厄姆（Harry Ingham）的“窗形理论”和伯恩（Berne）的“沟通分析理论”。其中，约瑟夫·卢夫特和哈里·英厄姆将人我之间的交往状况区分为如表 15－4 所示的四个领域。

表 15－4　窗形理论

	自己知道	自己不知道
别人知道	开放区	盲目区
别人不知道	隐秘区	未知区

资料来源：Luft J and Ingham H，1961。

该理论的重点在于借助别人的回馈反应和通过自己的开放、分享，让盲目区、隐秘区和未知区的面积逐渐缩小，开放区得以逐渐扩大，使人我之间的关系更加融洽、开放、和谐。

④ 团队合作精神。团队就是需要一起工作以求达到既定目标的一群人。只有当团队中的个人都了解他们的共同目的以及每一个人都需要一起工作时，团队才算成立。团队的效能是指在小组内相互补足和协力支援的连串行为，令团队可以比个人独立工作有更高的效率和更强的意念。有效团队的建立，需要一个支援性的环境，使团队领袖可以鼓励组员以团体的身份来思考，又要安排足够的时间召开团体会议，同时要在适当的时候表示对组员的成功有足够的信心。团队领袖或者社会工作者需要认清自己的角色，并要厘定一些整体性的目标，让组员向共同目标全力进发。此外，团队亦应设立奖励制度。更重要的是，组员应有定期相互交流学习的机会。事实上，团队开展活动正是提供这些机会。

具体来说，团队活动可帮助完成下列目标：

- 活动可以帮助团队领袖提出论点，并把论点变得清晰、易记，力争使之与团队需处理的任务有关。
- 活动可以帮助提高团队士气。在活动中加入竞争、合作和趣味后，将与“一切照旧”式的活动形成鲜明的对比。
- 活动可以帮助组员学习相互信任。活动中，当团队寻求共同答案时，大家就获得了机会，可以分享彼此的想法、感受与体验。加深彼此的认识和了解是活动的一个重要目的。
- 活动可以帮助组员变得有弹性和适应力。他们将明白，原来解决一个问题可以有不同的方式。
- 活动可以帮助团队领袖和社会工作者做出适当的行为。当合作顺利、创意尽显及人际隔膜被打破时，团队领袖和社会工作者应该对这些行为表示欣赏。

活动包含一些建立互信的活动和示范、改善团体精神的练习和一些支持团体目标的体验。活动应该简单、易行、有吸引力且容易令人投入，经过试用后能达到目标。以下两项活动可供参考。

※ 腹背受“敌”

以8~16人为一组，时间大概为20分钟，室内外均可。活动目的是，鼓励组员发挥合作精神，加强沟通，以使行动一致，从而达到目的。

活动介绍：a. 社会工作者先派给每一个组员一个气球，要求组员把气球吹大。b. 每组排成一行，将手上的气球夹在自己腹前和前面组员背后之间。c. 社会工作者要求组员一起向前，不能让气球爆破或掉落。

※ 呼啦圈

以8~16人为一组，时间大约为20分钟，每组有不同颜色的呼啦圈3~4个，室内外均可。活动目的是，鼓励组员解决组内的难题，加强合作。

活动介绍：a. 社会工作者首先指示组员手拉手，围成一圆圈，活动过程中均不能解开手。b. 社会工作者在两个组员（手拉手）中间放一个呼啦圈，要求组员将呼啦圈以顺时针方向传给下一个组员，最后返回到原点。c. 社会工作者再加放第二个呼啦圈于组内，要求以逆时针方向传给下一个组员，途中会有某一个组员同时有两个呼啦圈，这个问题需要组员想办法解决。d. 社会工作者在组内再放第三个呼啦圈，可以朝任何方向在组内传送。

问题讨论：

组员如何传送呼啦圈？组员是否互相帮助？如何帮助？组员对自己穿过呼啦圈是否充

满信心？小组的整体合作情况如何？

（4）小组聚会和带领的过程

上述着重讨论了活动设计问题，不过需要明确的是，小组活动或游戏的目的是引出小组的主题和推动小组成员讨论和思考，如果仅仅是为了活动/游戏而活动/游戏，那么仍然是一种文体娱乐性质的活动，绝非一项专业小组工作或服务。因此，活动/游戏在小组聚会过程中有特定的位置，而社会工作者在带领小组时也应该十分清楚它出现在什么场合。图 15－4 展示了一次具体的聚会从开始到结束社会工作者的活动安排和任务确定的过程。

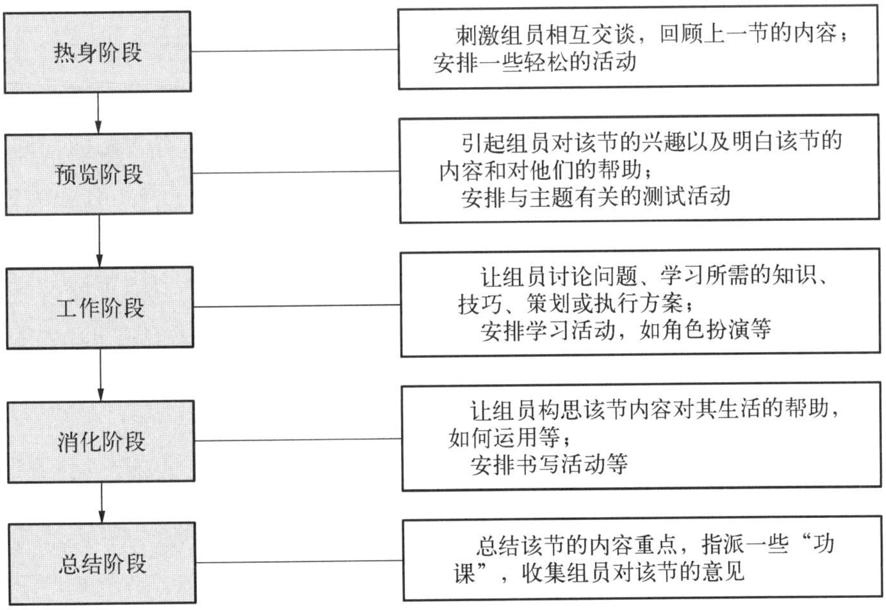

图 15－4　小组聚会的阶段和活动安排

（三）学校和社区综合性活动

家庭、学校和社区是影响学生的心理、行为和学习成绩的三大要素，也是促进学生形成社会化人格的三大力量。而学校社会工作就是把社会工作原则、方法与技术运用到学校环境之中，促成学校、家庭和社区之间的协调合作，协助学校形成“教”与“学”的良好环境。事实上，协调学校、家庭、社区三者之间的关系，为学生寻找更多的社区资源，创造更良好的成长和发展环境，这是学校社会工作者的专业服务和职责所在。

1. 学校和社区综合性活动的概念和任务

把学校和社区联系起来，把社会工作的专业服务方法从学校延伸到社区，在社区范围内开展学生工作，这也是学校社会工作的专业方法之一。简要地说，学校和社区综合性活动就是运用学校社会工作的理念、原则、方法和技术，在整个学校和社区范围内开展学生工作，协助社区建设、改善教育环境，强化学校与居民的联系、学校与社区的沟通。在整个专业服务过程中，学校社会工作者不仅在学校里协助学生参与有关活动，而且经由协助社区影响学校的决策，促进学生的成长。

学校和社区综合性活动主要有以下五大任务：

第一，协助学生通过服务社区来促进自我成长。学生的发展并非只来自学校教师或者社会工作者的协助，也来自学生的自我培养和训练。所以，社会工作者鼓励学生成立社区服务团队，为社区中有需要的人群（如老年人、儿童、残疾人、病患等）服务，并在这种服务过程中带动自我成长。学校和社区综合性活动寓教育于服务之中，通过利用社区资源，强调学生生活与社区活动的结合。

第二，强化“问题学生”的管理和引导。“问题学生”的提法虽然有些贴标签的意味，也多少有些不符合学校社会工作的基本原则和价值，但是在现实生活中确实有些学生存在行为上的问题，甚至存在比较严重的偏差，如偷窃、斗殴、敲诈以及欺负弱小同学等。因此，对于这些学生（国内有些城市称之为“预控生”）的帮教和行为纠偏不应只限于校内，还应延伸到社区，由社区青少年管理部门（如国内的“青少年保护办公室”）及社区青少年工作人员共同参与。在这个过程中，学校社会工作者起着桥梁的作用，甚至直接从事对“问题学生”的帮助和教育工作。

第三，联系学生家长，支持学校政策。学生家长越来越关心学校的发展，对现代学校的决策如办学方针、学生培养、设施建设等方面有重大影响。因此，联系学生家长参与家长会、争取他们支持学校政策或对学校政策提出建设性的意见，是学校社会工作者的责任之一，也是学校和社区综合性活动的主要方向之一。

第四，提高学生家长素质，优化学生成长环境。按照米德的理论，在现代社会中，采用并喻文化乃至后喻文化的视角来加强家长与子女的真诚交流和平等沟通越来越重要。因此，提高家长素质尤其是与子女交往的能力，建立起良好的亲子关系，营造健康的家庭环境，更是学校和社区综合性活动的一个重要环节。

第五，协调社区机构，推行社区教育。由于学校是社区中拥有较多资源的机构，因而中外学者都倡导“学校是社区组织发展的中心”。但是，在现有的学校教育制度下，行政人员与任课教师均不可能从事社区教育或社区建设活动，只有学校中的专职社会工作者才能承担此责。学校社会工作者应通过自己的努力去实现改造社区和培养大批人才的双重目标。

一般而言，不同的地区因其情况不同而面临着不同的任务。中国香港的学校社会工作发展得比较早，服务理念和方法也较为完善，在学校介入社区层面上，有以下几点具体任务和做法：

① 举办多项校际层面的社区活动，凭借不同学校的共同参与，在更大范围内传播积极的信息。

② 针对一些影响青少年成长的社会问题，如毒品问题、辍学问题、不良社会问题和不良刊物等，通过学校社会工作者和社区服务机构的社会工作者密切合作，积极组织社区人士关注这些问题，清楚地认识到问题的成因、对青少年尤其是在校学生的影响，以及谋求解决的办法，通过立法程序提供保障或督促执法人士密切关注和贯彻执行任务。

③ 挖掘及善用不同的社区资源，向求助者提供足够的支持以适应社会生活。

2. 学校和社区综合性活动的过程和基本技巧

学校和社区综合性活动的关键即是基于对社区的了解，发动社区成员充分参与学校教育和学生成长事宜。一般而言，其过程包括以下五个环节。

（1）建立关系

学校社会工作者探访社区机构，如街道青少年保护办公室、居民委员会、社区社会工作站和其他社区发展相关社团、社区资源单位等，访问社区重要人士，如街道办事处主任、党工委书记、青少年保护办公室主任和专职教师、居委会书记和主任、社会工作站站长、少年宫主任，以及居住在社区的热心青少年工作的企事业单位负责人和对青少年工作颇有研究的专家、学者等，与之建立良好的社会关系，了解社区居民对在校小学生乃至青少年在教育和成长方面的需求或问题，以利于社区和学校社会工作目标的界定及未来工作的拓展。除探访外，建立关系的方法还可以采用有益于社区的活动来吸引居民接触学校社会工作者。总之，这一时期的工作主要在于：让社区居民知道学校社会工作做什么和学校社会工作者是谁，让学校社会工作者知道社区居民对在校学生教育方面的需求。

（2）社区评估

社区评估主要是进行社区调查，了解社区在青少年和在校学生教育与成长方面存在的主要问题、可利用的社区资源以及为居民提供相关服务的社区组织。在调查和评估的基础上，学校社会工作者确定学校和社区综合性活动的方向、服务的内容与项目。评估社区环境最常用的方法是问卷法与访问法，有时也可以视其需要同时采用观察法、文献资料法等。

（3）发展计划

发展计划即活动设计，主要是根据社区调查和评估所得到的资料与结论，拟定学校和社区综合性活动方案，确定工作的方法与步骤，并为有效利用社区资源做准备。一个有效和良好的学校和社区综合性服务与发展计划，必须考虑社区居民对就学子女的教育、成长和发展等方面的愿望与需要，而且具有适合性、可行性和可接受性等特点。

（4）社区活动

社区活动也就是社区开展的活动，将社区评估、社区发展计划的结果正式纳入行政运作，付诸实践。实践的过程包括开会讨论、协调有关单位、争取经费或其他资源支持、多方宣传以争取社区居民积极参与。

在上述过程中，每一个环节都涉及一些具体实施和开展工作的技巧。在开展学校和社区综合性活动之前，我们先要对所服务或介入的社区进行一番调查研究，也就是进行社区分析。与学校和社区综合性活动有关的社区分析主要涉及以下内容：① 社区教育环境分析；② 社区青少年（含在校学生）人口分析；③ 社区青少年（含在校学生）问题分析；④ 社区青少年（含在校学生）教育与成长需要分析；⑤ 社区促进青少年（含在校学生）成长的资源分析。

社区分析对开展学校和社区综合性活动至关重要，常用的收集资料的方法有文献法、问卷法、访谈法、咨询法、观察法和焦点小组。

3. 社会工作者在学校和社区综合性活动安排中的角色

除了家庭和学校，社区是在校学生生活的又一个重要空间，也是他们成长的一个重要阵地，因此学校社会工作者介入社区的意义不容忽视。由于学校社会工作服务的对象主要是在校学生（从系统理论的角度来看也应包括在校学生的家长、同辈、社区内的有关机构的工作人员），他们的身心特点决定了学校社会工作的方法不仅仅是说教，更主要的是将教育的意蕴融入丰富多彩、健康有趣的活动之中，促使在校学生在活动中有所启发、有所收获。而这些活动也不仅仅是玩乐而已，其中蕴含着学校社会工作的理念、原则和方法。目前，国内不少社区也在寒暑假为在校学生提供很多活动，但是其中有许多只是为活动而活动；学校社会工作则是通过活动来为服务对象提供服务。

4. 咨询服务

学校社会工作还可以向学校及教师、学生家长、有关政府主管部门提供专业咨询服务。这些咨询内容包括不同年龄学生的身心特点及其辅导或工作方向、学生家长与学生的良好沟通方式、教师与学生融洽关系的建立、学校开展学生活动的内容和项目设计、有关学生培养和教育的政策、青少年学生保护措施、未成年人思想道德建设纲要的制定等等。这些咨询从专业的学校社会工作的视角出发，提出适当的中肯的建议，对学生问题的解决、学生的成长和有关学生工作的开展具有极大的帮助。

四、中国学校社会工作的发展和完善

我国现有的教育制度和学校建制为开展系统的和专业的社会工作奠定了良好的基础。

（一）中国学校社会工作的发展状况

在中国，中小学是少数几个具有较好条件或基础开展专业社会工作服务的实务领域之一。第一，目前国内中小学校已经形成比较完整的学生工作体系，参与这个体系工作的有少先队组织、共青团组织、青少年保护组织以及各个学校专门配备的学生心理辅导教师等。第二，目前国内中小学和相应机构也为学生提供各种娱乐和发展性活动，如夏令营活动、环保活动、“五四”纪念活动、智力竞赛活动、校际交流活动等，少年宫、少年儿童科技站、进修学校等各类机构为在校中小学生提供各种艺术辅导、科普培训等。第三，目前国内已有学校开始设立“学校社会工作者”职位，或者邀请校外的专业社会工作服务机构定时到学校，为在校学生提供辅导、小组工作、咨询等社会工作服务。虽然这些服务的专业水平仍有待提高，但是这对探索具有中国特色的专业学校社会工作的模式大有裨益。第四，国内也有一些地方如上海市静安区的一些街道在社区内设立“社区教师”，开始探索社区和学校共同管理学生的新路子。因此，我国的中小学工作或多或少已经具有半专业或准专业学校社会工作的特点。

（二）中国学校社会工作的不足

以专业学校社会工作的标准来衡量，目前我国中小学学生工作仍然存在亟待解决的问题：第一，目前中小学学生工作仍然存在重远大理想教育和灌输而轻学生具体困难解决的问题，尤其是共青团工作采取的是“精英培养”模式，这与专业的学校社会工作以普通学生尤其是以普通学生中的弱势学生、“问题学生”和困难学生为服务对象的工作取向有很大的不同。从实际状况出发，和“精英学生”相比，毕竟现在中小学中普通学生占绝大多数，所以要想让专业的学校社会工作在当下的中小学中生根发芽，就需要改变现有中小学的学生工作取向和价值取向。第二，虽然现在的中小学、少年宫和少年儿童科技站也利用课余时间为学生举办各种活动，但是其中许多活动纯粹是为了活动而活动，既缺乏学校社会工作的专业理念，也不针对学生成长过程中面临的某一主要问题，更没有运用学校社会工作的专业手法，缺乏对活动结束后的成效评估，而有些活动只是出于牟利的目的。因此，要改变这种状况，首先需要改变教育主管部门对学生工作的指导思想，其次需要对现有从事学生工作的教师队伍（包括心理辅导老师）进行学校社会工作的专业培训，逐渐变学生活动为学生服务，以提高开展学生工作和促进学生成长的专业服务水平。

小　　结

学校社会工作是以学生问题解决和健康成长为核心任务，通过与家长、教师、学校和相关部门的合作来实现提高学生自我认知能力和解决问题的能力等目标的工作。

任务中心理论、越轨理论、文化反哺理论、社会化等理论经常被用来指导学校社会工作的开展，有些理论更是具体的操作性理论，能够直接帮助学校开展社会工作实务。

学校社会工作方法包括个人层面、团体层面和学校层面的介入。个人层面的介入又称“学生辅导”，重点在于通过服务使学生发掘自身的潜能，增强解决问题的能力，为学生的全面健康发展提供内生动力。团体层面的介入以各类型的小组为具体活动方式，利用同辈群体的特点促进学生的改变和成长。学校层面的介入包括改善教育环境、实现学校与在地社区的沟通联系，为学生发展提供全面的保障。除此之外，学校社会工作的特点还在于向与学生发展有关的人群及部门提供咨询服务。

参考文献

[1] REID W J, & EPSTEIN L. Task-centered casework[M]. New York: Columbia University Press, 1972.

[2] DOLLARD J, MILLER N E, DOOB L W, et al.. Frustration and aggression[M]. Oxfordshire: Routledge, 2013.

[3] BANDURA A. The social learning theory of aggression[M]// FALK R, KIM S S. The War System. New York: Routledge, 2019.

[4] BERKOWITZ L. Frustration-aggression hypothesis: examination and reformulation [J]. Psychological bulletin. 1989, 106(1): 59.

[5] MERTON R K. Social structure and anomie[M]// BEAN P. Crime: Critical Concepts in Sociology. London: Psychology Press, 2003.

[6] MARKS S R. Durkheim's theory of anomie[J]. American Journal of Sociology. 1974, 80(2): 329 - 363.

[7] 罗伯特·K. 默顿. 社会结构与失范理论的连续性[M]//社会理论和社会结构. 南京：译林出版社，2015.

[8] 玛格丽特·米德. 文化与承诺：一项有关代沟问题的研究[M]. 周晓红，周怡，译. 石家庄：河北人民出版社，1987.

[9] 查尔斯·霍顿·库利. 人类本性与社会秩序[M]. 包凡一，等译. 北京：华夏出版社，1999.

[10] JONES A J. Chapter VIII: preparation of guidance and personnel workers[J]. Review of Educational Research, 1948, 18(2): 205 - 213.

[11] 林孟平. 心理咨询与治疗[M]. 北京：生活书店出版有限公司，2022.

[12] COREY G, COREY M S, CALLANAN P, et al.. Ethical considerations in using group

techniques[J]. Journal for Specialists in Group Work. 1982, 7(3): 140-148.

[13] AMBROSE P, JOHNSON G. A trust based model of buying behavior in electronic retailing [C]. Baltimore: AMCIS 1998 Proceedings, No. 91.

[14] LUFT J, INGHAM H. The johari window[J]. Human Relations Training News. 1961, 5(1), 6-7.

案例　大学新生人际适应问题的小组工作介入

邓文龙

一、案例及社会背景

（一）案例反映的社会问题

大学的集体生活让新生接触了来自不同成长环境和教育背景的同学，通过人际互动和人际交往为适应社会提前做准备。然而在进入这样新的生活环境中后，大学新生往往会面临许多适应方面的问题，如生活适应、学习适应等，其中人际适应方面的问题表现得较为突出。总的来说，我国各高校在解决大学新生人际适应问题方面的对策主要包括新生入学心理测评、入学教育、辅导员谈话和心理健康中心开展的团队心理辅导活动。这些措施在一定时期内和一定程度上产生了积极效果，但鉴于主客观条件的限制，并不能深入了解新生人际适应问题的成因，也无法提供具体而有针对性的服务。

2014 年，共青团中央、中央综治办、民政部等六部门共同制定了《关于加强青少年事务社会工作专业人才队伍建设的意见》，提出要发展青少年事务社会工作，服务青少年成长发展领域，为青少年提供正确的行为指导和良好的习惯训练，帮助他们形成良好的学习、生活和行为习惯。小组工作作为社会工作三大工作方法之一，能通过互动帮助服务对象挖掘自身的潜能，学习处理问题的方法，从而有效地回应新生人际适应方面的问题。因此，将小组工作应用于解决大学新生人际适应问题，不仅能增强他们在人际适应方面的能力，而且能对现有干预措施的不足之处进行补充。

（二）小组成员的人际适应问题分析

综合一些学者的观点，笔者将人际适应界定为一种心理能力，即个体为了满足自身需求而调整自我行为、改变交往环境或他人，与他人保持和谐互动，并不断适应变化的环境。人际适应的维度划分为人际认知、社交能力、综合评价三个方面。需要注意的是，人际交往、人际关系和人际适应的概念需要加以区别，如图 15－案－1 所示。

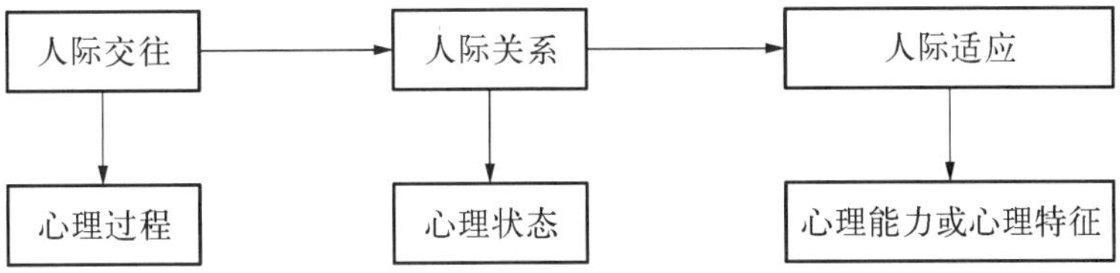

图 15－案－1　有关概念的区分

在明确人际适应概念的基础上，本研究先使用中国大学生适应量表（CCSAS）对 S 学院两个专业新生的适应状况进行了测量，并从中筛选出了人际适应维度得分较低的 6 名同学，将他们作为研究对象，基本信息见表 15－案－2。接下来，笔者采用半结构式访谈的方式了解研究对象在人际适应方面的问题和成因。

表 15－案－2　访谈对象基本信息

访谈对象	性　别	年龄/岁	专　业
A 同学	男	18	社会工作
B 同学	女	17	社会工作
C 同学	女	18	社会工作
D 同学	女	18	法　学
E 同学	男	19	社会工作
F 同学	男	19	法　学

研究对象的人际适应问题主要有四种表现，即消极自我评价、缺少知心朋友、社交能力较弱、异性交往困扰。其影响因素主要有三个方面：一是人际认知的偏差。人际认知是对人们之间的相互关系、沟通双方的特性状况、行为特点的认知，包括个人对他人、对自己、对人与人之间关系的认知。人际认知是主观的感受和评价，也是人际适应的前提和基础。根据认知的对象的不同，我们可以将人际认知分为四种类型，然而大部分同学对人际适应或者人际关系良好的标准存在认知上的偏差，导致人际适应问题的产生。二是个体成长的差异。结合“人在情境中”的视角和生态系统理论，个体始终处在与环境的交互作用中，个体参与的系统可以分为微观系统、中观系统和宏观系统。微观系统中对人际适应产生最直接影响的便是性格。例如，MBTI 性格测量将性格划分为四个维度，每个维度上有两个对立的偏好，如外向与内向、感觉与直觉，这些指标明显地影响着个体的人际适应状况。家庭教养对个体成长也起到比较重要的作用，多项针对大学新生人际适应状况的问卷调查都显示，家庭收入水平、父母婚姻状况都与个体的人际适应存在一定的关系。此外，人始终处在与外部环境的互动中，人与环境的不良互动是问题产生的主要原因。面对全新的大学环境，新生们面临着角色身份的转变、新

支持网络的建立，这些任务如果没有被妥善地处理就会转化成危机与挑战。三是方法技巧缺乏。实现良好的人际适应离不开合适的人际交往方法和技巧，而这些方法和技巧的缺乏在组员中却是普遍存在的。他们有良好的沟通意愿但不得其法，不知道如何与他人进行沟通，往往引起误会。大学新生在人际适应过程中往往会面临着不善于倾听、单方面交流、缺乏表达技巧等问题，自己也很难觉察到。有关大学新生人际适应问题的具体情况如表 15－案－3 所示。

表 15－案－3　研究对象问题情况

组 员	问　　题	具 体 情 况
A 同学	人际认知和综合评价得分较低，说明对自己在人际交往方面的评价不高，不满意目前的人际关系现状	学生干部，认为自己在处理工作的过程中很难与陌生人打交道，因学生工作方面的问题与本班同学产生了隔阂，自觉有种被孤立的感觉。经环境调查，其在同学中评价比较好，与自我的消极评价不符
B 同学	社交能力得分很高，其他两项得分较低，认为自己具有较强的社交能力，但对目前的人际关系不满意	高中时成绩比较好，高考发挥失误，因此一直处在比较低落的状态中，同时对自己和交往的同学都提出了过高的要求。她认为与周围同学难以进行深入的交流和共同的学习，有时还会因价值观的不一致而发生冲突。她也自述能够和身边的同学维持表面上的良好关系，还会主动去“合群”，但她仍然觉得很孤独，缺少知心朋友
C 同学	得分相对平均，主要是对人际关系现状不满意，也与个人的经历有关	该生在大学期间有过一段失败的恋爱经历，因此遭受的打击比较大，与室友也发生了一些矛盾，原本活泼开朗的个性也有所改变
D 同学	对自己人际交往能力和人际关系状况都非常不满意，社交能力也不行，觉得自己根本不适合与人打交道	该生是一个比较有想法的同学，喜欢在社交平台上发表评论和观点，但在现实生活中不善于进行沟通和自我表达，他希望自己能有所改变
E 同学	认为自己的人际关系不算差，但不能让人满意，希望通过提高社交能力来改善这种情况	该生在大学期间没有什么知心朋友，与在成都读书的高中同学保持着密切联系，几乎不参加新集体（班级、寝室）的活动。本寝室同学也因此孤立她，虽然她表示并不是很在乎别人的看法，但还是愿意尝试去改变目前的状况
F 同学	人际认知得分最低，说明自评人际关系不好，对自己的人际关系现状也不满意，不过对自己的社交能力比较有自信	学生干部，与 A 同学感觉相似，也认为自己在人际适应上存在较大问题。经环境调查，周围人多反映其在待人接物方面很热心，也积极服务同学，但考虑问题有欠缺，有自我中心的倾向，很难听得进别人的意见、建议。这点在之后小组活动的开展中也有明显体现

二、理论运用和研究方法

（一）理论视角

勒温（Lewin）首先提出了“小组动力学”这一术语。这是其将场域理论应用于团体行为研究后提出的概念，旨在研究小组的形成和发展、团体对个体的影响、成员关系、组内冲突等小组行为。该理论的特点是将小组看作动力整体,平衡研究和实践的关系,认为变化与反变化的张力刺激小组实现共同目标(转引自黄丽华,2003)。小组动力学认为,小组的民主氛围能够给小组发展带来积极的动力,组员在互动中可以不断学习有益经验,增强自我洞察和自我接纳能力,实现小组的共同目标,促进组员的成长。

因此,笔者在设计和开展小组工作时,始终重视在不同阶段对小组动力的分析。以笔者采用的五阶段划分法为例(Garland J, Jones H, and Kolodny K, 1976):在组合前期,小组的动力源于外部,主要是在社会工作者的支持和鼓励下尝试小组互动和表现自我。在权力及其控制期的小组动力逐渐由内部产生,组员之间互动并建立稳定的关系推动小组的发展。需要注意的是,在这一转折时期,小组冲突容易产生,如果冲突能得到适当的处理,就可以转化为小组发展的动力,因此需要社会工作者对特殊组员给予更多的关注。到了亲密期,组员相互之间已经有了充分的了解,小组动力来自组员之间的密切互动,小组凝聚力明显加强。分辨期和分离期的小组趋于整合和成熟,组员可以在小组内部自在地发表见解,社会工作者应做好小组学习经验的巩固,适当地处理离别问题。

小组动力也与专业方法技巧的运用有关,归根结底组员发展和改变的动力来自自身,利用哪些技巧激发这些动力是社会工作者的重要任务。例如,对质和澄清的技巧,对于社会工作者引导组员勇敢地呈现内心世界,共同面对令人不快、沮丧甚至痛苦的问题十分重要,这往往是诱发受助者改变的动力,从而能更好地实现小组目标。

(二)具体研究方法

1. 参与式观察

参与式观察的主要目的是通过全面观察来获取第一手资料,因此根据研究目的,实际参与到研究对象群体及其活动中去十分必要。笔者参与了“We up 成长小组”项目,主要角色是观察者和领导者,在项目开展过程中收集相关资料,并进行整合和反思。

2. 半结构式访谈

半结构式访谈是社会工作者通过与研究对象之间进行有目的的谈话来收集资料的研究方法。笔者借鉴了相关文献的经验,从人际认知、社交能力、与异性交往、综合评价四个方面设计了访谈大纲,一方面能弥补定量研究资料的不足(如参与意愿、改变的动机等),另一方面也可以对人际适应问题进行更具体、深入的讨论,明确服务对象的需求和问题。

(1)人际认知

- 自己的人缘怎么样,朋友的评价、人际适应能力如何;
- 人际状况比较好的人具备哪些特征,自己在哪些方面有所不同;
- 如何看待大学期间建立的人际关系,人际交往的目的是什么;
- 人际交往中谁对自己产生的影响最大。

（2）社交能力

- 与室友的关系以及矛盾的处理；
- 出现生活烦恼时的倾诉对象是谁，如何处理别人给出的意见；
- 当自己参与不感兴趣的会谈时，会有什么感受，如何拒绝；
- 与陌生人交往的反应通常是怎样的，有什么顾虑。

（3）与异性交往

- 与异性的关系如何，理想的异性形象是什么样的；
- 与异性关系好的人具备哪些特质；
- 在异性交往中遇到过哪些困扰，是如何摆脱的；
- 家人对自己与异性交往的态度如何。

（4）综合评价

- 最近的人际交往烦恼是什么；
- 在人际交往中是主动还是被动，与他人相处的方式是怎样的；
- 交朋友时对对方的哪些行为或习惯不能接受；
- 自己对大学生活的适应状况如何，有哪些明显的变化。

三、社会工作具体介入过程

（一）需求预估和界定

小组需求预估的方法是运用中国大学生适应量表（教育部《大学生心理健康测评系统》课题组等，2005）对组员适应现状进行测量，并且选取人际适应维度的结果作为基线数据。此量表共有60个问题，分为七个维度，分别是生活适应、择业适应、自我适应、人际适应、情绪适应、学习适应和满意度。经检验，总量表的信度系数高达0.93，人际适应量表信度系数为0.81，而再测信度也达到了0.997。组员的测量数据如表15－案－3所示。

根据量表编制的标准，按照1～5进行赋分，得分为4～5分为人际适应状况良好；3～3.99分为人际适应状况一般；2～2.99分为人际适应状况较差；1～1.99分为人际适应状况很差。

表15－案－3　研究对象前测基本情况

对　象	人际认知	社交能力	综合评价	得　　分
A同学	2.67	3.25	2.67	2.90
B同学	2.00	3.50	2.00	2.60

续　表

对　象	人际认知	社交能力	综合评价	得　分
C 同学	2.67	3.25	2.33	2.80
D 同学	1.00	3.00	1.00	1.80
E 同学	2.67	2.50	2.00	2.40
F 同学	2.00	3.25	2.33	2.60

6 个组员的得分只有一个接近人际适应状况一般，其余均为人际适应状况较差或很差。

（二）介入方案

结合小组动力学理论，笔者选取成长小组的形式对大学新生的人际适应问题进行专业介入，从促进自我认知、澄清人际交往价值观、学习人际交往技巧、换位思考等方面设计了小组主题活动。小组活动共有七节，每节活动约 80 分钟，活动地点是学校的社会工作者实验室；研究对象均为志愿报名参与，且在针对人际适应水平的量表测试中得分较低，有 3 男 3 女共 6 名同学，年龄为 17~19 岁。小组活动计划如表 15－案－4 所示。

表 15－案－4　小组活动计划

小组阶段	小组主题	目　标	活动概述
组合前期	相逢即是缘	破冰与熟悉，营造小组氛围，澄清需求和目标，订立小组规范	（1）破冰游戏；（2）你的名字；（3）打枪游戏；（4）目标与期望；（5）小组规范；（6）总结分享
权力及其控制期	成长的烦恼	进一步营造小组氛围，寻求共同话题，促进组员开放和互动	（1）欢迎仪式；（2）秉烛夜谈；（3）人际适应；（4）总结思考
	价值观澄清	澄清人际交往价值观，形成正确人际认知	（1）学习“海藻舞”；（2）曾经的我；（3）齐心协力；（4）故事分享；（5）总结思考
亲密期	我最知我	认识和接纳自我，理性分析自我，强化自我认知	（1）学习“海藻舞”；（2）镜中我；（3）性格的秘密；（4）情绪管理；（5）总结思考
分辨期	沟通是艺术	运用同理心，尊重他人，学习人际交往技巧	（1）学习“海藻舞”；（2）一元五角；（3）传话筒；（4）沟通技巧；（5）总结思考
	愿有你相伴	体会异性思维差异，换位思考和体验	（1）学习“海藻舞”；（2）男女有别；（3）模仿秀；（4）换位思考；（5）总结思考
分离期	未来的期许	巩固小组学习成果，树立信心面对未来，处理离别情绪	（1）成果展示；（2）回顾与展望；（3）我能做到；（4）一切在你；（5）量表测量；（6）最后总结

（三）实施过程

1. 第一节小组活动

本节小组活动“相逢即是缘”的具体规划如表15-案-5所示。

表15-案-5　相逢即是缘

时间/分	活动名称	活　动　内　容	物　　资
5	破冰	社会工作者进行自我介绍，致开场白；	
12	你的名字	组员想一个最符合自己特点的形容词加上自己的名字，如“害羞的小明”，接下来旁边的同学按照“我是坐在害羞的小明旁边的会脸红的小红”	舒缓的音乐
15	打枪游戏	每个组员左手背到身后，右手做枪状，游戏规则是用手碰到他人即算胜利	
20	小组目标与期望	给每个组员一张白纸，写“我加入小组的期望是……”“我希望我们小组是……”，写完之后进行分享和交流，最后社会工作者对小组的目标、组员的期望进行强调	白纸、笔
12	小组规范	所有组员共同讨论小组的规范，并自行分工，进行整理和记录。讨论通过后，将结果写在大卡纸上，然后自由地用彩笔进行装饰；社会工作者收好	大张卡纸、彩笔
15	总结分享	分享活动中对自我及小组的感受，社会工作者总结本次活动的成果	

（1）组员的参与

第一节小组活动的主要目的是让组员和社会工作者之间相互认识，营造良好的小组氛围。组员们刚开始时非常拘谨，男生和女生也都分开坐，一直到活动开始前仍几乎没有人说话。社会工作者通过报数的方法让男女混坐在一起，打破了原有的小组冷漠氛围，在进行自我介绍时约定了两分钟的自我介绍时限，有的组员只说两句话，用半分钟就介绍完了，有的自我介绍内容则比较丰富，这一点在订立小组规范时也有明显的表现，可以看出组员们的性格是有差异的。在游戏环节，大家显得还是有些放不开，在社会工作者的鼓励下才积极地投入游戏中。在这一节的小组活动中，组员们的参与程度不高，有待改善。

（2）社会工作者的参与

此节小组活动中，社会工作者的角色主要是组织者和观察者。社会工作者注意到“自我介绍”环节不同组员的发言情况，于是在制定小组规范时鼓励和引导部分不太活跃的组员聊一聊自己的观点。用到的主要方法是倾听，尤其是对待不太活跃的组员时，社会工作者引导其认真对待和倾听每一个组员的发言，让发言的人感到被尊重和有价值。谈到对小组的期望时，本组内有组员表示，"就是想来体验一下参与小组的感觉"，也有"想锻炼一下自己的人际交往能力"，可见大家对小组的期望各有不同。社会工作者也对这些期望给予了肯定，并给大家解读了小组成立的目的。一些组员在最后总结分享时谈道："有一些人能够认真地听你说话，这种感觉很棒，在这样的小组中我以后肯定会更加积极地发言。"本次活动做得比较好的是营造了良好的小组氛围，为组员间的信任和熟悉打下了基础，不足之处在于多是社会工作者的单向分享和引导，小组气氛较为低沉，组员参与程度不高。

2. 第二节小组活动

本节小组活动"成长的烦恼"的具体规划见表 15 -案- 6。

表 15 -案- 6　成长的烦恼

时间/分	活动名称	活动内容	物资
10	热身	组员相互握手、拥抱，须叫出对方的名字	
30	秉烛夜谈	社会工作者拿出事先准备好的蜡烛点燃，关掉电灯，在烛光营造的温馨、安静的氛围中漫谈最近的烦恼	
20	人际适应	社会工作者根据实际情况引入人际适应主题，引导组员回忆自己进入大学以来在人际交往中获得帮助、感觉比较温暖的体验，以及比较孤独、无人分享的体会。全体组员进行互动分享及反馈	舒缓的音乐
10	总结思考	分享活动中对自我及小组的感受。预告下一次活动主题，思考什么是正确的人际交往认知和态度	

（1）组员的参与

第一次活动后，组员们彼此有了一定的认识，但在活动开始前组员相互握手、拥抱时还是显得有些生疏，大家都选择了握手。在黑暗中，烛光营造了非常温馨、安静的氛围，组员们倾诉和交流的欲望非常强烈。每一个组员都认真地讲述自己的烦恼和故事，也积极地对其他人的想法进行回应，小组氛围非常热烈。组员们互动和参与的热情很高，所有人都非常投入。

（2）社会工作者的参与

这一节社会工作者的角色主要是支持者和倾听者，用到的方法主要是积极倾听和运用同理心。组员们的讨论虽然非常热烈，但也出现了会有组员打断其他人发言的情况。针对这种情况，社会工作者引导大家反思和体会被打断发言的感受，学习倾听的技巧。对于组员们讲述的自己遭遇到的人际交往烦恼，社会工作者也利用同理心的技巧给予回应。本次活动氛围营造得非常好，较好地促进了彼此间的信任与熟悉度，不足之处是对主题的把控不够到位，有时会偏离人际适应的主题；活动时间也超出了计划，需要社会工作者进一步改进。

（3）小组动力分析

第二节小组活动属于权力及其控制期，与组合前期最大的不同在于小组动力逐渐由内部产生。在这一节活动中，组员们之间的了解显著增加，互动增多，组内的民主氛围得到较好的发展，小组动力由此开始形成。

3. 第三节小组活动

本节小组活动“价值观澄清”的具体规划见表 15 -案- 7。

表 15 -案- 7　价值观澄清

时间/分	活动名称	活动内容	物资
10	热身	共同学习跳“海藻舞”，让大家动起来；以团队任务的形式在小组结束前学会	“海藻舞”视频
20	曾经的我	邀请优秀的学长学姐分享自己在大学期间成长的经历，由组员向他们提问	
15	齐心协力	将组员分为两组，每组的同学按照要求分别不能使用手、眼睛和脚，每组完成相应的任务，社会工作者宣布获胜方	气球、手帕、短绳
25	故事分享	社会工作者讲“盲人提灯走路”的故事，组员分享讨论。引导大家接受多元的价值观，如人际交往的实质是什么，在交往中给予和获取哪个更多，要如何平衡等	故事 PPT
10	总结思考	分享活动中对自我及小组的感受。预告下一次活动主题，思考主题“我是谁”，从自我、他人视角考虑自己的形象	

（1）组员的参与

“海藻舞”的动作非常欢快和搞笑，组员们很快被这种欢乐的气氛感染了，非常认真地投入学习之中。设计这个环节的目的是让组员们在团队合作中实现目标，获取成就感和自我效能感。听完学长学姐们的分享之后，组员们也非常主动地提问和分享自己的经历。F 同学在分享时再一次违反了“每人发言 3 分钟”的规则，而且谈论的主题也有些偏离。在他分享的过程中，一些组员其实已经表现出了不满的情绪。后面价值观的故事也引起了大家的深思，组员们在争论中感受到了不同的人际交往价值观。

（2）社会工作者的参与

针对小组出现的问题或者说是冲突，社会工作者暂停了活动的进行，向大家说明了目前的情况并让大家谈一谈现在的感受。由组员轮流发表个人的感受，并且由大家讨论如何避免这种情况再次发生。为了避免这种焦点式的讨论可能对 F 同学造成伤害，社会工作者将讨论重点引导至小组规范和规则上。最后大家一致同意,违反小组规范的人下一次要在跳舞时站在最前面,面向大家领舞。社会工作者注意到,F同学其实非常能“说”——虽然他的发言往往会偏离主题。他试图主导小组,表现出了比较强的自我中心倾向,但又缺少一些沟通交流的技巧。社会工作者认为,这正是他面临人际适应问题的原因,期望他在小组互动的过程中,通过与其他组员交流,意识到自己的问题并改进。社会工作者在这次活动中主要使用了澄清和对质的技巧,让组员们交流自己的感受,明确小组活动过程中遇到的问题,引导大家思考如何解决问题。

(3) 小组动力分析

第三节小组活动仍属于权力及其控制期。随着参与度的提升,组员们逐渐认识到自我在小组内的角色和地位。在此阶段,小组内可能因权力的“争夺”而产生冲突,这也是小组动力学中民主氛围与专制氛围的概念体现。因此,恰当地处理和利用好小组冲突,将其作为内生的小组动力推动小组发展,同时保持良好的组内民主氛围,是社会工作者最重要的任务。

4. 第四节小组活动

本节小组活动“我最知我”的具体规划见表15-案-8。

表15-案-8 我最知我

时间/分	活动名称	活动内容	物资
5	热身	大家相互问候,继续学习“海藻舞”	“海藻舞”视频
30	镜中我	社会工作者给每个组员分发镜子,大家对照镜子,将自己外貌最优之处写在便利贴上,并粘到白纸上,学会欣赏接纳自我形象,建立自信	镜子、白纸、笔、便利贴
20	性格	讲解有关性格的心理学知识,填写性格测量量表。大家分享自己的测试结果,由社会工作者给大家讲解不同性格的特点,引导大家对自己的个性特点有正确认识	MBTI性格测量量表、笔、PPT
20	情绪管理	分享“我的情绪故事”,制作一些情绪词汇的卡片,选取其中的词语让大家分享最近发生的有关事件。社会工作者讲解关于情绪认知和情绪缓解的方法	彩纸、笔、PPT
5	总结思考	分享活动中对自我及小组的感受。预告下一次活动主题,思考自己最害怕的沟通情景	

(1) 组员的参与

参加前几次小组活动后,组员们之间的关系明显亲密了起来,大家在学习舞蹈时不再拘束,活动开始前大家都在热烈地讨论,对接下来的小组活动充满了期待。刚开始时,大家是面对面围圈坐在一起的,所以照镜子时大家依然有些害羞,于是社会工作者让组员背过身去照镜子。这种自我观察是比较直接的，这个过程中组员认真地审视自我，接纳自我形象。社会工作者引导组员进一步思考和挖掘更深层次的东西，例如价值观、人生观等，深入地认识自我。在自我认知的基础上，当一个组员在谈自己的情绪故事时，其他组员能够很好地提供支持和给予鼓励。小组成员之间逐渐建立起了相互支持的网络，大家更愿意谈论自己的心事，进行深入的交流。在这个过程中，组员们聆听和回馈的技巧也得到了练习。

（2）社会工作者的参与

此次活动中，社会工作者的角色主要是引导者和教育者。组员们通过分享自己的情绪故事逐渐敞开自己的心扉，程度较深的自我表露是组员之间关系亲密的表现，也能够进一步发展组员间的关系。这次活动中以社会工作者的讲解较多，应该改进这种方式，引导组员自主地学习或者模拟相关方法。做得较好的地方是灵活地变化游戏规则，及时控制小组活动的进度。

5. 第五节小组活动

本节小组活动“沟通是艺术”的具体规划见表 15 -案- 9。

表 15 -案- 9　沟通是艺术

时间/分	活动名称	活动内容	物资
10	热身	大家相互问候，继续学习“海藻舞”	“海藻舞”视频
15	一元五角	由社会工作者和组员共同参与游戏，女生作为“一元面值”，男生作为“五角面值”，带领活动的社会工作者喊出一个金额，所有人拥抱在一起组成这个金额。多进行几次，请没有结对子或加入组织的同学谈一谈被“孤立”的感觉，引导大家讨论同理心和尊重的重要性	
15	传话筒	组员分为两组，社会工作者将准备好的小故事单独念给两组的第一个同学，再由他们复述给下一个同学听。最后的同学复述故事，思考产生差异的原因并进行讨论	小故事纸质档
20	沟通技巧	讲解关于沟通技巧的知识，并且设置数个模拟情境，让全体组员尝试运用学习的技巧解决问题	沟通技巧 PPT
10	总结思考	分享活动中对自我及小组的感受。预告下一次活动主题，异性交往	

（1）组员的参与

组员们刚开始做第一个游戏时不太能接受拥抱在一起，气氛比较尴尬。男女生之间的性别界限是自然的现象，通过活动和引导打破这种界限才能增加整个小组的沟通与互动。第二个游戏是所有人都参与其中的，因此组员们对传话中出现的偏差讨论得很热烈，也体会到了沟通过程的重要性。

（2）社会工作者的参与

考虑到活动时长，本节活动中本来没有设置游戏环节，但在活动过程中小组的气氛有些沉闷，因此社会工作者直接设置了一个拍手游戏来活跃气氛。社会工作者鼓励组员分享自己所理解的沟通过程中出现问题的原因，组员们已经表现出了聆听他人传话的态度，并且能够及时地对他人的观点进行反馈。

6. 第六节小组活动

本节小组活动“愿有你相伴”具体规划见表15-案-10。

表15-案-10　愿有你相伴

时间/分	活动名称	活动内容	物资
10	热身	排练和展示“海藻舞”学习成果	“海藻舞”视频
15	男女思维差异	观看男女思维差异的科普视频，从生理、心理、社会多种视角思考和讨论这种差异	心理学视频
20	模仿秀	分组，其中一组的组员展示一些肢体动作，另一组的组员进行模仿，接着交换进行。结束后描述对异性传递含义的理解，讨论是否存在差异以及产生差异的原因	PPT
15	换位思考	在认识和体会到男女思维差异的基础上，引导组员学习换位思考和有效沟通，学习尊重对方并理解对方的感受	

（1）组员的参与

恋爱是组员们非常感兴趣的主题，但与异性共同讨论这个主题却是很少的。组员们相互模仿动作，闹出了很多误会，自然地引出了网上热议的“直男癌”“多喝热水”等话题，组员们就此展开了激烈的讨论。与异性面对面、坦诚地讨论，让组员对男女思维差异有了直观、切实的认识。视频内容诙谐幽默，引起了大家的兴趣，比如男女在认路和指路时的差异，为大家科普了很多有趣的知识。

（2）社会工作者的参与

本节活动的方式主要是启发式、引导式的教育技巧，让组员参与其中并思考性别差异的问题，启发他们对异性交往的思考。真诚、不回避的面对面沟通往往能促进目标实现和问题解决，这在异性交往中体现得尤为明显。社会工作者为组员营造良好的沟通氛围，组员自身通过互动和学习来实现成长改变，这正是小组的意义。

7. 第七节小组活动

本节小组活动“未来的期许”的具体规划见表15-案-11。

（1）组员的参与

最后一节活动主要是一起回顾以前活动的主题，观察组员对以前活动的掌握情况，同时也是加深学习和记忆。“海藻舞”其实是团队合作的成果，组员们见证了自己从完全跟不上节奏到灵活舞动，在团队合作中逐渐实现自我意识的觉醒和成长。纪念瓶中的盐代表着圣洁与永久，社会工作者希望通过有仪式感的过程让组员一直记住自己在小组中获得的成长。

表 15-案-11 未来的期许

时间/分	活动名称	活动内容	物资
10	成果展示	组员展示“海藻舞”的学习成果，并分享作为团队一分子完成团队任务的感受	“海藻舞”视频
25	回顾与展望	大家再一次在烛光温暖的氛围中，谈自己在小组中的成长和收获	蜡烛、舒缓的音乐
20	我能做到	写下“在现在和以后的人际关系中，我能做到、我能完成、我能实现”等期望，用彩色粉笔和盐磨成细砂，将对自己的肯定装在玻璃瓶中，留作纪念	白纸、玻璃瓶、食盐、彩色粉笔
10	一切在你	社会工作者带领所有人朗读现代诗《一切在你》，鼓励大家承担成长和改变的责任	
5	量表测量	让组员再次填写打乱顺序的中国大学生适应量表	中国大学生适应量表纸质版
10	最后总结	社会工作者进行最后的总结，所有人一起合影留念	相机

（2）社会工作者的参与

社会工作者采用的是启发式、开放式、自由式的技巧，让大家一起回顾在小组中成长的经历。在社会工作者讲明了纪念玻璃瓶的意义之后，组员们都觉得这个过程非常有仪式感，因而都十分投入。拍照留影的过程是本次活动的高潮，大家非常开心地摆出了很多造型。整个过程中没有离别情绪，因为大家都是一个年级的同学，反而非常开心，他们在这个小组中结识了更多的朋友。

（3）小组动力分析

分离期的小组在民主氛围方面已经得到了充分发展，组员之间相互信任，有一定的情感联结。此时内生的小组动力可能会有所减退，因此社会工作者再一次扮演起了组织者的角色，主要的任务是利用良好的小组氛围让组员回顾学到的经验，将这些经验应用到实际生活中。

（四）成效评估

1. 前后测评估

笔者在小组的准备阶段利用中国大学生适应量表进行了测试，获取了相应的基线数据。在小组结束后，组员再次填写打乱了问题顺序的量表，作为后测数据。利用 SPSS 对样本数

据进行配对样本 T 检验，p 值为 0.018，小于 0.050，接受“小组成员在干预的前后有较大差异”的假设，认为小组干预是有效的。具体得分如表 15－案－12 所示。

表 15－案－12　研究对象前后测得分情况

对　象	测　量	人际认知	社交能力	综合评价	得　　分
A 同学	前测	2.67	3.25	2.67	2.90
	后测	3.33	2.50	3.33	3.00
B 同学	前测	2.00	3.50	2.00	2.60
	后测	4.33	3.25	3.00	3.50
C 同学	前测	2.67	3.25	2.33	2.80
	后测	4.00	3.75	2.67	3.50
D 同学	前测	1.00	3.00	1.00	1.80
	后测	5.00	3.75	3.33	4.00
E 同学	前测	2.67	2.5	2.00	2.40
	后测	3.33	3.75	2.33	3.20
F 同学	前测	2.00	3.25	2.33	2.60
	后测	4.33	3.75	4.33	4.10

2. 组员满意度评估

在所有小组活动完成后，组员们填写了小组满意度评价表，从个人成长、小组氛围、社会工作者表现等方面进行评价，设置得分值为 1～7 分。可以看出，组员对小组的满意度是比较高的，对小组的喜欢和对小组意义的肯定更是十分突出。具体得分如表 15－案－13 所示。

表 15－案－13　小组满意度评价表

序　号	评　估　指　标	平均分
1	我很喜欢这个小组	6.17
2	我在这个小组中获得了成长	5.33
3	我能在小组中向别人表达我的看法	5.67
4	参加这个小组使我对自己越来越有信心了	5.17
5	我觉得这次小组的经验很有意义	6.00
6	我觉得我们的小组是一个坦诚且大家相互关心的小组	5.83
7	参加这个小组后，我越来越了解自己了	4.83
8	我喜欢这位社会工作者的工作方式	5.67

四、社会工作服务专业反思

（一）服务总结

研究和调查发现，大学新生在初入大学时往往面临着人际适应上的问题。而目前高校往往采取入学适应性教育或者心理辅导对此问题进行干预，但这些措施并不能帮助我们具体分析新生人际适应问题的成因，提供的服务也不够具体。因此，笔者采取了小组工作的方法，从发展性的视角出发对新生的人际适应问题进行了干预。

回顾整个小组活动的过程，小组的目标总体上已经达到。每一个组员的人际适应状况均得到了不同程度的改善。不同班级、不同专业的组员从陌生到相识，再到相互熟悉和信任，整个小组充满了信任、团结的气氛。组员在刚加入小组时面临着人际关系危机、情绪低落、缺少知心朋友等问题，通过参加小组活动增进了对自我的了解，掌握了人际交往的一些技巧，形成了关于人际交往的正确认知，提高了人际适应能力。笔者采用的主要是结果评估，包括量表的前后测结果对比、小组满意度评估两种方法，结果显示小组的干预对提高人际适应水平有着一定的成效，也证明了小组工作对丰富高校新生适应性教育工作的意义，为小组工作介入新生人际适应问题提供了参考的模式。

小组的不足之处是采用了单一实验法作为评估方法，但没有设置相应的对照组，可能出现小组干预之外的因素促使了组员人际适应情况的改变。采用量表测量的数据在量化上比较准确，但对组员需求和小组成效的展示还需要其他评估方法进行补充。

（二）服务反思

1. 对于活动设计的反思

回顾七节小组活动，主题包括价值观澄清、自我认知、体验模拟、人际交往方法技巧等，各个阶段的目标设置比较明确。笔者采取了多种方法充分了解组员的需求，包括量表测量、半结构式访谈、文献整理等，还实际进行了环境调查，走访了解组员的同学、老师等，获取了充分的信息。但是在前后活动的衔接上还不够充分，虽然组员在每一节小组活动中都比较投入和配合，但各节活动似乎是相互独立的主题，因此在一定程度上会影响小组活动的效果。

2. 对于评估方法的反思

本研究采用的主要是结果评估和需求评估，需求评估在小组开展之前进行，通过访谈和环境调查等方式对组员的需求和其他情况进行了充分调查。在小组结束阶段进行的结果评估，包括单一系统法和满意度评估。小组开展前已经有组员人际适应状况的基线数据，小组介入结束后再次利用乱序量表进行后测，通过前后测的对比可以较为科学地了解小组干预的成果。

但这种量化的评估受到量表本身信度和效度的影响,也没有设置对照组来完善评估设计,一些指标的设置也存在不足。因此,在今后的研究中应该加入更多的过程评估内容。

3. 对于介入技巧的反思

社会工作者在带领小组时应该有意识地运用专业自我,带领组员参与到每一节活动中。小组采用的发展性模式强调通过组员之间的互动,促使其思想、态度和行为等多方面的觉醒,因此如何与组员建立关系和丰富团队领导的技巧就显得十分重要。社会工作者在小组介入过程中用到了倾听、观察等多种技巧,并对特殊的组员进行了特殊的介入。

4. 对于专业角色的反思

随着小组的发展阶段的不同,社会工作者的角色也在不断改变。在小组的组合前期,社会工作者的主要角色是组织者和观察者,这一时期的组员相互之间不够熟悉,社会工作者的主要任务是营造安全、接纳的良好民主氛围,让组员在小组中产生安全感和归属感。到了权力及其控制期,组员对小组的归属感已经建立,试图更多地参与或主导小组,获取更多权益,社会工作者最主要的角色是协调者,需要处理可能出现的组内矛盾,引导组员有目的地进行讨论,化解矛盾并增强小组发展的动力。在后面的阶段,小组沟通积极、气氛和谐,社会工作者的作用逐渐淡化,主要是示范者和教育者的角色,将一些方法、价值观内化到组员的内心和行为中去。

参考文献

[1] 黄丽华. 团体社会工作[M]. 上海：华东理工大学出版社,2003.

[2] GARLAND J, JONES H, KOLODNY K. A model for stages in the development of social work groups[M]//BERNSTEIN S. Explorations in Group Work. Boston：Charles river, 1976.

[3] 教育部《大学生心理健康测评系统》课题组,方晓义,沃建中,等.《中国大学生适应量表》的编制[J]. 心理与行为研究,2005(2)：95－101.

第十六章 家庭社会工作

作为社会细胞的家庭,它的稳定是社会团结和平稳变迁的基础。随着经济、政治、文化的发展,当今家庭的结构和功能也在发生巨大变化。因此,探索和协助解决家庭在变迁中出现的问题,推动家庭的良好发展,是家庭社会工作的一项义不容辞的任务。

一、家庭社会工作概述

(一) 家庭社会工作的含义

关于家庭社会工作的定义,不同的社会工作学者基于不同的理论流派和不同观点提出了不同的界定。中国香港学者马丽庄(2001)提出,家庭社会工作就是指帮助求助的家庭发展,并运用自身及社会的资源,增强家庭日常功能,改善家庭关系和解决家庭问题。

本书对家庭社会工作的定义参考中国台湾家庭问题专家和社会工作者周月清(2001)的定义,认为运用社会工作的方法或理论,并以家庭为中心,维护家庭的完整,视家庭为一个整体并顾及家庭中每一个成员的需求,提供各项家庭服务,以解决各种社会问题;在问题的解决过程中,包括对整体家庭及各个家庭成员的需要进行评量、介入和评估等。相对而言,这个定义包容性较强,同时又具有比较明确的指向性。

(二) 家庭社会工作的特点

家庭社会工作的开展具有两个特点。

1. 以整体家庭为取向,将它作为问题评量和介入的重点

家庭社会工作并不只是帮助家庭中个别的成员,或解决个别成员的困难,而是在发现个别成员问题后介入家庭,而问题的解决是以整个家庭为对象的,即家庭中的所有成员都是社会工作者服务的对象。具体而言,家庭社会工作往往把个人的问题视为整个家庭的问题,也就是说,因为个人有了困难,所以其难以履行作为一个家庭成员应该履行的职责,由此协助

家庭重建的任务的重要性远远超出对个别家庭成员困难的帮助，如失业的父亲或重病的母亲，其遭受的影响不只针对个人，而是整个家庭；同时，当个别成员有了问题时，其原因可能是来自非功能性家庭，如一个离家逃学的青少年，其可能是非功能性家庭的受害者，因此家庭社会工作者要关注的不只是青少年个人，而是需要介入整个家庭。

2. 重视家庭资源和社区资源的联结

家庭社会工作也采用“治疗”的诊断观点和相应的技术，但是它更加重视如何链接社区资源，如何改善社区和家庭环境，以帮助整个家庭及其个别成员。

（三）家庭社会工作的分类

关于家庭社会工作的服务内容，比较常见的有以下三种分类。

1. 临床式服务与具体式服务

临床式服务包括咨询辅导、社会个案工作和小组工作，如家庭关系咨询、婚姻辅导、教育方案、就业协助等。具体式服务包括经济补助、住所、食物、信息提供等有形的服务等。

2. 以家庭问题为取向的服务内容

夫妻关系紧张、离婚、分居、婚外恋；亲子关系的障碍；单亲家庭；青少年离家出走或逃学逃业；未婚妈妈或未婚怀孕；身体和智力障碍、慢性疾病、艾滋病患者；儿童虐待和疏忽；性虐待；婚姻暴力；老人虐待、老人照顾等。

此外，还有家庭成员的问题，如化学性物质依赖（酒瘾、药瘾）、情绪与行为、意外伤害、死亡、服刑、赌博等，以及和家庭福利有关的服务，如经济援助、老年服务、移民服务、居家服务和法律服务等。

3. 以儿童福利为取向的服务内容

这一类服务包括三大类，即：支持性服务，包括个案、小组、家庭治疗、家庭倡导、社区心理卫生、保护性服务、情绪治疗和性虐待等；补充性服务，包括居家服务、日托等；替代性服务，包括寄养照顾、中途之家、教养机构、领养等。

二、家庭社会工作理论

（一）家庭发展理论

赫尔（Hill）指出，“家庭成员对家庭的生理、心理、社会需求，与来自社会的期待和环境的因素，促使家庭在不同阶段有所改变”（周月清，2001）。因此，他提出了“家庭发展”的三个重要现象：第一，家庭发展是一个组织参与互动的现象；第二，强调家庭生涯中家庭行为的互动与延续关系；第三，确认"发展"是改变的来源，包括功能性改变的要求和生活压力的出现。

多尔蒂(Doherty W J)的家庭发展理论主要建立在以下四个假设之上：人是行动者(actor)，也是反应者(reactor)；家庭成员的增加与减少是互动的重要变项；家人在同一处所的互动，不同于家人在不同处的互动；转衔(transition)事件(急速的改变)会为家庭结构带来改变。①

家庭生涯发展阶段如同个人生涯发展一样(Erikson E H, 1963)，杜瓦尔(Duvall E M and Miller B C, 1985)早在20世纪50年代就将家庭分成八个阶段(见表16-1)。同时，家庭发展阶段和个人发展阶段一样，不同阶段有不同的任务和需求。对家庭生涯发展阶段的了解有助于家庭工作者从事家庭评量(family assessment)，以确认家庭在特定生涯发展阶段的压力，尤其是针对那些非传统的家庭(如单亲家庭)，有助于了解个案家庭是处在何种家庭阶段，以及预测个案家庭可能存在的任务和角色压力(周月清，2001)。

表16-1　家庭生活周期与家庭发展任务

家庭生活周期阶段	家庭中的角色	家庭发展任务
新婚期	妻子 丈夫	• 构建相互满足的婚姻生活； • 怀孕和即将成为父母的适应； • 适应彼此的亲戚网络
育儿期	妻子—母亲 丈夫—父亲 女儿—姐妹 儿子—兄弟	• 适应新生子女的诞生、成长； • 构建一个可以满足需求的双亲、新生儿的家
学龄前期	妻子—母亲 丈夫—父亲 女儿—姐妹 儿子—兄弟	• 以激发性、成长方式适应学龄前期子女的重要需求； • 充沛的精力适应和应对子女需求，父母因此缺乏隐私
学龄期	妻子—母亲 丈夫—父亲 女儿—姐妹 儿子—兄弟	• 有学龄子女的家庭以建设性方法适应社区的生活； • 鼓励子女在求学上获得成就
青少年时期	妻子—母亲 丈夫—父亲 女儿—姐妹 儿子—兄弟	• 青少年在自由与责任之间取得平衡； • 发展中年父母(子女已成年)的兴趣和工作
空巢期	妻子—母亲—祖母 丈夫—父亲—祖父 女儿—姐妹—姨、姑 儿子—兄弟—舅、伯叔	• 成年子女离家就业、服兵役、上大学、另组新家庭等； • 维护支持性家庭关系

① Doherty W J. Handout & Reading Package of the Course of Family Conceptury Framework. Unpublished, 1989.

续　表

家庭生活周期阶段	家庭中的角色	家庭发展任务
中年父母期	妻子—母亲—祖母 丈夫—父亲—祖父	• 新的婚姻关系重建； • 维护年老的和年幼的亲属关系
老年家庭成员	寡妇/鳏夫 妻子—母亲—祖母 丈夫—父亲—祖父	• 应对丧偶和独处； • 亲近家人或适应老年生活； • 适应退休生活

对那些有障碍子女的家庭，尤其是对有生活重度无法自理的障碍子女的家庭而言，在社会福利制度落后的国家，家庭始终停留在第二个发展阶段（育儿期）而走不下去，父母永远扮演照顾子女的角色，片刻也不得休息，直到障碍子女或是父母老去。这种家庭的生命周期及该家庭要完成的任务，与一般常态化的家庭差异极大。根据家庭发展理论，障碍者家庭的需求是“特殊性需求”，因其不是在家庭正常发展及在期待中发展的一般性需求，因此对这些有特殊需求的家庭来说，就必须根据其特殊的发展需求进行介入，这也就是障碍者家庭为弱势家庭的原因。

（二）系统理论

社会工作者平卡斯与米纳汉在概括社会工作实务过程的要素时提出了“四个基本系统”的理论，指出社会工作过程是社会工作者运用各种知识与资源，与各要素系统共同努力，通过一系列具体的工作达到工作目标的改变过程（Pincus A and Minahan A, 1973）。“四个基本系统”即改变媒介系统、案主系统、目标系统、行动系统，为社会工作者提供了实务工作的参考架构。基本系统理论对家庭社会工作来说，意味着开展工作需要调动家庭内外的各种资源，家庭问题的解决也是家庭内外各系统共同努力的结果。

另外一位社会工作者多尔蒂针对将系统理论运用在家庭社会工作实务上这一情况，提出了以下家庭系统理论的假设：

家庭关系是影响人们心理健康状况的主要因素；家庭互动的模式可以代代相传；家庭健康与否是建立在家庭的向心力和个别家庭成员是否被尊重（两者皆要被重视）的平衡点上的；家庭有无弹性，是家庭发挥功能的关键，即越有弹性（可塑性）的家庭越具备良好的功能；家庭互动的分析，需要从家庭的三角关系来探讨（婚姻与亲子）；个人的问题，与其家庭的互动模式和家庭价值观有关；即使微小系统的改变，也有可能引起主要系统的改变；实务工作者介入家庭，即成为家庭的新系统。①

① Doherty W J. Handout & Reading Package of the Course of Family Conceptury Framework. Unpublished, 1989.

实务工作者视家庭为一个系统，也就是把家庭看作由个人组成的一个小的社会系统，负责个别家庭成员的社会化、亲密关系、规则学习（Minuchin S，1974），而家庭成员彼此之间的相互关系就构成家庭的整体（wholeness）。就一般系统理论而言，家庭是由家庭成员的复杂因素或成分组成的动力系统，个别成员是家庭的次系统，他们是相互依赖、相互关联的，任何一个次系统都会影响整个家庭系统（Holman A，1983）。因此，科尔（Kerr）和鲍恩（Bowen）指出，从家庭系统理论评量家庭时，要包括八个部分：家庭成员的差异性、三角关系（triangles）、核心家庭的情绪过程、家庭投射过程、代与代之间传承的关系、手足关系、情绪的切割、社会情绪过程（周月清，2001）。

（三）家庭生态理论

1. 家庭生态系统和基本假设

胡克和保卢齐（Hook N and Paolucci B，1970）第一次把家庭看作一个“生态系统”。他们指出，之所以可把家庭视作一个生活支持（life-support）系统，是因为家庭依赖自然环境来维护生理的存在，依赖社会环境来追求生活的品质和意义。因此，家庭生态理论可以说是整合人类发展、家庭关系和家庭资源管理的概念，形成“家庭生态系统”，以探讨家庭各种问题及其与环境的关系，包括外在系统的各种多元架构（见图 16－1）。

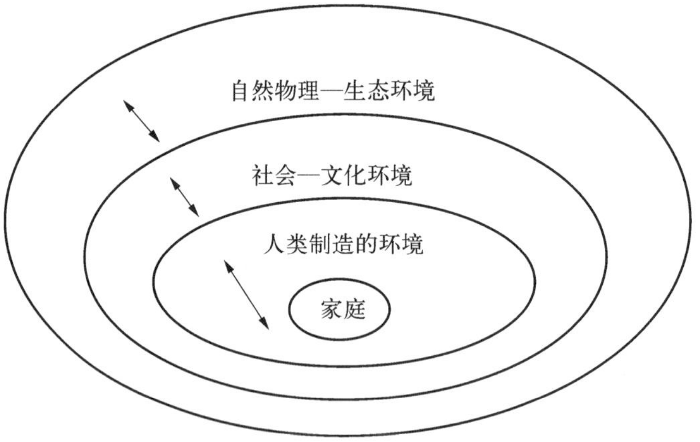

注：(1) 自然物理—生态环境：气温、气候、水、泥土、植物、动物等；(2) 社会—文化环境：①人类，邻里社区；②文化，语言、法律、规范、文化价值等；③社会经济组成；(3) 人类制造的环境：道路、开发的土地、都市建筑、人工物质、被污染的水、空气等。

图 16－1　家庭生态系统

（资料来源：Hook N and Paolucci B，1970）

家庭生态理论有以下几个基本假设：

- 就一个生态系统而言，其各部分是相互依赖的。

- 家庭对其成员、家庭本身和社会来说，承受物理与生物的要求、经济和心理社会功能，因此个人及其家庭的生活品质与整个生态系统的品质有不可分割的关系。
- 环境对人们解决问题可能是有帮助的，但也可能是一种阻碍。
- 解决问题的资源可以来自环境，也可以来自个人本身或人与人之间的关系。
- 大部分问题源自人与人之间、家庭内部或家庭与环境系统。
- 个人的适应行为由其所在的情境脉络所决定。
- 生态环境可以包括所处的空间、气温与精力等，它们都是影响情境的重要因素。
- 适应来自人与环境的相互依赖关系，而这些因素会影响解决问题的想法和认知。

2. 生态学方法在家庭实务工作中的运用

（1）家庭评量

霍尔曼（Holman）指出，运用生态学方法进行家庭评量（family assessment）时，要重视家庭与环境（包括物理与社会环境）的关系，探讨家庭的需求与其环境资源的相互适应情况。家庭评量内容包括：家庭及其环境的支持资源是怎样的，家庭（及其个别成员）与环境（包括组织机构）的关系，是否可以促使个别成员的成长和生活品质需求得到满足？若不能，其落差是什么？家庭是如何与其环境交互反应或相适应的？

家庭生态图是由生态学方法发展而来的用来快速评量家庭与环境互动关系的工具，可以用一个实例具体展示家庭生态图的运用（详见图 16－2）。

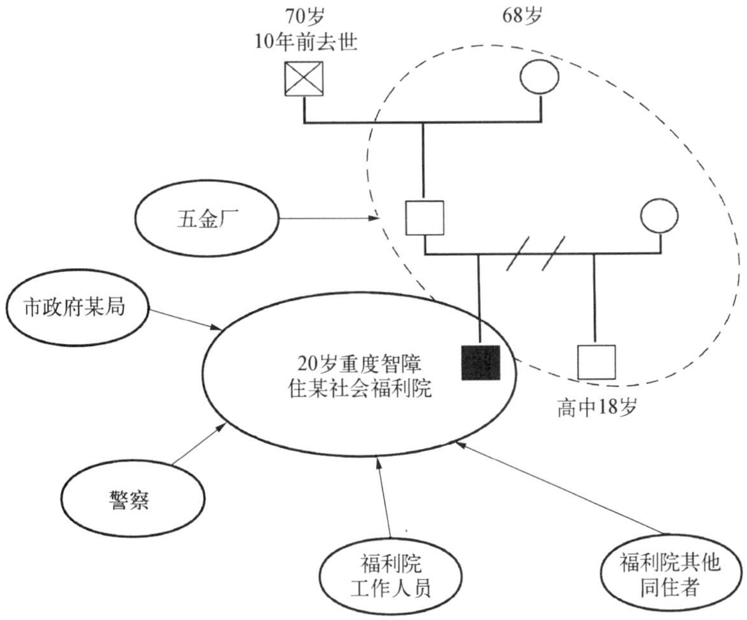

图 16－2　家庭生态图——以阿强家庭为例

案例说明：阿强（匿名）是某社会福利院的个案，因 1 岁时发烧造成重度智障。阿强的祖父已逝，阿强 5 岁时父母离婚，阿强的父亲有时殴打阿强的母亲，他的母亲轻度智障并有精神疾病，且在离婚后就未曾出现过；父亲任职于五金工厂，存在酗酒问题；阿强的弟弟在读高三。原本阿强由祖母照顾，但祖母年老，他经市政府某局转介被送至福利院。阿强曾逃回家中，也曾因偷窥被警察查获。阿强目前的互动网络，除了偶尔与家人联系外，也仅与福利院的工作人员和其他同住者互动，而阿强家的互动系统也很少（备注：家庭图中用虚线圈起来的系住在一起的家人）。

（2）家庭评量工具

① 家庭图

- 家庭成员和结构

※ 男 □　　女 ○

（年龄可写在方框或圆圈中，如死亡则可在方框或圆圈中打×表示。）

※ 主要的案主（接案的案主） ■ ●

※ 婚姻关系（写出日期）

丈夫在左，妻子在右

※ 住在一起的关系或同居（写出日期）

分居（写出日期）

离婚（写出日期）

※ 子女：按长幼排序（年长在左，幼年在右）

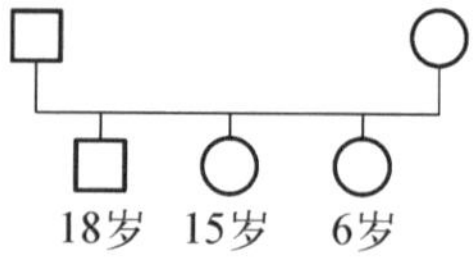

领养或寄养用文字叙述标出

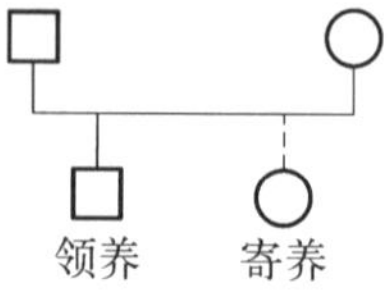

异胞胎

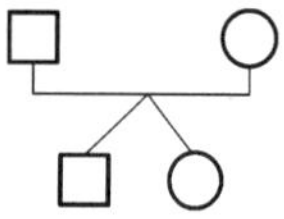

同性双胞胎

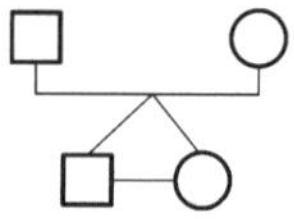

怀孕

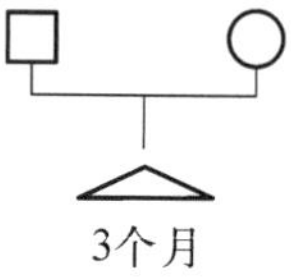

流产 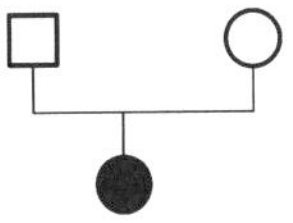 堕胎 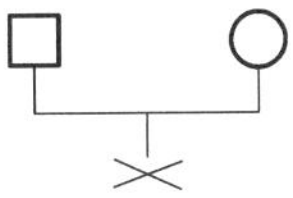 死产 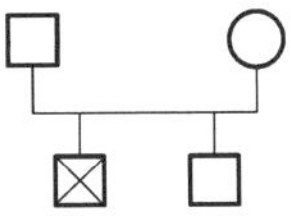

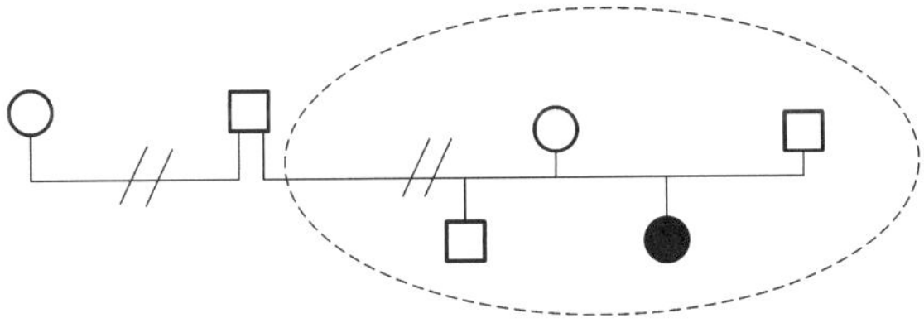

※ 用虚线圈起来的是与案主或案主家庭目前在一起者。

- 家庭互动模式

非常亲密关系 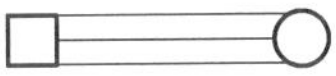

冲突关系 

疏离关系 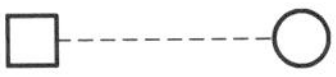

隔离或切断关系（写出日期） 

亲近又有冲突关系 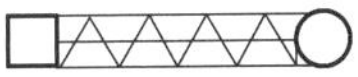

- 医疗史

排列出主要的慢性疾病或问题。

- 家庭其他重要资料

籍贯、受教育程度、职业或失业、服役、退休、法律纠纷、身体或性虐待或乱伦、肥胖或厌食症、酒精依赖（以图表示）或药瘾（以图表示）、抽烟、家人离开家的日期、目前家庭成员的情况（注：在家庭图下可以留一些空白，以记载一些主要资料，包括重大事件、家庭结构的改变、家庭的一些变化，并写出日期）。

② 家庭的形式。

第一代

第二代

带三代

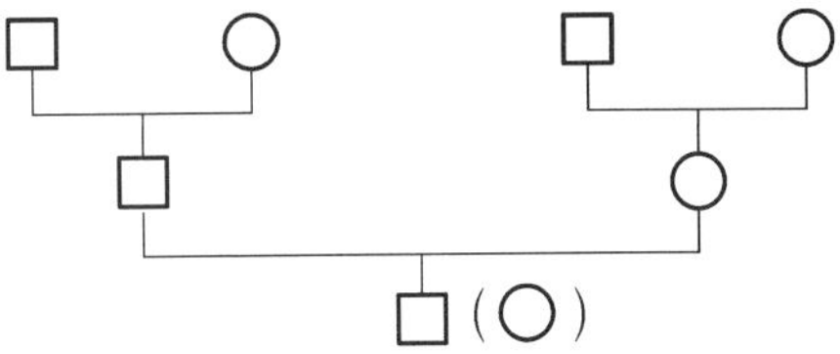

③ 家庭资料。资料包括案主的基本情况（如姓名、出生日期、受教育程度、职业、婚姻状况、子女等）、原生家庭情况、母亲的家庭情况、父亲的家庭情况、家庭的迁移情况、家庭的重要他人、互动者的有关资料（如严重行为或情绪问题、用药用酒问题、法律纠纷问题等）以及关系程度（如很亲密、疏远、冲突、隔离还是过度依赖）等。

3. 生态取向的家庭社会工作介入

根据生态学的观点，人们需要持续其生活阶段中的转变及适应交互反应，因为生活环境中的所有组成因素是一种持续性的、改变的关系；在不同生活阶段有不同的任务，环境和系统的关系也会有所不同，为了适应各阶段衔接所带来的改变，便会产生压力。依照生态系统观点，家庭问题的产生源于系统之间的互动关系，因此需要强调案主应适应环境的改变、注意个人与环境的互动，尤其需要重视生活形态的转型和环境的压力。从上述观点出发，家庭社会工作介入的目标是：修正不能适应的人际关系过程；促进人与环境的交互反应关系；激发个人与环境的资源以及为个人增权；消除生活空间中的障碍；解决个人和环境的问题，以满足需要。

（四）社会冲突理论

在家庭领域，社会冲突理论应用的主要观点包括：

- 社会冲突是人们生活的基本要素，冲突存在于任何社会互动形式中，同样也存在于家庭生活和家庭互动关系中。
- 个别行动者会依据个人的喜好行动，也受到个人的需要、价值观、目标和资源等的影响，在日常与他人互动中会有各种理由诠释自身的欲求、利益及追求的方式，因此不可能要求每个行动者都为了社会利益最大化而行动。
- 无论是个人还是团体都会发生冲突，如家中不同的成员因有不同的目标、价值、兴趣和时间规划，就会与家中其他成员产生冲突。
- 家庭的冲突也可能来自同样的目标与兴趣，但限于资源（爱、注意、权力、金钱）分配的不足，因此会有竞争。家庭冲突论者视个人喜好为了解家庭关系及互动的主要因素。
- 家庭是劳动力的来源。通常，家中的男性参加工作赚钱养家，而女性则负担家中的劳务，这种状态成为主流社会的典型“家庭形态”，由此男性在家中成为拥有较高权力者。
- “权力”是家庭冲突理论的重要概念，存在于家庭内外系统之间，而这会受到社会文化、阶层的影响，就家庭内部而言，与性别、年龄有关。

三、家庭社会工作方法

本节将结合有关理论，以家庭社会工作的治疗模式为依据阐述家庭社会工作方法，并探讨如何开展家庭社会工作以解决家庭内部的各种矛盾和冲突。

（一）心理社会治疗法对于亲子关系辅导的运用

心理社会治疗法是社会工作专业最常用的治疗或辅导方法，最早从里士满（Richmond，

2018)、汉弥尔顿(Hamilton G, 1937)等的著述中可以找到相应的概念和思想。20 世纪 60 年代,霍利斯(Hollis F, 1964)出版了后来社会工作训练经常采用的教材——《个案工作：心理社会治疗法》,完善了心理社会治疗法的理论和方法。本节将以亲子关系问题为例子,试以心理社会治疗法的基本技巧对此进行分析。

1. 心理社会治疗法的基本假设和价值取向

(1) 个人的心理发展受社会环境和生理状态影响,因此,可以说"人在情境中"。这个独特的概念认为,人不能被看作一个完全独立自存的个体,研究一个人,一定要同时了解其与所处的环境,即其与家庭、学校、同辈、工作场所等互动所出现的状态,详见图 16－3。

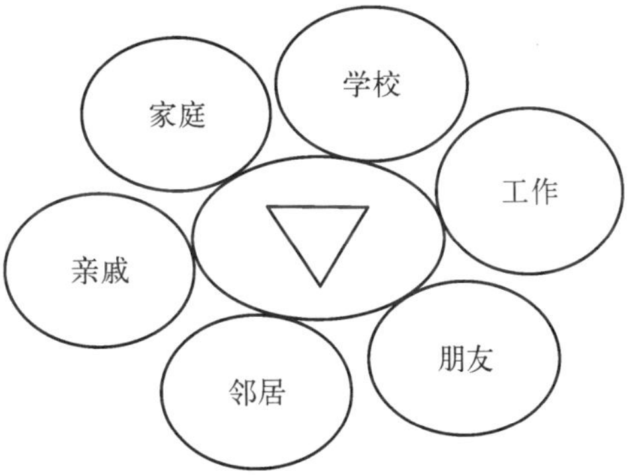

图 16－3　"人在情境中"图示

(2) 个人的经历、所持的观念、所学习的知识和态度都会有意无意地对其产生影响,因此了解早年经历对分析个人的现在和将来有很大的帮助。与此同时,心理社会治疗法也强调社会工作者在辅导和治疗中,不仅要探索问题的背景和成因,还要重视人格。

(3) 个人与环境的互动,其家庭角色和社会角色的影响,对超我和自我理想的构建都有着重大的意义。

(4) 每个人都被视为有价值和有发展潜质的个体,因此治疗的宗旨是要协助个人达到健康的发展状态,充分地发挥其潜质。

(5) 社会工作者在运用心理社会治疗法时,要采纳下列工作原则：个别化、接纳、当事人自决、不批判的态度、表里一致、保密、受控制的情绪反应。

2. 心理社会治疗法的方法与技巧

开始接触。在这个阶段,社会工作者需要了解原因、建立关系、进入治疗(指社会工作者协助案主对需要解决的问题存有一定的希望和正确的认识)。

心理社会研究。心理社会研究是一个观察并把观察所得的资料进行系统整合的过程。这个治疗法的特征是对当事人的"人在情境中"有所了解,尤其是了解当事人如何看待自己的问题,曾如何处理过这些问题以及认为是什么使他遇上了这些问题。

诊断。诊断是指整理、归纳和分析所收集的资料以便对问题的性质做出一些评估和推理的过程。诊断分成三种类型：心理动态诊断、根由诊断、分类式诊断。

治疗目标。"心理社会"治疗法的治疗目标如下：减轻当事人的焦虑和不安;减少"人在情境中"系统的功能失调;增强当事人自我适应能力和"人在情境中"系统的功能;提高当事人价值实现和自我满足感；改善环境以解决问题。

治疗技巧。心理社会治疗法发展至今已经具备很成熟的技术，本小节将结合家庭中亲子关系的辅导和改善，介绍心理社会治疗法的基本技巧。心理社会治疗法的基本技巧包括直接治疗和间接治疗两大类（详见表 16－2），但无论哪种技巧都包括了丰富的沟通技巧。

表 16－2　心理社会治疗法的基本技巧分类

直接治疗	间接治疗
非反应沟通动力 • 支持 • 直接影响 • 探索—描述—宣泄 反应讨论沟通动力 • “人在情境中”反应 • 心理模式动力反应 • 人格发展反应	并行者与社会工作者之间的沟通 当事人与当事人之间的沟通 并行者与当事人之间的沟通

① 直接治疗

案主与社会工作者间的沟通构成了“直接治疗”，即社会工作者直接与当事人接触进行研究、诊断和治疗等过程。直接治疗可分为非反应讨论与反应讨论两种沟通动力。

第一，非反应的沟通动力，有“支持”“直接影响”“探索—描述—宣泄”三种方式。

所谓支持，就是指社会工作者通过表示了解、接受、同情、信任和乐意帮助的态度来减轻当事人求助时的不安和焦虑，进而与其建立信任关系。

直接影响就是指社会工作者通过运用从强调到实际干涉等各种手法对案主施加影响的过程。直接影响有五种不同强度的方式（详见图 16－4）。社会工作者可结合自己对案主亲子关系问题的了解和当事人亲子关系的情况，选择运用有指导性或非指导性的影响技巧。

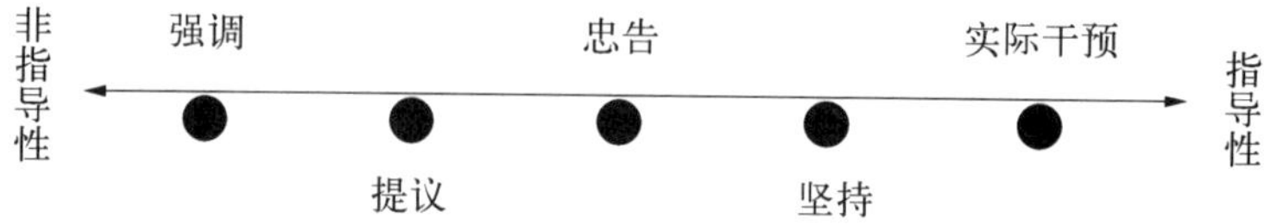

图 16－4　直接影响的五种方式

下面，我们介绍一下直接影响的五种方式。

强调就是指社会工作者用点头同意或表示重视的姿态鼓励当事人实践一些他本来已有的念头。

案主：我很想改变和母亲的关系。我不想再这样僵持下去，因为她毕竟是我的母亲，她对我十分重要。不过，我又难以舍得外面的一帮小兄弟。我真不知道该怎么办才好。

社会工作者：你刚才说母亲对你很重要，似乎你仍然很在意和母亲的关系并且很想有所改善呢！

提议就是指社会工作者提出某些意见，由当事人自己做出取舍。

案主：我平日里工作十分繁忙，每天早出晚归，所以根本没有时间和机会同孩子交谈，也不知道他正在想什么和做什么。这是我十分苦恼的事情。

社会工作者：从你的话中，我听出你很想和孩子有所沟通。既然如此，我建议你再忙，每星期也要抽出一次到二次的固定时间与孩子进行交流。另外，你也可以准备一个笔记本，把你要说的话写在上面，也请孩子写上他想要说的话，以弥补你们俩面谈机会不多的缺憾，你认为如何？

忠告就是指社会工作者向当事人提出指导或一些他认为当事人必须采取的行动。

案主：我女儿已经读大学二年级了，她出生的时候就患有先天性视力障碍，所以我很不放心她。在家里我什么事情都替她做了，还经常到她学校的宿舍里去看她，帮她做许多杂事。可她却不乐意，埋怨我多管闲事，有时候在她的宿舍里还不给我好脸色看。

社会工作者：你女儿视力不好固然是一个事实，但她也快20岁了，应该学习怎样照顾自己了。你刚才的话似乎也告诉我，你女儿并不希望你处处替她包办，更何况你也不能照顾女儿一辈子。所以，我认为你以后最好不要再替她包办一切了，这样她才有机会慢慢学习独立。

坚持就是指对于较严重的事态，如离家出走、伤害别人等容易引发不良后果的情况，社会工作者在时间急促的情况下当机立断地向当事人指出事情的严重性并提出他应该采取的行动。

案主：我不喜欢我的父母对我管头管脚的，处处不让我有自由。我已经15岁了，他们还当我是孩子，昨天晚上还当着其他人的面狠狠地骂了我一顿，一点儿也不给我留面子。今天我已约好班级里两个好朋友一走了之，去南方打工，让他们看看我已经长大，有能力赚钱养活自己了。

社会工作者：我认为，你这个离家出走的念头是十分危险的。雇未成年人做工是违法的，所以是否有人雇你还是一个问题，更何况你又没有任何具体计划。如果你遇上坏人，后果就不堪设想了。你应该面对现实，无论遇到什么事情，都有解决的办法，我会尽力帮助你的。

实际干预就是指如果遇到危急的情况，如面对正在受家长虐待的青少年或与父母争吵后愤怒之下准备自杀的孩子等，社会工作者应立即采取直接干涉法，如把受虐待的孩子带离家庭、报警等。采取这种方法时，社会工作者先要考虑两种情况：其一，社会工作者不是凭激情或冲动行事，必须有充分的法律或人权理由支持行动。其二，社会工作者对社区资源和行动步骤有充分的把握。进行实际干预时，社会工作者应该保持专业精神且有仁爱之心，以免引起当事人的恐慌。

"探索—描述—宣泄"这种非反映沟通动力实际上贯穿于整个治疗历程。除了达到情绪疏导的目标外，"探索—描述—宣泄"更有诊断的价值。因为在案主描述和解释的时候，社会工作者便可以就着他谈话的内容进行较深入的探索。在这一过程中，事实和感受均是需要了解的范围。其中感受部分包括：

愤怒和憎恨。不少案主在表达自己的负面情绪时有困难，此时如果通过社会工作者接纳的态度，案主的愤怒和憎恨得以宣泄，社会工作者才会对案主的处境有更深入的了解。

悲伤反应。哭泣和哀叹是悲伤的自然反应，宣泄对患上不治之症或有亲人去世等情况的案主有减轻痛苦的帮助。

内疚感。在协助案主宣泄内疚感时，社会工作者的支持和反映讨论的技巧应该同时使用。前者有减低焦虑的作用，后者有面对现实和重估感受的作用。

焦虑。通过运用支持的技巧，社会工作者可以鼓励案主宣泄感情，继而探索其焦虑的成因。

第二，反映讨论沟通动力。这是一个运用评语、问题和解释等技巧来反映案主的处境和心态的过程。反映讨论包括以下三种类型："人在情境中"反映、心理模式动力反映、人格发展反映。

② 间接治疗。间接治疗有三种情形：并行者与社会工作者之间的沟通（指社会工作者和那些与案主有关的人士或机构，如教师、警察或青少年保护办公室、居委会的联络）、案主与案主之间的沟通在多位案主面谈中出现（如在家庭面谈中，父母与子女间的沟通就是这种情形），以及并行者与案主之间的沟通也可能在多位面谈者的面谈中出现（如社会工作者与

教师同时会见案主的母亲一起商讨案主的情绪困扰问题）。

霍利斯在20世纪80年代把间接治疗易名为环境工作，并强调并行者和重要他人的态度、愿意伸出援手的程度、对问题的了解等对整个治疗过程产生的重大影响。在并行者中，有的与当事人的关系以“任务为主”，有的与当事人的关系则以“感情为主”。霍利斯进一步认为，前述直接治疗中的四种沟通技巧在间接治疗中也同样有用（转引自 Turner F J，2011）。

以上简单介绍了心理社会治疗法的价值理念和基本技巧，并以亲子关系问题作为例子加以说明。概括而言，社会工作者运用心理社会治疗法进行亲子关系辅导时，需要采用“支持”“直接影响”“探索—描述—宣泄”等技巧直接对案主开展工作，而其中协助案主思考“人在情境中”的反应，思考过往的经验对此时此刻案主的影响，帮助案主探究现在的态度和行为形成的历史脉络，更是心理社会治疗法用于亲子关系辅导的重点。与此同时，社会工作者也需要采用间接治疗的方法与案主的亲属、朋友以及其他重要他人合作开展辅导工作，最终目标就是要减少“人在情境中”系统的功能失调，提高案主的自我适应能力，改善环境，以解决问题。

（二）理性情绪治疗法在单亲家庭辅导中的运用

理性情绪治疗法是众多理性治疗理论中比较重要的一个，它由临床心理学家艾利斯于1955年所创立。简单来说，理性情绪治疗法又称为ABC性格理论或理性治疗法（R.E.T.）。它的基本信念是，情绪问题是由人的非理性信念引起的。我们可以用下面的图例简单示之（见图16－5）。本小节将尝试运用理性情绪治疗法的基本理念、方法和技巧，对单亲家庭问题展开分析和辅导。

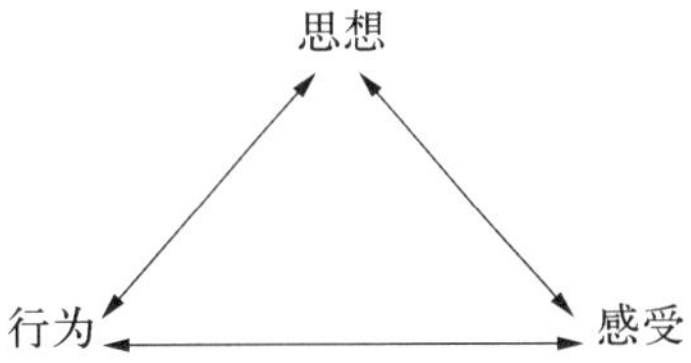

图16－5　人的思想、行为和感受的相互关系

（资料来源：高刘宝慈等，1988）

1. 理性情绪治疗法的价值基础和基本信念

理性情绪治疗法对于人性持有的一些看法是：人类天生同时有理性和非理性两种信念；人天生容易受到别人影响，特别是在儿童时期更为明显；人的思想、情绪（感受是情绪的组成部分）、行为是同时存在且互相影响的；情绪问题是由非理性的信念所引起的，所以是人自己而不是周围的事件引发情绪问题（换言之，人需要对自己的情绪负责）；人有谴责自己、他人及周围事物的强烈倾向，当人不能获得心中想要的东西时更是如此；人习惯于将别人对自己的期望作为生活的准则。然而，当人们太在意别人对自己的评价，或不能赢取别人的接纳与认同的时候，情绪问题便会出现；人有能力改变自己的非理性信念和自我责备的倾向；人不需依赖别人对自己的评价来肯定自我价值，更不必因为缺憾、能力不足、机遇欠佳或失败而产生心理困扰。

理性情绪治疗法相信，人的情绪结果（emotional consequence，C）是由个人的信念系统（belief system，B），而非由某些引发事件（activating even，A）所构成。换言之，个人的情绪问题基本上是由他自己的非理性信念引发的，如果能去除这些非理性信念，情绪问题便可迎刃而解，ABC 后便是 D，即介入的辩证法（disputation，D），应用一些辅导方法，帮助当事人挑战自己的非理性信念，务必使他们放弃这些信念。D 后便是 E，即辩论后的效果（effect，E），当事人能放弃非理性信念，建立理性及现实的人生哲学，就更能接受自己和接受他人。这个基本过程如图 16－6 和图 16－7 所示。

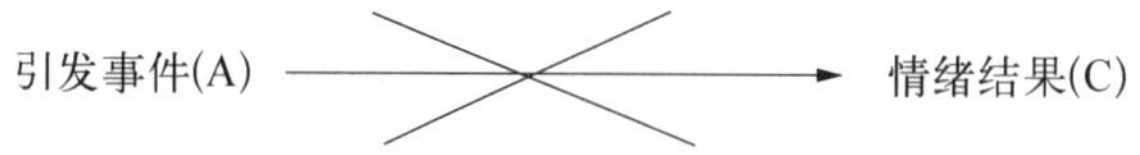

图 16－6　引发事件到情绪结果的错误推理

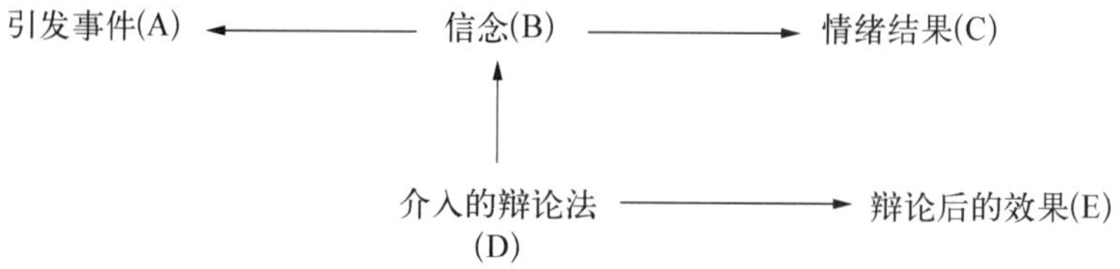

图 16－7　理性情绪治疗法的观点

例如，一个单亲母亲在参加孩子的家长会时常常感到很紧张，其实这不是家长会本身造成紧张的情绪反应，而来源于那个单亲母亲的非理性信念："离婚一定是一件很坍台（丢脸）的事情，一定会被老师和其他家长耻笑。"如果当事人能放弃这些非理性信念，她就会发觉她更能接受自己、接受他人，不再因参加家长会而产生紧张情绪。非理性信念是理性情绪治疗的重点，该信念之所以被认为非理性，是因为在我们的人生哲学里，有太多的"应该""一定""必须"等字眼。

2. 理性情绪治疗法认定的非理性信念

非理性信念会使人产生许多情绪困扰。艾利斯（2015）曾经提出人有 11 种非理性信念，它们不仅令人产生情绪问题，而且可能会导致神经症。以下为其中一些非理性信念：

- 我们绝对需要每一个生活中重要人物的喜爱或赞许。

艾利斯认为，正确的观念是，人不一定需要被爱，他会让自己去表达爱，成为可爱的人，追求积极和富有创造价值的人生。

- 个人应该有才干、有成就，才会被视为有价值的人。

艾利斯认为，正确的观念是，一个理性的人，凡事尽力而为，但不计较成败得失，只享受尽力而为的过程。他之所以尽力而为，不为取悦别人，也不为超越他人，只求向自己交代，也能接纳自己所犯的错误。

- 有些人是卑劣的，他们应该为他们的恶行受到严厉的责备与处罚。

艾利斯认为，正确的观念是，当一个人认为别人犯了错的时候，要尝试从别人的角度去思考他们为何会犯错；他也会尝试去阻止他们继续犯错，如不成功，则对自己说："他继续犯错，真是可惜，但从我的观点来看，这不是什么大灾难！"

- 人的不快乐由外在因素所引起，人没有能力去控制自己的悲伤与情绪困扰。

艾利斯认为，正确的观念是，一个理性的人会知道情绪由自己控制，因为它受到自己的看法、思想、评价等方面的影响，所以要控制或改变自己的情绪并非没有可能。

- 逃避困难与责任比面对它们容易得多。

艾利斯认为，正确的观念是，逃避困难虽然可以获得暂时的解脱，但却会在将来遇到更多的问题和困扰。所以，一个理性的人只有通过实际的行动，才可增强自信心，生活过得更充实，对将来的人生更具信心。

- 人需要依赖别人，而且要找一个比自己更强的人依赖。

艾利斯认为，正确的观念是，人都是各自存活在这个世界上的，所以独立和对自己所做的决定负责未必是一件坏事。当真的有需要时，人才去寻求和接受帮助，但如果为了要证明自己坚强而拒绝任何帮助，就是非理性。

- 过去的经历对人目前的行为有重要的影响，因为如果某事件曾经影响过一个人，那么这种经验会一辈子左右着他。

艾利斯认为，正确的观念是，一个理性的人会接纳"自己在某种程度上会受过去影响"这一事实，但他也明白现在是明天的过去，所以改变现在会令每个明天更加美满！

- 我们遇到的每一个问题都应该有一种正确、完美的解决方法，如果无法找到一种完善的方法，就会很糟糕。

艾利斯认为，正确的观念是，当一个理性的人遇到难题时，他首先会去尝试不同的解决方法，从中找出一个较实际和可行的方法，他知道世界上没有最完美的解决方法。

如果把理性情绪治疗法指出的这些非理性信念运用到我们目前接触的单亲家庭中，我们同样会发现许多单亲家庭都存在这样或那样的非理性信念，例如：

◆ 离婚对女性来说实在是一件太悲惨的事情；

◆ 女人离婚后，永远没有可能在别人面前抬起头来；

◆ 离婚女性的命实在太苦；

◆ 单亲家庭的孩子生活太不完满了，所以一定得给孩子再找一个父亲/母亲；

◆ 离婚以后的生活肯定是万丈深渊，毫无希望；

◆ 既然是离了婚，就破罐子破摔了；

◆ 单亲家庭已经十分凄惨了，所以别人要对我加倍怜悯和照顾才对；

◆ 单亲家庭中长大的孩子肯定会被别人看不起。

3. 理性情绪治疗法的辅导步骤与技巧

（1）辅导目标

理性情绪疗法把情绪分为适当的和不适当的两大类。适当的情绪包括人的欲望、希望以及当这些欲望不能满足时所产生的挫折感。适当的正面感受包括爱、快乐、好奇心等，而适当的负面感受则包括悲伤、后悔、挫折、生气、易怒等。不适当的情绪通常包括沮丧、紧张、失望、敌意、自贬等感受，它之所以被认为不适当，是因为它不仅不能推动人去改变那些让他们情绪困扰的情境，相反可能会让情况更加糟糕。

因此，理性情绪治疗法的短期辅导目标是帮助案主产生适当的情绪反应，长期目标则是帮助案主构建一种更踏实，对人、对事有更高容忍度的人生哲学。

（2）辅导员的角色与作用

辅导员应指出案主的问题和行为与其非理性想法有关。让案主知道，他之所以有情绪困扰，是因为至今还保持着不合逻辑的想法或自我挫败的人生哲学。改变案主的思考模式，放弃非理性信念。反驳案主的非理性信念，帮助其构建更理性的人生哲学，以使他将来不再陷入情绪困扰中。

因此，在辅导的过程中，辅导员不会花很多时间去了解案主的过程，也不会花太多的时间反映案主的感受，更会避免用心理分析的方法。相反，辅导员会协助案主弄清其情绪背后的主要非理性信念，然后采用劝导等方法对当事人进行辅导。

（3）辅导的技巧

理性治疗方法、情绪治疗方法和行为治疗方法构成理性情绪治疗法的三种主要辅导技巧。

① 理性治疗方法。理性治疗方法的目标指向是让案主了解自己是一个完美主义者，帮助其区分理性与非理性的信念，直至能采取一个对己、对人、对事都更为宽容的人生态度。理性治疗方法的技巧包括以下几点内容。

• 指出非理性信念

案主：我不能忍受我的儿子在学校里每次考试低于95分，我就是要让别人看看我教育孩子的水平和我孩子的能力。可上次数学小测验他才得了89分，真是把我活活气死！

辅导员：我发觉你之所以不开心，不是因为儿子的考试分数没有达到你定的标准，而是你认为离婚家庭的孩子一定要比别人家的孩子强，否则要被其他人看不起，更进一步说，在你的心底里是不是始终认为离婚肯定是一件不光彩的事情？

- 与案主辩论非理性信念

让案主了解他们的情绪困扰源于他们对事物的看法及内心的自我言语，通过面质，案主要了解他不应再坚持“应该”“一定”“必须”等的看法。举例：

案主：离婚以后我实在是沮丧透顶，我真的很无用，人生什么希望都没有了，也没有脸面去见家人、亲戚和朋友。

辅导员：离婚是否真的那么可悲？离了婚，人生真的就毫无希望了？我们是否应该要求自己人生中每一件事都要成功和完满？事实上，世界上很少有人在一生中处处成功和事事顺利，不是在这里经受挫折，就是在那里遭遇失败，所以你硬要把婚姻不顺利这件事当作包袱背在身上，就会带来许多焦虑、沮丧等负面情绪，从而看不到自我价值。其实，你只要在生活中尽力而为，活得充实和有意义，只求向自己交代，就大可不必为取悦他人而辛苦地活着。

案主：但我真的很绝望，孩子现在还小，刚刚读小学二年级，家庭经济条件也不怎么宽裕，其他压力也很大，有时候想想活得真没有意思。大部分时间里我感到精神很困扰，恍恍惚惚地，不能集中思想做事。

辅导员：过分担忧不仅于事无补，反而会令你在面对困难时，难以有效地应对。此外，过分的担心倒会增加意外事件发生的可能性，所以你要对自己说，离婚没有什么大不了的，单亲家庭也没有什么可怕，所有困难我都可以应对。

- 理性功课

辅导员在辅导的过程中可以安排案主各类不同的理性功课（回家作业），以便帮助案主消除“应该”“一定”等非理性的想法。这类功课包括鼓励案主自我辩论非理性信念，以改变自我言语模式。具体做法是：辅导员可以建议案主，每天最少用十分钟的时间，系统地否定那些影响自己的非理性信念，减少其出现次数，直至它完全消失，而代之更多的理性自我言语。

以下是理性功课（回家作业）的一个例子（见表 16－3），辅导员在辅导中可以参考。

- 重复理性情绪疗法的中心思想

在辅导的过程中，辅导员需要不断重复 ABC 理论，确保案主真正明白并掌握该理论的精粹。举例：

表 16-3 理性功课举例

引发性事件	非理性信念（负面的自我句子）	情绪结果	理性信念（正面的自我句子）
参加孩子的家长会	“没有人会瞧得起我和孩子。”	害怕被歧视，紧张、不安甚至焦虑	“被人瞧得起当然是好，但不一定是必需的。” “即便他们瞧不起我，这也不是什么世界末日，没什么大不了的。”

辅导员：我已经与你面谈了多次，你也做过了多次理性功课，我反复提醒你，令你难受和沮丧的不是由于离婚和成为单亲母亲这件事，而是由于你的非理性信念告诉你，离婚或作为一个单亲母亲是一件很丢面子的事情。你也觉得自己很没有用，没有本事而被丈夫遗弃。所以说，不是事情本身而是你的非理性信念令你备受困扰。

• 放弃自我评价

辅导员需要教导案主不要用自己的成就或表现来评估自己，而应以自己的存在本身评定自己的价值。举例：

案主：我真的没有用，和丈夫离了婚，孩子又不听话，生活一团糟，我不知道现在活着究竟为了什么？

辅导员：其实我们每一个人，不论生活状态如何，是美满还是遗憾，是幸福还是悲哀，都有自己的价值，因为个体生存在这个世界上本身已经肯定了自身的价值。所以说，你不应该因为你的婚姻生活遭受挫折，就否定自己的存在价值。

• 探讨人生哲学

在辅导中，辅导员可以和案主讨论人生哲学及他对周围事物的看法等。这种讨论可以帮助案主澄清对自己、对他人及对周围事物的观念和认识。举例：

辅导员：你说你经常觉得很沮丧，很不开心，那么你认为人活着究竟是为了什么？

案主：我也很困惑，活着不知道为了什么，我一直想有一个美满的家庭和幸福的婚姻，但希望最终还是破灭了，所以我十分郁闷，更加觉得生活无望。

辅导员：似乎你觉得一个理想的婚姻就是你的人生目标，婚姻就是你人生中的一切?!

案主：当然，作为一个女性，怎么能没有婚姻？嫁个好老公就等于女性的第二次投胎嘛。另外，一个孩子在单亲家庭里成长肯定是有问题的。我始终认为，只有在家庭生活中，女性才能肯定自己的本事和能耐。

辅导员：看来不是离婚或婚姻这件事本身令你闷闷不乐，而是你的信念，因为你认为女性一定要有一个男性来依靠，一定要在婚姻生活中才能显现价值，否则人生就没有目的，人存在也就没有意义了。

- 教育性辅助物品

在辅导中，辅导员可以充分利用有关的书刊、图表、影视作品以及演讲等，帮助案主改变思想上的谬误。辅导员也可以让案主用录音机录下整个辅导过程，以便让案主回家后再次聆听，进一步领会 ABC 理论的核心思想。

② 情绪治疗方法。情绪治疗方法包括自我表露、无条件接纳、示范、忠告、幽默、角色扮演、冒险、想象等技巧。

- 反映感受

这种技巧只在辅导开始时使用，辅导员与案主谈及案主的情绪困扰，反映他的感受，直至让案主明白，非理性信念是情绪问题的根源。举例：

案主：我最近离了婚，心情糟透了，同时也有许多担忧，一方面担心孩子被人瞧不起，另一方面担心父母为我难受。

辅导员：你看来很忧虑和很郁闷，既担心孩子受委屈，又担心父母难受和着急。

案主：是的，让孩子受歧视令我十分难受，让父母担忧也使我很内疚。

辅导员：你觉得离婚给你带来了很大的压力。

- 自我表露

辅导员通过分享自己的感受、反应等，向案主更充分地表达同理心，以及指导案主如何来表达自己的情绪。举例：

案主：我离了婚，儿子判给我带，我那个孩子实在是太不听话、太不懂事了，老是在学校里闯祸。他一闯祸，我就要被老师叫去训话，一训话老师就有“单亲家庭里的孩子就是有问题”之类的话。她虽然没有明说，但我听得懂其中的意思，这让我非常不好受。

辅导员：我很能体会你那种不愉快的感受。我虽然没有离婚，但也有类似的经历。我刚从农村到这个大城市来工作时，孩子在工作单位附近的一所小学里读书，也非常顽皮。他在农村随便惯了，所以常常在学校里闹出事来，一出事我也同样被老师叫去接受批评，批评的话中就有“农村的孩子就是没有教养”之类的意思，让人听了特别刺耳、特别不高兴。

- 无条件接纳

辅导者以身作则，一方面接纳案主有非理性的信念，有自己的价值，另一方面，教导案主像辅导员一样去接纳别人、接纳自己。举例：

案主：我在理智的时候自然明白，非理性信念是引发情绪问题的原因。但当我出现情绪化时，就什么都忘了，只是一味地自怨自艾了。

辅导员：这也是人之常情，因为我们的许多非理性信念是从小积累起来的，很难一下就纠正过来。我也是做了许多有关理性的功课，经过了很长一段时间的努力，才逐渐懂得了这种人生哲学。所以说，你应该接纳自己，理性的人生哲学和人生观念需要经过一段时间才能明白。

- 示范

辅导员通过榜样，教导案主如何采纳不同的价值观并让他们不再如此受困扰。举例：

案主：我在许多方面都很出色，家庭背景不错，受过高等教育，有一份良好的职业，自己的相貌也还理想，孩子也比较懂事，有出息，唯独我的婚姻遭受挫折，令我很沮丧甚至很自卑。

辅导员：你那种心情我很能理解，事实上我们不能要求自己做到十全十美。以我为例，我在各方面表现也很出色，但唯独外貌远在一般水准之下，以至于我在找工作、谈恋爱等许多方面屡受挫败，但当我想通以后，就发觉要求自己十全十美是非理性的，这个世界上没有一个人是样样都出色的。你说是吗？

- 忠告

辅导员劝告和说服案主放弃错误的想法，而代之以更理性的观点。举例：

案主：我始终不能忘记婚姻给我带来的痛苦，虽然这件事已经过去七八年了。我怎么这样惨啊！

辅导员：你为了那段不愉快的经历，情绪上经受了很大的困扰。我觉得，你始终有一个非理性信念，那就是婚姻一定要成功。我劝你还是放弃这些错误的想法，否则你永远也不会快乐。你想想看，活在过去生活的枷锁之中，值不值得呢？

- 幽默

辅导员利用幽默感来减少案主错误的想法。举例：

案主：我觉得自己很蠢、很笨，命也真苦，和这个男人在谈恋爱的时候就曲曲折折，很不顺利，当时父母亲也竭力反对。想不到好不容易和他结了婚，最终还是分手了。这是不是命里注定？

辅导员：你在讥讽我吗？我谈恋爱五次都没有成功，多次是被对方甩了。幸亏我当时没有你那些命苦、愚笨的想法，否则的话，我到现在恐怕还是单身。

- 冒险

鼓励案主冒险，比如请其他人坦诚地指出离婚后的他/她在他人心目中的形象究竟如何，或者尝试向人表达，谈谈对离婚的看法和离婚后的生活状态，等等。这可以帮助他/她看到，其实别人是可以接受他/她的感受的，或者也可以让他/她知道其实其他人对他/她的事也并没有那么感兴趣，因此他/她不用因别人的看法而左右自己的行为。举例：

案主：我一直不敢在孩子面前多谈我离婚的事情以及我对这件事的看法，我害怕他会有不好的行为反应。

辅导员：我鼓励你向他表达你的感受，因为你刚才说他已经读中学了。坦诚地说出你的想法，这有助于你们之间的沟通。你不妨找机会试一试，看看他的反应，也许未必如你想象得那样糟糕。况且，表达感受是你的权利，你不该因此而内疚或害怕。

③ 行为治疗方法。行为治疗法不仅用来改变案主的问题表象，还能帮助案主做出更有效的行为，从而更正他的非理性信念。行为治疗法的技巧有：

- 行为家庭作业法

它包括技巧训练、坦诚表达法、敏感消除法、肌肉松弛法等等。举例：

案主：我的孩子因为生活在单亲家庭里而在学校里经常被同学耻笑，我又不敢与他说些什么，怕他更加不高兴。

辅导员：我鼓励你用我教你的自我表达法，与孩子坦诚谈谈。你没有试过与他进行这方面的交流，又怎么能知道他的反应呢？在下星期五见我之前，你找机会与他谈谈，把你们的谈话记录在这张表格里，下次面谈时我们就可以深入讨论了。

- 操作制约

案主有所进步或改善时，辅导员需要给予赞赏，同时也要教导案主学习和掌握强化良好行为的基本原理。例如，要明白，当行为有改善时，应如何奖励自己，但做不到时，应如何惩罚自己。举例：

案主：我现在已经没有以前那么沮丧了，也经常会和孩子、同事谈论对单亲家庭的看法，我发现并不是人人都瞧不起我。现在我多少有些明白，原先我的许多情绪问题和行为问题都是我的非理性信念在作怪。

辅导员：很高兴看到你在思想和行为上的进步。其实，你应该奖励一下自己。你不是很喜欢看电影吗？何不奖励自己去看一场进口大片呢？

- 其他行为治疗程序

在运用上述行为治疗法的过程中，辅导员还可以运用自我处理原则、生理反应、示范和肌肉松弛法等作为辅助。

以上简单阐述了理性情绪疗法的基本价值取向和主要辅导技巧，并以婚姻问题和单亲家庭问题作为例子加以说明。概括地说，理性情绪疗法坚信，人类天生同时有理性和非理性两种信念，而非理性信念是人的情绪问题和行为问题的根源。因此，需要通过理性治疗方法、情绪治疗方法和行为治疗方法，首先帮助案主改变原来的思维方式，去除非理性信念，然后协助案主在情绪上和行为上做出改变，最终推动案主透彻理解更理性、更充实和更具容忍度的人生哲学。

（三）结构式家庭治疗法对于家庭关系辅导的作用

结构式家庭治疗法是由美国的精神医学和精神分析专家萨尔瓦罗·米纽庆（Salvador Minuchin）及其同事于20世纪60年代创立的。当时米纽庆在美国纽约州的一个贫民窟里做边缘青少年的辅导和矫治工作，他发现不能用精神分析治疗法去帮助那些边缘青少年。因为心理分析的服务对象具有自省力、语言表达能力、自我观察能力以及与社会工作者一起分享所观察事物的能力等，但是那些边缘青少年大多缺乏这些能力，所以米纽庆深深认识到，要帮助他们并不能只靠训话或分析谈话内容，而要先了解他们的交往方式，再通过采用实在的、行动式扮演和重演的技巧来改变交往方式，使他们获得新的体验、感受和行动。同时，米纽庆还意识到，这些边缘青少年原先拥有的交往方式又和他们的支离破碎的家庭结构具有密切的关联。因此，米纽庆引入塔尔科特·帕森斯（Talcott Parsons）核心家庭模型的理论分析家庭的结构和组织，目标是去除阻挠家庭功能发挥的结构（Minuchin S，1974）。

1. 结构式家庭治疗法的假设和特点

结构式家庭治疗法基于以下假设：个人问题与家庭的动力和组织具有密切的关系；改变家庭动力和家庭组织的过程，可以改变个人及家庭。

与心理社会治疗法、行为治疗法、案主中心治疗法、完形治疗法、现实治疗法和理性情绪治疗法等方法相比较，结构式家庭治疗法具有自己的特点。结构式家庭治疗法以家庭作为治疗的单位。与注重行为表现及其解决方法相比，结构式家庭疗法更加关注情况与过程；注重此时此地的实际情况，而不着眼于追寻陈年旧事对案主和家庭的影响；相信行为问题只是一个更加严重但不显眼和尚未爆发的家庭问题的外在表现；并不把个人行为问题作为治疗的焦点，治疗的目标和焦点是改变家人交往的方式；治疗的过程并不只是直线的、单对单的谈话方式，而是多元化、多层式地照顾或留意到家庭的动力和系统的组织；结构式家庭疗法除了应用心理动力理论了解人的心理与境况的关系外，还借助一般系统理论、学习理论、沟通理论及回馈等了解家庭动力和组织。

2. 结构式家庭治疗法的基本概念

结构式家庭治疗法借助系统、结构、“功能失调”与“正常运作”的家庭、家庭生命的周期等基本概念，使社会工作者更加清楚家庭交往的过程，进而制定介入的方向和策略。结构式家庭治疗法坚持的一个观点是，如果家庭能发挥它的功能，困扰着家人的问题就可以得到解决。

（1）家庭系统

家庭是一个生物系统，由一组互相依赖的单位组成。在系统内，每一个单位都有它特定的功能，并且系统内的成员互相影响，难分因果。比如，一个妻子很紧张地对他的丈夫喋喋不休，而丈夫在旁一言不发，见到这一情景，我们可能会觉得这个妻子的唠叨令丈夫很烦恼。但从系统内看，丈夫的一言不发可能令妻子更喋喋不休和更紧张，而妻子的紧张也可能造成丈夫更沉默，因此在系统内的因果是循环的。

系统内的信息是靠一组一组回馈网络来沟通和传递的，回馈网络传递的信息有强弱、急缓、轻重等差异，所以系统需要不断地进行自我调整。家庭关系同样也是在调整中不断演变的，故社会工作者应该注重目前家庭成员交往的方式，只注重此时此地而不必追溯历史。

（2）家庭结构

米纽庆认为，结构是因应无形却又实际的需要把家庭成员相处的形式组织起来的机制（Minuchin S，1974）。从这些机制中延伸出的家庭的一些习惯与规则，管束、组织或指引家庭成员遵循固定的可以预测的方式去相处。家庭结构包括次系统、边界、身份、责任分工和权力构架等。

① 次系统。在家庭大系统中，因为功能、世代的不同而分成很多比整体小的单位，叫作次系统，例如夫妇次系统、亲子次系统和兄弟姐妹次系统等。

② 边界。家庭有它本身的边界把它与外界区分出来。正常、健康的家的“边界”是半渗透式的，能让外界新的事物、道德观、信仰渗透进来，同时又会过滤这些事物与观点，把不能容纳的拒诸门外。此外，家庭系统的整体和次系统及个别成员之间也有边界把它们区分开来。这些边界实际上就是众多的无形的规条中的一种，它决定了谁参与和怎样参与。如果家庭内没有无形或有形的规条，在分工上就会出现混乱；没有固定的权力架构会变成争权夺利，这都是不正常或病态的现象。

③ 身份和责任分工。家庭成员身份通常有多个，例如父亲同时也是丈夫，还是其父亲的儿子等。每一个身份都蕴含着某种责任，标示着某种分工。家庭成员还必须弹性地帮助其他成员完成责任。遇到变故时，家庭中的个人又须互相适应，肩负其他成员的责任，使家庭的运作不致中断。

④ 权力架构。家庭要有清楚且合适的权力架构。有时候家庭的权力是依辈分来分配的；有时权力又以性别、身份、事务（如是否掌管钱财等），或凭感情、关系的影响力等来划分。

由此我们还可以引出下列两个议题。

① 家庭结构的特性。一是结构的互补性。家庭成员的角色和行为多是互补的，如内向的丈夫容易塑造外向的妻子；懦弱的父母也易塑造专断、不听命的孩子。所以，社会工作者如果见到某个家人的行为时，就可以追溯一下造成这种局面的原因。

二是结构的一般性和独特性。家庭结构之下的某些规范通用于所有家庭，所以它具有一般性（普遍性），但是也有许多规范只属于某个家庭所特有。对此，社会工作者必须留心观察，敏锐地辨别，以免习惯性地从普遍性角度出发把个别家庭的独特性一律视作不正常。如在有些家庭里，妻子常常将她的丈夫称为“死老头子”，这实际上是亲密的意思而非真的谩骂。

三是结构与过程的关系。家庭的结构通常可以通过家庭成员的交往过程，即通过家人的关系和动力、家庭内通行的规范以及他们在现实生活中的相处方式体现出来，由此社会工作者大致可以推敲出家庭的基本结构。举例：

社会工作者：（向阿强发问）你的学习成绩什么时候开始下降的呢？

阿强：……

外婆：阿强是在读小学五年级的时候学习开始不好的，这两年更加不好。以前可不是这样，记得小学一、二年级的时候，我们阿强的学习成绩一直在班里排在第一、第二名。

阿强：不知为什么，我现在上课时思想老是不能集中。

外婆：是啦，他（指阿强）白天不能集中精力，而晚上又难以入睡。

社会工作者：那么，采取过什么改善措施呢？

阿强：……

外婆：嗨，怎么没采取过措施？！同班的好同学帮助他，家教也请了，医生也看过了，药也吃了，什么方法都用了，就是没有效果。你说急人不急人。

以上谈话过程无疑显示出阿强的外婆常常代阿强回答问题和把话题延续下去，两人犹如黏胶一样紧紧地连在一起。如果这是祖孙两人惯常的交往方式且遭遇变故都维持不变的话，那么社会工作者便可以假设祖孙的次系统非常强，可能会影响亲子次系统（因为阿强的母亲会以为儿子亲近其外婆超过了亲近自己）及兄弟姐妹次系统等。

② 家庭结构的病态。在米纽庆的结构式家庭治疗法中，我们常常可以看到一些家庭图示符号，那是用来分析家庭结构状态的（见图 16－8）。

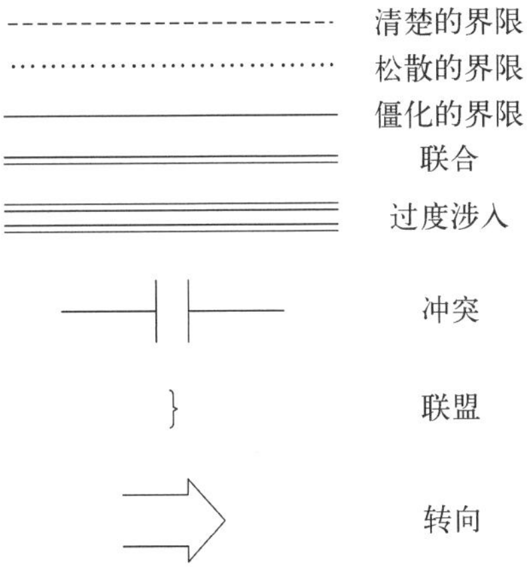

图 16－8　米纽庆家庭治疗方法中的家庭图示符号

上述符号可用来描述家庭结构的各种状态，当然也可以用来分析家庭结构的病态。最常见的家庭结构病态主要有纠缠和疏离、联阵对垒、三角缠、倒三角等。

纠缠和疏离。一般来说，家庭系统内的各个子系统应该界限清楚，开放或者封闭都是十分明确和有序的，如图 16－9 所示，那么家庭内的分工和权力界限都会变得非常清晰。

图 16－9　正常的家庭结构

不过，结构式家庭治疗法认为，有些家庭为追求自己的小世界而过度加强了家庭成员之间的沟通和关注，反而造成彼此之间的界限模糊；有些家庭则发展出过度僵化的界限，次系统之间沟通困难，家庭的保护功能也受到阻碍。这两种极端的界限功能分别被称为纠缠型和疏离型。所有家庭界限都落在以松散界限和僵化界限为两极的连续线上，大部分家庭位于正常范围之内（见图 16－10）。

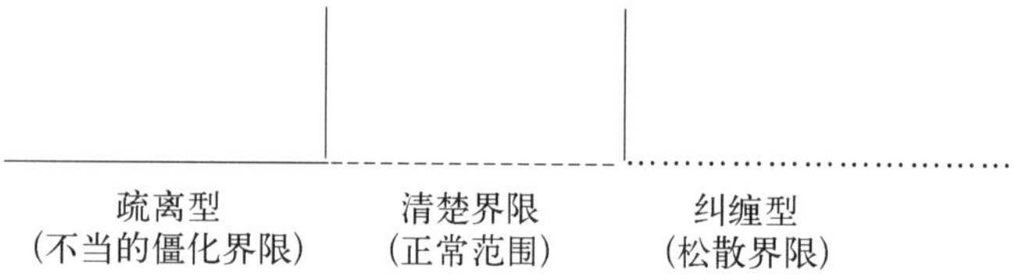

图 16－10　家庭界限类型

图 16－11　纠缠和疏离的家庭结构

在有的家庭系统内，各个子系统之间该紧闭的地方却开放着，该开放的地方又紧闭着，打乱了次系统、分工和权力界限，图 16－11 表示的就是家庭内一种纠缠不清和疏离的情况。

举例：

王女士的儿子从小体弱多病，影响了他的智力发展，故而王女士全身心地照顾儿子的生活起居，教导学业。王女士的丈夫很怕照顾孩子，又不喜欢料理家务，更因为太太一门心思关注儿子而冷落了自己，于是他便把全部精力放在了工作上。这样的家庭相处方式如果长期维持的话，就会变成一种固定的模式，结果形成如图 16－11 所示的那样，母子组成了一个强劲纠缠的次系统；夫妻之间的关系变得十分僵化，夫妻次系统应该紧闭的边界开放了，让孩子闯了进来，取代了丈夫的位置，做了母亲的“宝贝”。这样，丈夫对母子也疏远了。

联阵对垒。在家人的相处中，通常某些成员与另一些特别要好，有较亲密的“联盟”关系。如果甲长期与乙结成联盟，在不分是非黑白的情况下，都支持乙去打击丙，那么家庭便出现了联阵对垒的现象。这样的情形可以用图 16－12 表示。

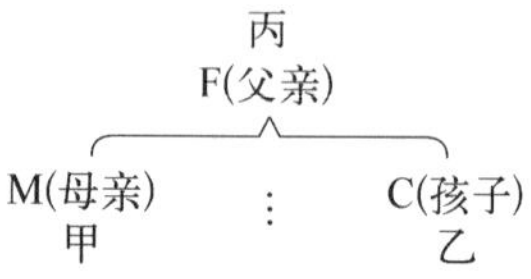

图 16－12　联盟的病态家庭结构

在图 16－12 中，丈夫批评妻子，后者寻求与孩子共结联盟以对抗丈夫/父亲，而母子间界限松散、模糊，形成一种纠缠关系，这是一个僵化的跨代间母子次系统，母子将丈夫/父亲排除在外。米纽庆将这种情形称为跨代间功能丧失模式。

三角缠。有时家人并不直接向对方表露敌意，只是绕圈借批评另一个家庭成员去打击“敌人”。这好比“指桑骂槐”，如夫妻借骂儿子读书不好而互相打击对方不尽全力管教或管教无方等。他们的相处不是直线的沟通，而是借第三者向对方宣战。这里，儿子就成了“替罪羊”。

倒三角。在核心家庭中，通常家中的权力被掌握在父母的手中，父母管束着年幼的子女。可是，一些父母或不和或性格软弱，反而使权力倒转过来，变成了由孩子支配，或家长与孩子互相争权，或父亲支持儿子向母亲争权，这样的家庭都不是健康的家庭结构。一个良好的状态是，父母要学习行使权力，依子女的成长而调整权力下放的程度。父母要肩负管与教的责任，而不能让青少年倒过来操纵他们。

过度涉入的亲子关系。在有的家庭中，家庭纠缠可能以过度涉入的形式表现出来，通常是过度涉入的父亲或者母亲和家中的孩子组成亲子次系统，然后双方结成联盟以对抗家中的另外一些成员。

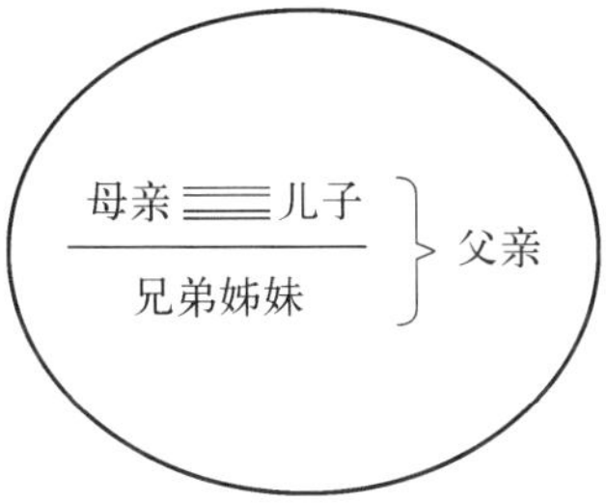

图 16－13　过度涉入的病态家庭结构

图 16－13 中，过度涉入的母亲和儿子组成亲子次系统。他们和其他孩子之间的僵化的界限显然可控，所以他们才能结成共同对抗父亲的联盟。

(3) 功能正常的家庭与病态的家庭

上述各种结构上的病态在功能正常的家庭中也时有存在，那么怎么区分功能正常运作和病态或功能失调的家庭呢？

① 功能正常的家庭和功能失调的家庭的区别。在现实生活中，所有家庭都面对很多压力和困扰，这些压力来自：家庭成员与外界接触，如丈夫在外工作受了一肚子气，回家后借故批评妻子等；整个家庭与外界的接触，如经济不景气，丈夫失业在家，妻子埋怨等；家人在成长阶段承受过渡性的压力，如孩子步入青春期要求独立自主，或父亲退休、子女离巢等；家庭的独特问题所带来的压力，如一些家庭有智障者、伤残儿童或慢性病患者，都给家庭增添了重重困难。

家庭成员承受内外的压力是正常的和难以避免的。在处理压力的过程中，所有家庭都有功能失调或病态的结构出现。只是正常家庭很快便能做出适当的调整，会重新调整家人的分工、次系统和权力分布，以便家庭能正常运行。例如，丈夫在外工作受压力后回家借故指责妻子，夫妇在争吵后能和好如初，能互相支持和体谅对方，家庭运作又恢复正常。

功能失调的家庭则在压力下因结构太僵化而进行及时的调整，只是重复使用以往失调的交往方法，使病态的境况不断恶化，或者持续采用过时不适用的方法以导致成员出现症状。例如，家长不能接受青少年子女独立自主的要求而仍把子女当作几岁孩子来管教，或者子女已经成长但仍把自己当成孩子而不负责任，只是一味地向父母索取。如果这种结构模式长期维持不变的话，家庭就有可能出现很大的问题，如子女离家出走、家人关系长期恶化等。

② 家庭功能失调与家人出现病症的关系。结构式家庭治疗法认为，家人出现病症与家庭"病态"的结构或"功能失调"有很大的关系。一是家庭环境可能会孕育病症。例如，孩子在纠缠的亲子次系统中长大，往往要付出过多的精力去应对负面情况，因而他们只能很少外出，在同辈的孩子中变得不合群、疏离、精神不集中等。二是家庭鼓励某些成员持续出现症状，使家人的注意力集中在某成员的症状上而不去解决对家庭危害更大的问题。例如，孩子偷窃会把父母的注意力引到他的身上，父母便不会因婚姻的问题而吵架不停。三是家庭消极地支持病患。例如，母亲怕失去儿子，而顺儿子的意思给他钱买毒品。

其实家庭的动力影响了谁出现问题，很多患者都是那些敏感的、为忠于家庭而愿意牺牲自己的成员，或者那些在家庭中容易被定为代罪羔羊者。不过因正常的家庭也会出现功能失调的现象或病态的家庭结构，所以要评估家庭结构是否正常、家人相处的方式是否适宜，需要社会工作者根据家庭的生命历程（可以参阅本章第二节家庭生命周期理论和不同家庭发展阶段面临不同任务的有关内容）、家庭的独特性等因素进行判断，尤其是家庭生命周期的概念提醒社会工作者关注家庭在某个历程或过渡阶段可能遇到的挑战、危机和困难，以及告诉家庭要做出哪些调整。同时，结构式家庭治疗法要求社会工作者在介入家庭时，不要被家人提出的问题如偷钱、无心学习、不找工作等引导和牵着走。社会工作者要先了解家庭的结构及功能失调的交往方式，然后介入改变。家人的交往方式改变后，表征问题便会不药而愈。

3. 结构式家庭治疗法的过程和技巧

结构式家庭治疗法的过程包括联结、评估、介入家庭三个大环节，它们是同期进行的而不是分开的。

（1）进入家庭、联结家人

"联结"的意思是工作中接触家庭内每一分子，通过接触来感受对方的容纳与反应情况。社会工作者在联结的过程中临时变成家庭系统中的一分子，适应该家庭的规例。在加入该家庭的时候，社会工作者要利用与人相处的独特技巧，除了适应、观察和时刻自我反省外，还需要特别掌握容纳、追查和模仿等技巧，以求与该家庭深入联结。

① 容纳。社会工作者首先要观察、了解该家庭的规例、习惯，再入乡随俗地跟随这些习惯做法以求自己被接纳，不要急于去强求改变家庭原来的规范和做法，要求家庭跟着自己走。比如，有些家庭的规则是孩子要得到父母的准许才可以和外人说话，这时候社会工作者应顺应家庭的规例，先向该家庭中的父母询问其子女的姓名等，而非直接问子女。这样，父母觉得社会工作者了解和尊重家庭的接触方式，自然就慢慢容易接受社会工作者了。

② 追查。追查家庭交往的过程是结构式家庭治疗法的一个关注点，如谁先与谁说话，谁与谁的关系最好或最不好。在联结的过程中，社会工作者可追查该家庭成员的交往关系

和交往方式、过程等，从中探知这个家庭的联盟、对阵、适应能力、界限、分工、权力架构和家庭成员间的影响力，以此作为评估和治疗的基础。在追查的过程中，社会工作者不断调整追查方式，以了解家庭成员的相互影响。

③ 模仿。社会工作者套用家庭成员的语言、用字或姿态、动作等，代入他们的文化、感情，再和他们沟通。

在运用上述技巧的同时，社会工作者通常有三种立场：

① “埋身”的立场。社会工作者以不同的方式表达自己的观点。他会肯定或否定现行的结构、联盟、规例，然后带出个别成员的优点。他会代个别成员坦白地说出感受和想法，帮助成员把底牌揭开。社会工作者的表态及“埋身”的进入使他可能遭到排斥和限制，但社会工作者肯舍身和负责，就能迫使家庭无法再回避问题。

② 中立的立场。社会工作者既不“埋身”地表态或把当事人的心思一一道出，也不把自己隔离。他采取中立的主动聆听者的立场，如跟进或冷静地追查谈话中的某些内容、客观地探讨家庭成员间的关系等。

③ “离身”的立场。所谓“离身”的立场，就是指这样一种情形，社会工作者像专家、导演、训练员一样站在一旁，或站得远远地进行指挥，或邀请家庭成员重演他们交往的模式，或指导他们如何尝试新的交往方式去沟通，但社会工作者并不主动、着急地表达自己的看法，以及逼迫家庭去转变。

在治疗中，社会工作者可以随着时机和家庭的需要转变自己的立场，并不一定要停留在同一个立场上。比如，社会工作者可以中立地探听资料，“埋身”地说出不同成员的内心感受，或者“离身”地指导家庭成员直接对话。他会要求父母尝试直接管束孩子，或请青少年说服父母倾听自己的意见。通过转变立场，社会工作者能在不同的时间联结不同的家人，催促甚至迫使他们面对压力和做出转变。

（2）评估

在结构式家庭治疗法中，评估与介入通常同期进行。此外，评估是介入的基础和前提条件，所以我们需要对评估的内容和过程做一简单介绍。

① 评估的内容。一是家庭的状态和结构。家庭的状态包括家庭的大小、家庭成员的受教育程度、社会经济阶层，家庭独有的文化、价值观等；家庭的结构包括家庭内谁与谁联盟、对峙，边界是否清楚，家庭成员对家庭的归属感及与整体家庭的配合如何，权力架构是否清楚，分工是否合理等。二是家庭系统的弹性和回响。包括家庭遇到压力时能否适应、重组结构；或是结构变得太僵化以致不能改变。通过重演等技巧，社会工作者可以观察、体验和评估家庭系统的灵活性及适应能力。此外，社会工作者还要了解家庭对个别成员的需要、感受、行为和思想的敏感程度，以及所做出的回应。过分冷漠或过分关心的回应都会给家庭成

员的相处增添麻烦。三是家庭生活的环境。如年代、社会政治背景、社区、文化习俗等，家庭所处的环境可能为家庭带来压力，也可能成为解决问题的资源。四是家庭生命周期。了解家庭所处的历程及面临的任务。五是家庭成员的表征问题与家庭系统惯用的交往方式的关系。如社会工作者要回答或探求以下这些问题：该家庭的成员是怎样交往的？病症是怎样形成的？这是谁的问题？它出现后谁最受影响？谁最想改变？谁会在改变中得到或者失去得最多？等等。

② 评估的过程。评估的全过程包括以下几个步骤。

事先准备。从家庭预约辅导/治疗时开始，社会工作者通过与有关家庭成员的电话沟通，进行文件转介、医疗报告、登记表填写等，首先排除案主的病症并非由生理因素所引起，然后初步了解家庭的情况及问题的严重程度等。

进入家庭、追查家庭成员的交往过程。社会工作者在进入家庭时除了仔细观察家庭成员如何相处和分析他们的交往方式外，还要在头脑中经常询问：谁是家庭的发言人？怎样选中或者默许他做发言人？谁在背后操纵？谁是掌权者？他们所讲的内容与情绪行为表现有没有出入？当一个人在说话的时候，另一人在做什么？又是什么东西导致症状的发生甚至长期存在？社会工作者通过一步一步追查，把资料整合起来，推敲出抽象的家庭结构。同时，社会工作者还要密切观察家庭成员对他提问的反应，以辨别家庭成员是否容纳他的提议，是否在思想上领悟了但却没有改变的行动；自己有没有推动家庭交往方式的拓展；家庭成员是否觉得自己的提议很新颖和有震撼力，并彻底改变及确定新的交往方式。

了解家庭成员交往的实况及改变的弹性。社会工作者邀请案主的家庭成员在他面前重演某个生活片段或商议某件事，他可以观察家庭成员平时沟通的过程和方式。这样，社会工作者可以像导演一样，让家庭成员用最自然的方式把问题活生生地表演出来。同时，社会工作者还可以在一旁指导，看看他们是否可以改变演出的方式，从而评估家庭改变交往的可能性。

在社会工作者与家庭成员面谈的时候，王女士总是代她的丈夫刘先生说话，并告诉社会工作者丈夫如何抑郁及毫无用处；刘先生则在旁一言不发。30 岁的三儿子叹息不已并忧愁地望着母亲，谈话中常给她补充或提示。这个家庭的大儿子于十几年前去世，二儿子现年 33 岁，他坐得离其他人很远。显然，这个家庭中，母亲和三儿子关系很纠缠，夫妻的关系比较糟糕，二儿子显得很疏离。针对这种情形，社会工作者想试一试家庭成员可否改变相处的方式，于是他便阻止妻子代丈夫发言，请刘先生自己说，但他只是木讷地说几个字。社会工作者将目光转到二儿子身上，试着引导二儿子请父亲发表意见，二儿子很关切地安慰父亲，刘先生也很高兴地大声说话。经询问，原来他们在家几乎是没有交流的。社会工作者再尝试邀请三儿子与其父亲谈话，只见三儿子说话含糊不清，父亲也支吾以对。工作人员请二儿子和三儿子商量怎样让父亲按时吃药，谁知他俩表情僵硬，怎么也谈不拢，而母亲又在旁边开始诉说他们父亲的不是。在这次重演中，社会工作者可以假设家庭成员的关系如图 16－14 所示。

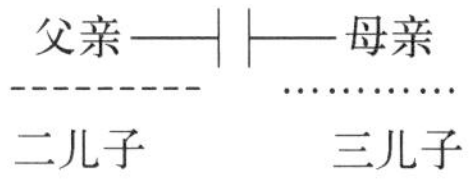

图 16－14　刘先生家庭关系图

重演。经过重演，社会工作者可以假设病态的结构是母亲与三儿子交往过分纠缠，三儿子闯进了父母的次系统；二儿子和父亲比较疏离，但他们可以互相交往及支持。

找寻优点。对于家庭成员爱在社会工作者面前埋怨带症状者的不是这一通常做法，社会工作者要协助家庭成员从另外一个角度去看。比如，社会工作者在指出某家庭成员为了一项学校活动而逃课这一缺点时，也要肯定他热爱公益活动、乐于奉献的优点。社会工作者在引导家庭成员去看优点之余，也要留意家庭成员的反应和接纳的程度，以便随时调整工作方法。

重新界定问题。社会工作者在评估家庭后，要重新界定问题，竭力让家庭成员明白问题的成因是在家庭成员关系上而并不只是来自个人，困局是家庭成员共同造成的，要摆脱困境必须依靠全家的努力。

马女士和侯先生是一对几十年的老夫妻。社会工作者进入该家庭以后，马女士常常在社会工作者面前埋怨侯先生忧郁被动。经过观察，社会工作者发现侯先生的症状和马女士有密切的关系。因此，在评估中，社会工作者再三强调，侯先生的忧郁被动是由妻子造成的。因为妻子的过于主动才使得丈夫被动、寡言甚至唯唯诺诺；而丈夫的沉默和被动使得妻子越发喋喋不休和越俎代庖。这样，社会工作者把问题界定成交往上的互补而不是个人的忧郁症状。

(3)介入

结构式家庭治疗的目标是把不良的家庭结构改变过来而发挥正面的作用，以便家庭能正常地运行；通过改变家庭成员的交往，个别成员的症状能够消失或好转。具体而言，通常有三大治疗目标：改变家庭成员的看法和定义、挑战家庭的结构和挑战家庭的世界观。

① 改变家庭的看法和定义。社会工作者通常采用重演、集中焦点和引发强烈的感觉三种技巧去协助家庭改变他们的看法。

集中焦点。当家庭遇到压力时，尤其是遇到敏感话题的时候，人们通常会把问题扯开。所以，社会工作者要清楚治疗的目的，要抗拒被同化后支持现行病态的结构，要通过充满技巧性的讨论重新聚焦问题的重点，使话题言归正传；有时他要避开对方求救的眼神，坚持重演、对话；有时又要坚定地阻止某个试图操纵他人的家庭成员打断别人的话题，使其他人能不受干扰地说出心底话。

引发强烈的感受。强烈的感受是给那些很难听进别人说的话的家庭一些震荡和冲击，使家庭真正注意到社会工作者所说的话而不是佯装听到。因此，社会工作者可以用以下方法去让家庭成员留意：

※ 重复信息。如果在会谈中，社会工作者对于同一个信息重复十次的话，家庭成员就会感到奇怪：社会工作者为什么要重复那么多次？为什么那样重视这个信息而拒绝讨论其他问题？如此，社会工作者就可以把家庭引领到他想改变或希望警觉的地方，或者给家庭一种强烈的震荡和感受。

※ 利用声音。社会工作者如果突然大声说话，或突然语速减慢，或声调发生变化等，就会引起家庭成员的好奇和注意，促使他们留意他所说的话。

※ 语言或语句的运用。社会工作者要学会使用精简、使人震动或让人容易记住的词句。最好是根据家庭的文化背景去做比喻，比如取笑感情太依附母亲的少年为“长不大”“黏乎乎”等，要他“剪脐带”或“断奶”等，这样的用语可能会使少年深记并下决心自立；也可能令母亲尴尬并接受或催促儿子离开自己和多结交朋友。

※ 营造出乎意料的氛围，以引起家庭成员的注意。社会工作者除了使用语言进行会谈外，还可以采用夸张的肢体动作，或者突然打破常规，设置一种出人意想的情境来引起家庭成员的注意，进而促使他们反思。例如：大家在谈论沟通障碍时，戏剧性地用椅子和椅垫摆在家庭成员中间，作为屏障，或突然地睡在地上，等到惊愕的家庭成员问起原因时，再告诉他们现在进行的谈话非常沉闷和压抑，令社会工作者很难忍受；然后，社会工作者可以问家庭成员平常在家中是否都是这样相处的，如果继续下去的话就令全家都会忧郁。此外，还可以问家庭成员怎么能有这么大的忍耐力继续这样相处？他们预备再维持多久？这些技巧旨在吸引家庭成员的注意力，使他们留意、听见和记得信息。

② 改善家庭的结构。社会工作者通常采用“划清界限”“解构有害的家庭结构”“教育有关互补性的概念”等方法来改善家庭的结构。

划清界限。在一个家庭中，如果成员过分自主的话，就会影响整体的完整一致；如果成员太注重整体一致，就可能牺牲个别人的自主性。为此家庭的次系统必须经常调节成员的自主性和相互依赖性。社会工作者要帮助家庭能灵活地沟通交流，使个人能在独立自主和互相依靠的矛盾要求中成长，所以总的目标是要个人把边界变得灵活且可渗透。遇上过分疏离的夫妇、亲子及兄弟姐妹次系统时，社会工作者要把次系统的边界变得可以渗透，使次系统内的成员与外界接触。在具体的会谈情境中，社会工作者如果想把一对隔得很远、明显表现出疏离的夫妇联结在一起时，就请他们调换较近的座位、换一个可以对望的坐姿，共同商议某件事情，这样可以为他们提供一些新的交往体验。相反，如果母子次系统太纠缠，表现在会谈中，母亲只望着孩子，孩子说话时母亲抢着代他回答、代他解释和代他说下去，这时社会工作者就要阻止母亲插嘴、打断母子之间的眼神交换，阻隔当事人使之不能用语言及非语言的方法维系过分的联系。此外，社会工作者要多为孩子提供表达自己意见的机会，鼓励孩子独立发表意见。

解构有害的家庭结构。当家庭来求助时，事先已牢固地建立了一套病态的处理压力的方法或病态的家庭结构，通常这些结构会显示出家庭权力被控制在某些人的手里，而要改变家庭结构就必须把权力从掌权者手中夺回，但这又会遭遇"既得利益者"的顽强抵抗。因此，社会工作者要解构有害的家庭结构，必须采用以下一些技巧：

※ 向现行家庭权力架构宣战；

※ 进入家庭成为其中一员，与其他成员联阵对付强词夺理的人。举例：

在几次家庭会谈后，社会工作者发现这个母亲常常在背后操纵控制，她丈夫变得软弱无能。因此，如果要解构这种权力架构，社会工作者就要向这个母亲挑战，竭力"贬低"她的位置。社会工作者采用"埋身"的方法去批评她，降低她的影响力，使懦弱的父亲在家中抬起头来。这个母亲受到批评后，势必在家中寻找支持者，她可能站到她丈夫的一边，夫妻联手反过来"对付"社会工作者。社会工作者虽然四面受敌，实际上他达到了增强夫妻次系统的目的，夫妻可用经验重整权力架构及重整次系统，社会工作者由此可以解构有害的家庭结构和重构健康的家庭结构。

强化家庭互补性的概念。通常，家庭成员并不会觉察到他们的行为是互相影响及互补的。因此，社会工作者就要使他们了解自己是如何影响其他成员的。这使他们不会只投诉某成员的行为、只要求他人改变，而是自己也要承担责任，从而改变自己的行为。比如，过分操劳紧张的母亲要强忍不做"闹钟"去叫醒家庭成员起床，而让他们自己负责任等。

③ 挑战家庭错误的世界观。家庭有其自身的期望、要求、价值观和道德观，但是有些家庭的价值观和道德观明显是错误的，因此社会工作者需要采用以下一些技巧来挑战和改变家庭错误的世界观。

协助创建世界观。社会工作者可凭借专业知识和经验，通过向家庭提供专业意见和对家庭现实状况做出解释来引领家庭从另外一个角度去看待世界和现实环境。举例：

陈刚的父亲两年前与妻子离婚，陈刚由他的父亲抚养。父亲从一家企业下岗已多年，现在一家超市里打零工，月收入仅有500~600元。陈刚正读高一，因此父亲十分担忧他的功课及成绩，唯恐他成绩差无法高中毕业而像自己一样没前途。父子关系搞得十分紧张。陈刚经常沉默不语，枯坐一旁而无心学习，父亲看在眼里更是气得要命。在一次家庭面谈中，社会工作者鼓励陈刚说出他心底的话。

社会工作者：你的成绩其实不错。

陈刚：嗯，不太好，但仍然能及格。

社会工作者：哦，那你不认为在学业上有困难，但是你没法让父亲相信你一切还好，为什么他老是那么紧张呢？

陈刚：这也是我想知道的，我一直想让他别为我那么着急。

社会工作者：父母是很奇怪的，很多父母都永远操着子女的心，处处要管着孩子。他们不知道每个人都能了解和寻找自己的能力，子女必须独立去试试，以及从失败中找到自己的潜力、长处或者出色的地方。你现在可以试试说服父亲。

社会工作者用专业知识间接指出，失败并不是一种定局，而是一种给孩子体察自己能力的机会。社会工作者也指出，父母要给孩子学习并了解自己的机会，这样也间接地引领旁听的父亲从另外一个角度去看问题。

“似非而是”的技巧。当案主或其家属前来寻求治疗或辅导方法时，往往会提出要转变症状而不改变系统整体的矛盾要求，实际上这是不可能实现的，然而家庭中的一些成员常常会固执己见，致使社会工作者虽然用了许多其他方法去推动家庭转变，但仍然遭遇抗拒。面对这种情形，社会工作者可以尝试采用相反的方法，可倒过来找出家庭出现问题时谁最受影响，如何被影响，以及可以怎样处理。这种方法包括三个步骤：为问题再定义、开出药方、约束行为。举例：

李先生下岗已经8个多月了，他一直以寻找工作为由在家里闲着且不愿面对现实。李先生的妻子张女士对此很失望。他们的女儿在读小学五年级，在校学习成绩突然退步了。这令张女士更加愤怒，常常责骂女儿，而李先生在一旁则优哉游哉地看报。张女士内心认为，她不能责骂李先生，因为他下岗了已经十分委屈（李先生在原来的工作单位里曾多次被评为先进工作者），而且骂了他会伤他的自尊心。社会工作者曾经尝试采用很多方法去引导张女士夫妇加强沟通，讨论管教孩子的方法，但是效果都不太理想。

最后，社会工作者采用了似非而是的方法。他把孩子成绩突然退步的原因定义为“功课不好是为了挽救家庭，令家人不至于离散”。社会工作者开出药方，要母亲“继续斥骂孩子，要不然她会把失望归咎到丈夫头上，这样的话婚姻就会出现裂缝”。社会工作者告诫孩子，继续让母亲把注意力放到孩子的身上，把失望发泄到她的头上，以避免母亲骂父亲。社会工作者的这一手法约束了母女的行为，丈夫听了自然十分高兴，在旁竭力称赞、附和社会工作者。这种情形令张女士非常愤怒，开始把矛头指向丈夫。社会工作者一直希望夫妻直接对话和直接处理他们之间的问题而不必把孩子牵涉其中。张女士最后的行为让社会工作者感到目的已经达到，社会工作者的声东击西最终消除了家人对转变的抗拒。

另一些“似非而是”的方法是“调转”或“倒过来”的方法。这是指家人突然转变态度，让另一个家庭成员措手不及，从而产生不同的反应。举例：

朱先生深深感到妻子周女士与她的娘家关系过于密切纠缠而疏远了自己。他多次抗议妻子，但她都不理不睬。社会工作者便教导他把态度倒转过来，由以前的讽刺、嘲笑、不满改为鼓励妻子多多陪伴母亲，以及大大称赞妻子的孝心和对丈母娘呵护的无微不至。这种异乎寻常的态度和做法让妻子非常惊讶甚至奇怪，她反而费尽心思猜测，东想西想，甚至担心丈夫在外是否有了第三者。自此，周女士反而留出很多时间来陪伴丈夫（需要注意的是，社会工作者使用这种方法时要私底下教导当事人，让对方觉得猝不及防、突如其来和好奇才会产生良好效果）。

强调优点。当案主前来治疗时，社会工作者通常会因投诉家庭或家庭成员的不足而忽略了家庭或家庭成员本身的优点。社会工作者可特意引导家庭成员多去欣赏家庭整体和个人的优点。如对于家庭中多病、残疾、有智力障碍的成员，社会工作者特别要协助家庭成员了解这些“特殊”成员的长处，要家庭成员知道案主其实是残而不废，也可以为家庭出力。

以上简要介绍了结构式家庭治疗法的基本观点和治疗方法，它对家庭内婚姻失和、代际冲突、家庭遭遇重大困难与挫折、家庭生命周期发展各个阶段所出现的问题（如儿童青春期困惑、新婚期的夫妻角色认定、教育期的亲子关系调整、孤老期面对丧偶与死亡的心理调适等），以及各种精神异常都十分有效。概要言之，结构式家庭治疗法认为，个人的“问题”是由家庭系统制造的，因此要改变家庭成员的行为，社会工作者首先需要着眼于家庭结构和家庭体系的评估与调整，包括家庭的关系结构、权力结构、生活规则和家庭成员的世界观等方面的改善。

但是，结构式家庭治疗法（包括上述各种治疗模式）因过于强调结构的限制性而忽视了案主的主动性，过于强调在治疗过程中专家的权威而忽视案主的作用，因而不断被人批评和质疑。直至20世纪80年代叙事治疗模式诞生，它强调案主的作用和能动性、强调在治疗过程中的平等关系以及外化问题，凭借重组故事、见证等全新的治疗或辅导理念和技巧，为家庭领域的社会工作开辟了一片新天地。

（四）婚姻暴力的社会工作介入

从全球范围来看，家庭暴力事件的发生率呈上升趋势已是一个不争的事实。这种暴力可能发生在家庭中的多个层面上，本节限于篇幅，只讨论发生在夫妇之间的暴力现象。有关婚姻暴力的研究表明，家庭暴力不仅发生在下层人士的家庭中，而且一些接受过良好教育，经济收入、职业声誉和社会地位都很理想的社会人士同样也会有家庭暴力行为。因此，社会各界需要对家庭暴力予以高度关注，更需要为家庭暴力的受害者提供专业的服务和帮助。

1. 婚姻暴力的定义

婚姻暴力又称家庭暴力、配偶虐待等，是指发生在已婚或同居者中的虐待性或暴力性行为。暴力包括口语威胁和非口语的威胁，或者使对方的精神或情绪受到伤害。具体的暴力形式包含推、挤压、打巴掌、掐、刺伤、被迫性行为，或使用武力威胁控制另外一个人，可能造成对方严重受伤或直接死亡。

国外把家庭虐待划分为五种形态，包括身体殴打、性暴力和性虐待、破坏东西或宠物虐待、精神虐待和情绪虐待。

2. 关于女性受虐的错误观点和事实

受传统观念影响，人们对虐妻问题产生了一些错误的看法，从而使受虐女性遭受更大的伤害。中国香港著名的反家庭暴力服务机构——和谐之家，就曾经对此做过探讨（详见图16－15）。

3. 施虐男性和施虐过程的探讨

（1）施虐男性的基本特点

美国女性虐待防治方案曾经指出，男性施暴者的特点有：他们来自社会各个阶层、各个收入和教育层次；施虐者往往否认暴力行为的严重性，面对诘问时，他们倾向于抱怨伴侣而拒绝承担事后责任；施虐者可能在其成长背景中习惯以暴力手段解决问题；施虐者可能来自一个有暴力氛围的家庭；很多施虐者未必会在其工作中或朋友关系中有暴力行为；很多施虐

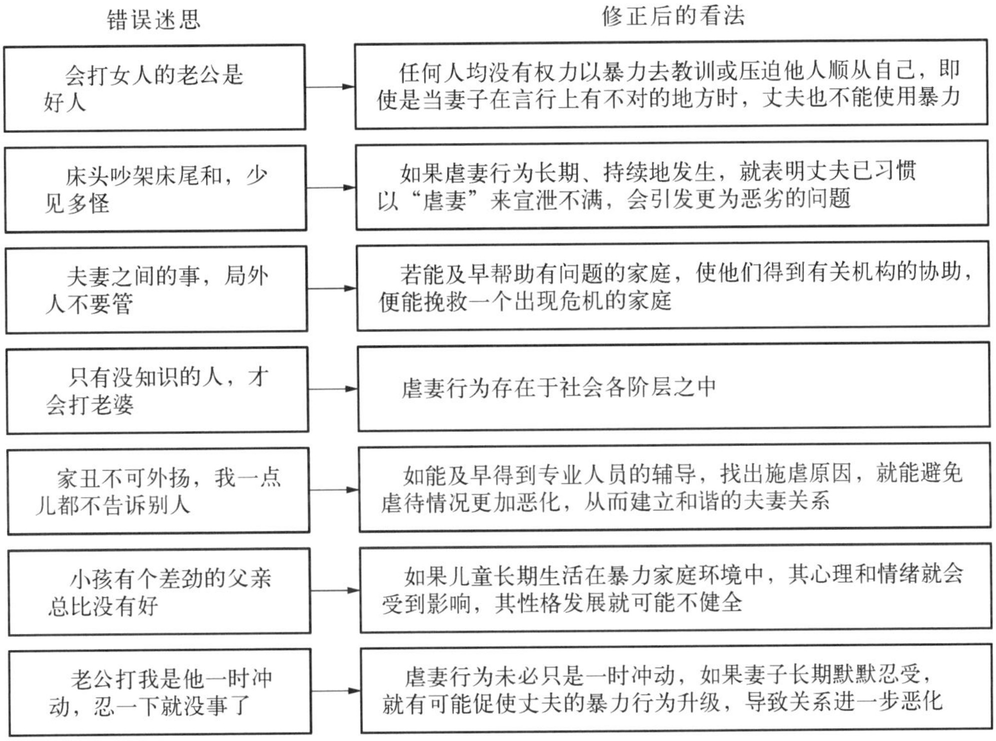

图 16－15　和谐之家关于虐妻问题的迷思与事实的探讨

者对两性关系及父母角色有一种传统而固执的想法；施虐者比较重视自己的要求，而不在乎被他们所虐待的伴侣是否会遭受痛苦和伤害；大部分有虐待倾向的男性未必是精神失常者；酗酒或药物滥用并不是出现虐待行为的原因，大多是因其原本即存在暴力倾向；施虐者的暴力行为要予以控制，否则不会自然消失。

（2）施虐行为发生的过程

施虐者暴力行为与其生活压力有一定的关系，而且暴力行为的产生是有阶段性的且会一而再地循环出现，除非施虐者接受治疗，学习如何面对和处理生理、心理的压力。暴力行为发生的阶段与循环如图 16－16 所示。

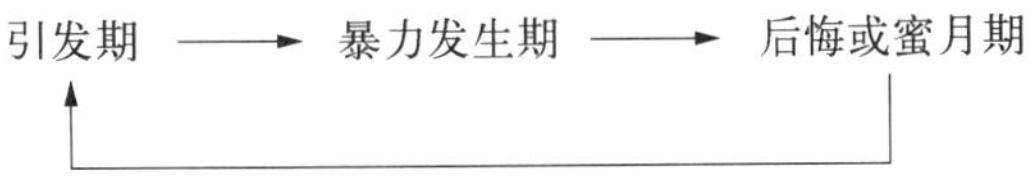

图 16－16　暴力行为的重复循环

阶段一（引发期）：在此阶段紧张度增加，夫妻之间可能有小的争吵，施虐者开始喝酒，消极对待冲突处理，彼此讨厌对方，有工作压力，或有经济上的压力，等等。

阶段二（暴力发生期）：为了减低压力或控制情境，施虐者选择殴打对方。

阶段三（后悔或蜜月期）：一旦压力减小时，生理上就较为平静，施虐者开始觉得后悔和惭愧，于是答应受虐者不再有类似情形发生；或是买礼物给受虐者或增加亲密行为，而这种行为模式事实上很平常。这时候施虐者最好寻求处置服务。

循环阶段一：与阶段一相同，是暴力引发阶段，不同的是比当时的夫妻关系紧张度要高，因此压力程度很快就升到最高点。

循环阶段二：与阶段二类似，只是为了消除压力或控制情境，暴力行为类型会比前面阶段二要严重。因为曾经发生过暴力行为，暴力的威胁会越来越严重，对受虐者带来的情绪上的伤害也更大。

循环阶段三：后悔或蜜月期比前次要短，即施虐者的后悔程度越低，越不会对自己的施暴行为有后悔的感觉，也不会去向施虐者承诺他不再施虐，对其暴力行为也越不觉得羞耻、惭愧；对责任的投射就表现为暴力的增加，受虐者就成为投射结果的受害者。

继续循环：倘若施虐者的施虐行为不予以制止的话，暴力行为就会不断循环下去，阶段与阶段之间的距离会越来越短。

另外，根据美国圣保罗家庭服务中心的资料，婚姻暴力发生的连续性可以分成四个不同层次：情绪虐待、暴力威胁、直接身体虐待、严重性的身体虐待。这种层次性同样可以用图例清晰地表达出来（见图 16－17）。

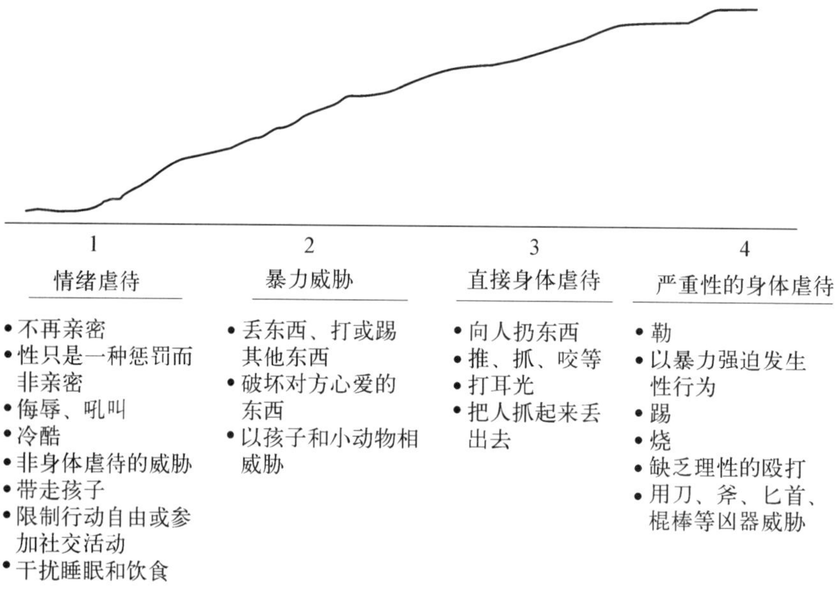

图 16－17　婚姻暴力发生的连续性

（3）关于施虐男性的错误观点

在日常生活中，也有不少关于施虐男性的看法，如认为他们来自社会底层、事业上缺乏成就，男性是受妻子所迫等，但是根据美国明尼苏达州圣保罗家庭服务中心的研究，上述观点都是错误的（见表 16－4）。

表 16－4　关于施虐男性的错误观点与事实

错误观点	事实
那些有虐妻记录的男性来自低下阶层，他们是丑陋的、脏的、容易生恨的；	各个社会层次的男性都有虐妻可能，包括那些温文儒雅、干净、做事利落、有学识者或英俊体贴的人；
施虐者是指那些工作不易成功或缺乏资源去面对和处理生活的人；	很多施虐男性在现实生活中是很成功的人，而且具备很多的技巧应对工作上、社交生活上、学问上的事情；
有虐妻记录的男性，在与他人关系中也有暴力倾向；	大部分施虐者是针对他们的妻子或子女，施虐地也只限于家里，在公共场合或朋友面前，他们可能都极受尊敬或看起来彬彬有礼，因为在家里把坏情绪表现出来是安全的；
只有那些酗酒或药物滥用的男性才会虐妻；	那些酗酒或用药者是有虐妻可能，但有很多男性并不是酗酒者或用药者，甚至滴酒不沾的男性也会虐妻；
男性虐妻时往往很凶暴，甚至天天殴打妻子；	每个施虐者有特别的虐待方式，有些很少进行身体殴打，但却经常进行性和情绪上的虐待；有些男性可能生平只有一次虐妻行为，但却十分严重且大大伤害了他的妻子，这个伤害会持续很久；
男性虐妻时是处于一种无法控制行为的状态之中；	男性的虐妻行为完全是可控的行动，如他可能有意地在计划和盘算要如何殴打，打多重、打哪里，用打还是掐、踢的方式等；
虐妻男性是有心理疾病者；	虐妻者事实上有道德和价值意识，只是他习惯于用生气、攻击、暴力、侵略方式来处理压力，对象是他们的妻子，他们并非心理变态者；
男性是被迫虐妻的，比如是在他们的妻子过度唠叨下被迫使用暴力行为；	施虐男性可能认为自己的暴力行为是被迫的，事实上采用暴力或虐待行为也是他们选择的方式，人们用不同方法来面对和处理有压力或被唠叨的状况，但并非所有人都使用暴力来处理这种情况；
曾经有过虐妻行为者，就永远是个施虐者。	如果这些虐妻者能得到适当的帮助或接受治疗，就可能停止虐待行为，而使用较有建设性的方法处理问题。

4. 社会工作对受虐女性的介入

(1) 社会支持和受虐女性

许多没有受虐经历的人，通常很难理解那些遭受虐待的女性为什么还要停留在受虐关系之中。国内外一些家庭暴力研究者认为，主要是以下一些因素阻碍受虐女性虽处境凄惨但仍不愿（或不能、不敢）摆脱受虐关系：传统思想的影响（如认为女性应当从一而终，或者怀疑自己的受虐是因为没有扮演好女性的角色，以及害怕因离婚而带来的声誉受损，等等）、个人意识的影响（如缺乏独立意识，或认为女性受虐是拥有完整家庭生活所要付出的代价）、忧虑离婚后要面对的经济和居住问题、担心亲友的负向反应、担心子女的成长与发展、担心单亲家庭的压力等。

从更深的层次来看，上述种种因素的后面隐藏着一个更重要的因素，那就是很多受虐女性往往缺乏有效的社会支持。当女性处在受虐环境中时，如果能为她们提供有效的社会支持，就有助于遏制此事件再度发生，而且也可以为受虐女性及其家庭提供有效的治疗服务。

每个人都有与其他人建立良好关系的社会联结的需要——互相关心、照顾和建立亲密关系。在一种有压力的情境中，这种关心、照顾与亲密的互动关系，即“支持”。根据中国台湾家庭暴力研究专家周月清的分析，我们至少可以把社会支持划分为正式社会支持和非正式社会支持两大类型（见图 16－18）。

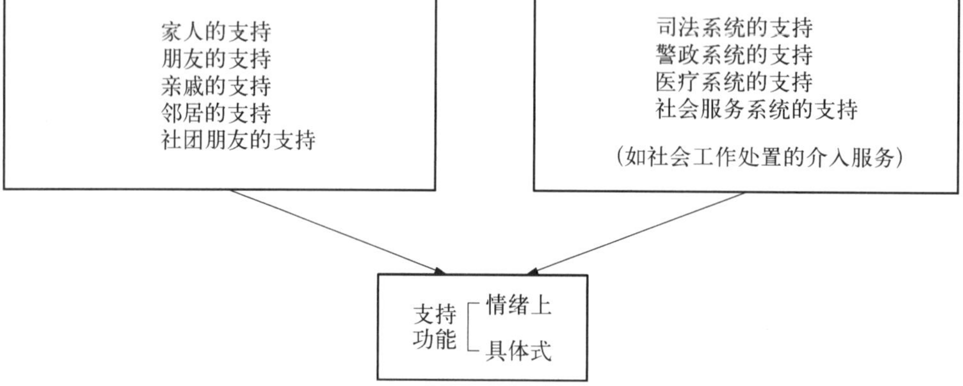

图 16－18　正式社会支持与非正式社会支持的分类和功能

（资料来源：周月清，1995）

对家庭暴力研究发现：① 资源的缺乏会增加有暴力行为的丈夫的暴力倾向；② 缺乏对资源的接近性，譬如不知道去哪里寻求资源、不知道资源获取的方法，或者获得资源不便利，如越是社会下层的女性越是不知资源在哪里以及如何寻求资源，这些阶层的女性越易受到虐待。因此，社会支持的缺乏和难以获取会导致受虐形成一个恶性循环。进一步说，当家庭出现严重的婚姻暴力或有儿童虐待现象发生时，受害者与正常社会的互动将减少，直至与社会隔离。被隔离的受虐女性成为更严重的受害者，她们将很少有机会向其他人学习如何在行为上保护自己，很少有机会去认识其他人或与她们有相同命运的女性（周月清，1995）。

（2）受虐女性社会工作重点

针对受虐女性的支持方案，包括软性服务和硬性服务。软性服务是指信息和辅导、自助式或支持团体、亲职教育、倡导、社区教育咨询、职业教育、角色再学习；硬性服务是指 24 小时庇护中心服务、安全居住场所、危机专线、紧急交通服务、儿童托育、经济辅助、转介等。从社会支持的观点来看,软性服务可成为情绪性或看不见的社会支持,而硬性服务则指具体的或看得见的社会支持。

受虐女性需要接受治疗和再教育、学会保护自己、改变对女性受虐的态度,而治疗的首要工作是要先顾及受虐女性的安全问题。从安全出发,受虐女性的治疗工作有四项:提供安全的场所;协助她们重新学习如何与人建立亲近关系;建立一个支持性的社会网络;增强女性的信心,敢于再信任他人,而专业工作者提供一个角色学习的榜样。为了达到上述工作目标,社会工作者可以采用个案辅导、庇护中心治疗、受虐女性自助团体等多种服务手法,限于篇幅,本节只介绍后两者。

① 庇护中心治疗。受虐女性与庇护中心的关系可以分为三个阶段:第一,到达。受虐女性初来庇护中心时通常畏缩和寡言,不愿参与团体活动,可能她对自己及人生都感到沮丧甚至绝望。此时社会工作者和其他室友要以极大的热情和真诚鼓励她参与、倾诉并给予支持。第二,停留。当受虐女性开始询问有关问题时,表示她已经进入了停留阶段。这时候她变得较为主动,逐渐开始参与庇护中心的部分活动和决策过程,探索问题,尤其是和社会工作者一起探讨她同施虐者的爱与分离,以及如何处理自己与孩子和施虐者的关系等问题。第三,离开。此时有的受虐女性很难过,有的对将要面临的现实生活感到害怕,有的会变得不合作以表达她们对离开的复杂情绪。因此,庇护中心社会工作者和其他成员要协助她们探讨此刻的情绪,并总结她们在庇护中心的收获和进步。

中国香港的“和谐之家”是一个闻名东南亚的受虐女性服务机构。它有一个24小时的紧急庇护中心,服务对象可以携带12岁及以下子女入住,停留居住时间为2周到3个月。它为受虐女性提供多元化的服务,包括个人辅导、小组辅导和受虐女性所需的各项服务,还包括热线电话服务。而针对住在庇护中心女性的服务,则包括每星期举办一次家庭会议、女性支持性团体活动等;针对来自婚姻暴力家庭之儿童的服务,包括儿童家庭会议、功课辅导小组、儿童兴趣及文娱活动、儿童个案辅导、暑期活动与家庭活动等。同时,该庇护中心也参与机构合作计划,接受转介个案,并从事社区教育活动,以讲座及大型活动推广家庭暴力防治宣传工作。另外,该中心也为来此寻求庇护的受虐女性成立支持性的团体,其中包括“群福女性权益会”(这是一个永久性的支持团体,由一群曾入住该中心的受虐女性组成,是一个自助性团体,成立已有多年历史。此团体的目的在于协助团体会员解决她们的经济、居住、家庭变迁后的生活适应以及子女教育等问题)。

② 受虐女性自助团体。受虐女性的自助团体通常是一种开放性和治疗性的自助团体,每星期一次,平均每个人停留约4个月,目的在于使受虐女性重视自我及自我提升。它的服务过程由以下三个环节组成:

第一个环节是形成正确认知。这种自助团体在强调女性优点的同时,帮助受虐女性形成正确的认知，加强自我负责和控制环境的能力并促进其对自我形象的认同等。这些认知包括：除非出于自卫，否则暴力是不被接受的；家人不应当埋怨受虐者；家庭中的每一个成员都有消除暴力行为的责任；任何一种虐待都有破坏性及发生暴力的潜在性；暴力是学习来的，不是天生的，因此虐待是可以停止的，暴力的制止也是可以学习的。

第二个环节是自助团体过程。这种自助团体有一些特殊的要求和服务技巧，如参与要求（必须是曾处于或目前处于虐待关系中，有些团体也接纳施虐者，团体是开放的）、成员的支持（主要是通过成员而非专业人员的协助来增强自我）、成员资格（团体属于成员，机构只提供支持服务，多数情况下都由女性相互依赖而出现改变。专业人员不是一个权威，而是一个倡导者，也是个别受虐女性的咨询者）、两个领导者（由一个专业人员和一个受虐女性组成自助团体的领导者，专业人员是一个赞助者，而团体的真正领导者是这个受虐女性，她必须是出于自愿担任领导者，负责每一个单元的推进及团体规则的制定，同时也是寻求团体成员参与的工作者）、在团体外进行的一对一面谈（如果个别受虐女性需要与专业人员会谈，就可以在团体之外的时间进行）。

第三个环节是团体发展阶段。它有六个发展阶段：重视自我（如以“你的感觉是什么？”之类的问题来了解受虐女性的选择、感觉和行为）、提升自我价值（首先帮助受虐女性建立自尊，再制定保护计划，让受虐女性认识自我的价值与能力）、发展保护计划（与受虐女性讨论什么情况下施虐者会有暴力？暴力的循环有什么特性？法庭和警察的反应会是怎样的？哪些支持系统可以寻求协助？另外，施虐者使用暴力的迹象或线索是什么？有什么方法逃避暴力？）、重新认知（女性在团体中得到温暖、理解和被接纳，可以发泄情绪并获得支持而重新认识自己，不再认为受虐是她在婚姻生活中应该付出的代价）、发展自主性（受虐女性在此阶段害怕可能超过原有的生气或难过，因此要发展支持系统，训练女性更有信心，以便增强自尊、自主性）、做好相关工作（包括社会工作者可与服务对象讨论受虐关系、孩子教养等问题，也可以讨论如何成为婚姻暴力问题治疗与防治工作的义工，或成为未来其他受虐女性自助团体的领导者，向其他受虐女性介绍其经验，这对受虐女性来说将是最直接与最有效的协助与支持）。

5. 社会工作对施虐者的介入服务

任何对施虐者的介入服务起码要包括：立即对受虐女性及其孩子提供保护、支持和倡导的服务；介入并制止施虐男性的暴力行为；对受虐女性及其孩子持续地提供支持和教育；协调有关系统，包括法院、警察、医疗、社会服务等，对施虐者予以反击。在对施虐男性进行介入服务时，也不能忽视受虐女性，否则对暴力的制止和防治工作效果将大打折扣。

国外和我国港台地区对施虐者施虐行为的治疗方案常涉及认知理论，主要假设施虐行为的发生是出于施虐者认知的偏差，认为男性打女性是被社会所接纳的，因此要改变施虐行为必须从施虐者的认知架构入手。其技巧包括愤怒的处理、问题解决技巧训练、沟通训练等。认知行为的社会工作介入对象包括个别男性、男性团体、夫妻团体等，而根据美国社会工作实务研究发现，男性有支持性团体，对消除他的暴力行为有很大的帮助。

（1）施虐男性团体处置技巧

施虐男性的团体处置技巧有多种，但是比较常用的有以下几种：

① 自我观察。这种训练一般在团体建立的初始阶段进行，教导成员如何对自己的行为进行自我检视，注意暴力行为发生之前的状况或线索。为了使男性察觉自己的暴力行为并为之负责，社会工作者可以引导他们使用日记或其他自我记录的方法，或训练其针对暴力行为做自我对谈等（详见表 16－5）。

表 16－5　生气日记记录包括叙述、表达及结果

姓名：________
日期：________

事件发生日期	导火线	生气	生气的评量（1～10）	说出来	对自己说
11 月 17 日	我太太瞪大双眼对我怒吼："你为什么没有留下任何一张纸条告诉我，你在哪里？"然后，告诉我她不再为我煮晚饭，因为所有事情都是她在做	我整个身体都变得紧张起来，连胃也开始觉得不舒服	9	她竟然敢用这种态度对我，昨天晚上都没看到她，她也没有任何解释，她醉了，我还照顾她呢	暂停，我赶快离开这里，她正在把我推到不能控制的地步（逼我失控打她），现在就赶紧离开她
11 月 18 日	我太太一点儿也不协助我做家务，因为她说她变了	觉得很不寻常的焦虑及坐立不安	3	她觉得身体不舒服，是因为她喝酒喝得太多了，而现在就得由我来收拾，多做这么多的事	我又开始因为她喝了酒而生气。不要让生气妨碍自己，事情总会有改善的，或者我们的关系将不会持续太久

② 暂停。这是一种危机处理方法，让男性使用间歇打断方法来避免产生冲突。当他意识到自己有可能做出暴力行为时，马上离开那个情境，去户外或别的房间。

③ 认知的重新组织。分析和修正男性不适当的想法或不合理的信念，并训练男性将正确信念内化，使暴力行为不再发生。其方法包括：a. 内在对话（自我内心交谈，增强自我意识）；b. 找出现存的不合理信念与错误假设；c. 挑战不合理的和错误的信念；d. 以合理的信念取代；e. 自我教育，做出非暴力的应对和处理行为等。这些技巧可以用自我记录方式来训

练并可以在团体中讨论。

④ 人际关系技巧训练。这种训练围绕以下目标而展开：让施虐男性以肯定的方式取代攻击行为来解决问题；确认问题的本质；确认和表达自己对所发生之事的感觉；确认配偶的看法；确认使用什么方法对男女双方都有利；协调最后的决定。

⑤ 放松训练。训练、教导施虐男性学习放松紧张的情绪和肌肉的方法，控制可能发生暴力的条件。

⑥ 技巧整合。使用角色扮演等训练方法来学习如何整合并运用以上技巧。

（2）施虐男性团体治疗过程

施虐男性团体治疗方式，可以是结构式，也可以是非结构式，另外可先以团体方式治疗，再以个别方法治疗。据国外经验，施虐男性治疗团体至少有两种类型。

第一种团体的组成可以是10至12个成员，32个单元，社会工作者尽量为男性，团体治疗过程偏向非结构式。开始阶段主要检视每个成员的状况，具体包括暴力的线索是什么、如何避免暴力、学习放松技巧、分析暴力事件、认知重组和人际关系技巧训练。后面单元则关注个人问题，如探讨原生家庭与自己的关系、对父母亲人的看法、男性社会化和性关系等。

第二种团体治疗过程是，先针对个人（男性）做2至4小时的个别评估，然后再开始12个单元的团体治疗，这是一个结构式的技巧训练团体。其中，第一单元包括所有单元介绍、以前团体成员的经验分享、肯定和放松技巧介绍，第二至第九单元为讨论肯定技巧训练、因应和处理方式、肯定之要求、肯定之拒绝、同理心、感觉之表达，最后为放松训练。

施虐者男性团体治疗只是介入的一部分，并且还有待于法院、警察、医疗系统的密切配合。除此以外，其他有关施虐男性的介入服务及其理论、技巧和介入结果，可以参考表16－6。

表16－6　施虐男性的介入服务

介入对象	介入的内容成分		
	理　论	技　巧	结　果
个别男性	行为学派 认知行为理论	教导、范例、意外惊讶	除掉敌对的与不相关的状况，增加肯定的评价，去除有暴力倾向的想法
夫妇	家庭系统理论、社会学习及认知行为、生气控制、暴力循环	联合夫妻及团体单元，分析和改变沟通模式，控制生气技巧训练	比较不会生气，不会有低潮、攻击性的，50%到87%的成员不再有暴力（6个月之中）
男性团体	性别角色社会化、文化价值观、社会学习及认知行为、生气控制、生态模式、道德发展理论	意识性的提高、认知的建立、线索、控制计划、暂停、同理心、冲突解决、肯定和在团体中面质	59%～84%的成员不再有暴力行为（1月至3年追踪），愿意改变生气、嫉妒、对女性的态度和沟通方式

续 表

介入对象	介入的内容成分		
	理 论	技 巧	结 果
社会机构	家庭危机及社区心理卫生概念、调停概念、制止、取代、劝阻、打消	调停分配、拘捕和控诉暴力者,在法治系统中对受害者倡导,检视与协调有关的系统	警察调停对减少暴力的效果不明显,如果警察出面与逮捕就有较好的效果
文化价值和信念		对现存介入的效果宣传、大众传播的影响、女性运动	没有特别的研究

6. 婚姻暴力家庭联合处置

当受虐女性选择与施虐者继续生活时,社会工作者则可以采用家庭联合处置方案,目的在于终止施虐者的暴力行为,维持家庭。家庭联合处置模式的过程如下。

(1) 初次电话联系

社会工作者首先通过电话和施虐者接触,向他说明电话访问的目的、家庭联合处置方案的目的及参与此方案的资格;同时在此电话访问中,收集有关施虐者的资料。然后,社会工作者再与受虐女性联系,并向她表示业已与施虐者联络,并解释此方案的目的和过程、参与资格,以及收集受虐女性的资料。

(2) 预估阶段

在治疗开始时,社会工作者与施虐者、受虐者进行个别交谈,而后一起进行谈话交流。个别谈话中对施虐者资料的收集重点放在其心理和社会关系的发展上,有助于针对暴力行为进行治疗。在集体谈话过程中,社会工作者可以从了解其夫妻行为互动模式入手,探讨意见有出入的地方及夫妻各自的感受等。此外,社会工作者还可以告知暴力对双方及孩子的不利影响,同时明确指出暴力行为是不被接纳的。在预估阶段结束时,社会工作者可以告知处置方案,以及与该夫妻共同讨论此方案将如何开展,鼓励他们认同,签下书面契约。

(3) 处置阶段

在这个阶段,社会工作者需要讨论和制定避免暴力再度发生的计划,重点是增强个人必须对自己行为负责的责任感。此计划包括暴力发生的线索和愤怒引起的过程,以及如何控制暴力行为等。重要的是,受虐女性在此时是不应被责备的,工作重点应放在学习如何不引发暴力,责任在于自我保护,而施虐者的责任则在如何控制愤怒。此计划包括以下几项工作:讨论暴力发生的线索及循环模式,以增加双方对暴力事件的认知;协助施虐者明白,当他有暴力行为倾向或生气时,该做的和可以做的是什么。协助受虐女性了解,当暴力发生时,她可以做的是什么及她可以去哪里;假如有孩子在身边,他们应如何保护孩子;重新修正此计划,使计划更为清楚仔细,并发展下一步的计划;促使双方同意此计划,并愿意执行;讨论如果计划失败了该怎么处理，以及假如又有暴力发生结果将会如何，并且再度强调，暴力的发生绝非夫妻两人及孩子所希望看到的。

治疗的最后阶段，重点则放在对夫妻关系的探讨以及如何促进两人关系上，包括：控制生气及压力的表达并负起责任；学习管理生气和压力以及采用正向方式表达压力；发展正向的回馈和批评方法；探讨彼此内心世界，以了解暴力发生的原因及双方的感受；发展使用肯定式的沟通模式；发展问题解决的技巧。

7. 婚姻暴力的社区介入

警察与司法体系、医疗系统及其他有关社会系统共同构成了婚姻暴力的社区介入的力量。

（1）警察与司法体系对婚姻暴力的介入

在这个方面海外有很好的实践经验。美国各州从20世纪70年代开始制定法律处理家庭暴力，内容大致包括以下几点：

① 禁止令。老弱妇孺遭到虐待伤害时，可向管辖法院申请禁止令，禁止施暴者接近受害者，包括受害者的工作地点、出入场所；如果施暴者违抗禁止令，就可以判处其6个月徒刑或1 000美元以下的罚金。

② 强制警察干预。警察接到报警后，必须马上出面制止暴力，逮捕施暴者并笔录搜证，倘若警察处理不当，受害者则可以控告警察怠忽职守。

③ 受害者权利保护。警察在处理家庭暴力案件时，必须主动向受害者告知各项法律权利，并提供紧急庇护所的资料，同时转介给有关社会福利机构并会同社会工作者开展搜证工作。如果涉及未成年小孩，那么受害者可要求申请小孩的抚养权和抚养费，而这些请求不必以受害者提出离婚或分居为先决条件。受害者同时可向施暴者提出民事赔偿要求，除医药费外，还包括薪资损失、心理复健费、生活费等。

④ 正式系统主动干预。设立家庭暴力防治委员会和女性庇护所，以主动调查女性受虐真相，并提供紧急救援。

⑤ 强制施虐者接受施虐行为的治疗。

（2）婚姻暴力的社会系统的联合社区介入

把平卡斯和米纳汉（1973）的综合学派和生态学观点运用在女性受虐问题上，社会工作及相关社会系统介入的具体目标应是：① 修正非功能性的个人互动关系，如受虐者与施虐者的关系。② 增加受虐者个人与环境的互动，包括和非正式系统与正式系统的互动，以为受虐女性提供有效和可行的服务。③ 增加受虐女性个人和环境的资源。④ 解除受虐女性生活中的障碍，并且倡导改变不合理的组织或系统。⑤ 改正施虐者对施虐行为的错误认知，并根治其暴力行为。⑥ 除了受虐女性外，目睹暴力的儿童也是治疗对象，缓解其害怕的情绪，教导其对暴力行为形成正确认知。

为了达到预防与治疗的目标，社会工作实务应当介入非正式社会支持系统与正式社会支持系统中，包括法院、警察、医疗、社会服务系统，案主家人、亲戚、邻居、朋友与社区等。社会工作者是这些系统中主要的调节者与系统合作的催化者，引导和调整这些系统的合作，以共同解决女性受虐问题，详见图 16－19。

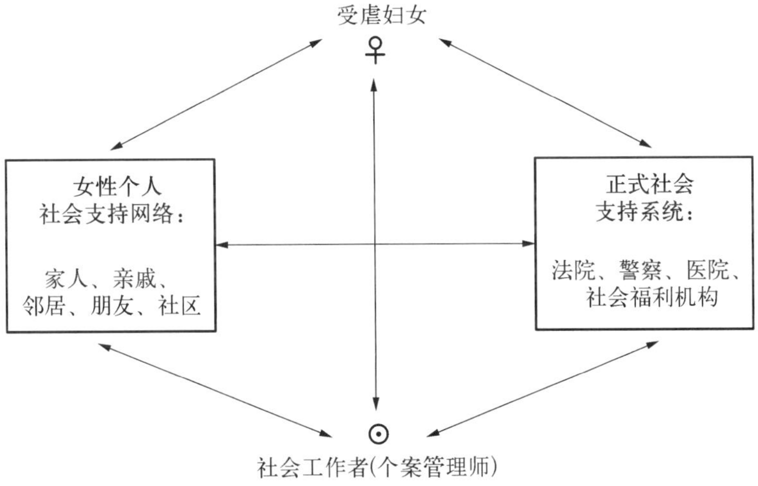

图 16－19　社会工作者角色与社会支持系统网络

（资料来源：周月清，1995）

综上所述，针对受虐女性需要而设计的服务方案必须考虑到安全与照顾，为女性和小孩提供安全隐秘的庇护中心、公平的法治系统、紧急的医疗服务系统、即时行动的警察与社会服务系统，加强职业保护、就业辅导训练，并建立支持性的社区支持系统。

四、中国家庭工作和思考

目前在中国的家庭服务领域中以下一些机构可以提供服务：一是各级妇联组织；二是以街道党工委和办事处为主的社区管理部门；三是医务界、心理学界和教育界主办的各类家庭婚姻咨询服务或心理辅导工作对求助家庭予以积极的引导和介入，并且在服务中力图体现社会工作的价值原则。

目前中国的家庭工作大致有几个特点：第一，非专业化和专业化并存，但是以非专业化家庭工作占主导地位。第二，在非专业化家庭工作中，政治性任务压倒服务性任务。第三，服务的思维和方法仍然受限于传统的思维模式，缺乏对社会变迁背景下家庭变化的洞察。正因为如此，我们可以看到传统的家庭工作仍然注重说教和灌输，仍然间接地“压迫”家庭中的女性，服务者与服务对象之间仍然是一种不平等的关系，这一切都和社会工作的价值与原则相抵触。

随着经济发展和社会转型，当今中国的家庭结构、功能、关系发生了变化，家庭成员的观念和地位以及家庭对外沟通的方式也在变化之中，这一切变化无疑将为专业的家庭社会工作的引入开辟广阔的空间。2022 年，教育部等十二部门共同颁布了《关于指导推进家庭教育的五年规划（2021—2025 年）》，把构建覆盖城乡的家庭教育指导服务体系、健全学校家庭社会协同育人机制、促进儿童健康成长确立为今后一个时期家庭教育发展的根本目标，推动“十四五”时期家庭教育高质量发展。

小　结

从家庭社会工作的定义可以看出，对家庭成员个人问题的解决和家庭整体需要的介入是并重的。家庭社会工作的服务内容可以有不同的分类，但比较常见的有以下三类：临床式服务与具体式服务；按家庭问题区分服务内容；以儿童福利为取向的服务内容。

社会工作者将家庭发展理论、系统理论、家庭生态理论、社会冲突理论等理论广泛地运用到家庭社会工作实务领域中，用以指导家庭服务的开展和深入。许多社会工作的实务模式，如心理社会治疗模式、理性情绪治疗模式、家庭治疗模式以及个案工作、小组工作和社区工作的手法也被广泛地运用到家庭领域里，以改善家庭内的亲子关系、夫妇关系及其他家庭问题，为婚姻暴力中的受害者提供有效的帮助。

参考文献

[1] 马丽庄. 青少年与家庭治疗[M]. 台北：五南图书出版公司，2001.

[2] 周月清. 家庭社会工作[M]. 台北：五南图书出版公司，2001.

[3] ERIKSON E H. Childbood and society：2nd ed[M]. New York：Norton，1963.

[4] DUVALL E M，MILLER B C. Stage-critical family development tasks[M]//Marriage and family development(6th ed). New York：Harper & Row，1985.

[5] PINCUS A，MINAHAN A. Social work practice：model and method[M]. Itasca，IL：Peacock，1973.

[6] MINUCHIN S. Families & family therapy[M]. Cambridge：Harvard University Press，1974.

[7] HOLMAN A. Family assessment：tools for understanding and intervention[M]. Beverly Hills，Calif：Sage，1983.

[8] HOOK N，PAOLUCCI B. The family as an ecosystem[J]. Journal of Home Economics，1970，

62(5), 315 - 318.
[9] 玛丽·埃伦·里士满. 社会诊断[M]. 刘振,译. 上海: 华东理工大学出版社,2018.
[10] HAMILTON G. Basic concepts in social case work[J]. The Family, 1937, 18(5): 147 - 156.
[11] HOLLIS F. Casework: a psychosocial therapy[M]. New York: Random House, 1964.
[12] TURNER F J. Theory and social work treatment[M]//Turner F J (ed). Social Work Treatment: Interlocking Theoretical Approaches. Oxford: Oxford University Press, 2011.
[13] 阿尔伯特·艾利斯. 理性情绪行为疗法[M]. 郭建,叶建国,郭本禹,译. 重庆: 重庆大学出版社,2015.
[14] 高刘宝慈,区泽光,黄陈碧苑,等. 个案工作[M]. 香港: 香港集贤社,1988.
[15] 周月清. 婚姻暴力[M]. 台北: 巨流图书公司,1995.

案例　听障母亲教养效能感提升的个案工作介入

李玉芹

一、个案及其家庭基本情况

（一）个案情况

案主听力为一级残疾，配有助听器，对于较大的声音能听到一点点，身体其他状况良好。案主系特殊教育学校毕业，性格较为开朗，对人比较热情，对待事情也比较乐观，有自己的朋友，闲暇时也会和朋友一起聚会玩耍，情绪状态较为稳定，很少与他人发生冲突。在个人能力方面，案主的学习能力很强，也愿意接受新事物。她喜欢植物，目前自己在种植多肉。

在工作方面，案主目前在一间咖啡厅上班，工作时间为早上9点到晚上7点，一周休息一天，工作强度适中，因为咖啡馆中有的员工也是听障人士，所以可以很好地与同事交流，与同事相处比较愉快，可以很好地胜任工作。在社区活动方面，该社区为动迁社区，社区中居民也为原先一同居住的邻居，邻里关系较好，但是案主很少参加社区活动，也较少在社区中与其他邻居聊天、共同玩耍。案主和听障朋友的联系较为密切，朋友多是在特殊教育学校一起上学的听障人士，且他们中很多朋友互相认识，关系较好，会一同出去游玩或者走访做客。但是提到孩子的教养，案主会比较手足无措，不知道该如何与儿子相处，在会谈中也说道："像我这样，我又该如何照养我的孩子呢？我给不了我的孩子幸福，我的母亲就不应该生下我，我也不应该生下我的儿子啊！"

（二）家庭基本情况

案主一家5口人，是比较典型的扩大了的家庭，其家庭的基本情况详见表16－案－1。

丈夫朱爸爸35岁，目前在木材厂上班，听力为一级残疾，接受过特殊学校教育。儿子朱小宝10岁，读小学四年级，身体健康，手语能力欠佳，学习成绩在班内处于中等水平，数学成绩较好，语文和英语成绩一般，性格较为内向，在班级有3名较为亲密的朋友。周末他参加街舞培训班，没有其他特别的兴趣爱好，周末的时间基本上在家里看电视和打游戏。公公朱爷爷，58 岁，身体状况良好，退休后目前兼职做保安，很少回来。婆婆朱奶奶，57 岁，身体状况良好，目前在家里照顾孩子。案主现与公婆、儿子、丈夫住在一起，根据前期对于家庭成员关系的了解，图 16 –案– 1 呈现了案主的家庭结构图。

表 16 –案– 1　家庭成员基本情况表

家庭成员	年龄/岁	文化程度	职　业	健康状况
案　主	34	特殊教育学校	咖啡店员工	听力残疾一级
朱爸爸	35	特殊教育学校	木材厂员工	听力残疾一级
朱小宝	10	小学四年级	学生	良好
朱奶奶	57	小学	退休	良好
朱爷爷	58	小学	保安	良好

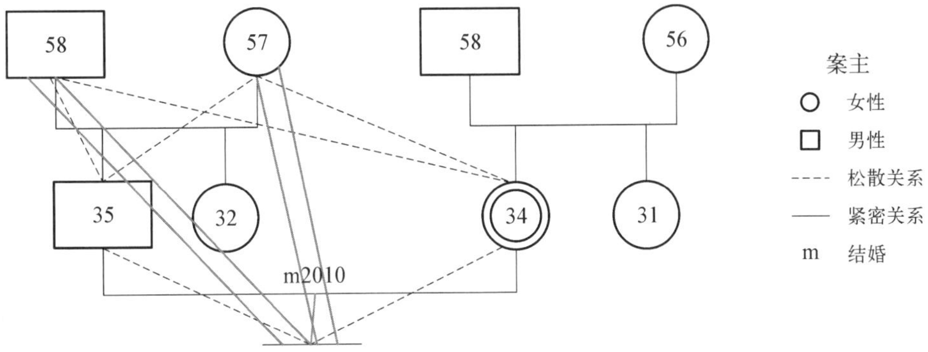

图 16 –案– 1　案主的家庭结构

案主和丈夫两个人是在特殊学校里上学时认识的。两个人从校园相识、相恋，她在 22 岁时与丈夫结婚，两个人的关系一直较好，丈夫也比较理解、包容她。因为公公平时上班，偶尔回来一趟，而且公公对于家中事情管得较少，所以案主和公公的关系较为疏离，婆婆负责照顾家庭成员的日常起居，但是两个人的日常沟通也较少。而小宝与爷爷、奶奶的关系较为紧密，因为小宝从出生之后便由爷爷奶奶照顾着。相反，小宝与案主及其丈夫的关系较为松散，因为孩子在学龄前期才开始和父母相处，并且手语水平不佳，无法顺畅地与案主和丈夫进行交流。

（三）孩子养育情况

案主在结婚后的一年中自身没有想要孩子的打算，但是双方父母一直催促她要个小孩，说这样等到案主和丈夫老了之后可以有人照顾，并且承诺孩子生下来案主不用管，父母会帮其照顾，案主可以继续上班。在家庭长辈的不断催促下，案主和丈夫开始了备孕。在怀孕期间，案主的整体心态较好，感受到孕育生命的新奇和伟大，但同时也担心孩子生下来会不会存在听力障碍的问题。在儿子出生的时候，案主因为缺乏孕育知识，并不了解生孩子的疼痛，所以在生产阶段是极其痛苦的。在孩子出生后，她发现儿子可以正常听到外面的声音，加上孩子非常可爱，也没有亲身照顾的焦虑和紧张，案主在这一阶段是比较开心的。在孩子出生3个月之后，案主便回到了工作岗位，只是每天晚上下班回到家看看孩子，和孩子的关系不那么亲密，而是回到了平静期。但是，随着孩子慢慢长大，开始上学，案主出现了较多烦恼，不仅为孩子的学业成绩烦恼，也为与孩子的日常相处烦恼。

在养育方式方面，案主比较重视小宝物质的满足而轻视精神的交流，小宝养育责任由朱奶奶承担。对于小宝想要的玩具，家庭成员会尽全力满足，家里面有间房间是专门用来放小宝的乐高玩具和零食的，但是家庭成员都对孩子的学习成绩比较着急。此外，家庭中的情感互动交流较少，家庭成员在工作日只有晚上全部在家，餐桌上吃饭是不许讲话的，吃完饭孩子便回到自己的房间，玩玩具后就开始睡觉。在休息日，小宝也是自己在客厅里看电视，丈夫在家玩手机，案主在阳台上养花。该家庭拥有自己特定的交流行为，交流的工具是通过手语、纸本书写、手机打字来完成的。由于案主自身的童年经历，遭受过其他小朋友的冷落乃至欺凌，因此对于孩子的社交情况极其关注，总是担心自己的孩子受到别人的欺凌，对于孩子和他人之间的正常拌嘴行为也极为关注。

二、案主的问题诊断与分析

（一）听障母亲养育权被削弱，教养参与不足

案主在怀孕前，家中的长辈便承诺孩子生出来后由他们教养。在孩子出生之后，由于案主无法听到孩子的哭声，也无法和孩子对话，因而孩子实际上由奶奶养育。因为担心母乳喂养会影响孩子的健康，所以祖辈也拒绝案主用母乳喂养孩子。虽然案主拥有教养意愿，但是实际教养参与较少。案主尝试带领孩子就医，但是难以与医生用手语沟通，而且医生因病人较多也没有足够的时间打字，案主家人便劝说以后由他们带领孩子就医，于是案主放弃了带领孩子就医。案主虽然对于家中祖辈的某些教养行为并不赞成，但由于没有办法和他们进行沟通，同时不愿意与家人发生争执，因而放弃了表达自身的看法和意愿，孩子的教养参与逐步减少。

> 案主：作为母亲，我当然愿意来抚养自己的孩子啊，但是我没办法，孩子小的时候我听不见声音，没有办法带他。后来我想尝试着去带孩子，但是那个时候手机微信并没有现在这么发达，公公婆婆也看不懂手语，我没有办法去表达我的意愿，而且带孩子就医、上学确实不方便，后来我自己也就慢慢放弃了。

（二）听障母亲自身教养效能感低，养育技能不足

在面谈过程中，为了更加清楚地了解案主的教养效能感的情况，社会工作者让其填写了“父母教养自我效能感量表”，结果如表16－案－2所示。

表16－案－2　案主教养效能感前测情况　　单位：分

维　　度	总得分	满　分
行为指导和管束效能感	24	44
学习辅导效能感	12	28
健康安全促进效能感	10	12
情感关怀效能感	8	16
情绪管理效能感	7	16
社会活动指导效能感	10	12
合计	71	128

数据来源：根据参与者填写的测量量表结果整理。

从前测结果来看，案主总体的教养效能水平较低。量表总分为128分，而案主的总得分为71分，约占总分的55%，案主的总体分数为不合格。同时，案主的平均分为2.3分，2分为对自身的教养能力不自信，案主刚刚超过2分，所以处于不自信的状态。

从具体的教养效能来看，案主的学习辅导效能感得分为12分，约占该项目总分的43%，处于不自信的水平；行为指导和管束效能感得分为24分，约占该项目总分的55%；情感关怀效能感、情绪管理效能感分别为8分、7分，分别占总分的50%、44%（约），也处于不自信的状态；在健康安全促进效能感和社会活动指导效能感方面，满分均为12分，而案主的分数均达到了10分，处于自信与非常自信之间。由于这两个效能感本身水平较高，因此社会工作者在后期社会工作干预和服务中便不予介入，而只是对学习辅导、情感关怀、情绪管理、行为指导和管束四类效能感进行干预。

（三）亲子互动意愿强，但沟通不畅

孩子渴望妈妈的陪伴，渴望得到妈妈的重视，妈妈也希望更加了解孩子，走进孩子的内心世界。案主与孩子都渴望增加交流互动，从而建立良好的亲子关系，营造和谐友爱的家庭氛围。但是由于孩子的手语水平欠佳，无法了解案主想要表达的意思，案主之前也较少参与辅导，因而也弄不清孩子在说什么，案主与孩子的沟通时间少且质量不高。

朱小宝：我觉得自己挺孤单的，我同学的妈妈可以陪他一起拼积木，他妈妈每天来接他的时候他们都一直在聊天，我觉得他很开心。但是我每天在家里，我们家是没有人

说话的，特别安静，我就只能自己看电视。我也希望我的爸爸妈妈可以陪我一起做游戏，也希望他们能够多陪陪我。

案主：其实我也想和孩子沟通啊。他现在有事情也不告诉我，都憋在心里。我小时候父母不会手语，我没法和他们沟通，我也什么都在憋心里，我知道这很难过的。但是他的手语不好，我打手语很多时候他看不懂，他说话我也听不见，我也不知道该怎么办。

（四）服务对象资源与优势分析

1. 服务对象的资源

服务对象的资源不仅包括个人系统、家庭，还包括宏观的社会系统。对于案主来说，经过特殊教育学校学习，其中较多的同学和好朋友是案主可以寻求帮助和支持的对象。案主为上海本地人，拥有自己的朋友圈，也有地方倾诉。案主整体的家庭氛围较为和谐，丈夫、儿子等都可以为案主提供帮助和支持。朱小宝的姑姑为助残员，会一些手语，对于相应的政策和聋人文化也较为了解，是可以利用的资源；案主的妹妹也是听障人士，两人关系较好。在社会层面，案主居住地为动迁小区，邻里关系较为和谐，案主可以寻求小区居委会和邻居的帮助，同时案主是残障人士，可以寻求残疾人联合会的帮助。

2. 服务对象的优势

第一，案主经历过特殊教育的学习，拥有学习和融入社会的能力，自身的学习能力较强，同时自己拥有改变的意愿，对于亲身教养孩子的意愿较为强烈，也愿意接受社会工作服务。第二，拥有良好的家庭支持系统，案主的儿子也期望能和母亲一起生活，丈夫也愿意陪伴案主共同教养儿子。第三，不用忧虑经济状况，案主和丈夫虽然从事体力劳动，但是工作较为稳定，同时拥有政府的困境儿童和残疾人士补贴，因此案主不用为生活发愁，拥有时间和精力来亲自教养孩子。

（五）案主自身和环境不利因素分析

1. 个人层面：个人缺乏替代性经验和亲历性经验

听障父母与一般父母的教养效能不同，后者大都源于教养方法和教养知识，而听障父母没有办法参与到教养行为中，更无法通过教养实践来提高教养效能，以至于缺乏养育技能。听障父母在自己的成长历程中，认为自己总会受到别人的排斥，也感到十分孤单，他们的这些情感和经历也在一定程度上影响着他们扮演好父母角色（Harris R，1981）。听障母亲与原生家庭的相处模式同样影响到其与孩子的相处，因为他们中大部分人的父母为健听人士，并且由于现实条件的限制，并不会使用手语，在其和原生家庭的相处中沟通交流较少，这也使其习惯于用原有的相处模式来对待孩子。

因健听人士的原生家庭并不会使用手语，听障人士没能在家中通过观察习得相应的育儿知识和技巧，缺乏替代性经验（Kornblum H and Anderson B J, 1985）。案主本身对于与怀孕分娩相关的知识和如何照养孩子方面的信息了解较少，自身也缺乏做母亲的准备，只是在家人的催促下才做出怀孕生子的决定。而家中长辈承诺并完全承担抚育孩子的责任，这又使得案主缺乏亲历性经验。直至孩子长大临近青春期，案主作为母亲想要教养孩子，由此不可避免出现一系列问题。

2. 家庭层面：家人不良的言语劝说

对于出生在健听人士家庭中的听障人士来说，家庭成员对于他们的态度也将影响着他们的自我认知，通过对于家庭成员的消极的态度或者行为的感知，他们也会感受到自己的某些行为是不被这个家庭所认可和接受的。案主在怀孕前期，家庭成员便告诉她，"孩子生下来不需要你来抚养，而且你也没能力抚养孩子，你都没办法听到孩子说话，你是没法沟通的"；在和孩子相处的过程中发生争执时，家人也总是告诉她，"你还是别管了，我来吧"；在案主抚育孩子遇到困难的时候，身边人总是在告诉她，说她不能胜任此事。如此反复的不良言语劝说，使案主对于自己的抚育能力也失去了信心，在抚养孩子方面付出得越来越少。

3. 社会层面：来自社会他人的消极态度

大多数生活在听障家庭中的健听儿童也都认为，在与听障父母相处的过程中存在一些不可避免的障碍，造成这种情况的原因除了来自其父母、家庭成员外，来自社会的原因也极为重要（Preston P M, 1995）。例如，他们在公共场合使用手语，往往会感受到来自他人的异样眼光，因而他们更加不愿意在公共场所使用手语。在案主的听障人士朋友圈里，很多听障人士和案主面临着同样的问题，他们的孩子也大多由祖辈哺育，案主的朋友也这么劝说她。社会公众对于听障人士存在一种普遍认知，认为他们无法克服言语的障碍，不具有抚养孩子的能力。因此，社会的刻板印象会影响他们的自我认知和养育信心，而他们也会内化这种影响，从而否定自身的育儿能力，进而影响教养效能感。

三、个案介入的理论基础

自我效能感理论最早由学者班杜拉等（1991）提出。他提出的定义是：人们自身所拥有的自信度，对自己能力、水平的最终判断。笔者认为，自我效能是指人们对成功达到特定目标的过程中所需能力的预期、感知、信心或信念。自我效能感通常被认为与特定任务、特定领域相联系。特定任务效能感是指人们对自身完成某项特定任务或工作行为的能力信念。特定领域效能感则是指人们对自身在某个活动领域中所具有的相关能力或能够在该领域中所取得的成就水平的评价。

班杜拉认为，自我效能有四个信息来源：一是作为能力指标的亲历性经验，即个体通过自己的亲历行为而获得的关于自身能力的直接经验，这也是最有影响力的效能信息源。二是替代性经验，即个体通过观察示范行为，经由观察模仿和象征模仿获得的替代性经验对自我效能的形成也有很大影响。三是言语劝说，即人的说服性鼓励、建议、告诫以及他人的积极暗示，是增强个体能力信念的一种手段。不脱离实际的言语劝说可以使个体对自己已有的能力产生积极的信念。四是生理唤醒，即良好的生理和情绪状态能提升个体自我效能水平，特别是在包含身体运动、健康机能和应付应激的活动领域中，自我效能判断与躯体信息、情绪体验密切相关。

听障父母的教养效能感干预计划的设计与自我效能理论保持一致，主要是从自我效能的信息来源入手，通过帮助听障父母增加亲历性经验和替代性经验，提高言语劝说、生理唤醒能力来增强父母的教养效能感。

四、目标及方案设计

（一）介入目标

1. 总目标

社会工作者通过对服务对象个案的工作介入来增强其养育孩子的信心和教养效能感，强化其对自身的认同，从而增进亲子互动，促进家庭和谐。

2. 具体目标

第一，帮助案主重新认识自己，接纳自己，通过协助案主改变对自身养育能力的看法和态度，增强自我信心，发掘自身潜能，形成积极的教养态度。

第二，学习亲子沟通的方法和技巧，正确看待与孩子相处时的障碍，形成良好的沟通方式，尊重、理解孩子，倾听孩子的心声，并且感知孩子的情绪变化并及时给予回应。

第三，学习心理调适和情绪管理的技巧，通过个案服务的开展来协助案主释放自身情绪，了解压力的来源和不良情绪对于生活的影响，学习情绪控制的技巧，以便于更好地控制自身情绪。

（二）干预方案设计

社会工作者通过对前期问题的诊断和分析，发现对于听障母亲的教养效能感的干预主要从个体和家庭两个角度入手：在家庭方面，着力改善养育环境，祖辈让渡部分教养权，肯定案主亲身养育子女的积极意义，并且增强家人对于案主承担养育职责的信心；在个体方面，首先增强案主的养育信心，继而增强案主的情感关怀效能感、情绪管理效能感、行为指导和管束效能感、学习辅导效能感等，从而增强案主的教养效能感。具体的干预方案如表16－案－3所示。

表 16-案-3　个案干预方案

干预角度	干预目标	方法路径	具体内容
家庭养育环境干预	增进家庭沟通与情感联结，增强听障母亲母职意识，祖辈让渡部分教养权	召开家庭会议、与家庭成员个别面谈、言语劝说	澄清养育意愿，肯定案主养育的积极意义； 奶奶让渡部分教养权
听障母亲养育教养效能感干预	增强养育信心	生理唤醒、间接经验	改变对于养育困难的归因，将其正常化； 观看其他听障母亲成功养育子女的视频
	增强情感关怀效能感	直接经验	建立多元化的沟通渠道； 召开家庭会议，举办家庭活动，增强情感互动
	增强情绪管理效能感	直接经验	引导案主表达积极情绪、控制消极情绪； 情境再现争吵事件，学会解决冲突
	增强行为指导和管束效能感	直接经验、间接经验	示例示范，建立规则； 角色扮演，行为管束
	增强学习辅导效能感	间接经验、直接经验	引荐其他听障父母，让听障母亲学习对于孩子的学习管理技巧； 培养孩子的学习习惯

五、听障母亲教养效能感干预过程

社会工作者与案主共同制定个案服务方案，在此基础上，开始关注该个案。为了保证干预的效果，社会工作者接受社会工作专业督导，并且考虑到服务对象为听障人士，因而采取线下手语与线上微信聊天软件相结合的服务方式，以此保障服务的顺利开展。

（一）收集个案资料，建立信任关系

在第一阶段，社会工作者主要是为了和案主建立关系，收集个案资料。社会工作者通过作业辅导的形式进入家庭，然后通过寻找儿童的兴趣点走进儿童的内心，通过和儿童建立良好的关系来与该家庭建立关系，并且通过自身学习手语的方式获取案主的信任，为接下来的干预奠定基础。

1. 第 1 次到第 2 次服务：课业辅导进入家庭，寻找兴趣点

社会工作者在初次家庭探访与家庭商议后，每周为小宝提供一次课业辅导，进入家庭，与该家庭建立关系。由于该儿童属于困境儿童且性格比较内向，课业辅导的方式没有让社

会工作者真正地走进儿童的内心，打开儿童的心扉。社会工作者便开始寻求儿童的兴趣点，从儿童的兴趣出发。

社会工作者：你平时喜欢做什么啊？

朱小宝：就是看电影和打游戏。

社会工作者：那你喜欢看什么内容的电影啊？你最近看的一部电影是什么？

朱小宝：我昨天刚看了一部电影，是外国的，我忘记名字了，里面有怪兽，就是一群人最后把怪兽打倒了，真的好厉害！

社会工作者：哦，是什么样的怪兽啊？

朱小宝：那个怪兽好丑，是绿色的，身上有好多斑点那种，像青蛙。

社会工作者：那人们最后是怎么把它打倒的呢？

小宝：刚开始时几个人打它，都受伤了，后来他们想了个办法，设计了一个陷阱，那个怪兽掉到陷阱里，然后才被抓住。他们那个陷阱设置得可复杂了，好聪明的。

社会工作者：看你很喜欢这部电影，我觉得肯定很好看。那你最近还有什么想要看的电影吗？我们可以一起看啊，这样的话我们还可以一起讨论。

朱小宝：你怎么和我一起看啊？你又不在我家。

社会工作者：你可以告诉我电影的名字，我们可以分别看，然后下次我来的时候我们就可以一起分享了啊。

朱小宝：好的，那你要说到做到，一定要看啊！那我来电视上看一下有没有什么好看的，我选择一个然后告诉你看什么。

社会工作者：好的，那你选择好了告诉我就可以啦，我会看的。放心吧，我肯定说到做到，不会食言的，下周你来监督我。

社会工作者在这次服务中，找到小宝的兴趣点，与小宝约定每周看一部电影。他们在周末进行家庭会谈，社会工作者会询问小宝上周看完电影的感受，鼓励和引导小宝把整部电影的内容讲出来，以此锻炼小宝的表达能力，也增强家庭成员对于社会工作者的信心，方便社会工作者更好地和家庭中的其他成员建立关系。

2. 第3次到第4次服务：收集资料，进一步完善预估

这一阶段的任务主要是完成资料的收集和问题与需求的预估。社会工作者首先对案主的教养效能感进行量表前测，并且通过对小宝、奶奶、案主分别访谈，了解孩子的养育历程、奶奶在家庭养育中扮演的角色和提供的支持、家庭中目前的亲子关系和情感互动等相关情况，从多个角度了解案主的信息，进行问题诊断并分析影响教养效能感的因素。

社会工作者：小宝，你目前和妈妈相处得怎么样？

朱小宝：我妈妈除了平时上班外，就是在家照顾她的花，基本上是在阳台上度过的。在家里就是我自己玩，看看电视，打打游戏，也没有人陪我玩，挺无聊的。我希望妈妈能够多陪陪我，陪我一起玩。

社会工作者：朱奶奶，您能介绍一下目前咱们家庭对于孩子的养育情况吗？

朱奶奶：可以啊。孩子基本上是我来带的。带这个孩子还是挺累的，他小时候就不愿意在房间里待，只要待在房间里就哭，我就抱着他到楼下来回走，大夏天也是这样，这要是放在现在，我的身体根本受不了。

社会工作者：案主，你能够说一下对于孩子的整个养育历程吗？

案主：孩子基本上是由奶奶来带的，因为孩子喝奶粉，也不用哺乳嘛，我生完孩子几个月就去上班了，每天下班回来后到我妈房间去看看他。

以上为节选的部分面谈内容，通过和案主及其家人的分别晤谈，社会工作者进一步全面地收集资料并对案主的问题进行更深入的预估。此外，为了和案主建立相互信任的关系，也方便和案主进行沟通和交流，社会工作者也通过网络的手语教学课程和学校的手语选修课程学习了手语。在后续的会谈中，社会工作者主动使用手语并询问和请教案主，案主对此十分开心。

案主：你们真的太用心了，我真是没想到你会因为我去学习手语，我让儿子学习手语，他都不太情愿，这件事真的是太让我感动了。有你们的陪伴，我非常开心。有时候我自己确实挺无助的，每周你都会来，还会在微信上询问我这一周和儿子相处得怎么样，这是我第一次感受到来自别人的温暖。

（二）干预家庭养育环境，获取养育权利

根据前期问题的诊断，社会工作者发现造成案主的教养效能感低的重要原因是外部环境给予的不良的言语劝说，尤其是家庭祖辈认为案主缺乏胜任母职角色的能力，而不让其过多参与孩子的抚养，所以首先要从家庭出发，改善家庭的养育环境。这一阶段的干预方向主要是让渡部分教养权、增强案主自身的信心、鼓励家庭成员对案主的积极反馈等。

1. 第5次服务：澄清听障母亲养育意愿，奶奶让渡部分教养权

在这一服务中，社会工作者首先通过家庭会谈，了解案主自身的养育意愿和孩子的意愿，并将这些意愿反馈给奶奶；其次肯定父母对于孩子成长的积极意义，以使奶奶让渡部分教养权给妈妈。

案主：我还是想亲自抚养孩子的。小宝现在也长大了，他现在说话口语也没有问题。我觉得我可以养育孩子，而且我也怕长大之后孩子和我就不亲近了。

朱小宝：爷爷奶奶爸爸妈妈，我都想跟他们在一起，平常都是和爷爷奶奶在一起，我也习惯了，所以和爷爷奶奶是可以继续在一起的。但是别的小孩都有爸妈的陪伴，是爸妈接送上学和出去玩，我也想让爸爸妈妈带我一起出去玩，我想让他们多陪陪我。

从上述对话中社会工作者看到，案主想要自己教养孩子，孩子也渴望妈妈的陪伴，于是社会工作者召开了家庭会议，向奶奶说明了他们的意愿。

朱奶奶：孩子目前是我来带的，我不带的话谁可以带呢？那她妈妈不会说话怎么带孩子啊？小宝和她也不好沟通，小宝连可以说话的人都没有，那肯定是不行的。并且小宝从出生到现在一直以来都是我在带着的，小宝跟我已经习惯了，如果由他妈妈来带，小宝也不一定能够很快适应的。

社会工作者：朱奶奶，您的顾虑我也能够理解，其实案主是想要自己照顾孩子的，而且孩子也渴望父母的陪伴。朱奶奶，父母对于孩子的成长具有重要的意义，抚育孩子是做父母的应尽的责任，如果您不放心孩子完全由爸妈抚养，那么我们现在是否可以尝试着将部分抚养权交给案主？其他部分可以由您继续负责，孩子和您肯定还是亲近的。

案主：我觉得可以，因为我平常上班，孩子上学接送我都没办法参与，还得小宝奶奶继续帮忙。孩子上学后，学习行为习惯就十分重要了，但是现在他身上有一些不好的习惯，我想看看能不能帮着孩子改变。

朱奶奶：孩子生活起居我来管，这没有问题，因为家里就我一个人有时间，他们也都得上班。小宝现在学习成绩确实不太好，我也管不了，她妈妈能管好，那当然可以了。

社会工作者：其实，我们在开展服务的过程中也遇到过一些听力障碍的妈妈，其中有一些妈妈就是自己来哺育孩子的，而且她们和孩子相处得不错，日常的沟通和交流没有问题。我相信，案主也可以做好。

社会工作者通过家庭会谈与家庭中祖辈讨论教养孩子的看法，并且以身边的听障妈妈为例，帮助他们相信听障人士也拥有抚育孩子的能力，使朱奶奶答应由案主来教养孩子，她也认识到良好的亲子关系可以促进孩子的成长和发展。同时，抚育孩子也是父母的责任，案主只是存在听力障碍,但是在不断努力之下是完全可以胜任的。在社会工作者的努力下,奶奶同意尝试着由案主来负责孩子的学习行为习惯的培养,奶奶负责帮忙照顾孩子的日常生活。

2. 第6次服务:优点“轰炸”,增强听障母亲的养育信心

在这次服务中,社会工作者带领家人对听障母亲进行优点“大轰炸”,发现案主的优点,也让家庭成员学会欣赏和接纳案主,建立对案主的信心。同时,这次服务还要推动案主从此建立自信心,更加接纳和肯定自己。

社会工作者:今天我们一起来举行一个活动,叫优点“大轰炸”,大家可以畅所欲言,表达对案主的评价。

朱奶奶:小梁平时学习能力很强,学什么会什么,她从刚工作时开始,学过做咖啡,还学过做奶茶,现在学习养花,她每样都学习得很快而且做得很好。

朱小宝:妈妈胆量很大,我和妈妈一起玩过蹦床,我都快被吓死了,但是妈妈一点儿也不害怕,她还睁着眼睛看。

朱爷爷:很好相处,待人很真诚,邻居们也都夸她非常爱笑,对待事情也比较乐观,和家里亲戚朋友关系都相处得很好。

朱爸爸:老婆还是很温柔的,我们在一起这么多年,她很少发脾气,也很体谅我在木材厂上班很累,家里她收拾得很干净,每天都会扫地拖地,把东西整理一遍。

社会工作者:哇,看出来案主拥有的优点很多,学习能力很强、胆量大、好相处、温柔、爱干净等,案主你听到这些有什么想法吗?你觉得这些是你的特点吗?

案主:我都不好意思了,我自己都没想到有这么多优点。自己在做这些事情时确实没想到这些优点,就是觉得应该做的。我很开心!

在家庭成员一一说完案主的优点之后,社会工作者对家庭成员也进行了引导,引导他们看到案主的优点,从而相信案主的个人能力,增强对案主的信心,同时也增强案主对自身的信心。

社会工作者:其实,大家对于案主的描述,案主是挺认同的,案主在我眼中也是学习能力很强、乐观积极、笑容十分感染人的女性。案主在平时其实也会学习和孩子沟通的技巧,我每次发给案主的文章和视频,她都仔细看了,而且每次也都给我反馈。我相信,通过案主的努力,肯定能够和小宝好好相处,形成自己教养孩子的方式。

3. 第 7 次服务：鼓励家人多使用积极的言语劝说

家庭成员对案主的教养行为的反馈在很大程度上影响了案主的养育信心。因此，在这节的服务中，社会工作者主要通过单独面谈的方式，鼓励家人不仅要给予案主更多的理解和支持，而且要对案主的日常表现给予积极的反馈，多使用“你真棒”“你辛苦了”这样的正向语言，少用“你不可以”“算了吧”这样的负向语言。

朱小宝：能和爸爸妈妈建立比较好的关系，我当然是愿意的。爸妈可以带我出去玩，比如我喜欢卡丁车，有些东西奶奶没有办法带我去玩，但是妈妈可以带我去。每年我过生日时，妈妈都会给我买玩具，还会给我买零食。

社会工作者：能看到你比较愿意和妈妈相处，我很欣慰。但是，妈妈也是第一次做妈妈，很多时候可能妈妈处理问题也没那么完美。妈妈做得好的时候，我们多表扬她，做得不好的地方，我们多鼓励她，告诉她“没关系”。

朱小宝：好的啊，我多包容包容她。

朱爸爸：对于妻子，我还是蛮了解的，孩子我当然也希望由我们自己抚养，但是之前没办法。我们俩的情况你也知道，如果小宝现在愿意慢慢由我们自己来抚养，我肯定无条件支持的。

社会工作者：您对于妻子的支持绝对会成为她育儿道路上的最大支持和动力，也希望您能和她共同抚育孩子。案主也十分需要您的鼓励，在她遇到困难的时候，你能多鼓励她不要放弃，已经很棒啦。我相信，案主肯定更有动力。

朱爸爸：加油的事情我在行啊，这个没问题的。

父亲参与到家庭教养的环节中，不仅可以增强家庭中母亲的教养效能感，减轻母亲的育儿压力，同时还可以促进儿童的社会性发展（李晓巍、魏晓宇，2017），所以争取家庭中的父亲的支持至关重要。社会工作者通过和孩子及其爸爸的面谈，激发他们愿意陪着案主一起改变的积极性，在案主遇到困难的时候给予案主更多理解、鼓励和支持，由此增强了案主的家庭支持网络。

（三）教养效能感干预，提升听障母亲育儿效能

这一阶段系本个案服务的重点。首先改变案主对母职角色的认知，让案主相信自身具有养育子女的能力，为接下来具体效能感的干预奠定基础。其次从影响自我效能感的四个来源（言语劝说，替代性经验、生理唤醒、亲历性经验）入手，具体干预案主的行为指导和管束效能感、学习辅导效能感、情感关怀效能感和情绪管理效能感。

1. 第 8 次服务：改变问题归因，正常化看待养育困难

“我是没法给我儿子幸福的，是我对不起他，我的妈妈不应该生下我，我也不应该生下我

的儿子”,这是最初阶段面谈时案主经常说的一句话。显然,案主对于养育的态度影响着其养育行为。因此,在提升养育技能之前,案主先要增强自信心。案主认为,养育困难是因为自身的残疾,无疑这一阶段的干预方向是,首先通过改变案主对问题的归因,然后通过相关信息的传播与学习,增强案主自身养育的自信心。

归因方式是人们对于某件事情的发生所做出的原因解释。案主在育儿事件上将一切问题归因于自身障碍并认为无法克服它。社会工作者对于案主的归因方式进行纠正,帮助她正确地看待育儿过程中出现的问题。

案主:像我这样,我该怎么养育我的儿子?我对不起我的儿子,我的残疾使我无法给我的儿子幸福,我这样是没有办法和孩子相处的。

社会工作者:我很能理解您,每个人在第一次为人母或为人父时都会不可避免地出现困难,即使是身体健康的母亲在养育孩子的过程中也会存在很多困难的,这不全是身体的原因啊!

案主:但是如果我能听到的话,就不会存在这些问题了啊!

社会工作者:其实,也有很多听障的妈妈依然和孩子相处得很好,也将孩子教育得很好,她们的孩子最后也都取得了较好的成绩。如果我们因为身体的障碍,觉得出现问题就无可奈何了,那么我们和孩子之间的矛盾会一直存在啊。我相信,这些问题都是可以通过努力来克服的。而且您也有您的独特之处啊,这种经历可能还会对孩子有特殊的帮助的,是普通的家庭所没有的。

除了改变育儿问题的归因外,社会工作者还努力改变案主对于孩子行为的归因。案主认为,孩子在家里调皮都是故意挑战、惹怒自己,孩子不心疼自己,从而觉得十分气馁和伤心。因此,社会工作者在面谈时试图将孩子的行为正常化,以帮助案主正确、平静地看待养育问题。

案主:孩子在外面都挺懂事的,但是在家里有时候就很讨厌,会故意闹腾,故意惹我生气,就是因为不心疼我。

社会工作者:其实,我们不妨换个角度来看,可能对于孩子来说家里是他可以肆无忌惮释放的地方,不用有任何顾虑,在这里他有足够的安全感。并且小宝目前10岁了,正是精力旺盛的时候,他需要不断地释放自己的精力,而不是故意惹您不高兴。

社会工作者注重引导案主换位思考。因为小宝性格内向,在外面就十分老实,在家里调皮是因为在家里拥有足够的安全感。况且，从小宝目前的年龄来看，调皮是正常的行为表现，而不是故意惹案主生气，与不会心疼案主没有关系，对于小宝的调皮行为不进行过度解读，而是正常地看待。

2. 第 9 次服务：学习成功案例，增强养育信心

为了进一步纠正案主原来的错误归因与认知，社会工作者在国外的网站上找到了一些听障母亲和孩子一起相处、一起参加活动的视频，然后和案主一起观看，并询问案主观看之后的感受，并且向其介绍国外一些听障父母健听子女的俱乐部，而且通过俱乐部活动，健听子女能够很好地融入听障父母的世界中，并且其中部分子女都获得了很好的发展。

> 案主：我觉得他们好厉害啊！我太羡慕了，我要是可以这样该多好啊！其实我在上学的时候，老师也给我看过一些关于聋人的视频，当时我还幻想过，我以后要是能这样该多厉害啊！但是后来慢慢地，我就没这些想法了。
>
> 社会工作者：其实，他们最开始也不会这些技能，也是通过不断地学习和练习才像现在这样相处得这么和谐。您通过和孩子的互动，我相信肯定可以的，而且本身您的学习能力就很强。……您后来慢慢没有这种想法，是因为什么呢？
>
> 案主：真的可以吗？就是后来发现和孩子交流有好多问题，时间长了觉得很累，很多问题都没解决好，慢慢地我也觉得我没有能力。但是有时候看到别的做得很好的妈妈，我还是很羡慕人家。
>
> 社会工作者：其实，您是想成为很厉害的妈妈，只是现在有些困难，但是没关系的，我们慢慢地改善，您肯定可以解决这些问题，一定要相信自己，您肯定可以和儿子相处得很好。

社会工作者在和案主一起观看视频后，不断鼓励案主要相信自己可以是个很厉害的妈妈，相信自己拥有养育孩子的能力，以此提升案主的自信心，激发案主的潜能。

3. 第 10 次、第 11 次服务：增强情感关怀效能感

社会工作者通过观察和会谈发现，案主对于小宝的关心不够，也不了解小宝内心的想法。而妈妈对于孩子展开足够的情感关怀是和孩子进行沟通互动的桥梁，也可以使妈妈从孩子那里获取改变的动力。情感关怀效能感是指母亲能否感知儿童情绪情感变化、给予温暖，倾听儿童的心声方面的能力和信念，所以这两次干预的重点是增强听障母亲的情感关怀效能感：首先，在家庭内部建立沟通的渠道；其次，增加家庭成员的互动，让案主学会表达感情和关心。具体做法是建立家庭会议制度，计划家庭游戏时间等。

（1）第10次服务：建立多元化沟通渠道

案主和孩子相处时碰到的最主要问题是沟通不畅，害怕孩子在学习手语之后影响孩子口语的发展，所以家长在家庭中很少教授孩子使用手语。在这次服务中，社会工作者邀请了小宝和案主一起来讨论这个问题。

社会工作者：因为妈妈和小宝之间交流一直不太方便，所以我们今天一起来想一下如何可以帮助我们更好地沟通。

案主：不会说话是真的挺不方便的，我怕小宝看不懂我的手语，小宝只会简单点的，难一点的他都不会，而且我也不确定小宝听不听得懂我在说什么，要不要继续说下去。

社会工作者：这个确实是个问题，我也能够理解您，您曾考虑过教小宝手语吗？

案主：我考虑过啊，但是我也害怕，我害怕小宝学了手语之后就不说话了，到时候影响他，因为我们一家出去玩的时候小宝都不说话。

社会工作者：小宝，你在外面玩的时候不说话啊，这是为什么呢？

朱小宝：对啊，因为就我和爸爸妈妈三个人，爸爸妈妈又听不见，我说话也没人听啊，不是因为手语，而且我也不太想说话，别人老看着我，很讨厌。

在了解孩子的想法之后，案主知道孩子不是因为会用手语而不想说话，而是因为不想被他人非议才不说话，便打消了顾虑。

社会工作者：小宝，因为爸爸妈妈不能够说话这个是现在没法改变的，但是他们也很想和你沟通、一起玩，那你愿意每天学习几个手语动作吗？这样以后就可以和爸爸妈妈一起打手语啦。

朱小宝：学习几个是没问题的，就是不能学太多，我每天作业也挺多的，我没有那么多时间，而且我怕我会忘。

社会工作者：当然没问题，我们一天就学习几个，让妈妈来教你啊。

案主：我觉得可以啊，可以在每天晚上。

因为小宝现在的年龄对于新事物的学习能力较强，但可能随着年龄的增长，学习的压力也会增加，学习手语的难度也会增大。社会工作者和小宝、案主一起商议，由妈妈教小宝每日学习三个手语词语，由于小宝本身会一些简单的词语，如吃饭、洗澡、出去玩等，加上现在每日训练，在服务后期，小宝已经可以帮助社会工作者做简单的翻译了。

社会工作者：其实，我们除了说出来，还可以写出来，打字打出来。我们也可以放一块小黑板，把我们想说的话写在上面，而且现在小宝也有平板，最开始比较难的话不会用手语，也可以通过微信将语音转文字，这样也挺方便的。

案主：我觉得这个挺好，我晚上就在网上买个小黑板放在家里。

在这次服务中，社会工作者协助案主和小宝一起发现多种可以沟通的渠道与方式。

（2）第11次服务：增加沟通时间，建立家庭会议制度

不管是手语的训练，还是情感的建立，都需要拥有足够的沟通时间，因此社会工作者在和案主商量之后决定建立家庭会议制度，每周一次。为此，社会工作者邀请案主及其丈夫、小宝共同参与。

社会工作者：为了更好地处理家庭内部的事务，案主想建立并实行家庭会议制度，对需要由家庭成员共同做决定的事情进行讨论，然后大家举手表决，大家对此有什么建议和想法吗？

朱爸爸：我觉得这件事可以做，我很赞同。

朱小宝：我觉得很好，我赞同。终于我也拥有表决权了，我也可以当家做主人了。

社会工作者：非常开心大家一致同意家庭会议制度的建立，我相信家庭会议也会取得较好的效果。至于家庭会议，大家觉得我们应该有哪些规章制度来确保顺利开展呢？

朱小宝：我觉得如果谁不参加就罚款，罚款的钱就用来请其他人吃零食。

朱爸爸：我觉得在家庭会议中每个人都应该说一下在这一周内的表现，并倾听每个人对于其他人这一周内表现的点评。

案主：我们在做决定的时候应该遵循少数服从多数的原则，我们不可以事先串通好做决定，做出的决定大家必须遵守。

社会工作者：那我们把这些规则写在小黑板上吧，我们是不是也可以对家庭成员表现好的给予一些奖励啊？

朱小宝：我觉得这个很好哎，那我表现好就可以带我出去玩啦。

案主：我也觉得可以，这样大家更有动力。

社会工作者通过和家庭成员的面谈建立了家庭会议制度，安排了家庭活动时间，得到了家庭成员的一致同意，同时为了确保家庭会议制度的实行，确立了相应的规则。将每周六晚上定为家庭的活动时间，父母需要放下手机和孩子商量，在两个小时内家庭成员共同做一件

事，并且在结束时要将自己的感受告诉大家。

4. 第 12 次到第 13 次服务：增强情绪管理效能感

在和孩子相处的过程中，因为沟通、交流不畅，案主容易急躁，便开始责备孩子，但是孩子会觉得委屈，然后疏离案主，案主便会更加急躁，由此形成恶性循环。情绪控制效能感是父母对孩子表达积极情感和控制消极情感，以提供给孩子良好的家庭氛围的能力、信念。所以本环节的干预主要是让案主学会识别、控制和合理地表达情绪。

(1) 第 12 次服务：识别情绪，积极应对

在这一节的服务中，社会工作者主要带领案主识别生活中的各种情绪，让其在自身情绪失控的时候，及时地做出反应，调节情绪，能够在开心的时候学会积极表达，赞扬孩子，在不开心的时候也学会冷静处理。

社会工作者：案主，这里是一些情绪卡片，请您先从中拿出可以表达最近出现过的情绪，并说说出现该情绪的原因。

案主：惊喜、惊讶、伤心、生气这四种情绪吧。惊喜是因为小宝这周参加军令营，他回来的时候竟然还给我带了那种漂亮的小石头，我觉得十分惊讶，我没想到他去集训还能记得给我带礼物。

社会工作者：那您收到礼物的时候向小宝说什么了吗？是否表达了您十分开心和惊讶呢？

案主：这个啊，我说了"谢谢"，当时我应该笑了，因为我当时开心嘛，别的话我好像没有说什么。

社会工作者：其实，这个笑是您的情绪表现，但是笑的背后有内心的情感，对于孩子的行为很感动，觉得小宝心里有您，我们可以多向孩子表达我们的情感。比如"你的这个行为我很感动""你很棒""儿子，我爱你"之类的话，这样才能让孩子知道他所做的事情是有意义的，从而更加愿意去做这些事情。

案主：好的，那以后我试着说一说。

社会工作者以具体的事例来引导案主识别自己的积极情绪并将情绪进行分类，思考情绪背后的想法，学会赞扬和鼓励孩子，从而强化孩子的积极行为。

案主：生气是因为我昨天身体不舒服，但是他非要我陪着他下五子棋。他说我答应陪他玩的，但是我和他说，改成过两天陪他玩。他就是不同意，一直缠着我，但是我肚子太疼了，我真的不想理他，烦死了。

社会工作者：那您跟他说因为身体不舒服吗？

案主：他知道我肚子疼，但他还是要玩。我很生气，我觉得小宝太不懂事了，所以我就直接吼了他一顿，回房间了。

社会工作者：我很理解您的不高兴，但是可能在发火之后小宝也不太理解您为什么生气，其实不妨试着说："我知道，我答应过你要玩这个五子棋，我食言我很抱歉，但是我是真的因为身体不舒服，现在我很难受，我过两天一定补回来，可以吗？"这样孩子才能知道您内心的想法。如果您在生气的时候依然可以做到慢慢沟通，小宝肯定也是愿意和您沟通的，而且这样的话我们的家庭氛围也会更和谐。

社会工作者引导案主在出现消极情绪的时候，不是直接宣泄情绪，而是能够学会先控制情绪，然后和孩子慢慢沟通，营造和谐沟通的家庭氛围。此外，社会工作者也向案主介绍了控制情绪的技巧和方法，在生气的时候可以通过跑步、运动、看电影等方式来转移自己的注意力，也可以向身边的朋友倾诉，通过宣泄的方式发泄出来，赶走内心的不开心。

（2）第 13 次服务：情境再现，解决冲突

在此次服务中，社会工作者邀请小宝和案主一起参加，以"情境再现"的方法让双方展现当时处理冲突的方式，并以此讨论哪些方法是合适的、哪些方法是不合适的。

案主：我这次太生气了，我们前两天又吵架了，刚开始我先打手语告知他不对，但是他不听，他觉得自己没有犯错。在着急之后，我便开始冲他吼叫，然后每次我一吼叫，他就躲在房间里面，把门反锁上，我进不去，因为这个我要气死了。

社会工作者：这件事后来怎么处理的呢？小宝后来怎么样了？

案主：他觉得非常委屈，更加不愿意出来。我想给他解释为什么打他，但是他生气，根本不愿意看我给他打出来的文字。

社会工作者：案主，愤怒反而解决不了问题，小宝也不懂自己错在哪儿，而且与您的隔阂会加大，那我们不妨试着换一种方式吧。当我们很生气的时候，先冷静下来，再和小宝讲清楚生气的原因，可能小宝会理解呢。

朱小宝：我最讨厌的就是对我大吼大叫，然后打我，所以我每次都把自己锁在屋里，不出来，而且我觉得我并没有错。我觉得生气的时候，大家可以都先不说话，各自玩各自的，等我不生气了，再和我说原因，这样我肯定能够听进去的。

社会工作者通过倾听小宝的想法，了解小宝对于冲突的看法，并将小宝的意见反馈给案主。案主也认同小宝解决问题的方法，愿意之后冷静下来再慢慢沟通，而不是在生气的时候

解决问题,双方对此达成共识。然后社会工作者邀请案主和小宝一起进行情境再现。

社会工作者:至于这次争吵,我们和小宝一起来扮演一下其中的角色,将当时的情况还原一下,再来探讨怎么解决问题。

案主:可以,那我想想我当时是怎么处理的。

在情境再现之后,社会工作者发现事情的原因是案主对小宝说,只要他“期终”考试取得好成绩便带他出去玩。但是由于案主用的是手语,“中”和“终”是一个动作,所以小宝理解为“期中”考试考好便带他出去玩,在小宝“期中”考试取得了好成绩之后,便向案主提出要出去玩。但是案主认为她的承诺是期末,两个人各持己见,就发生了争执,案主便开始生气,无法控制自己的情绪,于是对小宝大吼。

社会工作者:非常感谢小宝的倾情出演。事情的来龙去脉,我相信大家都很清楚了,这是因为“中”和“终”的争吵。小宝,那你先说说你的感受呗。

朱小宝:这件事情我觉得我没有错啊,妈妈在打手语的时候又没有进行解释,而且我很不容易考好一次,为了出去玩我都努力了。

案主:我说的就是“期终”啊,我没想到你想到“期中”了,不然我当时就再解释一下。

社会工作者:这件事情,我们大家都存有误解,每个人的想法也都可以理解,但是我们当时确实也闹得不愉快。现在大家觉得怎样处理比较好呢?

朱小宝:我觉得妈妈不应该吼我,而且本身就没有说清楚。我觉得妈妈应该赞同我出去玩。以后我就知道了,需要解释清楚。

案主:我觉得也可以当时不争吵,而且快吃饭了,可以大家吃过饭,晚上再坐下来一起聊聊。

通过与案主和小宝的角色扮演,大家也都提出了自己理想中解决问题的方式,也都乐意接受,愿意尝试以后按照今天大家反思的方式去解决问题。

5. 第 14 次服务:增强行为指导和管束效能感

行为指导和管束效能感是指父母具有制定适当的行为规则,确保规则的实施等方面的能力。此部分干预主要通过言语劝说的方式并以手机的使用时间为例,社会工作者通过亲身示范建立了手机使用规则;同时,对于小宝喜欢模仿妈妈的行为进行角色扮演,对小宝的两个不恰当的行为进行管束,从而增强案主的行为指导能力和管束效能感。

（1）运用自我披露和示范技巧协助案主改变

在本次服务中，案主认为自己是聋人，无法对小宝的行为进行约束和指导。对此，社会工作者先通过言语劝说，以自己为例，帮助案主认识到对孩子进行行为管束的重要性；然后通过亲身示范管束的技巧，帮助案主学习养育技能。

社会工作者：我在小学三年级的时候，爸爸在北京上班，只有妈妈在家，妈妈不太管我，而我那个时候每天放学回家都跑出去玩，不写作业，妈妈非常生气。但是，她每天的工作很忙，也没有时间盯着我写作业，那时候我就觉得妈妈管不了我。后来老师就联系了家长。妈妈认为，我开始时没有及时得到管束，才导致后来出现问题，放任下去以后肯定没法考一个好大学。于是她便让爸爸回家上班。爸爸管我管得严格，我不写作业就挨揍。他还每天都检查作业，然后给我布置家庭作业。后来我的成绩一直很好。因此，对于孩子的管束从小开始是很重要的。

案主在听到社会工作者的亲身经历之后，也觉得现在对于孩子的管教十分重要，欣然接受了社会工作者的意见。她询问社会工作者是否可以先帮忙做个示范和孩子进行沟通，表示愿意慢慢对小宝的行为进行约束。为此，社会工作者针对小宝长时间使用电子设备的行为习惯，通过亲身示范，向案主展示如何对孩子进行沟通和管束。首先社会工作者以奥运会上男子田径百米短跑决赛中英国选手由于抢跑而被取消资格为例和小宝进行探讨，由此开始与小宝面谈家庭中的规则。

社会工作者：刚刚小宝也说到在学校里有校规，那我们在家里肯定也有一定的要求。今天我们一起来讨论一下关于手机和平板的使用时间。

朱小宝：之前妈妈说过，我每天可以有一个小时的使用时间。

案主：虽然之前说过了一个小时，但是你总是超时，没有遵守这个约定。

朱小宝：那是因为你每次都是上午给我手机，我在上午玩游戏总输，我就是想下午玩，如果我可以下午玩一个小时，那么我绝对不会超时。

社会工作者：案主，我们是否可以把手机使用时间放在下午呢？这样小宝便不会超时了。

案主：可以，我希望小宝说到做到。

社会工作者：针对这个问题，如果小宝可以自觉地遵守这条规则，我们是否可以设定一定的奖励和惩罚制度呢？

朱小宝：好啊。如果我能坚持 1 个月，妈妈就带我去游乐场玩一次，可以吗？

案主：可以。但是你要是做不到的话，接下来手机的使用时间将会缩短成半个小时。

社会工作者：很开心我们就这条规定达成了一致，小宝为了去游乐场一定要努力啊。我们一起把这条约定写在小黑板上吧。

社会工作者通过邀请妈妈、孩子一起来制定使用电子设备时间的相关规则，来规范各自的行为。

（2）通过角色扮演来促进服务对象改变

在本节服务的后半段，社会工作者针对小宝喜欢模仿母亲咿咿呀呀发声而不顾及案主不高兴的行为，和小宝进行了角色扮演。

在10分钟内，让小宝扮演妈妈的角色，社会工作者充当小宝。无论小宝做什么行为，社会工作者都会模仿小宝的行为，让小宝亲身感受被模仿的心情。刚开始时让小宝随意做各种行为，这时小宝觉得很开心，一直变换各种语句和动作，但是在两三分钟之后小宝就有些不耐烦了。四分钟之后，小宝只能像妈妈一样，不能发出声音，只能通过动作去表达想法，然后社会工作者一直模仿小宝的动作，用手来指、闭上嘴巴等，在七八分钟时小宝便逃离客厅想要终止。通过模仿他人的行为，社会工作者让小宝感受到了这种行为给人带来的烦恼，开始答应不再模仿他人行为。同时，这也让案主从中获得了学习经验。

案主：原来还可以用这种方法来让他改变呀！之前就这个问题，我和他说过很多次都没用，他还是继续模仿，没想到原来换一种方式竟然这么简单。

社会工作者：是的，我们和孩子的沟通除了语言层面的直接劝阻外，其实还可以尝试多种方式，让孩子切身感受到一些行为可能存在不妥之处，也许可以促进孩子的改变。这种方式，您在以后对孩子的教育和管束中也可以尝试。

6. 第15次服务：提升学习辅导效能感

对于学习的辅导是大多听障父母都会面临的困难。小宝目前读四年级，案主对于小宝的作业辅导已力不从心。因此，对于学习辅导效能感的干预主要是提升案主对孩子的学习管理能力，督促孩子的学习和为孩子链接学习资源。干预的策略是学习其他母亲的学习管理经验，帮助案主获得替代性经验；指导案主通过设计阅读记录表来管理和督促孩子的语文阅读，帮助案主获取成功的亲历性经验，并且给案主布置课后作业，从而增强学习辅导效能感。

在本次服务中，社会工作者首先以认识的另外一个听障母亲的事件为例，帮助案主获得间接经验。

案主：我没有办法说话，没有办法给他讲题和检查作业，而且现在他的有些题目我也不会了啊！我也不知道老师布置什么作业，但是我知道他的学习成绩并不理想，你看他的期末考试都是B，在班里只是中等成绩。我很着急啊，但是我说让他好好学习，他也不听。

社会工作者：是的，孩子的作业我们直接辅导肯定是有困难的，但是我们可以培养孩子怎么学习，督促孩子及时完成作业，养成良好的学习习惯，这样也可以在一定程度上提高孩子的成绩呀。老师布置的作业，我们可以在家长群里获得，也可以问问孩子有什么作业，从而看看孩子有没有完成。

案主：检查作业有没有完成，这个还可以做到，但是其他学习习惯的培养我也不知道怎么去做？

社会工作者：其实有一个听障母亲您也认识，就是吴妈妈。她每天都会通过微信来对孩子比较薄弱的环节布置相对应的作业，让孩子自己去做，并且每天还会检查孩子的作业。因为她家孩子明年要考毛笔字，她为了让儿子顺利通过考试，就每天布置孩子写一页毛笔字作业。遇到她不会的作业，就在网上给孩子找资源，报了一个网络辅导班，按时提醒孩子什么时候上课，督促孩子若遇到不会的题目则用微信询问辅导班的老师。后来她家孩子的成绩还挺好的。

社会工作者运用吴妈妈辅导孩子学习的事例让案主认识到，自己有能力完成该任务，并且之后社会工作者也引荐案主与吴妈妈进行沟通，让案主更加坚信自身拥有管理孩子学习的能力。

然后，社会工作者和案主商量从小宝的弱势学科即语文入手，尝试对小宝进行辅导。小宝的阅读理解能力较差，案主希望小宝可以多读书，提高写作能力，通过大量阅读培养语感和对语文的喜爱。在和案主讨论后，社会工作者和案主便决定从管理孩子阅读开始，一起为孩子设计每日阅读记录表，需要小宝每日阅读之后摘抄三个词语和一句话。社会工作者在这次会谈之后也给该案主布置了家庭作业，让案主和小宝一起选定阅读的书和每天阅读的页数以及阅读的时间。社会工作者和案主约定从这周的周末开始进行每日的阅读，阅读时间在每天晚上8:30—9:00。案主每天对小宝进行监督和检查，社会工作者在接下来的3天、1周、半个月都对小宝的阅读情况进行了回访。案主说目前小宝学会了挺多词语了，认为这种方法是有效果的，并且想要把这种方法用在英语词汇的积累上。

社会工作者：案主，孩子最近的每日记录表都能认真完成吗？您觉得效果怎么样啊？

案主：刚开始写的时候还是有些抗拒的，他不喜欢语文，不太愿意写，但是慢慢地现在养成了习惯，每天也愿意写了。刚开始时写的词语还都是比较基础的，我看到最近写了几个新的成语，觉得是有效果的，我还挺开心的。

（四）结案，退出家庭

经前三个阶段的干预，社会工作者通过评估认为个案工作达到了预定的目标，案主可以独立解决自己的问题，教养效能感也得到了提高，所以准备结案。在此阶段，社会工作者和案主一起回顾成长变化，巩固服务效果，并和案主商量结案的事情，同时处理案主的离别情绪。

1. 第 16 次服务：回顾成长变化，巩固服务效果

社会工作者通过量表的后测和对家庭成员的访谈，发现案主目前能够从容地与儿子相处，在处理和小宝之间出现的矛盾时也较为得心应手，内心的迷茫和无助感减少了许多。在这次服务中，社会工作者和案主一起回顾了半年多时间里发生在案主家庭的变化，一起分享了介入过程中儿子的变化，比如参加军令营时挑拣了喜爱的石头，回家后送给案主，还有案主不舒服时主动问候等。同时，社会工作者肯定了案主具有很好的抚育孩子成长的能力，增强了案主对于养育的信心。

社会工作者：其实当初来到家庭的时候，能够感受到您那个时候是比较焦虑的。第一次服务时只有我和小宝两个人一起聊，您和小宝爸爸都在各自玩手机，也没有沟通，那个时候我就在想平时小宝会孤单吧。但是现在，我知道小宝不再那么孤单了。我每次来都能看到您和小宝的笑容变多了，小宝也比之前开朗了许多，您现在的心态也很平和，能够看到咱们家庭的变化还是挺明显的。

案主：是的啊，其实非常感谢你，半年来带领我们开展了很多活动，我印象最深刻的就是小宝总是模仿我说话，当时你和小宝进行角色扮演，我当时看到小宝最后急躁了还觉得蛮有趣，终于让小宝知道我的感受了。没想到效果还是挺好的，小宝真的不再模仿了。我也觉得现在这个家庭氛围我蛮喜欢的，大家都是开开心心的。

2. 第 17 次服务：处理离别情绪，退出家庭

在服务的后期，社会工作者告知案主根据协议服务临近结束，让案主做好心理准备。社会工作者通过评估，认为个案工作达到了原定的目标，所以可以顺利结案。因此，这次服务

主要是处理案主的离别情绪和商量结案，同时也告知案主后期遇到困难，还可以和社会工作者联系。

社会工作者：我们服务的这8个月中可以看到您巨大的变化，您目前也能很好地和儿子相处，所以我们的服务也要告一段落了。

案主：时间过得这么快啊。我都习惯了你每周来一趟，每次和你聊天后我的心情都好了很多。你要是能一直来该多好啊！

社会工作者：每周过来，我也很开心啊，但是天下没有不散的筵席啊，我只是不会每周过来，以后有什么问题依然可以找我。

案主：是啊，你也有自己的事情要去做，也不能总是过来，之前有问题可以让你过来，现在我和儿子相处得也还不错，还让你每周过来也说不过去，你也挺累的。

社会工作者：其实每次过来我也很开心的。每次和您聊天，我也从您身上学到很多优点，您很爱笑，也很热爱生活，这一切也都感染着我，相信您未来的生活肯定会越来越好。虽然不能来家里了，但是我们有微信啊，之后您有事依然可以向我倾诉，我会一直在的。

案主：好的，那我们以后微信联系，提前祝你顺利毕业。

社会工作者在和案主商量好结案的事情之后，也鼓励案主勇敢自信地面对今后的生活，并且在之后抚育孩子过程中如果出现困难，就积极寻求帮助，向家庭其他成员、听障朋友等获取育儿的信息和指导，也可以向社会工作者所在的社会工作机构寻求帮助。

六、听障母亲教养效能感干预成效评估

对案主问题干预的成效评估，本服务主要采用两种形式，一是过程评估，二是结果评估。

（一）过程评估

过程评估是对整个介入过程的动态监测，用以了解在服务的每一个阶段服务对象的转变、干预的结果等。

在个案开展初期，社会工作者进入家庭系统后，只有孩子与社会工作者进行交流，案主并不参与到服务过程中。在社会工作者打开小宝的心扉和学习手语之后，案主每次都会主动询问社会工作者什么时候家访，并且参与到服务的全过程中，积极性和参与程度也愈来愈高。

在服务的中期，案主与儿子的互动频率越来越高，陪伴儿子玩耍的时间越来越长，在周末家庭会议时间进行家庭游玩或者共同观看电影，家庭关系明显得到了改善。同时，家庭成

员对于案主的育儿能力也都给予了肯定，家庭凝聚力进一步增强。

在服务后期，案主自我学习的主动性提高，主动利用网络信息学习育儿知识，并且阅读《PET：父母效能训练》一书，经常与社会工作者一起讨论其中的育儿方法。

（二）结果评估

在结案时，社会工作者通过"父母教养效能感量表"（母亲版）对案主的教养效能状况进行了后测，具体的测量结果如表16-案-4所示。

表16-案-4　案主教养效能感前后测比较

维　度	后测得分	前测得分	增　减
行为指导和管束效能感	33	24	+9
学习辅导效能感	20	12	+8
情感关怀效能感	13	8	+5
情绪管理效能感	10	7	+3
健康安全促进效能感	11	10	+1
社会活动指导效能感	10	10	0
合计	97	71	+26

数据来源：根据参与者填写的"父母教养效能感量表"结果整理。

由表16-案-4可知，行为指导和管束效能感得分为33分，学习辅导效能感得分为20分，情感关怀效能感和情绪管理效能感得分为13分、10分，各项的分数分值意味着处于自信的水平。可以看出在干预之后，案主的行为指导和管束效能感、学习辅导效能感、情感关怀效能感和情绪管理效能感都得到了一定程度的提升。

其中，行为指导和管束效能感的分数最高增加了9分，学习辅导效能感、情感关怀效能感、情绪管理效能感的分数分别增加了8分、5分、3分，这些表明服务对象在行为指导和管束效能感方面提高较多，在情绪管理效能感方面提高较少。社会工作者反思，可能因为在行为指导和管束方面，小宝具体行为的变化较为明显，案主可从孩子身上直接看到行为的变化，从而增强自身的养育信心，而情绪关怀和管理需要连续的时间，需要案主在接下来的生活中与孩子慢慢调适。

社会工作者通过访谈收集资料来进行评估，发现案主干预的服务目标基本完成，包括：(1) 听障母亲教养权扩大了，得到了家人的理解和支持；(2) 案主养育孩子的信心得到增强；(3) 案主教养的方法和技巧得以丰富。

以下是案主对服务过程的评价：

社会工作者：我们的服务到现在也进入了尾声。在这段时间内，您有什么感受或您觉得自己有什么改变吗？

案主：其实你们刚来开展服务的时候我并不抱什么希望的。之前也有相关人员到我们家里来开展服务，但都是和儿子玩一会儿就走了，他们从来不让我们参与，所以我们也不知道他们具体做了什么，也没看到儿子有什么改变，所以刚开始时觉得可能就是为了完成什么项目吧。

不过，之前我也知道我和儿子相处有很多问题，但是没有人来帮助我，也没有人询问过我，所以我就一直逃避着不去想这件事。但是后来当你和我去谈儿子的时候，我知道我必须直面这些问题了。后来我看到你也很努力，因为你也没有经历过做母亲，很多关于亲子教养的知识你也不知道，但是你也在一直阅读相关的书和查找资料，我真正意识到，只要努力是可以了解和解决问题的。

在这半年里，我之前和儿子相处中最头疼的问题都得到了缓解，我觉得我目前和儿子相处更加得心应手了。之前只要涉及这些问题的时候，我都会很痛苦，但是现在对于我来说，我觉得我可以解决这些问题了，原来我也具有这些能力。现在我知道，我需要和孩子慢慢沟通，需要站在他的角度去考虑问题，和他交朋友，他才能朝着理想的一面去改变。因此，我非常感谢这半年多来的服务，也更加谢谢你的陪伴。

从案主的陈述能够看到服务对象的改变，从最开始的逃避、焦虑、痛苦、无奈到现在坦然面对与儿子相处中的问题，对于问题的处理方法也更加多元化。在教养行为方面，案主也从开始时的消极、被动、简单粗暴转变为后来的有耐心、肯沟通、善于理解。同时，案主也更加肯定自身的能力，增强了对自身教养能力的信心。

社会工作者在评估中也收集了朱小宝对服务的看法：

社会工作者：这半年多来，你觉得妈妈的表现怎样啊？你有没有感受到妈妈有什么变化啊？

朱小宝：之前一直是奶奶带我，刚跟着妈妈时我也觉得尴尬，我也不是很愿意，但是我没有办法。现在我觉得还不错，因为我玩的东西奶奶都不太懂，奶奶都没有见过，妈妈就不一样了，虽然有的东西妈妈也不知道，但是妈妈的学习能力很强，和妈妈一起玩还是很有意思的。

妈妈现在变了，陪我的次数越来越多了，现在回到家有人可以陪我一起做游戏了，也会带我出去玩——以前很少带我出去玩，即使出去玩也都是我们各看各的。在外面我是不用手语的，妈妈在外面也很少用手语和我交流。但是，现在出去玩就可以用一些手语，虽然有时候我不懂妈妈要表达的意思,但手语稍微慢一点,我还是可以看懂的。

我的朋友都不知道我的爸爸妈妈是聋人,我也一直没有跟别人说过,也不会邀请他们来我家里玩,因为我觉得很尴尬。以前我很埋怨他们为什么要生下我,为什么别人的父母都是好好的,我的父母却听不到也不能讲话,我觉得很不公平。但是,现在我觉得好很多了,虽然听不到,但是妈妈依然可以陪我做游戏,陪我玩耍,陪我学习,和别人的妈妈也是一样的啊!

从小宝的话语中,社会工作者可以看到孩子对于妈妈的认同感得到了增强,刚开始时对妈妈存在抗拒、不认同到现在逐渐接受,孩子也看到了妈妈的改变,感受到了妈妈的爱。同时,小宝和妈妈的互动日益增多,在和妈妈的相处中对妈妈的依恋进一步增强。

在结果评估中,社会工作者也对自身的服务进行了评估。在服务过程中,社会工作者扮演了倡导者、支持者等角色,与服务对象建立了较为良好的信任关系。案主愿意主动将其与儿子相处中遇到的事情告诉社会工作者,寻求社会工作者的帮助。同时,社会工作者也进入了服务对象的内心世界,倾听听障母亲在生活中的无奈和痛苦,给予其支持与帮助。同时,社会工作者向服务对象教授实际的育儿技巧和方法,让其学会控制自己的情绪等。社会工作者也进入了服务对象的家庭领域,对家庭中的其他成员开展服务,帮助案主获得家人的理解和支持。但是,由于现实条件的限制,并没有开展对服务对象外部环境的服务,因而在社区和社会倡导方面仍有较大的不足。

参考文献

[1] HARRIS R. Mental health needs and prioritie in deaf children and adults[M]//STEIN L K, MINDEL E D, JABALEY T. Deafness and Mental Health. New York: Grune Stratton, 1981.

[2] KORNBLUM H, ANDERSON B J. Families with deaf parents: a functional perspective[M]//KENNETH T S. Children of Handicapped Parents Research and Clinical Perspectives. Orlando: Academic Press, 1985.

[3] PRESTON P M. Mother father deaf: living between sound and silence[M]. Cambridge: Harvard University Press, 1995.

[4] BANDURA A, JOURDEN F J. Self-regulatory mechanisms governing the impact of social-comparison on complex decision making[J]. Journal of Personality and Social Psychology, 1991, 60: 941-951.

[5] 李晓巍,魏晓宇. 父亲参与的现状及其与幼儿社会能力的关系:母亲教养效能的中介作用[J]. 北京师范大学学报(社会科学版),2017(5):49-58.

第十七章 妇女社会工作

海内外经验表明,妇女社会工作在帮助妇女解决各类问题和推动妇女的独立自主与全面发展方面发挥着不可替代的作用。随着女权主义运动的逐渐深入、妇女自我意识的不断觉醒以及对妇女在社会上政治、经济、文化乃至家庭中不平等地位的不断反思,妇女社会工作越来越成为社会工作的一个重要领域。

一、妇女社会工作概述

运用专业的方法协助、支持更多的妇女和更好地维护妇女的合法权益,无疑是新时代中国特色社会主义现代化建设的需要。

(一) 妇女社会工作的定义

关于妇女社会工作的定义,目前国内学术界和实际工作部门众说纷纭,笔者比较赞同朱东武在《社会工作概论》一书第十二章中论及的观点。他认为,妇女社会工作就是针对女性在成长和发展过程中,在参与政治、经济、文化和家庭生活中遭遇到的群体性或个体性问题而开展的社会服务性工作。它的最终目的就是为促进妇女的全面发展创造有利的社会条件和社会环境(王思斌,1999)。这个概念在一定程度上也区分了专业妇女社会工作和中国传统妇女工作的不同,主要表现在以下四个方面:

第一,专业妇女社会工作在价值理念上强调社会工作者对服务对象的尊重、接纳、个别化以及为服务对象保守秘密与让服务对象自决,强调助人者与受助者之间的平等、合作关系,强调专业服务过程中助人自助的原则。而中国传统妇女工作则普遍把妇女工作机构视为服务对象的代言人、“娘家人”,在这种意识的指导下,中国传统妇女工作及其机构与服务对象是一种不平等的上下级关系。

第二,专业妇女社会工作更多的是为服务对象提供专业服务,包括解决困难、找寻资源、恢复功能、挖掘潜能和促进发展,工作着眼点在于人本身。而中国传统妇女工作的大量活动主要是围绕着国家的政治形势而部署的，或者为了完成某项政治任务而开展，具有较明显的行政特点和过于强烈的政治活动色彩。

第三，专业妇女社会工作长期以来已经形成了一套专业理论和方法，而中国传统妇女工作虽然在长时间的活动开展中积累了比较丰富的经验，但是至今仍然缺乏概念提炼和理论总结。

第四，从事专业妇女社会工作的人员通常都接受过社会工作等相关专业的训练，而从事中国传统妇女工作的人员一般缺乏有关助人的专业背景。

上述差异的存在，使从事中国传统妇女工作的人员在开展具体活动时，在内容的针对性、对象的参与性和结果的有效性等方面都存在一些问题。

（二）妇女社会工作的内容和专业原则

1. 妇女社会工作的内容

我们可以从微观和宏观两个层面上来划分妇女社会工作的内容。就微观层面而言，妇女社会工作可以帮助妇女个体或群体解决困难、谋取发展利益、挖掘潜能和提升能力；就宏观层面而言，妇女社会工作可以在各种社会环境中倡导男女平等、维护妇女的合法权益，促进妇女在政治、经济、文化等领域中的全面参与，并通过参与有关妇女政策的制定来为妇女争取更多的权利和发展机会。

2. 妇女社会工作的专业原则

无论是微观层面还是宏观层面，在妇女社会工作开展的过程中都应该坚持一些基本的原则。从女权主义的角度来看，这些原则包括：

- 承认妇女有独特的生活经验和意义世界，因而妇女是独立的个体；
- 不应把妇女问题个人化，从“个人的就是政治的”这一视角出发，应该视妇女问题为个人与社会运作失衡的结果，尤其是社会结构失衡、社会政策偏差，因此我们需要把妇女的困境和个人问题放到社会层面来讨论；
- 正视妇女在社会权力和资源分配的过程中常常处于不利地位的状况，强化社会性别意识并将这种意识渗透到社会生活的各个领域并指导开展具体工作。

二、妇女社会工作发展历史

从全球范围内追溯妇女社会工作发展的历程，可以对国内妇女社会工作发展带来很大启发。

（一）国际妇女社会工作发展历程

欧美妇女社会工作发展大致可以分成三个时期：妇女服务时期、女性主义的妇女服务时期、男性运动时期。

1. 妇女服务时期

妇女服务时期是指长期存在的只是针对家庭、社区的服务时期，而服务的受助者或动员对象主要是妇女。这些服务视性别分工为既定事实，甚至是天经地义的，并不反思其对两性的不同意义，所以这一时期的服务主要是持家技巧、夫妻沟通技巧、女性义工训练等。显然，这些服务或是把妇女作为家庭照顾者的角色，或是把妇女作为开展社区服务的资源。

2. 女性主义的妇女服务时期

从西方妇女发展历程来考察，女性主义在妇女发展和解放的过程中起到了根本性的指导作用。一些基于女性主义视角的研究发现，资本主义国家的福利服务至少存在两个弊端：第一，福利服务基本上以男性为基点而很少关注女性的需要；第二，福利服务复制了父权统治的运作模式，从而强化了妇女依属的角色与地位，阻碍了妇女自由选择她们期望的生活方式，促成和加剧了妇女当前的困境。由此，女性主义作为一种新的理论建构于20世纪70年代末，80年代初进入社会工作领域。女性主义社会工作这一特定名词也于20世纪80年代正式出现，以“妇女为本”的妇女社会工作理念也由此产生。西方女性主义社会工作的主要领域在于下述几个方面：

一是女性的境遇，即女性介绍的在很多生活领域中遭遇剥夺和歧视以及在职业发展和工作机会上处于弱势的体验。

二是女性为中心的实践，即聚焦于辨识出女性特殊需要并回应。

三是女性不同的声音。女性以不同的方式体验这个世界，与男性的看法不同，女性强调关系和情感。

四是关注多样性。基于共享的压制经验，女性能够辨识、赞赏、重视并回应不同类型的体验和境遇。

进入21世纪，女性主义社会工作以不同的方式影响心理动力、认知行为、任务中心、家庭治疗等诸多的实践模式，最终形成个体的即政治的、个体的即关系的、男性和女性的经验不同、知识是多元的、解放和赋权是干预的基础等重要概念或观念，并且成为干预和服务基础。

3. 男性运动时期

20世纪90年代以来，男性运动成为欧美发达国家妇女社会工作的新发展。这一运动的基本思想源于一些女性主义者和妇女社会工作者，她们认为不仅需要女性的改变，而且还必须改变男性，如此才能改变男女不平等的事实。故而，许多具有女性主义思想的妇女社会工作者开展尝试提供改变男性的社会工作服务，如为施虐男性提供干预治疗，把女性主义视角运用于婚姻治疗服务之中等。

(二)中国妇女社会工作发展历史

与社会工作专业的基本发展历程相一致,最早针对中国妇女开展的社会工作服务与基督教会的传教活动和社会服务活动分不开。教会组织在功能上至少有两个方面对民国时期的妇女社会工作具有突出贡献:一是对妇女提供了直接或间接的社会救助和社会服务,包括妇女救济、教育、家庭和就业等方面,为国内开展妇女社会工作提供了可资借鉴的路径和方法;二是“孵化”和刺激了民间妇女组织的产生和发育,为妇女社会工作的广泛开展奠定了重要的组织基础。

中华人民共和国成立以后,妇女工作的服务机构主要有各级工会女工委员会、各级妇联、各级妇女工作委员会等机构。长期以来,这些机构的职能活动多是根据不同时期国家的不同任务和妇女的不同问题而开展的。归纳起来主要内容有:一是针对妇女参与社会生产,包括在全国农村妇女中开展的“学文化、学技术、比成绩、比奉献”的“双学评优”活动、在城镇妇女中开展“巾帼建功”活动等等。二是宣传教育妇女工作,号召妇女发扬“自尊、自信、自立、自强”的“四自”精神等。三是维护妇女合法权益活动。四是加强家庭文明工程建设。五是为妇女提供服务。因此,我国妇女工作服务的最大特点就是大多由专门的妇女机构来承担,例如工会女工委员会、妇联等,这与中国社会工作服务的特点是分不开的。

第四次妇女问题世界会议以后,我国妇女社会工作快速发展,妇女地位逐渐提高,妇女在参政、教育、人权、婚姻家庭等领域的境况得到改善。国内学者总结了我国妇女社会工作取得的三点成效:一是服务组织呈现日趋多样化的趋势,这主要体现为我国妇女社会工作是由妇联、高校、民间妇女组织等多方资源整合后开展的,这非常有利于开展妇女社会工作,整合多方资源更好地为妇女同胞服务;二是拓展妇女社会工作的服务领域,在整合多方资源的基础上尤其是在我国妇联组织的推动下,服务领域已涉及反家暴服务、单亲女性服务、流动妇女群体服务、边缘妇女群体服务、妇女生育健康服务、农村留守妇女服务等方面,这些主要以中青年女性为服务对象,同时还关注到老年妇女和女童,使越来越多的女同胞从中受益;三是服务水平不断提升,专业的元素和服务的有效性不断增强(朱东武,1996)。

三、妇女社会工作方法

由于内地的妇女工作尚未走向专业化,因而本节只能以我国香港地区妇女的专业服务为例进行说明。此外,常见的社会工作方法如个案工作、小组工作和社区工作,在本书的其他章节已有详细讨论，故在此只是予以简略介绍。

（一）妇女个案工作

妇女个案工作就是指专业社会工作者在专业的理念和理论指导下，以面对面的方式为妇女和家庭提供各种帮助与支持，目的在于协助妇女个人和家庭减轻压力、解决问题，获得个人和社会的良好的福祉的专业服务。

妇女个案工作内容广泛，包括女性婚恋辅导、女性健康指导、女性家庭关系调适、女性沟通技巧训练等。中国香港妇女服务三大层次中的第一层次——“家庭为服务本位”所提供的服务多属此类，其服务目标是补救或促进家庭的功能和巩固家庭：妇女是家庭的主要照顾者，为妇女提供的服务主要是满足妇女精神健康和持家技巧的需要。

（二）妇女小组工作

妇女小组工作是指社会工作者秉持社会工作理念，充分运用社会工作的方法和技巧，通过小组互动、小组经验、小组凝聚以及活动，解决小组中妇女个人问题、完成妇女个人和小组的成长与社会目标的一种专业服务。

妇女小组工作的内容十分丰富，女性的职业培训、能力提升、兴趣爱好培养、女性志愿者队伍建设、女性与反家庭暴力等，都能以小组工作的方式来展开。为了更好地说明妇女小组工作的开展步骤和小组设计思路，本节试以中国香港的一个专业社会工作机构——圣公会麦理浩夫人中心举办的妇女小组为例，作为我们开展相应的专业服务的参考。

社会工作实例——单亲母亲家庭服务

一、活动目标

第一，组织区内单亲母亲家庭，建立彼此的支援网络，借此实现互相支持和自我依靠的概念。

第二，提供教育性和支持性的服务，以防止单亲母亲家庭问题的恶化并恢复其家庭功能，回应其独特的服务需要，如情绪、人际关系及亲子沟通。

第三，提升社区人士对单亲母亲家庭问题的关注，并接纳此种家庭乃是众多家庭中的一种家庭模式。

二、策略及内容

本项单亲母亲家庭服务主要运用了网络发展策略，采用了多项网络工作策略，包括互助小组网络和义工联系策略。这些网络最终希望提高单亲母亲及其家庭的互相支持能力。

网络发展策略在整项单亲母亲家庭服务中可分为四个不同阶段进行推展。

（1）服务探索阶段

服务探索阶段包括收集有关现存服务资料、参加者需要及特色、强化推行的理念、因应参加者特色计划服务内容。

（2）服务推行阶段

借助社会工作者所提供的康乐与文化活动，运用网络发展策略组建单亲母亲家庭的网络。此外，培养一批单亲母亲会员去协助社会工作者，为更多单亲母亲及其家庭提供服务，这个阶段运用了"单组事前事后问卷"测试服务推行的成效。

（3）服务重整阶段

借问卷的结果重整工作计划，也因服务已推行了一段时间，过程中部分服务对象会流失及加入，故需重新厘定所需人手、资源，查摆推行阶段所面对的问题，寻求解决方法。

（4）服务巩固阶段

单亲母亲家庭在此阶段基本上建立了有效的多项网络，而这些网络的顺利运作，增加单亲母亲家庭的家庭功能，也增强其生活满足感。

三、社会工作者手法及角色

本项单亲母亲家庭服务在圣公会麦理浩夫人中心内以跨部门服务计划形式推行，由小组工作部、家庭教育部和社区工作部分别抽调部分人员于工作时间开展服务，提供多元化的小组活动、单元式活动和社区教育活动，包括互助小组网络和义工联系策略。1993 年，圣公会麦理浩夫人中心主要运用互助小组手法，分别建立了两个小组，即在职单亲母亲支持小组和非在职单亲母亲支持小组，发挥同辈支持功能，让她们分享处理类似问题的方法，建立互相信任的支持关系。在义工网络建立方面，圣公会麦理浩夫人中心更动员了一个职业青年义工小组为单亲母亲的子女筹划两个儿童社会化小组，告知他们与别人的相处之道以及如何适应单亲子女的角色。

1995 年，圣公会麦理浩夫人中心共提供了 30 次单亲母亲活动，主要分为社交、支持性、发展性、互助、教育性活动等五个类别，对象除单亲母亲外，也包括其子女，注重他们的成长与发展，活动包括 56 节小组活动（4 个家长小组及 5 个儿童小组）、5 次例会、4 个讲座、4 次户外文娱活动、3 个技能训练课程、5 期会员季刊。

（三）妇女社区工作

妇女社区工作是指社会工作者在专业理念的支配下，以社区妇女为服务对象，在充分了解和确定社区妇女的需要及相关问题的基础上，通过发动和组织社区妇女参与集体行动，利用社区内外资源，有计划、有步骤地解决在社区范围内与妇女有关的问题；同时，社会工作者积极培养社区的妇女领袖、社区内妇女的互助精神和民主参与的能力，推动整个社区的妇女全面发展的专业服务活动。

可以在社区层面上开展许多针对妇女的服务内容，如妇女合法权益的维护、男女平等的倡导、妇女互助、合作精神的推展、妇女个体自我成长意识的熏陶等等。香港妇女服务的第二层次（"以社区服务为服务本位"）和第三层次（"以妇女服务为服务本位"）所提供的妇女服务大多针对上述内容。前者把妇女看成社区内个体和可动员的资源，注重发掘妇女的潜能，协助妇女建立自信心，鼓励妇女参与社区事务和为社区内有需要的居民提供援助。后者在女权主义理论的指导下，特别注重协助妇女个体的自我成长，鼓励妇女争取两性平等和在政治、经济、文化与家庭等领域里呼吁消除对女性的一切形式的歧视和不公正的对待。

四、中国妇女工作的状况评估

中国的妇女工作长期以来一直受到党和政府的高度关注，各级妇联长期致力于开展各项妇女工作，为中国妇女的政治地位、经济地位、社会地位和文化地位的提高做出了卓越的贡献。

（一）中国妇女工作的状况

中国妇女工作长期以来形成了一个基本格局，就是由各级具有行政色彩的正式妇女组织承担各种各样的妇女工作，这些妇女组织包括各级妇女联合会、各级工会女工委员会、各种妇女工作委员会以及少量非政府妇女组织。上述行政性的各级妇女组织在国内形成广泛的妇女工作的网络，承担了大量具体的妇女工作，推动了我国妇女事业的发展。但是，目前国内的妇女工作仍然存在着一些缺陷或问题：

一是一些妇女政策仍然缺乏社会性别意识，妇女政策的制定和实施甚至在加剧男女之间的不平等；

二是妇女组织开展的许多活动仍然在强化妇女的传统角色，如家庭中老弱病残的照顾者、家务的承担者等。这类活动的结果往往会牺牲妇女更多的利益，而较少考虑妇女自身的发展，也很少将妇女视为独立的个体而予以充分尊重。

三是许多妇女工作的出发点仍然在于政治的需要或者完成行政上级布置的工作任务，而较少从"妇女本位"的角度思考如何为妇女提供更具有针对性、更能解决问题、更能促进发展的服务。

四是许多妇女工作所开展的活动，注重的仍然是管理和社会控制的功能，因而它并不重视工作对象或参与者——广大妇女——的需求和声音。

除了上述不足，缺乏系统的理论指导、工作人员缺少相关专业训练、组织结构行政色彩强烈等，都是目前中国妇女工作中存在的问题。

（二）中国妇女工作的专业化改善

为了更好地推动中国妇女工作向专业化迈进，我们可以从以下几个方面进行完善。

从一定意义上说，与国内的儿童、青少年、老年人等组织机构相比较，中国各级妇女组织的行政色彩更加浓烈和突出，也更缺乏自由度。针对这种状况，我们可以设想充分利用现有的组织体系推行妇女工作助人专业的培训。这些培训的内容可以包括社会工作的理念、理论和方法，服务对象需求、问题的了解和评估，服务或活动项目、过程和成效的评估等，尤其重要的是，要将社会性别意识纳入各级妇女工作人员的培训课程之中并置于重要的位置上，让这些从事妇女工作的工作人员牢固树立妇女也是社会、家庭中的主体而不是附属品的正确观念。

在不断强化专业培训的基础上，推行妇女社会工作职业资格认证制度，逐步组建中国专业妇女工作队伍。

实践离不开理论的指导。因此，各级妇女工作机构需要花大力气从丰富的实践经验中提炼理论。这个理论既包含西方成熟的专业社会工作或妇女工作的有机部分，又具有丰富多彩的本土经验；既能分析有关妇女问题，又能充分显现以妇女为本、助人自助的基本理念。总之，它应是一个具有中国特色的、专业的妇女社会工作理论。

小　结

妇女社会工作就是针对妇女在成长和发展过程中，在参与政治、经济、文化和家庭生活中遭遇到的群体性或个体性问题而开展的社会服务性工作。宏观层面的妇女社会工作的主要任务是通过倡导等方式促进男女平等理念的传播，参与到有关妇女的公共政策制定过程中以维护妇女的合法权益，为妇女争取在各个领域全面、平等参与的机会。微观层面的妇女社会工作则以帮助妇女个体或群体摆脱困境为主要任务，以赋权的理念进行干预和介入。

个案工作、小组工作和社区工作是妇女社会工作的基本方法。妇女个案工作的特殊性在于妇女的个人问题往往与其家庭相关，不论是原因分析还是问题解决都需要结合家庭系统进行介入。妇女小组工作结合了妇女的互助特点和交往需要，通过提供服务来增进联系和相互支持，以促进问题的解决。妇女社区工作强调在社区层面通过社区妇女的集体行动解决实际问题，并在行动中发掘和培育妇女领袖，在参与中传播互助精神，为社区妇女的全面发展提供良好的环境和条件。

中国各级妇女组织为推进中国妇女工作做出了巨大贡献，但是中国妇女社会工作在向专业化迈进的过程中，无论是在理念上还是在理论和方法上都需要做出更大的努力。

参考文献

[1] 朱东武. 妇女工作与社会工作之我见[J]. 中华女子学院学报，1996(3)：23－25.
[2] 王思斌. 社会工作概论[M]. 北京：高等教育出版社，1999.

案例　“同频妈妈”育儿困扰的社会工作介入

张均鑫

一、案例及社会背景

（一）案例反映的社会问题

“小孩不好过，家长更为难。”当前“育儿焦虑”已经成为社会的一个显著特征。随着社会的不断发展，越来越多的父母希望给予孩子最好的教育环境和成长环境，然而很多双薪父母因为工作忙很难有大量的精力、时间来陪伴和照顾孩子。丈夫工作忙，妻子不得不承担起较多的育儿工作。

2017年5月，一份《中国妈妈“焦虑指数”报告》横空出世（金歌，2017）。该报告对于数量不断上升的“焦虑妈妈”进行了多维度的统计，引起了大众的讨论。数据表明，一线城市妈妈的焦虑程度明显要高于二、三线城市的，以上海最为突出。由于80后面临的“子女教育”等一系列的难题显著增多，于是80后妈妈成为最焦虑的妈妈人群。全面二孩政策的落地，女性就业潮的出现，造成了女性在工作与家庭两者间的矛盾。对于母亲的角色，现如今社会还是期待并默认由母亲亲自照顾自己的孩子。而母亲育儿与就业不能兼顾，压力和现实同时落在了母亲肩上，母亲这一群体出现了焦虑、迷茫、困惑，从而影响了自己在育儿过程中的态度和方式，如何提升孩子的学习能力和社交能力，已经成为很多父母面临的难题。

近40年的“一孩化”政策使得子女对家庭的价值日益凸显。育儿成为一项只许成功不许失败的风险投资。竞争性育儿文化盛行，虽然祖辈以积极主动或消极被动的姿态正在有意或无意地阻碍排斥父职参与，纵容父职缺失。以上现象都体现出社会文化对母亲角色的严苛规划，也一定程度上反映了育龄女性群体在社会转型的风险中所面临的育儿现实困境与内心焦虑及压力，市场化后母职加码下的育儿困境和身心耗竭已成为群体性的社会问题。

（二）具体案例的需求分析

在社区实习中，笔者接触到了很多幼儿家长，她们常常担心孩子的学习能力、性格培养、社交能力、同伴关系等出现问题，很希望自己的孩子能有很多朋友一起玩乐。这些妈妈常在一起讨论给孩子报什么课外补习班或特长班，孩子的周末被安排得满满当当。孩子的一切都牵挂着妈妈们的心，她们的育儿焦虑显而易见。

笔者深切感受到现代中国家庭在育儿帮助方面的迫切需求，包括母亲积极为孩子提供良好的教育条件，也包括在社区教育和社区参与等方面对育儿妈妈的积极支持。几乎所有家庭都面临育儿难、育儿烦的困境，很多妈妈在需求调查中都表达过自己有育儿的焦虑和烦恼。有时候在工作压力下，回到家中没有办法及时调整自己的心态就会出现狂躁，莫名其妙地对孩子发脾气，也没有耐心，并且初为人母，很多教育方法也不是很科学，自己也很想学习。还有的妈妈在育儿过程中对孩子不够了解，没有办法耐心地教育孩子，慢慢地，孩子的脾气也越来越古怪。同时，很多母亲说自己现在的很多育儿消息源于身边朋友或长辈的经验，其实时代在变，每个孩子的情况也不相同，很多母亲都渴望有一个平台能让“同频”的妈妈们聚在一起，分享不同的育儿经验和成功的案例，能供彼此学习进步。

因此，社会工作可以在介入育儿教育融入社区中起到积极的引导性作用。

二、理论和方法运用

（一）参与—回报理论

参与—回报理论的分析框架是由亚瑟、理查森和韦斯伯格（Asher，Richardson，and Weisberg，1984）在他们共同完成的《政治参与》一书中提出的，三位学者将其整理归纳为：当且仅当 P+D+B−C>0 时，居民才会自觉自愿地参与公共事务。结合“社区参与”的实践和冯敏良（2014）在《“社区参与”的内生逻辑与现实路径——基于参与—回报理论的分析》一文的总结和描述，得出以下结论：

P（prospection）是指社区参与的心理预期。他们从社会心理的层面来分析，如果居民的参与行为没有实现预期目标，他们就会降低参与动机，甚至停止参与社区行为；反之，如果居民的参与行为超出了他们的预期目标，他们将会以更大的热情和更多的精力投入下一次参与行为（Kahneman D and Tversky A，1979）。笔者研究发现，D 社区的居民在活动的开展上有着自己的需求，在过去，传统的社区服务活动多是形式化且没有实际针对性的。久而久之，在我国的社区发展中动员居民参与一直是需要突破的瓶颈，并且社区居民对社区参与的心理预期长期处于低谷。

D（duty）代表社会责任和公民精神。冯敏良认为，“假参与”或不参与成了很多居民的生活习惯。因此，在社会责任和公民精神方面我们的确存在缺失。

B（benefit）是指社区参与的实际收益。对居民参与社区来说，其收益包括物质上的获得、精神上的快乐、人际关系的拓展、个人知识和能力的增长、个人威信的提升，甚至社区组织的认可和居民的称赞等。因此，居民参与的收益是多维度的，应充分强化社区参与带给参与者的价值。

C(cost)是指参与社区事务的成本。居民参与社区事务的代价主要包括两个部分：一是时间、精力和物质投入的直接成本；二是失去与家人团聚、社会交往、工作生产等方面的机会成本。当然，它还包括其他方面的潜在成本。

笔者通过借鉴和学习发现社区参与的基本思路，即尽可能提升居民的心理预期(P↑)、努力培养社区意识(D↑)、扩大居民参与的收益(B↑)并降低社区参与的成本(C↓)，只有在如此多方面的配合下，社区居民与社区之间的联系才会更加紧密。

(二) 行动研究

笔者主要采用行动研究的实务研究方法。它最早是由美国的柯利尔(Collier)和勒温提出来的一种应用于社会科学的研究模式。行动研究是一个循环的过程，都由诊断、行动、评估等阶段构成。与传统的社会科学研究方法不同的是，行动研究是一种致力于寻求改变的方法(夏林清，1983)。行动研究强调社会工作者要与行动者共同参与实践活动，同时整个实践活动过程要与实际情境或环境相一致，这就要求社会工作者在实施的过程中不断对以往的实践经验进行反思，从而提高该群体行动质量和社会工作者的工作效率(夏丹，2016)。

笔者将行动研究总结如下：第一步是在行动中研究，需要研究者在“行动”中了解实践需求，开展实践活动。同时结合实际情况与有关理论进行第二步，即在研究中“反思”，致力于改善实践，在育儿教育融入社区参与的实践探索中，不断地反思与总结实践经验。第三步是在反思中“进步”，得到解决问题的途径和可借鉴的经验。本研究所用到的行动研究方法简单来说有四个阶段，即“评估需求—制定计划和方案—实施计划—效果评估与反思”。

三、社会工作具体介入过程

(一) 第一阶段问题和需求：妈妈故事会的产生

按照行动研究的周期来界定，这是问题的发现与界定阶段，最核心的工作就是了解问题、了解社区、了解社区中的“同频妈妈”，与她们建立信任关系，贴近妈妈们的需求。有学者认为，社区实践的感受力是从事社会工作的开始或行动研究的起点，更是持续推动专业实务和行动研究的原动力(黄鲜鲜，2018)。笔者通过周末走访，对D社区进行了调研，现介绍一下访谈中了解到的情况。

1. 社区基本情况

D社区地处上海市宝山区，小区占地面积约为11万平方米，总体规划建筑面积约为15万平方米。周边公共设施可以满足居民的日常生活需求，同时居委会行政楼内设有专门的社区活动室、棋牌室、讨论室等，可供社区居民使用。从人群要素上看，D社区内常住人口有4 498人，其中青壮年、少年儿童、老年人的人数较为平均，社区居民素质较高，经济收入较为稳定。此外，调查发现D社区居民的联系十分紧密。居民入住时间都较长，与街坊邻居之间产生了一定的认同感和情感归属。

2. D社区“同频妈妈”育儿中存在的问题

通过社区探访和居民需求调查，笔者对“同频妈妈”育儿中存在的问题进行了整理和归纳：（1）缺少科学的育儿知识辅导和育儿支援；（2）担心孩子行为教养、学习能力问题；（3）亲子交流方式单一；（4）情绪不稳定，容易焦虑暴躁；（5）家庭教育理念冲突；等等。

3. D社区“同频妈妈”的育儿需求分析

“同频妈妈”是指社区中因孩子年龄相仿、育儿观念相近、育儿价值观相投、育儿需求相似而聚的妈妈们。“同频妈妈”在育儿上容易产生共鸣，沟通默契有效，能让更多的信息和知识汇聚在一起。通过进一步分析，笔者将社区“同频妈妈”相关需求类型按照不同的层次做了分类。

（1）亲子互动与社交的需求

“同频妈妈”希望通过社区这个平台参与各种类型的亲子互动与社交活动，可在丰富孩子的娱乐生活的同时，增加亲子间的交流。现在很多家庭表示，3~6岁的孩子每天接触外界更多地依赖于网络，或是在幼儿园里，市面上也有很多早教机构和服务，但是费用都不低，效果也不明显。受访者都表示，希望社区能够多开展一些亲子互动活动，为孩子们提供更多具有共同成长机会的社交平台。

（2）育儿知识与技巧的需求

D社区里的许多年轻妈妈的孩子大多是3~6岁。很多妈妈说，自己也初为人母，很多知识和育儿技巧都是来自老年人和身边的朋友。笔者发现90%的家庭在照顾和培育3~6岁的孩子时，都有爷爷奶奶或外公外婆中的一方来参与照顾。但不少妈妈表示，有时候育儿观念的不同会产生很多矛盾，加上自己工作忙，也没有办法全身心地带孩子。因此，多数受访者希望有平台能够提供育儿知识和育儿技巧方面的服务。

（3）育儿支援和社会资源的需求

在访谈中，很多妈妈提到如今养育一个孩子是一项大工程，任务复杂繁重，非常考验父母的素质和精力，而孩子在3~6岁这个年龄段是非常重要的性格培养和学习习惯培养阶段。因此，大多数受访者认为单一的家长承担的角色和职责都无法完全满足如今的育儿需求，需要多方面的社会资源和力量来共同育儿。

（4）得到情感支持缓解育儿焦虑和压力的需求

如今的幼儿家长尤其是母亲在育儿焦虑问题上存在普遍性，主要集中在如何科学育儿以及平衡家庭和工作关系，现在的教育竞争压力大，资源稀缺，父母从孩子落地起就开始考虑和担忧孩子的未来，并催生无形的压力和焦虑。

为了满足这些“同频妈妈”们的需求，妈妈故事会活动应运而生。笔者的研究团队也进行了详细的策划和分工，研究团队由 1 名专家（S 老师）、2 名社会工作者志愿者和参与妈妈故事会的研究对象组成。S 老师作为机构项目负责人，自己也居住在 D 社区。研究团队的工作包括确保活动正常开展，负责活动的规划、活动的记录，了解研究对象的活动感受并收集相应的数据来进行分析等。研究团队希望能够通过新颖、有趣、富有教育意义的形式让妈妈们为孩子们讲绘本故事，培养孩子们对阅读的兴趣，同时让更多的父母学会亲子阅读的方法，更加有效地陪伴孩子们健康成长。

（二）第二阶段行动规划的制定：妈妈故事会行动方案制定

第二阶段是行动计划的制定阶段，也就是项目和服务的规划。到了行动研究第二阶段，服务团队寻找介入问题的模式和指导思想，致力于为社区中的“同频妈妈”赋权，以创新的方式发掘和利用社区的资源，创造出新的能量和资源，在帮助“同频妈妈”发现问题、解决问题的同时，关注社区发展社区。调研发现，很多年轻妈妈都希望有个平台，能够给予她们育儿支持和亲子互动的机会。而有的学者认为，在举办和实施教育活动前，将活动参与者的需求列为最先考虑的因素，通过评估教育对象的需求，明确活动服务的对象；了解活动是否需要举办以及如何举办，了解已提供的教育是否足够，是否满足家长需要（田栋天，2011）。

1. 社区育儿教育参与计划的制定与研究

高品质的“亲子互动”是研究者们开展社区育儿教育的方向。研究者们通过妈妈故事会的活动开展，教会家长如何进行高品质“亲子互动”，可从读懂幼儿的成长规律、情绪与需求，有效沟通等维度入手。计划的制定让家长在工作忙、压力大、不了解孩子成长规律的情况下，找到了改善亲子关系的窍门。D 社区布置的阅读室也成为开展妈妈故事会和亲子互动的重要活动场所。

（1）在行动中研究：行动计划的制定

通过前期社区调研与社区居委会招募吸引年轻妈妈，并建立和维护好微信群，通过妈妈的邀请和推广以及线上线下的宣传扩展成员，举办妈妈故事会，讨论活动的开展。

社会工作者根据调研情况分析需求，与故事会成员讨论解决方案和活动规划，激发年轻妈妈的活力，链接多样化资源，讨论活动开展的固定时间，开展活动的形式、内容以及如何组织和分工安排等。

社区举办妈妈故事会，招募骨干成员同社会工作者分工协作，第一期活动以阅读为主题，举办亲子互动活动，开展绘本阅读。每次活动结束后，通过微信群进行分工，落实下一周负责活动的妈妈人选与活动主题。

（2）在研究中反思：活动方案的反思

开展活动并观察参与者的变化和感受，笔者发现活动的开展不仅要内容丰富，还要关注孩子的变化，3～6 岁的孩子比较好动，很多时候并不会乖乖地坐着全程认真听妈妈讲故事，因此专业社会工作者需要在妈妈们讲故事前，先向小朋友宣布听故事的秩序要求，并给予一定的小奖励。社会工作者通过观察，不断反思活动效果，了解参与者的满意度，及时增添新的内容。

（3）在反思中进步：总结反思，新循环新问题

定期举行分享会议，总结参与者的参与情况、新的需求与问题，并分析项目开展的不足之处，与骨干成员及时沟通讨论解决问题；反思下一阶段的需求和问题，确定下一阶段的行动和规划。

（三）第三阶段行动规划的推动：妈妈故事会的开展与实施

当确定了行动模式和介入方法之后，服务进入了最艰难的寻找行动的方法和介入策略的阶段。其中，发掘和提升社区能力是首要任务，它能够在行动中推动个人和社区的能力建设。我们可将具体介入阶段细分为以下三个重要的部分。

1. 搭建服务平台：D社区妈妈故事会

在与积极分子“同频妈妈”商量讨论后，大家确定了项目的目标：妈妈们轮流承担每期的绘本故事亲子互动项目，分享育儿经验，推动社区参与的共同发展，通过能力和知识的经验赋权来提升“同频妈妈”的科学育儿能力，同时给孩子们创建一个健康成长的互动游戏学习平台。活动前期，笔者发现都是妈妈参与，爸爸几乎没有人加入，但在几次活动过后，爸爸们看到了家中孩子的改变，以及受到了妈妈们的鼓舞和感染，于是在活动过程中，爸爸们也一起加入了亲子育儿的行列。

2. 助力“同频妈妈”育儿能力建设：育儿沙龙

在妈妈故事会开展得如火如荼时，加入的新家庭和微信群中的妈妈都建立了良好的沟通和交流基础。在迎接2019年的新年茶话会上，我们邀请了参与活动的妈妈们前来分享经验，很多妈妈不约而同地说出自己在育儿中有着比较焦虑的现象，比如当出现矛盾冲突时，孩子不听教导、好动、脾气暴躁等。经过茶话会交流后，笔者和所在机构的社会工作者一起商讨，为妈妈们举办育儿沙龙，以引导她们了解更多适用的育儿方法，帮助她们消除育儿过程中遇到的困惑。

3. “同频妈妈”自组织队伍巩固与发展

随着活动的逐步深入，活动原先以社会工作者引导为主，慢慢转变为从组织中选出了核心负责人，由一个全职妈妈来组织开展活动。为了帮助“同频妈妈”们加强合作和参与的行动力，社会工作者链接社区资源，首先得到了居委会的大力支持，同时让更多妈妈愿意成为组织的核心成员，增强了这个组织的凝聚力，激发了成员积极参与的意识。故事会成员学会了规划和明确分工，增强了团队精神、资源共享和信息共享的意识，让思想上的同频走向行动上的同频，妈妈故事会的发展逐渐趋于成熟稳定。

（四）第四阶段评估和反馈：妈妈故事会的成效

进入第四个阶段，行动研究基本上完成了一个周期，笔者在 D 社区开展了 7 个月的服务，按计划到了检验行动结果的阶段，这个以帮助“同频妈妈”育儿的亲子互动项目朝着规划设定的推动妈妈育儿能力建设、改善育儿焦虑和促进社区参与的目标前进，并且组建了一个目标坚定、持续发展的“同频妈妈”自组织，成员们热心于推动社区的发展、愿意帮助更多妈妈满足育儿需求和创造幼儿健康成长空间。这些妈妈的自信心和幸福感获得提升，焦虑感逐渐减少，并对自己的社区产生了更强的认同感。笔者分别从参与情况、育儿能力、资源赋权、参与收获和改变、骨干引导的自组织发展等方面衡量介入后的变化。

1. 从消极被动参与到积极主动参与

“同频妈妈”从被动的接受者转变为主动的行动者，在项目的开始阶段，妈妈们认为这是社区开展的活动，随便参加打发时间，对活动的内容和讨论也不上心。但参加一两次活动和经过社会工作者的引导后，她们意识到这是属于她们自己和孩子的活动，这是有利于孩子健康成长、丰富自己的育儿知识和资源的项目。发展的持续性动力就源于妈妈故事会成员的共同努力。

2. 促进“同频妈妈”科学育儿和增加亲子有效互动的能力提升

活动的持续开展也让妈妈们在一次次的互动中找到了适合自己孩子的沟通交流模式，在社区平台上开展的活动给了“同频妈妈”们一个良好的育儿环境，让她们有更好的生活环境，了解更多适用的育儿方法，帮助她们解决育儿过程中遇到的问题。在后期询问调查中，表示自己现在经常与孩子积极沟通的妈妈占 77.27%，尤其是开展的育儿沙龙能够给予“同频妈妈”正确的育儿健康知识，她们在未来育儿的道路上可以少走弯路。

3. 丰富育儿信息资源，链接育儿资源

后期调查中问及对所收获的知识和资源是否满意时，受访者表示非常满意的占66.67%，表示比较满意的占 33.33%。这表明在互相交流育儿经验的过程中，她们能发现彼此之间的共同点，也能看出各自的差异之处，这对于了解孩子教育的实质是很重要的过程。通过妈妈故事会，她们都收获了或多或少的育儿方法，有了“前车之鉴”，在自己实施的过程中更能“因材施教”，取得事半功倍的效果。

4. 小朋友的收获和改变

社区作为儿童认知社会、实现社会交往的重要平台，对儿童的成长和发展起到了非常重要的作用。活动的开展让孩子们也收获了很多，不管是结交的小朋友还是学到的知识都有明显的变化，尤其是语言和人际交往方面。在 7 个月的活动开展中，活动的主题和内容有中英文绘本故事、圣诞节主题活动、亲子阅读主题、手工制作、二十四节气、古诗鉴赏、垃圾分类、室外安全员活动、亲子瑜伽、儿童健康安全知识等等。丰富的活动不仅得到了小朋友的认可和喜爱，同时也让他们在寓教于乐的环境中和自己的妈妈一起健康成长。很多小朋友的英语能力也得到了提升，突出的表现是学习和掌握的单词越来越多。

5. 自组织的稳定发展

在长达7个月的服务中，项目组在D社区挖掘了20多个积极的“同频妈妈”，从一开始的社会工作者主导和组织到后来完全是骨干“同频妈妈”们引导和组织积极分子一起开展活动和自助服务。实践表明，不管是活动的顺利开展还是居民的社区参与都需要积极分子和骨干的鼓励和支持。这些“同频妈妈”都是一帮年轻的妈妈，同时都是热爱与孩子互动和积极养育孩子的妈妈。

（五）第五阶段总结与反思：新问题和需求

到了一个行动研究周期的最后阶段，强调总结经验和学习，必须从行动中提炼和发现。经过7个月的行动和思考，笔者发现社区是一个创新的且资源潜力十足的平台，可以帮助社区里的“同频妈妈”找到组织“抱团取暖”。

1. 行动研究新反思——“同频妈妈”的新问题和需求

在经过活动开展后，妈妈们前期的需求和问题也得到了一定程度的解决。活动中多数孩子的年龄都在5岁半左右，面临着幼升小的问题，教育问题一直是妈妈们最关注的焦点。父母在幼儿教育方面所体现出来的焦虑和压力值得重视。

“同频妈妈”们在一次骨干讨论会上提出了新问题和新需求。许多家长面对孩子幼升小的压力，在幼儿园就开始为孩子们选择极具竞争力的英语、才艺课程。“同频妈妈”们表示，以前觉得孩子在幼儿园里开开心心地玩就好了，但现在幼儿园的小朋友都在学习各种技能、参加各种考试，小学的门槛也越来越高了。有的甚至还出现了幼升小过程中爸妈由于自身焦虑所产生的情绪波动或意见冲突让孩子出现压抑、自责、焦虑甚至自闭的心理状态。有妈妈提议开展一次幼升小和小升初的分享会，希望有成功经验的妈妈能为大家讲解一下有关前沿信息和动向发展。

多数妈妈表示，随着社会的发展，上海的小学压力和竞争比高考还激烈，存在着马太效应：小学上得好，大学不会差。大家都希望自己的孩子能读一个好的小学。经过妈妈故事会成员的讨论和决定，在8月份开展幼升小和小升初的分享会，邀请的分享妈妈是D社区的居民，她们有着成功的经验，了解幼升小的前沿消息。

2. 行动研究循环——“同频妈妈”自组织解决问题

在为期7个月的社会工作介入和服务过程中，D社区“同频妈妈”的育儿质量有所提高，部分问题也得到了解决，同时“抱团取暖”组织队伍也越来越大，覆盖面也越来越广，社区居民之间的凝聚力也得到了增强。笔者在后期工作跟进中发现，妈妈故事会自组织每周六固定的活动继续开展着，每次活动参与名额大多瞬间被抢完。S老师也在妈妈故事会逐渐发展稳定中提出了新的建议："一是建成会员制，这样更规范，持续性更强；二是考虑产出，主题式故事会或排练儿童绘本剧，在社区内展演。我们的项目也给予一定的支持。希望核心组织人员早日到位。"

"同频妈妈"们也不再局限于活动本身，开始链接不同资源，协同居委会成员，和当地教师一起开展一系列活动，活动越来越丰富了。每次新问题提出后，自组织骨干就开始寻求帮助和资源，成员们也会积极响应。有妈妈说："我其实挺希望这个活动和组织能一直延续下去，让这些孩子能一直共同成长。将来孩子们到了小学，大家可以一起讨论其他适合他们的活动和学习，我真的觉得这个组织发展到今天很不容易。其他小区的朋友都特别羡慕我们。在这个社区里，我真的找到了组织和家的感觉，我家宝贝每周也很期待见到其他小朋友。"参与活动的家庭和孩子都发生了较大的变化，在没有社会工作者引导和参与的情况下，妈妈故事会成员形成的自组织已经完全可以自主开展活动，发现问题并解决问题了，"同频妈妈"们开始关注孩子下一阶段的教育问题、学业问题。

四、社会工作服务专业反思

（一）理论运用的反思

笔者在研究中发现，运用社会工作实务结合参与—汇报理论是一种全新的且具可行性的方法，它具有较好的可操作性和理论基础。在此视角下研究如何使 P+D+B−C>0，居民才会自愿地参与公共事务，笔者主要从四个层面进行分析。

1. 满足"同频妈妈"心理预期 P↑

笔者通过对过去已有的相关实务进行整理，结合自身实习的经历来看，很多社区活动或者服务活动形式主义严重，效益不佳，最大的原因就是参与者缺乏心理认同和缺少利益关联，也就是没有满足他们的"心理预期"。因此，笔者在 D 社区开展妈妈故事会前，深入了解了妈妈们的需求和心理预期。理论指导着我们："如果居民的参与行为没有实现预期目标，他们就会降低参与动机，甚至停止参与社区行为；反过来，如果居民的参与行为超出了其预期目标，他们就会以更大的热情和更多的精力投入下一次参与行为。"笔者通过本研究得出结论：

在社会工作的前期介入工作中，社会工作者要注重挖掘本社区妈妈们的育儿需求，了解她们的教育观念，找到"同频"信号，利用 D 社区现有的价值和资源来尽可能地满足"同频妈妈"的心理预期，如获取育儿知识，建立亲子互动平台、孩子成长交流平台，丰富活动的内容和形式，激发"同频妈妈"参与的动力和热情。

在活动开展过程中，挖掘参与者的直接相关点，提高"同频妈妈"与其孩子的参与度和参与价值，通过每一期活动的轮流参与和亲自设计享受参与成果展现及参与带给孩子们和自身的改变，促进“同频妈妈”对活动参与效能的认可和支持，通过自身的参与成果来形成组织和集体荣誉感，将使“同频妈妈”不断内化为自身的育儿和成长经验，从而形成参与的动力。

在服务的后期，把握参与者的心理和不断超越参与者的“心理预期”，社会工作者通过不断引导和鼓励妈妈故事会领导者和积极分子在参与中丰富活动内容和活动形式，从简单的阅读绘本、亲子互动、育儿沙龙到自主策划活动内容，让参与者挖掘自身潜力和价值。社会工作者也在动态变化的服务平台中不断为“同频妈妈”及其幼儿提供更加专业的服务，推动个人、社区、社会的不断完善和发展。

2. 增强活动组织意识 D↑

活动的成功离不开妈妈故事会形成的“同频互助，积极参与”意识。我们一直在探讨，如何唤起她们的共同意识，为避免很多服务活动出现的“假参与”或不参与现象，以及参与者对于很多公益服务活动的排斥、不信任，觉得浪费时间，无法满足自身的需求并解决自身的问题，因此出现漠不关心的态度。为此，笔者也在实践探索中注重不断培养“同频妈妈”的组织意识和参与态度。

首先，社会工作者要引导“同频妈妈”对育儿知识教育的重视，对孩子成长需求的耐心，不断倡导“同频妈妈”亲自参与其中，为孩子树立榜样；从如何给孩子讲故事起，学会与孩子交流沟通；站在孩子的角度与其对话，了解孩子的想法，每一个孩子都有自己的性格和特点。在每期固定的时间地点聚集“同频”的人，不断在参与自助互助中内化，形成了较好的“同频”人际互动及认同。

其次，笔者也在实践探索中发现，建立自组织是最关键也是最重要的一步。组织的建立可以使故事会的发展更加稳定，不断促进自组织的多元化发展。任何一种组织意识的培养都是一个长期且动态的过程，不仅需要社会工作者专业的服务技巧和积极引导，更需要参与者的努力。

最后，社会工作者也要积极培养妈妈故事会成员在组织中的自助精神、公益精神、互助精神，在活动开展中不断激发“同频妈妈”参与的内源性动力，在共同的努力中不断注入“情感投入”，逐渐形成对妈妈故事会的心理依恋和认可意识。

3. 增加“同频妈妈”参与的收益 B↑

首先，不得不承认社区是一个全新的可挖掘的“宝藏”。在 D 社区中，每一个参与者都可以不断挖掘自己的优势和资源。在理论的指导下，笔者也在实践中让“同频妈妈”们收获了实际的收益，一定程度上满足了她们的需求，帮助她们解决了问题，增加了她们的利益关联，也促进了活动的开展和任务的完成，同时获得了她们对活动参与价值的肯定，增强了她们的参与意愿和参与能力。社会工作者在行动中也需要有比较明确的方向和介入目标，这也在一定程度上关系着行动研究的成效。

其次,增强“内在价值”。以参与者的需求为中心,增强“同频妈妈”对作为教育者和陪伴幼儿成长的角色的自我认同感和价值感,满足妈妈们对于孩子健康成长、性格良好、学习优异的内在价值认同,以及在参与活动中缓解育儿过程中的焦虑和压力,获得精神上的放松,缓解育儿焦虑。同时,“同频妈妈”参与也促进幼儿们在参与中不断接触家庭和幼儿园外的社区同辈社交群体,增加中英文知识的积累,提升交流能力和语言能力。

最后,增加“外在收益”。在活动开展的过程中,最重要的就是促进参与者的收益,社会工作者需要在实践过程中不断反思,帮助“同频妈妈”提升育儿能力、获取科学育儿知识、扩展“同频”的人脉资源。在此背景下,活动的开展需要社会工作者和组织的领导者不断增加活动内容的多样性和丰富度,不断增强“同频妈妈”之间的契合度和利益关联度。

4. 减少“同频妈妈”参与的成本 C↓

笔者认为,参与成本包括时间成本、经济成本、投入成本、耗力成本等。因此,减少“同频妈妈”参与行动的成本是一个促使活动长期发展和延续下去的重要因素。笔者在服务开展的过程中,首先借助机构通过政府购买服务获得资金的支持,同时与居委会沟通获得场地的持续借用权,从一定程度上解决了参与资金的投入问题。建立平台和渠道,社会工作者通过在参与中不断挖掘与开发妈妈故事会骨干的潜能和资源,不管是妈妈故事会的发展,还是 D 社区的发展都有赖于所有人的积极贡献。如何减少参与成本,最重要的是统一参与时间和统一社区就近活动开展地点,增加活动内容丰富度,提高活动的效率,利用各个相关资源和网络,为妈妈故事会的开展提供有力的支持。

参与回报理论不仅从“同频妈妈”问题的角度出发,也站在社区的角度来看问题,挖掘“同频妈妈”间的利益关联以及提升参与的效能感,增强“同频妈妈”对妈妈故事会资源的依赖性;增进“同频妈妈”与社区间的亲密关系,提高她们的信任度、认同度。“同频妈妈”要做行动的主人,自我组织,自我管理,自我发展,只有这样的行动才有意义。

(二)方法运用的反思

笔者通过实践探索,服务有需求的社区“同频妈妈”,让她们参与到研究项目的每个步骤中,其终极目标是希望与“同频妈妈”们一起成为共同开展研究与实务的伙伴,最后能成为行动的主体。这样的目标和理念,也正是我们社会工作专业的目标和前进的方向。古学斌教授分享在云南农村开展行动研究的社会工作经验时指出,行动研究方法是社会工作的一种重要的介入策略,它集研究、教育和实践于一身。我们的行动可以服务于在地社区,改变社区的状况,通过教育的过程,我们也可以跟居民一同成长。行动研究方法指导社区“同频妈妈”育儿有了清晰的步骤和方向,有助于社会工作者在实践行动中寻找研究问题,制定社会工作的介入方案和实践行动方案。

更重要的是,社会工作者要在实践的过程中不断地反思与社区“同频妈妈”的互动、合作信任关系，在资料分析过程中持续地反思，与现有的理论进行对话，累积经验，从而延伸出新的实践经验。在行动研究方法的指导下，笔者在研究中通过了解问题和需求，产生了举办妈妈故事会的想法，到制定行动计划开展各项故事会活动，到推动计划的实施，到最后行动的反思。在社会工作融入社区育儿的实务中，社会工作者不断地促进“同频妈妈”问题的解决和自我的发展，引导她们不断挖掘自身的潜力来解决问题。行动研究是一个循序渐进的循环过程。它强调行动是动态的前进，需要社会工作者和参与者在共同的行动中不断合作，在妈妈故事会成员中营造相互关心和和谐共处的氛围。

“在行动中研究，在研究中反思，在反思中进步”，笔者运用行动研究方法指导妈妈故事会根据具体情况灵活应变，不断与“同频妈妈”在参与中交流，制定符合她们需求并解决问题的策略与方案，取得了较好的成效。

在需求评估阶段，笔者通过社区访谈对D社区内的年轻妈妈育儿情况进行了解。在对调查结果进行初步分析和描述后，笔者归纳整理得到社区3~6岁幼儿的年轻妈妈的需求，分别是亲子互动与社交的需求、育儿知识与技巧的需求、育儿支援和社会资源的需求、得到情感支持缓解育儿焦虑和压力的需求。这是行动研究的基础，为下一步“在行动中研究”奠定了基础，也提供了实践背景。

在行动计划制定阶段，也就是“在行动中研究”，笔者对D社区“同频妈妈”的需求和实际情况展开分析后，开始与社会工作者、居委会主任、社区积极分子制定具体的行动方案，商讨决定组建妈妈故事会，从妈妈和小朋友的角度出发，首先制定适合3~6岁幼儿的亲子互动活动方案，组织举办针对母亲的育儿分享会，以此吸引更多有需要的社区“同频妈妈”参与进来，壮大妈妈故事会成员队伍，不断丰富育儿资源和扩展信息渠道，解决妈妈们的育儿问题并满足其需求，让行动任务慢慢变得更加明朗。

到了“在研究中反思”行动规划的推动阶段，笔者制定的干预计划主要有：搭建服务平台——D社区妈妈故事会、开展育儿沙龙活动、让社区的“同频妈妈”共同参与育儿过程和轮流助力活动的规划和设计，同时聚焦孩子的教育和育儿的知识议题，完成各种具体行动任务。在每期活动的开展中，笔者同社会工作者、参与者一起，不断反思和总结活动的内容，制定下一步的行动计划，在此过程中笔者也对参与过程和情况进行了观察。

在行动反思阶段——这个阶段是很重要的“在反思中进步”，不管是活动的目标还是研究的目的都是得到收获和进步，这才是实践和研究的意义所在。笔者在社会工作干预的过程中，逐渐看到了孩子们及其家长的收获和改变，她们的参与热情和频率都有很大的提高。笔者通过对行动的总结和反思，努力实现在没有社会工作者的干预和介入的情况下，这个“同频妈妈”自组织也能持续并良好地运行下去。笔者认为，社会工作者助人变成受助人自助，这也是社会工作最基本和最重要的理念。

参考文献

[1] 金歌. 中国妈妈"焦虑指数"报告发布,看哪座城市妈妈最焦虑?[EB/OL].(2017-05-12)[2020-02-29]. http://news.youth.cn/sh/201705/t20170512_9746106.htm.

[2] ASHER H B, RICHARDSON B M, WEISBERG H F. Political participation: an issc workbook in comparative analysis[M]. Frank-fur: Campus Verlag. 1984.

[3] 冯敏良."社区参与"的内生逻辑与现实路径:基于参与—汇报理论的分析[J]. 社会科学辑刊,2014(1):57-62.

[4] KAHNEMAN D, TVERSKY A. Prospect theory: an analysis of decision under risk[J]. Econometrica, 1979, 47(2): 263-292.

[5] 夏林清. 由实务取向到社会实践:有关台湾劳工生活的调查报告(1987~1992)[M]. 台北:张老师出版社,1983.

[6] 夏丹. 城市青年社区参与的社会工作实践研究:以上海市H社区为例[D]. 上海:华东师范大学,2016.

[7] 黄鲜鲜. 大学生志愿者参与社区服务能力建设:基于行动研究方法[D]. 西安:西北大学,2018.

[8] 田栋天. 我国学前儿童亲职教育研究[D]. 成都:四川师范大学,2011.

第十八章 医务社会工作

医务社会工作在海外已经成为医疗制度的重要环节。它可以帮助病人正视突然降临的疾病，消减恐惧、恍惚、焦虑乃至沮丧和绝望的消极情绪；协助病人配合医疗过程，减少和消除不良情绪反应，尽可能恢复机体功能和社会功能，增强病人对未来生活的信心；建立和完善病患与医护人员的良好关系以及医院的医疗秩序；等等。

一、医务社会工作概述

医务社会工作在西方作为医疗制度的组成部分，长期以来对医疗体制的进步具有重要的推动作用。

（一）医务社会工作的概念和服务功能

1921年，浦爱德女士在北平协和医院创立了社会服务部，开展医务社会工作服务。在长达几十年的实务中积累的宝贵经验，如"助人自助"的核心理念、分类经济救助、有效督导制度、深入的随访制度和完整的案主生态系统等，对当今医务社会工作仍有重要的借鉴意义。世纪交替之际，北京博爱医院、上海东方医院、华东医院较早引进社会工作者，或者设立"社会工作部"开展医务社会工作，或者为晚期癌症病人提供医务社会工作专业服务。2012年12月，上海市卫生局颁布文件，在三甲医院设立"社会工作部"，由此推动了上海医务社会工作的蓬勃发展。但就全国范围而言，有关医务社会工作的实务、理论概括和学术研究都十分缺乏。本书对医务社会工作的概念的界定，参照了境外的有关资料，认为医务社会工作主要是指配合医护人员的工作，从事预防、医疗和伤残康复等职业，运用社会工作价值理念与专业方法来协助病人解决有关社会、经济、家庭、职业、心理等问题，以提高医护人员医疗成效的专业服务活动。

从中国香港、中国台湾等地以及国外的实务经验来看，医务社会工作一般具有下列功能：适当地利用社会资源；与社区保持密切的联系；以助人的行动影响病患或院方的处置与决定；恢复患者的各种社会功能；增加对医护人员的教学活动等。这些都属于专业性的功能。

（二）患者的需要和医务社会工作的服务内容

医务社会工作是针对患者的问题和需要而产生的，因此医务社会工作提供的服务必须以针对或满足患者的要求为前提。图 18－1 列举了患者在疾病及治疗期间的各类问题或需要，以及与此相对应的医务工作所提供的专业服务。

心理/人际关系
- 拒绝接纳自己的病及产生的障碍；
- 情绪困扰/惶恐/失望/沮丧/愤怒；
- 沟通困难/表达障碍；
- 家人排斥及远离；
- 家人表达关怀的障碍

心理支援服务
- 病人/家人辅导；
- 互助小组；
- 辅导小组；
- 处理压力方法训练；
- 沟通/表达技巧训练；
- 经验分享；
- 热线电话

就业/社会关系
- 工作能力障碍；
- 就业困难；
- 医疗开支；
- 经济困难；
- 朋友不接纳及疏离；
- 社会歧视；
- 社交支援解体

社会支援服务
- 病人就业政策；
- 就业辅导及训练；
- 社会教育及宣传；
- 经济援助；
- 病人基金；
- 义工训练及协调；
- 社区支持网络；
- 家务助理；
- 社区康复护士 ·

医护关系/康复
- 病者及家人缺乏病理常识；
- 缺乏家居护理知识；
- 各种身体功能障碍；
- 家庭缺乏照顾能力；
- 与医护人员沟通困难

医护康复服务
- 病人资源中心/图书馆；
- 候诊室的教育辅导服务；
- 疾病常识讲座；
- 自理/家居护理训练；
- 家居康复训练；
- 住宿/护理/安老院舍；
- 辅助仪器/家居改装；
- 医生会见患者家人；
- “新症”辅导/讲座

图 18－1 患者的需要和医务社会工作服务

（三）医务社会工作的历史和发展

医务社会工作起始于 18—19 世纪的英国和美国。

1. 英国的医务社会工作起源

在16世纪，施赈者在医院从事济贫工作；1885年，由罗查理爵士和蒙地菲上校向上议院提出报告；1895年，伦敦皇家医院设有免费医疗点，施赈者以个案工作方法解决患者问题。

2. 美国的医务社会工作肇始

在殖民时代采用《伊丽莎白济贫法》，教会扮演救济和社区照顾的重要角色；18世纪，医院建立，许多救济机构均设病房及疗养院；1893年，纽约亨利街贫民区有邻居探病，提供护理救助；1894年，纽约研究所医院首聘社会工作者；1905年，马萨诸塞州州立医院在卡博医生的提倡下，正式成立了医院社会服务部，聘请专业社会工作者提供服务，催生美国现代医疗社会工作制度的诞生（Laroque and Daley，1956）；1918年，芝加哥诊所设立社会工作部，全美医院社会工作人员协会成立；1951年，全美社会工作人员协会为医务社会工作下定义；1971年，全美有25 000名社会工作者，20年间增加了6倍。

在经过“医务社会个案工作”“医院社会工作”“健康照顾社会工作”（health care social work）等多个发展阶段之后，目前在西方已经形成了在医务及相关领域为服务对象提供专业服务而产生的一套相对规范的价值理念、服务模式、服务流程和工作方法，即医务社会工作实务模式（刘继同，2008）。其主要内容包括：① 健康照顾处境分析与间接医务社会工作实务模式；② 跨文化与文化敏感的实务模式；③ 健康促进与健康教育模式；④ 基本生活和生活保护模式；⑤ 一般性与特殊性医务社会工作实务模式；⑥ 整合型实务模式；⑦ 侧重精神分析和心理治疗的模式；⑧ 医疗机构中医疗照顾为主的服务模式；⑨ 医疗服务过程与连续性服务模式；⑩ 注重服务对象共同需要与为服务对象增能赋权的发展模式；等等。

纵观医务社会工作发展的历史，我们可以发现它经历了以下三个阶段。

（1）从医师的附属到合作及相互教育

早期医院中的社会工作部门都是由医生做主管，而财力支持则多来自社会资源；医务社会工作的发展决定于医师及行政管理人员，个案也经过他们转介而来。美国麻州州立医院在1914年（社会工作部门成立近十年）才准许社会工作者进入病房，并只服务医师转介的病人。社会工作者在医师的权威下与医师合作，并致力于参与医学院的教育，同时社会工作者也用一些个人关系影响医师的转介、提升社会工作的地位。

（2）管理权转移至医院行政主管

由于机构逐渐负担不起医务社会工作者的经费，因而社会工作部门的管理权逐渐转移至医院。

（3）社会工作领域的扩大

进入20世纪60—70年代，医务社会工作队伍的规模不断扩大，社会工作的领域不断拓展，主要集中在：① 对社会危机的处理；② 对研究的注重；③ 医务社会工作知识的不断增加;④ 医务社会工作者的角色由附属并服从于医师转为“减轻疾病对病人的影响”。社会工作者对疾病造成的社会心理因素有更多的了解,在医院中扮演了越来越重要的角色。

3. 中国医务社会工作发展历史

1921 年,我国医务社会工作萌芽于北京,但自中华人民共和国成立尤其是 20 世纪 50 年代开始实行计划经济后,政府工作人员代替社会工作者行使了大部分社会福利组织的职能,我国医务社会工作发展中断。改革开放后,医务社会工作在上海、北京、广州和深圳等地逐渐恢复。2000 年,上海东方医院成为国内首家挂牌成立医务社会工作部的医院。2004 年,上海市儿童医学中心成立了医务社会工作部,之后徐汇区中心医院、上海市复旦大学附属肿瘤医院等医院的社会工作部也先后设立。2007 年,卫生部人事司在有关研究报告中提出,全国所有二级以上的医院都应该设置“社会服务部”或“社会工作部”,而设置的方式(新建、合并、重组或改造)则可以根据医院的实际情况进行选定。这一举措推动了越来越多的医务社会工作部的成立(卫生部人事司,2007)。2010 年,上海医务社会工作者逐渐尝试新的服务领域,在舒缓疗护科室为患者提供临终关怀、疼痛管理等。

面对实际需要的不断增长,2012 年,上海市卫生局颁布了一项具有里程碑意义的文件——《关于推进医务社会工作人才队伍建设的实施意见》,部署“十二五”期间医务社会工作的相关工作,提出建立一支专业化、职业化的医务社会工作人才队伍,并在一些综合性医院和专科医院进行医务社会工作试点,医务社会工作者持证上岗率达到了 50%。由此,争取在上海初步形成医务社会工作者管理机制和工作格局,逐步建立和完善医务社会工作者人才培养、管理、评价、流动、激励等一系列制度,推动上海医务社会工作全面而深入地开展,逐渐形成了多种不同的医务社会工作实务模式,上海市医务社会工作开始逐渐向制度化、规范化的方向发展。

二、医务社会工作价值和实务模式

医务领域中的社会工作和其他领域中的一样,都需要坚持和信守专业的价值理念——所有领域社会工作的灵魂。

(一)医务社会工作价值

医务社会工作和其他领域里的社会工作同样都十分注重价值和伦理。同时,医务社会工作的服务对象具有诸多特殊性,故而医务社会工作的价值和伦理具有更重要的地位。医务社会工作的价值由以下三个部分组成。

1. 基本价值

基本价值包括个人的尊严与价值、潜能的发展、案主自我决定、资源的充分应用和社会正义。

2. 特殊价值

特殊价值体现在以下方面：赋予整体医疗的权利；使用现有医疗资源；提高生活品质的要求，而不是只延长寿命；开展照顾、护理与适应的研究；强调社会健康。

3. 对案主个人价值的重视

对案主个人价值的重视表现为案主意愿的表达、案主的需要与目标、对其他人的保护与考虑。

（二）医务社会工作的实务模式

医务社会工作在具体的服务过程中会运用许多实务模式，限于篇幅，这里仅介绍其中三种最为常用的模式。

1. 问题解决派实务模式

问题解决派个案工作于20世纪50年代由波尔曼提出。该派着眼于当前问题，评估问题产生的原因，协助案主增强解决问题的动机，增强其利用资源与解决问题的能力。总之，它以当前问题解决的过程为重点，借此以提升案主能力和恢复自我功能。

问题解决派（Perlman H H, 1957）认为，人生本是一连串问题解决的过程，每个人实际上都已具备解决问题的能力与惯用的模式。向机构求助的案主，常是因惯用的问题解决模式无法有效处理问题。其原因主要有：① 动机不足。被转介的个案或许因为情绪作用，如焦虑、恐惧、矛盾等，或对问题严重性认识不清，否认或淡化问题，而缺乏解决问题的动机。② 能力不足。或许受情绪影响，案主原有能力无法施展，或因问题解决所需的认知、判断、行为能力超过其原有能力而无法解决问题。③ 缺乏问题解决所需要的机会或资源。每个人掌握社会资源的能力不一样，获得社会支持的程度也不同，如果解决问题所需的资源非案主能力所及，就有可能产生社会问题。

对此，社会工作者可以从以下三个方面着手改变案主的境况：第一，引导案主增强求变动机，降低其在改变中的焦虑与恐惧感，进而充分发挥自我功能以解决问题。第二，调适案主的情绪、智力、行为，增强其解决问题所需要的感觉、理解、判断及认知等自我功能。第三，寻求解决问题所需的资源或机会，协助案主获得改变所需的环境条件。

问题解决派认为，个案工作有四个重点，即4P：① 个人（person）。问题解决派视个人人格为一开放系统，不断地接受外界刺激并做出反应，同时修正原有的人格体系，所以个人是可以不断改变和成长的。社会工作者必须对案主的个人系统加以评估，包括生理功能、认知功能、行为功能、社会文化背景动机及环境等，以正确诊断现有问题与个人因素间的关系，并帮助社会工作者明确协助的方向与途径。② 问题（problem）。案主和社会工作者一起界定需要解决及澄清的问题。③ 地点（place）。运用个案等方式来协助案主建立组织和机构。④ 过程（process）。以建立专业关系为基础，以专业评估为诊断分析工具，采取正确的协助策略，最后评估协助的效果。

2. 行为修正派实务模式

（1）行为修正派的基本观点

行为修正治疗模式经常强调不以动机、需要、冲动等来解释行为；强调环境、情境和社会等因素对行为的影响作用；行为可以通过学习来改变；矫正的重点放在已经习得或需要再学习的行为上；所谓不正常行为的学习过程和正常行为的学习过程是相似的；不正常行为的界定与社会规范有关。

（2）增强或削弱行为

行为修正治疗模式经常会使用下列治疗技巧：① 增强，包括社会性增强（如语言或非语言的赞赏）、东西或活动的增强（如奖品或某项特权）、积点增强（如代币等）。② 削弱，包括短暂隔离（如面壁思过、禁止外出）、消除法（不使用会强化不良行为的增强）、对抗法（如与不良行为对抗的其他行为等）。

（3）行为矫治的步骤

行为矫治是行为修正学派主要的工作过程之一，步骤是：选择一个希望改变的目标行为；对目标行为做记录并画出图表；建立目标，改变行为的模式和结果；评估图表并根据需要加以改变。

3. 危机调适理论

危机调适理论或治疗模式也常常被运用于医务社会工作领域中，它主要有以下一些内容。

（1）危机的含义

巴瑞德和卡布蓝（Parad H J and Caplan G，1960）认为，危机是一个突然的转折点，当逼近这个转折点时，紧张度骤然增加，从而刺激了个人前所未有的潜能，或者个人能力失效而不知何去何从。危机是由于危险或高度紧张的生活事件干扰了个人原有的稳定状态，使人感到不安，而解决问题惯用的方法又一时难以应对，因而当事人必须发展新的方法或寻求协助才能解决问题。但无论如何，危急情况总会对当事人（个人或家庭）造成心理负担与压力，有的当事人适应不良甚至会有自杀的倾向或行为。

（2）危机的过程

① 冲击阶段。

② 退却阶段。

③ 适应阶段。

（3）危机的种类

① 发展性危机，包括婴幼儿期、青春期、中年期、老年期。

② 意外性危机，包括人际关系的危机、环境的危机、死亡的危机。

③ 病人可能面临的危机，包括疾病或伤害引起的危机、住院引起的危机、处理过程所引起的危机等。

（4）危机的调适

① 前提。任何人都可能发生危机；危机期间个人特别容易受到外界影响。

② 原则。第一，有限的时间（短期内解决，四至六周）。第二，主动与直接的方式（社会工作者采取主动直接指导的方式介入）。第三，有限目标（设定短期可完成的目标）。

③ 步骤。尽快建立信任的专业关系；了解造成危机的因素或原因；帮助案主认识问题；与案主讨论可行的方法；鼓励尝试新的方法；转介转案结案；追踪。

三、医务社会工作方法

（一）医务个案工作

1. 医务个案工作的概念和过程

医务个案工作是指在坚持社会工作的价值伦理的基础上，充分运用社会个案工作的专业知识与技巧，协助服务对象寻找问题所在，帮助其克服困难，从而恢复其基本功能的专业服务活动。医务个案工作的要旨和重点在于了解患者及其家属和与疾病相关的各种社会、经济、家庭、情绪等问题，通过会谈，收集资料，予以综合分析，找出问题症结，给出社会心理诊断，再针对问题进行具体分析。

医务个案工作的过程与社会个案工作的过程或社会工作一般介入模式的流程相同，只是内容有所不同而已。

（1）与案主接触前的准备工作

阅读医学书，向有关医护人员咨询，以了解必需的医疗知识；熟悉医疗保险条例、社会救助条例、社会保障条例、劳动保险法等法律法规，了解有关政策及规定；学习和掌握心理学有关理论，以便了解服务对象的行为、感觉和需要；发展自我敏锐性，时刻觉察自己对服务对象的感觉以及可能有的任何偏见及刻板印象。

（2）在遇到案主系统之前

阅读病历，了解案主的基本资料；与案主的转介来源方会谈；进行高危个案筛选。“高危险筛选”指标可以根据各个机构的性质和可以运用的资源自行制定。

（3）与案主会谈

接案会谈的核心任务之一是收集更多的与案主有关的信息，所以社会工作者除了运用同理心、建立关系、表明协助意愿以外，还应收集案主转介的原因和基本资料，诊病经过，案主及其家属对该疾病的认识与态度，案主的家庭背景、家庭结构、互动关系、经济和资源体系，案主及其家庭目前所遭遇的问题及成因、该问题对案主及其家庭的影响情形，案主及其家庭为解决该问题曾经尝试使用的方法及其效果，未来计划使用的方法及其主要执行者，对社会工作者及其单位的期待和要求。

在会谈中，尊重、温暖与关怀的表达，音调的控制，面部表情，肢体语言的运用与掌握，澄清、反应、面质等技巧，都需要社会工作者熟练地加以运用。

（4）目前问题的评估

① 社会工作者与案主一起列出问题。

② 排定问题的轻重缓急和优先次序。

③ 进行社会心理诊断。

（5）订立服务协议

服务协议是社会工作者与案主对于标的问题、目标、处置的策略，以及个人的角色、任务有一个共同的认定后形成的文本。通常服务协议（合约）的内容主要有：标的问题（不超过3个）、特定的案主目标、案主的一般任务、参与者的一般任务、介入的期限、会谈的时间安排、预期的介入、其他参与介入的人或团体。

（6）介入

介入常用的技巧包括运用同理心、支持、澄清、面质和资源运用。

介入的原则包括：避免抽象，具体而专注于特殊的行为将会更有效；避免与医生或家中任何一个人结盟而放弃客观中立的立场；避免就深奥哲理进行争论；重视当前，淡化过去；避免冲突的尖锐化；具有弹性和灵活性。

（7）转介和结案

结束期的三大任务：探讨结束的感觉；重新回顾和确认已经获取的成果；指出未来的方向。

结案前，社会工作者应该与案主讨论，对其情形加以评估，使其有心理准备，并允许必要时重新开案协助。结案时，社会工作者还要在记录中记下结案日、结案情形、案主的反应、未来还需努力的地方等。通常结案的条件如下：案主的主要问题已经得到解决；问题的处理暂告一个段落，案主及其家属显然已有能力自行解决问题；剩下的问题不属于服务范围，应由其他机构提供帮助，且已经基本安排妥当。

2. 医务个案工作流程

医务个案工作的过程也符合一般介入模式所描述的过程，基本上也是从转案/接案开始到结案或跟进服务结束，图 18－2 在突出个案工作流程的共性之外，也让我们对医务个案工作流程的特殊性和工作侧重点有了一个大致的认识。

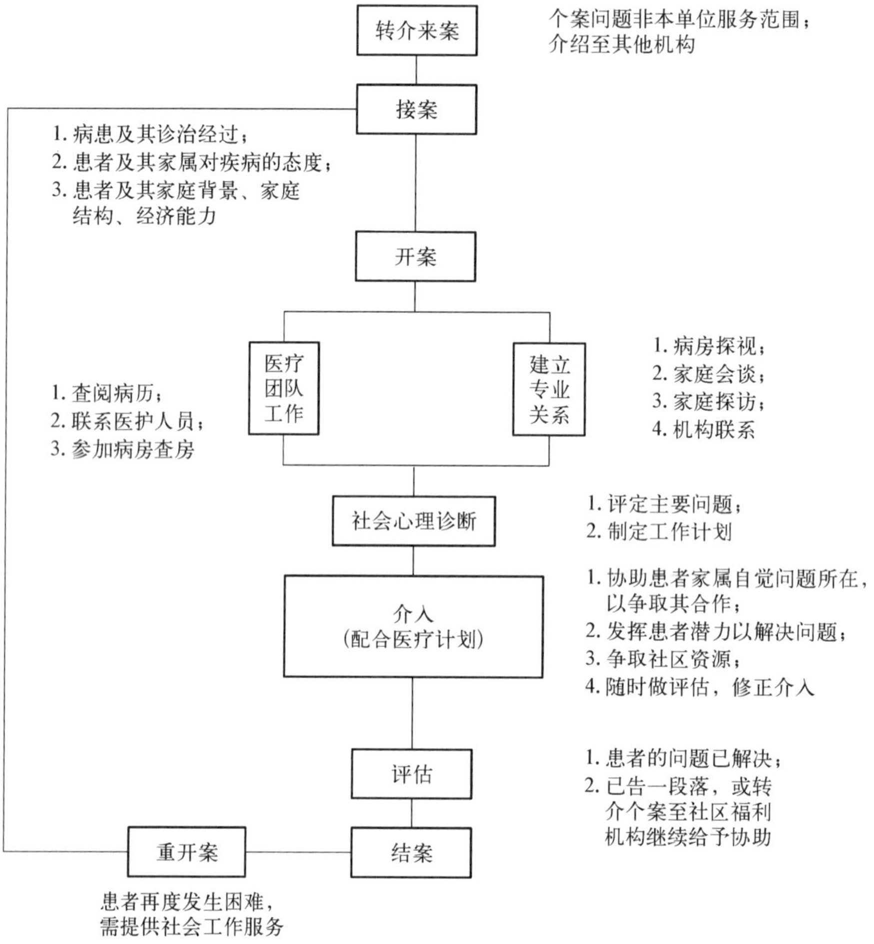

图 18－2　医务个案工作流程

（资料来源：秦燕，1996）

3. 个案记录和医务个案工作介入归类

（1）个案记录

记录的目的主要体现在：作为社会工作服务的资料；作为评估社会工作服务效果的依据；保护个案介入过程的关系人；作为转案、照会和个案讨论的依据；作为督导的依据；作为机构评估服务功能、成效及政策制定的参考。

个案记录的主要形式包括：第一，过程式记录，经常于个案研讨和督导时使用。记录的主要内容有基本资料，会谈的内容，描述双方任何口语与口语行为，会谈者的感受与反应，对会谈的内容、会谈者的观察和分析性思考，诊断性摘要，未来的服务计划。第二，问题取向式记录，是在个案工作中最为常用一种记录方式，简称 SOAP 记录。其中，S（subjective）表示主观因素，O（objective）表示客观因素，A（assessment）表示诊断与评估，

P(plan)表示计划。第三,摘要式记录,常用于结案和转案。这是通过明确的大纲与标题,将收集来的资料和对案主问题的探索、分析及服务概况予以记载的方式。

通常情况下,个案工作记录要填写以下内容:案主基本资料;介入计划(就初步接案后的评估,制定短期介入计划);病情资料(包括住院和出院日期、科别、病房号、诊断、医护人员,随着治疗进程而与医护人员不断沟通后制定的治疗计划及预后)。

负责的社会工作者应继续就病人的问题,以会谈或病房探视、电话、信件或家庭探访等方式予以协助;协助期间,社会工作者应就重要资料、问题处理进度,在病历及本组个案记录中随时记录,并与医护人员进行密切联系。

结案前社会工作者应与案主讨论,对其情形加以评估,使其有心理准备,必要时重开案协助,并在记录中记下结案日,问题栏内结案情形按实填写。结案后,将个案相关文件资料以贴纸贴好,依病历号次序和其他记录一起存档。

为了方便个案记录,国外的大多数社会工作机构都备有已经设计好的社会工作个案记录表以供填写。表 18 -案 1 是一份样本,仅供国内的医务社会工作者和相关人员参考。

表 18-1 社会工作个案记录

<table>
<tr><td colspan="3"></td><td>开案日</td><td>结案日</td><td>工作中</td><td>转介来源</td><td>转介原因</td></tr>
<tr><td colspan="3">地址</td><td></td><td></td><td></td><td></td><td></td></tr>
<tr><td colspan="3">电话</td><td></td><td></td><td></td><td></td><td></td></tr>
<tr><td colspan="3">联系人</td><td></td><td></td><td></td><td></td><td></td></tr>
<tr><td rowspan="7">问
题</td><td>发生时间</td><td>代号</td><td colspan="3">问 题 叙 述</td><td colspan="2">结案情形</td></tr>
<tr><td></td><td></td><td colspan="3"></td><td></td><td rowspan="6">1. 解决
2. 改善
3. 未改善
4. 无法评估</td></tr>
<tr><td></td><td></td><td colspan="3"></td><td></td></tr>
<tr><td></td><td></td><td colspan="3"></td><td></td></tr>
<tr><td></td><td></td><td colspan="3"></td><td></td></tr>
<tr><td></td><td></td><td colspan="3"></td><td></td></tr>
<tr><td></td><td></td><td colspan="3"></td><td></td></tr>
<tr><td>家庭及经济状况</td><td colspan="7"></td></tr>
</table>

续 表

日 期	处 置 与 计 划	代 号

<table>
<tr><td rowspan="7">病情资料</td><td>入院</td><td>出院</td><td>科别</td><td>病房</td><td>诊 断</td><td>医 师</td></tr>
<tr><td></td><td></td><td></td><td></td><td></td><td></td></tr>
<tr><td></td><td></td><td></td><td></td><td></td><td></td></tr>
<tr><td></td><td></td><td></td><td></td><td></td><td></td></tr>
<tr><td></td><td></td><td></td><td></td><td></td><td></td></tr>
<tr><td></td><td></td><td></td><td></td><td></td><td></td></tr>
<tr><td colspan="6">治疗与计划：</td></tr>
</table>

资料来源：秦燕，1996。

（2）医务个案工作介入分类

医务个案工作介入主要可以分成以下几大类：① 协助病患了解病情或医疗计划，包括协助病患了解及鼓励接受病情和医疗、治疗计划安排、伤残咨询。② 出入院安置计划，包括居家照顾安排；出院、转院安排联系暂时性安置、长久性收容；住院安排联系。③ 适应医院环境和规定，包括协助利用有关设备及资源、协助了解医院相关规定。④ 家庭关系建立和改善的咨询。⑤ 经济扶助，包括申请社会救助、慈善基金、困难补助、减免医疗费用和住院费用；帮助申请医疗保险基金；申请义务看护；请求义诊；组织募捐活动等。⑥ 转介及资源运用，包括转介人力资源运用、转介财力资源、转介相关单位及机构、器材资源运用、咨询资源运用（法律顾问、保险等）。⑦ 情绪辅导、行为矫正。⑧ 协调医疗关系，包括病患、家属与医疗团队以及医疗团队之间的关系。⑨ 其他，包括诊断评估问题、关心探访、院际合作等。

（二）医务小组工作

1. 医务小组工作的概念和过程

医务小组工作就是指运用社会工作中小组工作的方法，将患者及其家属组成团体，通过社会工作者的引导、小组成员间的经验分享、情绪的支持和相互讨论的过程，最终协助病患及其家属解决问题和恢复正常功能的专业活动。

医务小组工作的过程大致可以划分为计划、组织、进行、结束四个阶段，每个阶段都有不同的重点（详见图 18－3）。

计划阶段	1. 确定目标人口； 2. 团队合作的评估； 3. 提报计划审核
组织阶段	1. 选定负责人； 2. 与潜在成员会谈，了解其动机与需求； 3. 约定小组的进行要素
进行阶段	1. 活动予以记录，与督导讨论； 2. 定期评估并作计划
结束阶段	进行成果评估包括： 1. 目标实现； 2. 活动计划； 3. 社会工作者技巧

图 18－3　医务小组工作流程

2. 医务小组的种类与目标

医务小组工作虽然遵循一般的小组工作的原则和要求，但也有一些特殊性，比如在小组的组成方面，最常见的医务小组有以下四种类型。

（1）教育性小组

这类小组成立的目的在于知识的传输、发展成员共同兴趣；通常用来帮助病患准备住院、手术或其他形式的治疗，或提供疾病健康知识、治疗过程、病患及其家属配合的方法和途径。医生与护士多为此类小组的主、副领导人，小组领导人还会协助病患适应知识灌输后的情绪反应。由于情绪问题与人际困扰会阻碍教育信息的传递，因而社会工作者需要在认知与情绪之间帮助患者平衡与协调。

（2）治疗性小组

这类小组的目标在于协助病患改变社会心理功能；处理个人或家庭危机。此时小组通过立即认定紧急事件，并提供各种解决途径，给予个人帮助和支持。

（3）自助小组

这是由患有相同疾病的患者及其家属或是相同背景的成员组成的，针对某种行为进行矫治的团体，如戒烟、戒酒、减肥团体或疾病适应、情绪支持的团体，如癌症患者俱乐部、糖尿病友俱乐部等。在小组成立初期及推动阶段，社会工作者、医护人员扮演组织指导的角色，等到小组运行顺畅后，则慢慢变为顾问协助。

（4）社会改变小组

这类小组的目标在于改变团体外的社会环境，试图寻求病房、制度或社区的改变，如病友之家的定期小组会议。

3. 小组计划书

医务小组工作计划书和其他领域的小组工作计划书一样，一般都包含了理念、理论、目标、活动内容设计、经费预算等十个部分，本书其他章节已有详尽叙述，此处不再赘述。

为了更好地说明医务小组工作的开展情况，本节特意辑录了中国台湾某医务社会工作机构所做的工作（秦燕，1996），以资参考。

社会工作实例——医务小组工作

一、理念

中国台湾中部地区的乳癌病患日益增多，多数病患对乳癌缺少充分了解，在经历诊断确定与接受治疗的过程后，常常出现恐惧、适应困难与长期忧虑自身健康的现象。这对病患及其家属的心理造成了极大压力，他们甚至可能失去信心，影响个人健康与家庭生活。

本院充分认识到乳癌病患的困难与需要，曾经在1993年11月14日举办“乳癌病友和家属座谈会”，参加的病患及其家属近200人，出席人员中的97%以上认为，座谈会在提供有关疾病与保健知识方面对病患及其家属有相当大的帮助，并且肯定成立自助小组的必要性。

经进一步联络，本院于1994年1月7日邀约部分热心病友讨论成立自助小组的可行性，希望病患及其家属能介绍个人的心路历程与经验，帮助自己也帮助别人，同时由本院医护与社会工作者配合，提供专业服务及辅导，协助乳癌病患能以更健全的心理面对疾病，促进个人健康和社会生活水平提高。

二、目标和目的

第一，结合病友的经验与力量，互相关怀鼓励，树立正确积极的态度，共同面对疾病。

第二，经由医护工作人员提供专业知识，提高病友对疾病与保健的认知水平。

第三，以小组工作的形式协助病友及其家属，在心理、情绪、家庭生活和社会环境的压力中得到适当的疏解与调适。

三、会员资格

下列病友经完成入会申请手续，并缴会费后，可以加入本俱乐部成为会员：

第一，曾经在台中总医院接受治疗的乳癌病友。

第二，通过本会会员介绍曾接受乳癌治疗的病友。

入会费500元，入会后不再收取年费。

四、活动计划

会员大会每年召开一次，干部会议每3个月召开一次，医学讲座每年安排两次，专题与新知识介绍每年安排两次，郊游联谊活动每年举办一次（见表18－2）。

表18－2　1994—1995年度活动内容

日　期	星　期	活　动	名　称	地　点
1994－6－18	日	会员大会		医院讲堂
		医学讲座	如何预防乳癌的复发	
		专题演讲	装扮自己，穿出美丽	
1994－7－12	三	新病友讲座会（第四次）		医院社工室
1994－8－30	三	开怀俱乐部干部会议		医院会议室
1994－9－16	六	医学讲座	乳癌医疗新知——干细胞移植	医院讲堂
1994－10－11	三	新病友座谈会（第五次）		医院社工室
1994－11－29	三	开怀俱乐部干部会议		医院会议室

续 表

日　期	星 期	活　动	名　称	地 点
1994－12－17	日	岁末联谊交游		西湖度假村
1995－1－17	三	新病友座谈会(第六次)		医院社工室
1995－2－28	三	开怀俱乐部干部会议		医院会议室
1995－3－10	日	生活讲座	吃出健康	医院讲堂
1995－4－10	三	新病友座谈会(第七次)		医院社工室
1995－4－28	日	医学讲座	认识癌症	医院讲堂
1995－5－26	日	产后知识讲座	夫妻爱·亲子情	医院讲堂
1995－6－5	三	开怀俱乐部干部会谈		医院会议室
1995－6－23	日	会员大会及医学讲座		医院讲堂

（三）医务社区工作

1. 医务社区工作的概念和形式

医务社区工作就是指把医院的资源和社区的资源，通过社会工作者有机地联系起来，并运用社会工作的理念和方法，把这些资源输送至有需要者，从而推动医院及社区相关层面的协调和更好地开展专业活动。

根据上述定义，医务社区工作的具体形式主要有：一是义诊，如与基金会合作的儿童烫伤义诊、唇腭裂义诊，医院主办的偏远地区或邻近地区义诊。二是社区保健活动，如社区内的医疗讲座。三是咨询与协助，如咨询电话、社区运动会所提供的医疗人员或医疗服务。四是在社区中设立中途之家、庇护工厂等。

2. 社会工作者在医务社区工作中的角色与作用

在医务社区工作开展过程中，专业医护人员的参与和配合十分重要，但社会工作者同样不可或缺，其角色与作用主要有：

① 关怀者：关怀社区民众的需求。

② 协调者：协调医疗团队之间、社会资源之间的分工合作和提供资源。

③ 咨询者：提供相关知识及资源的咨询。

④ 教育者：教导社区居民疾病防治知识和保健技巧。

⑤ 组织者：组织服务团队，提供有效服务，并进一步组织社区内的人力和资源，以持续提升社区的医疗保健水准。

⑥ 推动者：推动新的观念、方法和制度的建立。

⑦ 追踪者：持续关怀与追踪辅导。

⑧ 社会福利的执行者：宣传社会福利，协助社会福利的推行和社区居民的有效运用。

（四）医务社会工作的其他服务方式

除了个案、小组和社区三大服务手法以外，医务社会工作还有其他一些服务方式，如医务社会行政、志愿服务、安宁照顾、悲伤辅导等。

1. 志愿服务

（1）志愿者的定义和功能

志愿工作者是指在公共和志愿团体内，不接受报酬而贡献服务、参与各种社会福利活动的任何人士。

就医院的志愿者而言，其代表医院与社会对病人及家属提供关怀与帮助；拓展医院有意义的服务，增加与病患的沟通，促使员工改善态度；倡导志愿服务的精神，促进社会进步和谐。

（2）志愿者组织的行政程序

与其他领域的志愿服务一样，医院的志愿者组织也有一些基本程序：① 规划，包括志愿服务的目标和宗旨。② 组织，主要是指计划的制定等。③ 招募，包括海报张贴、报社和电台广告、学校和团体公文通知等方法。④ 面谈，通过社会工作者与资深志愿者当面谈话，了解志愿者的动机，帮助志愿者提高对志愿活动的认识。⑤ 安排，根据志愿者的意愿、能力来安排服务组别和值班时间。⑥ 训练，包括职前训练、见习、实习、在职训练。⑦ 服务督导，利用留言簿、工作日志、小组讨论、训练员经常沟通等方式来指导、改善志愿者的志愿服务。⑧ 评估和控制。⑨ 表扬、批评和奖惩。

2. 安宁照顾与缓和照顾

安宁照顾是一种缓解性和支持性的服务，是为即将死亡的病人及其家属提供生理、心理、社会和灵性上的持续照顾，又称临终照顾或善终服务。这种服务最初是一些善心人士为伤病旅客或朝圣者提供短暂休息的避难所。1967 年，西西里 · 桑德斯（Cicedy Saunders）女士在伦敦成立了圣克里斯多弗安宁院，成为第一所现代化的安宁院。20 世纪 70 年代，安宁照顾的概念在美国得以普及，至 1985 年美国已有 1 200 所安宁院。

安宁照顾的工作重点包括：情绪的疏导与支持；保持良好的沟通；愿望的实现；回顾与整合人生；对逝世病患的家人展开悲伤辅导；资源的运用。

近年来，“缓和医疗照顾”这个名词被普遍运用。根据世界卫生组织的定义，“缓和照顾”是指对不能治愈的病患采取积极的、全人的照顾，其目标在于确保病患及其家庭得到最佳生活品质。缓和照顾的关注点在于控制疼痛及其相关症状，减轻痛苦和增进剩余生命的品质。缓和照顾结合了心理和精神层面的照顾，让病患有尊严地活出自己的价值，并在其生病期间及逝世后为家属提供表达哀伤的各种支持。

3. 悲伤辅导

（1）悲伤的定义

悲伤是亲密的人过世或离开，或有其他重大的失落，造成个人心理和身体上的一些综合症状，它严重地影响个人的行为及社会关系。关于悲伤，弗洛伊德（1957）曾经指出了哀悼与抑郁两者共同的特质：痛苦、缺乏对外在世界的兴趣、失落了爱的能力、禁锢自己和不愿参加各种活动。学者利达曼（Lindeman E，1994）也指出，悲伤有生理上的痛苦、全神贯注于死者的形象、罪恶感、敌对的反应、失去以往的行为模式等特征，悲伤者可能会出现死者的特质。

（2）悲伤辅导

遭遇亲人逝世等不幸之事或经受重大挫折而陷入悲伤之中，这是人之常情，关键是要适度悲伤。因为病态的悲伤反应会对个体的身心健康以及未来的生活造成极大损伤，所以社会工作者就需要对当事人予以悲伤辅导。

悲伤辅导的目标和内容如下：① 协助当事人认识失落；② 帮助当事人界定并表达感情；③ 鼓励和帮助当事人在逝者去世后活下去；④ 将情感从逝者身上转移；⑤ 允许时间悲伤；⑥ 阐明正常的悲伤行为；⑦ 允许个别差异；⑧ 提供持续的支持；⑨ 检查现存的防御机制及调试形态；⑩ 界定病态行为并转介。

学者派克（Parker J S，2005）曾经认为，悲伤是一个过程，至少由四个阶段构成：① 麻木僵化，通常数小时至1星期。② 追思搜寻，1星期至3个月。③ 瓦解绝望，3个月至6个月。④ 重整阶段，6个月至两年。

因为悲伤有阶段性，所以辅导也有侧重点。社会工作者通常采用的悲伤辅导主要有两种形式：个别辅导和团体辅导。悲伤的个别辅导在不同阶段有不同的工作重点，包括麻木僵化期、追思搜寻期、瓦解绝望期、重整阶段。

对于悲伤，也可以运用团体辅导的方式开展工作，团体辅导的主要环节包括确定团体目标与结构；选择成员；界定期待；建立规范；形成领导模式；掌握团体动力，有效处理破坏性行为；检讨成效。

四、中国医务社会工作的发展和有关思考

（一）中国医务社会工作的发展状况

随着住院病患除治疗以外所面临的问题日益增多，如经济困难、病患家庭关系、病患照

顾者照顾压力和医护人员工作压力、医患矛盾、医疗环境中人文关怀元素等，均迫切需要在医疗体系中引入社会工作制度。20 世纪末，最早引进社会工作者的是中国康复研究中心北京博爱医院，其率先在医学治疗中启用社会工作者，为病患回归社会起到了举足轻重的作用。该研究中心的工作流程是：① 病患入院 48 小时内进入病房进行接案会谈；② 决定是否立案；③ 通过多次会谈进行社会诊断；④ 通过电话、公函或亲自上门，与病患问题有关的部门进行斡旋，这是社会治疗阶段；⑤ 最后结案，之后还有不定期的病患回访，形成长期的朋友关系。

进入 21 世纪后，我国医务社会工作率先在经济发达地区展开，例如：

- 2000 年，在浦东新区政府主导和大力推动下，东方医院、公立医院和梅园街道医院等 10 家医疗机构首先建立社会工作服务站，当时尚无专业的社会工作人员开展工作。
- 2001 年，李嘉诚基金会资助的新华医院宁养院由执业社会工作者开展临终关怀和哀伤辅导。
- 在赴香港观摩和学习医务社会工作，积极探索本土医务社会工作实务的基础上，2002 年上海东方医院启用了医务社会工作者，并且专门成立了医务社会工作组织——社会工作部，以处置病患及其家属的问题、增强病患对医院的适应能力、提供出院跟进服务和其他服务，成为 21 世纪首家建立“医—护—社”服务机制且开展志愿服务管理和提供专业社会工作服务的医院。
- 2003 年，北京朝阳医院聘用社会工作者以化解医患之间的矛盾。
- 2004 年，上海儿童医学中心设立社会工作部，由社会工作硕士研究生担任部门主任，并率先接受社会工作专业毕业生进入医院工作。接下来，徐汇区中心医院、上海市复旦大学附属肿瘤医院也相继设立了专门的社会工作部。
- 2008 年 10 月，深圳市民政局、深圳市卫生和人口计划生育委员会通过政府购买社会工作服务岗位，以第三方派遣形式聘请了深圳第一批医务社会工作，开启了医务工作服务发展的第一步。
- 2009 年，《中共中央 国务院关于深化医药卫生体制改革的意见》颁布，该文件明确提出，“开展医务社会工作，完善医疗纠纷处理机制，增进医患沟通”。
- 2012 年 2 月，《上海市卫生局关于印发〈关于推进医务社会工作人才队伍建设的实施意见（施行）〉的通知》发布，旨在大力推进上海各个等级的医院开展专业的社会工作服务，建设一支专业化、职业化的医务社会工作人才队伍，全面提升医疗服务质量，促进医患关系和谐发展。由此，上海的三甲、二甲医院积极引进医务社会工作的价值理念和服务手法，大力开展医院中的社会工作专业服务，包括志愿者服务、病患和医护人员减压服务、病患资源链接服务、病患入院社会评估和出院计划服务、病患及其照顾者社会支持服务、住院重症患者和晚期病患舒缓疗护和安宁照顾服务、逝者家属悲伤辅导等。随后几年中，几十家医院陆续成立社会工作部，致力于推动医务社会工作融入健康医疗服务，引入社会工作人才，在医疗情境中探索社会工作实务并积累了大量的经验。同年，上海医疗卫生系统在“质量万里行”和“等级医院评审”检查中首次将医院社会工作部的建立和开展社会工作服务纳入评价标准。

- 2013年，上海市卫生和计划生育委员会在《2013年上海市医疗机构“三好一满意”活动和“医疗质量万里行”活动联合督查评分标准》中，明确要求各医疗机构“根据本市开展医务社会工作的总体要求拟订实施方案，并将医务社会工作纳入常规工作”，“配置专职医务社会工作者，明确为专业技术岗位，专职医务社会工作者持证上岗”，“具备开展医务社会工作者活动的工作场所”，“积极参与全市医务社会工作者专业性推广宣教活动”等，进一步加大对医院实施医务社会工作的考核力度。政策的支持使得上海医务社会工作在制度层面获得合法性，目前医院也成为上海医务社会工作的主要服务场域。

（二）中国医务社会工作发展的思考

虽然最近20年来中国的医务社会工作尤其是东部地区的医务社会工作有了较快发展，但是对于国内医务社会工作发展的内涵、形式、性质及服务内容等仍有许多值得进一步思考与探讨之处。有一项研究以国内医务社会工作发展得最好的地区即上海的若干家医务为样本，根据独立性、专业性、综合性三个维度以及各项指标，尝试把上海市不同医务社会工作者实务模式概括为五种类型（马文博、范明林，2020），由此引发对国内社会工作发展的进一步反思。

1. 独立运行的医务社会工作实务模式

这类实务模式的特点是独立设置医务社会工作部，配置专职社会工作者。医务社会工作者遵循专业服务理念和服务方法，提供包括个案、小组、社区等多种形式的专业服务，服务过程不再局限于医院，而是延伸至社区，形成了多学科、跨专业的服务团队，除了开展专业服务，还进行社会工作专业的理论研究。

2. 以党务工作为主导的医务社会工作实务模式

此种类型的医务社会工作内容涉及精神文明建设、开展社区健康教育、爱心义诊、“中央八项规定”和“三严三实”要求下医院的党风建设和廉洁自律工作、患者满意度调研、医院开放日活动、全院的绩效考核、社区公益活动等，较少涉及甚至不涉及医务社会工作专业服务，开展的活动主要以党组织的工作文件为准，并且不设独立部门。

3. 以行政工作为主导的医务社会工作实务模式

此种模式的医务社会工作部主要负责医院的行政宣传工作，而医务社会工作者的一切工作都是以扩大医院的影响力、提升医院的知名度和树立医院的良好形象为出发点。例如，调查中发现某三甲医院医务社会工作部成立于2013年10月，具体的工作职能有：全面负责全院对外宣传的管理运行和组织策划；负责医院内部宣传阵地建设和管理运行，开展院内思想教育和文化建设工作；做好重大活动、节日、纪念日的医院环境的布置、设计与宣传品制作等工作；做好医院中长期品牌战略规划、做好标识维护工作，提高医院形象，优化患者就医流程；志愿者基地管理；心理援助中心服务管理；做好肿瘤医院专项基金日常管理工作；医务社会工作项目管理等。显然，在这种医务社会工作模式中，专业实务只占医务社会工作者工作极小的一部分，专业服务没有得到应有的重视。

4. 以志愿者为主导的医务社会工作实务模式

在这类实务模式中，服务的提供主体是志愿者，由医务社会工作者进行统筹和管理。具体的志愿者服务内容主要包括：门诊导医助医；病房探访；病友小组以及俱乐部活动；文化活动和服务，如定期有志愿者在门诊和病房进行各种形式的艺术表演等。显然，社会工作者的大部分时间和精力都放在对志愿者队伍的管理上，如招募、培训、组织、协调和激励，以及志愿服务内容的设计与实施等方面，而对专业的社会工作服务则顾及较少。

5. 过渡阶段的医务社会工作实务模式

过渡阶段的医务社会工作实务模式，是指工作内容正在以行政工作、党务工作为主向专业的医务社会工作服务转变，行政工作开始变少；聘用专职社会工作者，而非医护人员转岗，服务理念和服务方法也开始从传统的行政工作方式转变为专业社会工作且医务社会工作部门有独立的趋势。例如，研究发现某社区卫生服务中心中虽然医务社会工作者属于院办人员，仅有一名专业社会工作者，但在借鉴其他医院的医务社会工作实务经验的基础上，加之参与医务社会工作实务的相关学习培训、医院领导的支持和医护人员对医务社会工作的认同，以及不断地在医院里开展的社会工作服务实践，医务社会工作从最初接手志愿者管理、协助院长开展工作、撰写新闻稿等开始，至今已在开展医务社会工作实务方面取得了一定的成效，尤其是临终关怀、哀伤辅导、老年人及其家属小组工作的专业服务等已经形成特色。

上述开设医务社会工作服务的医院在国内尚限于部分地区，实际上病患住院在一定意义上已是弱势群体，他们有许多困难需要协助解决，有许多行为和情绪需要协助调整，有许多与医护人员、院方之间的关系需要协助沟通，更有不少病患在痊愈或出院后有许多发展性的需要希望得到满足。因此，在我国开展专业的医务社会工作实在是很有必要且十分迫切的。换言之，医务社会工作是我国最需要大力推展的社会工作实务领域之一。

不过，在我国推进医务社会工作需要深入思考以下两个问题：

第一，不能把医务社会工作的职责等同于现在医院里医政科的工作——主要是化解医患矛盾。其实,协调医患关系只是医务社会工作的一部分服务内容,还有其他同样重要的工作,包括病患的辅导和危机调适、病患间以及病患与家属之间关系的调整、病患资源整合服务、病患康复后的跟进服务等。专业医务社会工作的服务涵盖了补救性、预防性和发展性等社会工作的重要功能。

第二,医需务社会工作者不仅需要具备社会工作的专业知识和技能,还要知晓或掌握相关的医疗知识和护理知识,同时还需要较强的与特殊的服务对象沟通的能力、与医护人员协调的能力、为病人找寻资源的能力等。正因为医务社会工作与其他实务领域的社会工作相比具有更强的专业性,所以从事医务社会工作的工作者需要有更牢固的社会工作理念和更多样化的专业训练。

小　　结

医务社会工作是将社会工作专业方法运用于医务和健康领域的工作,其服务对象通常包括病患、家属及社区居民,有时也针对医务人员开展相关服务。

鉴于服务对象的特殊性,医务社会工作的实践要更加重视价值观和伦理问题。医务社会工作的价值包括基本价值、特殊价值和对案主个人价值的重视。在上述价值理念的指导下,医务社会工作者经常运用问题解决派的理论、行为修正派的理论、危机调适理论等来具体开展医务社会工作实务。

医务社会工作者在从事具体服务时经常采用个案工作、小组工作和社区工作的方法。医务个案工作的特殊性在于,要协助服务对象实现生理功能与社会功能的双重恢复。医务小组工作要重视将病患及其家属两类人群纳入专业服务之中,让他们在相互支持中实现小组计划的目标,恢复正常的社会功能。医务社区工作强调医院和社区通过联动共享资源,在社会工作者的推动下让有需要的人获取相应的支持和帮助。

此外,医务社会工作中的安宁服务在实践中的使用频率逐渐增多,越来越多的三甲医院等医疗机构引入此类服务,通过构建多学科团队来为即将死亡的病患及其家属提供生理、心理、社会和灵性多个层面的支持和照顾。安宁照顾和缓和照顾的出现,也反映了整个社会对病患生命尊严的重视和关怀。

参考文献

[1] LAROQUE P, DALEY S A. A survey of family-health and social workers in the two countries[J]. Population. 1956, 6(1): 169 - 170.

[2] 刘继同. 医务社会工作导论[M]. 北京：高等教育出版社,2008.

[3] 卫生部人事司. 中国医院社会工作制度建设现状与政策开发研究报告(摘要)[J]. 中国医院管理, 2007(11): 1-3.

[4] PERLMAN H H. Social casework: a problem-solving process[M]. Chicago: University of Chicago press, 1957.

[5] PARAD H J, CAPLAN G. A framework for studying families in crisis[J]. Social Work, 1960, 5(3): 3-15.

[6] 秦燕. 医务社会工作[M]. 台北: 巨流图书公司,1996.

[7] FREUD S. Mourning and melancholia[M]// Strachey J(ed). The Standard Edition of the complete Psychological Works of Sigmund Freud Volume XIV (1914-1916): on the History of the psycho-analytic Movement, Papers on Metapsychology, and Other Works. London: Hogarth Press, 1957.

[8] LINDEMANN E. Symptomatology and management of acute grief[J]. The American Journal of Psychiatry, 1994, 101: 155-160.

[9] PARKER J S. Extraordinary experiences of the bereaved and adaptive outcomes of Grief[J]. OMEGA-Journal of Death and Dying. 2005, 51(4): 257-283.

[10] 马文博,范明林. 医务社会工作实务模式探究: 以上海市七家医院为例[J]. 都市社会工作研究,2019(2): 81-103.

案例　叙事治疗视角下急性脑卒中患者焦虑情绪的社会工作介入

石　琳

一、案例及社会背景

（一）脑卒中的现状及危害

脑卒中作为一种位居全球第二、中国第一的致死性疾病，对全球居民的健康都产生了巨大威胁。统计数据显示，2018年我国城市居民中每10万名脑血管疾病患者中大约会有128.88人去世，约占疾病死亡总数的五分之一，是继恶性肿瘤、心脏病之后的第三大疾病死因。我国农村居民脑血管疾病死亡率为160.19/10万，占疾病死亡总数的21.17%，是继心脏病之后造成我国农村居民死亡的第二大疾病。由此可见，农村居民的脑血管疾病死亡率虽低于城市地区居民，但仍对我国居民的生命与健康产生巨大影响。在脑血管疾病中，对我国居民影响最大的是脑卒中，它包括脑出血、脑梗死等，而这些是脑血管疾病中致死率较高的疾病类型。虽然近年来脑卒中死亡率有所下降，但是脑卒中高危患病人群覆盖率较高。

（二）脑卒中患者的需求分析

脑卒中的症状是多方面的，生理上的症状包括单侧肢体无力、肢体疼痛、上肢屈曲、肩痛、足下垂、足内翻等，这些症状会导致患者口齿不清、进食呛咳、身体无法保持平衡、肢体活动受限。心理上的症状包括容易着急、闷闷不乐、缺乏信心等，长时间沉浸于这些心理状态中会导致患者对周围事物不感兴趣、缺乏积极主动性、生活中参与感下降。这些心理与生理状况导致脑卒中患者的总体症状负担较重，从而影响脑卒中患者的生活质量（石丹等，2019）。目前，我国为脑卒中患者情绪问题提供的服务，一是从药物方面介入，医护人员利用抗焦虑、抗抑郁、镇定等药物缓解患者焦虑抑郁情绪，二是从心理方面介入，社会工作者针对患者的差异性为患者提供个性化服务。例如：针对患者缺乏脑卒中相关疾病知识的情况，社会工作者为患者开展健康宣教，增加患者对脑卒中知识的知晓度与熟识度；针对有康复需求的患者，社会工作者鼓励患者坚持康复与锻炼，帮助其坚定康复的信心；针对一些家庭经济条件不好的患者，社会工作者帮助其链接资源，为其提供物质支持，协助其建立社会支持网络;针对有病耻感的患者,社会工作者给其提供支持,增强其安全感等。相对来说,从心理方面介入,为患者提供服务的形式更多存在于城市地区,并且服务的普及性有待提高。

本案例的实践场域为上海某二甲医院神经内科。该医院主要覆盖附近居民,患者主要以附近本地人居多,具体服务对象为科内急性脑卒中患者。针对患者存在的焦虑情绪,案例将以叙事治疗理论为指导,通过开展个案工作与小组工作帮助其外化焦虑情绪,认识到焦虑情绪对其生活带来的影响,让患者感受其自身对抗焦虑情绪的力量,通过由薄到厚的过程坚定患者对抗焦虑的信心,从而降低脑卒中患者的焦虑水平,进而探索叙事治疗在急性脑卒中患者焦虑情绪干预中的效果,为之后将叙事治疗运用于脑卒中患者的治疗提供一定的借鉴意义。

二、运用的理论和方法

(一) 理论视角——叙事治疗

叙事治疗最早出现于20世纪80年代的澳大利亚与新西兰,是由澳大利亚的麦克·怀特和新西兰的大卫·爱普斯顿发展起来的。叙事治疗深受社会建构论、后现代主义与福柯思想的影响。叙事疗法中的一个假设是,现实是一个社会协商的故事或个人讲述的叙事。个人故事或者自我的叙述不是在我们头脑中发明的,而是在各个社区和我们的文化机构中谈判和分配的东西。该理论主张:① 当事人困扰的问题是由其以往的“偏差经验”造成的,即让当事人苦恼的其实是由语言建构的故事。② 人不是问题,问题本身才是问题,问题是外在于人的存在。③ “个体与主流叙事之间的冲突是问题产生的根源。”叙事就是讲故事,是为了告诉某人发生什么事的一系列口头的、符号或行为的序列或象征,叙事理论的目的是改变或修复服务对象的人生故事(陈晓清,2014)。具体而言,叙事理论主要包含以下四个方面的内容。

1. 叙事

所谓叙事,字面意思就是给别人讲故事。但是在叙事治疗中,叙事不是对故事的简单阐述,而是赋予人们经验和意义的过程,反映了人们的行为和意向(詹文倩等,2018)。受到柯奇布斯基思想的影响,叙事治疗理论认为我们对事情的诠释是由接受决定的,只要事情不“符合”接受,都会被过滤掉,所以无法作为“事实”存在而让我们看到。叙事治疗挑战了传统观念,认为问题是在社会、文化和政治背景下制造的。现实生活中,人们面临的“问题”是主观建构出来的,但是人们因“问题”这一污名与社会格格不入,会影响其生活质量与社会功能。因此,这就需要人们对这些“问题”故事进行“重新编码”,建构出新的符合人们心理偏好的故事,从而更加乐观地看待生活。

叙事在治疗过程中被视为一种载体,因为人们对过去经验的叙事反映了人们的情感、态度、思想、观念等，叙事的过程本身就被视为一个自我反思、自我认同、意义的获取和改变内心世界的过程（陈景莲等，2019）。治疗师与案主不断地互动，重述故事，运用隐喻、问题外化、改写、重塑故事等方式，将案主从传统意义上的问题中拉出来，拉开与“问题”的距离，从而更加客观地面对“问题”，将“问题”物化，获取处理问题与面对创伤的力量，赋予“元叙事”以新的意义。

2. 问题外化

问题外化是叙事治疗理论在运用过程中最常用的技巧之一。问题外化指的是将问题拟人化，让案主明白问题是脱离其自身而存在的实体，并非存在于其内部。受福柯思想的影响，叙事治疗理论认为人们所认为的“问题”是由权力话语体系构建出来的，“问题”也是一种客观事实，应该跳出权力体系重新认识“问题”，帮助人们反思，挑战权力体系（赵兆，2013）。叙事治疗理论认为，人的一生由故事组成，人们对故事的不同诠释会形成不同的人生。我们倾向于讲述我们的经验，当这些故事不代表我们的实际或生活经验时，我们将面临困难或问题，这些问题形成的主线故事会导致案主消极悲观、忽视自己周边的资源。

怀特描述了通过使问题在故事中成为一个额外的角色来客观化问题。在这些外部化对话中，案主开始把问题看作他或她之外的东西（White M, 2007）。外化问题涉及探讨问题（如抑郁、遗憾、内疚等）如何影响一个人的生活和其他人的生活。因此，叙事治疗师的角色是解释案主是如何讲述他或她的世界，将案主从问题故事中抽离出来，引导案主重新认识问题故事，提供诠释的不同可能性，伴随的意义，帮助案主重新编写一个替代的、更有帮助的故事（Phipps W D, 2019），这也是叙事治疗的核心目的。治疗师与案主讨论问题的不同方面包括案主第一次注意到的问题、问题是如何影响案主的，以及问题最大和最小的时候，此外还探讨问题与案主的关系、问题如何影响他或她的生活（Goodcase E T and Love H A, 2017）。

3. 寻找独特结果

叙事治疗理论认为，对于案主来说，成为其人生故事的事件远远少于没有成为其人生故事的事件，因此案主在解构故事的同时，会回忆起过去没有形成其人生故事的事件，在这些事件中寻找那些被遗忘的细节或者例外的经验，从而重新建构替代有问题的故事。社会工作者在叙事治疗过程中需要处理三个基本故事：由悲观事件构成的主干故事、由乐观事件构成的挖掘故事、内化成为乐观事件的新构建出来的替代性故事（魏宁玲，2013）。

在实践过程中，寻找独特的例外就是关注那些被遗忘的积极的故事，并且从这些故事中发现并扩大案主的闪光点，逐渐动摇案主有问题的主干故事。当这些独特的例外积累到一定程度时，就可以帮助案主树立面对苦难的信心，同时挖掘案主解决问题的能力。在与案主交流互动的过程中，社会工作者经常会这样提问：你曾经遇到过类似的问题吗？你是否成功战胜了这个问题？这个经历大约发生在什么时候？你是如何做到的，可以详细说一下当时的具体情况吗？

4. 由薄到厚

怀特认为，当案主开始发现与接受支线故事时，支线故事需要不断加强。案主的“问题故事”是多年来积累的故事加强的结果，案主的行动景观充满了“问题故事”的记忆。因此，在帮助案主寻找更多可能性时，社会工作者需要充分挖掘案主故事，通过不断扩展与丰富案主的支线故事，逐渐改变案主认识与感知世界的方式。

社会工作者可以通过不断挖掘与重新定义案主的故事，帮助案主丰富其支线故事，让支线故事逐渐融入案主的行动景观中，使案主的行动景观逐渐被支线故事所填满，促进案主的自我改变。

（二）具体研究方法

1. 访谈法

通过设计一系列的访谈问题对 35 名干预患者家属和 10 名主管医护人员进行访谈，了解急性脑卒中患者的焦虑状况。之所以访谈对象是患者的家属和主管医护人员，而不是患者本身，原因在于：第一，本案例干预的对象是处于治疗期间的急性脑卒中患者，其语言功能、运动功能、认知功能都有不同程度的障碍，他们在医院里的大多数时间用于医疗检查与药物治疗，因此可能没有充足的时间来进行访谈。第二，脑卒中患者在患病之后会存在心理落差，有的时候会有较强的病耻感，因此在询问相关的信息时，他们不会真实地表达甚至会隐瞒自己的状况，无法保证信息的准确性。而患者的家属、主管医护人员是与患者接触比较密切的一部分群体，相对来说对患者的一些情况比较了解，并且能够站在一个较客观的角度描述患者的遭遇。笔者除了通过访谈干预患者的家属和主管医护人员了解患者的焦虑情绪状况之外，还会使用 SAS 对患者进行焦虑情绪的测量，以评定患者的焦虑水平。

对于 35 名急性脑卒中患者家属的访谈主要围绕患者基本信息，患病前后的情绪变化，性格、行为的变化等。具体内容如下：① 脑卒中患者的基本情况，包括患病史、学历、职业、性格等方面。② 急性脑卒中患者患病后，与其交流沟通过程中的语气语调是否发生变化？③ 急性脑卒中患者患病前后的性格是否发生变化？比如变得倔强不讲理，暴躁等。④ 急性脑卒中患者患病后是否出现一些不合理的行为，比如出现暴饮暴食的行为或者在一些小事上挑刺的攻击行为等。⑤ 急性脑卒中患者患病前后的社交行为是否发生变化？比如与朋友交往、聊天的频率下降，拒绝参加社会活动等。⑥ 脑卒中患者在患病之后，是否积极配合医生治疗，是否依旧存在吸烟、喝酒等影响康复治疗的行为，是否经常进行康复训练等？

对于 10 名急性脑卒中患者主管医护人员的访谈主要围绕医护人员的基本信息、患者焦虑的判断标准与依据、患者焦虑的具体表现等方面。具体内容如下：① 医护人员的基本信息，包括学历、性格、从事脑卒中治疗的时长等。② 医护人员对患者焦虑情绪的判断标准有哪些？③ 医护人员认为某患者的焦虑表现是什么？

2. 实验法

本研究采用的是单组变量前测后测设计，又称“无控制组的事前事后实验”。在实验干预之前，对服务对象的焦虑程度、认知状况进行前测，在服务结束之后，对服务对象的焦虑程度进行后测，了解干预的效果。在前后测的过程中，关于焦虑情绪的测量使用的是焦虑自评量表（SAS），该量表包含 20 个项目，评分标准为 SAS 评分：50~59 分表示轻度焦虑，60~69 分表示中度焦虑，70 分及以上表示重度焦虑。

三、社会工作具体介入过程

在具体干预过程中，笔者采用个案工作与小组工作相结合的方式。个案工作服务中，案主的选取一方面来自笔者在病房探访中的发现，另一方面来自科室医护人员的转介。在具体干预过程中，社会工作者通过运用叙事、问题外化、寻找独特结果、由薄到厚等技术对案主的焦虑情绪进行干预。在干预结束之后，社会工作者对案主进行焦虑情绪后测，通过前后测对比，了解干预的效果。

（一）叙事治疗在个案工作中的运用

个案服务对象主要是由医护人员转介、笔者病房探访过程中发现挖掘两种方式。个案干预过程中主要运用叙事、问题外化、寻找独特结果、由薄到厚四种技术。

1. 叙事——急性脑卒中患者的故事叙说

急性脑卒中患者在该医院神经内科的住院周期大约为两周，因此笔者每天在医护人员查房结束之后都会与案主进行谈话交流。与案主频繁接触更容易获取案主的信任，建立专业关系。在疫情防控期间，案主家属无法像往常一样随意进出病房探望与陪伴患者，因此案主更加需要他人的关注与陪伴。

在谈话过程中，社会工作者保持一种“无知”的态度，倾听案主的自我叙事，在案主叙事的过程中逐渐了解案主的“问题故事”。

社会工作者：奶奶，您为什么感觉给您看病的医生医术不好，可以和我具体说说吗？

案主：之前我的背难受，就去中医院看，医生给我开了膏药，我贴了一段时间之后，背痛导致我上半身不能动。我那次去看的还是一个专家。医生看了之后就说：“你这不行了啊，快，快安排住院，住 3 天，不行不行，得住 5 天。”他自己就慌了，不知道该怎么办了。像他这样看病，我肯定不相信他啊。

社会工作者：这个医生急躁的处理方式让您感觉他不可信，是吗？

案主：嗯嗯。他还说，我这是脑萎缩，不能治愈的，就只能延缓生命。那我想着我在这儿也是等，回家也是等，在医院里就是花钱吃药，那我还治什么呢？我回家之后，过了几天，我一想这不行啊，还得看啊，我又去看了很多专家医生，都说我这个不好治。

在刘奶奶的叙说过程中，社会工作者发现，她焦虑的原因除了对医护人员的不信任，还有她对自己不能治愈的害怕与担忧。

2. 问题外化——急性脑卒中患者的问题故事

问题外化是帮助案主将“问题”客体化的过程。在问题外化的过程中，案主会逐渐意识到问题是外在于自己的客观存在，自己对“问题”是有力量的，不是无能为力的。

案主：现在头鸣得很严重，一直都在嗡嗡地响，弄得我很心烦。

社会工作者：你是什么时候觉得头鸣严重了。

案主：我之前没有感觉，从昨天才开始。今天头鸣就很严重，我就一直听到嗡嗡响（案主用手打头）。

社会工作者：为了不让您一直想着头鸣的事情，您可以给“头鸣”换一个词语形容吗？

案主：“烦人精。”

社会工作者：奶奶，那“烦人精”这次是怎么找上您的，让情况严重了呢？

案主：我也不知道，就是昨天开始的，感觉“烦人精”来得比较频繁，我之前也有过，但是没有这么频繁，那时一天也就来惹我几次，现在是一直来，弄得我心里烦躁。

社会工作者：奶奶，您可以和我详细说说您发现“烦人精”找您次数增加的情况吗？

案主：我想想啊。我早上起来，感觉房间里特别吵闹，我就感觉有些闹心，之后“烦人精”就来找我了。刚开始时，我没当回事儿，后来就感觉它一直都在。

从奶奶的叙述过程中，社会工作者了解到案主情况加重的导火线是因为病房比较吵闹。案主所在病房中的两个奶奶因为身体疼痛时常出现呻吟声，这让原本听力有些障碍的案主不确定声音来源，认为是自己的幻听，心理逐渐烦躁，导致头鸣问题逐渐严重起来。同时，社会工作者在与案主谈话过程中也了解到，案主之前在研究院工作，受到朋友和学生们的尊敬，但是在住院期间，案主没有家属陪伴，缺少关心，产生了较大的心理落差。根据社会工作者的观察，案主平常很少出门锻炼，一直在病床上或坐或躺，容易受到周边环境的影响。

在案主将“头鸣”外化之后，通过之后的谈话，案主逐渐发现“烦人精”对自己生活的影响，并且渴望改变。帮助案主外化问题的过程，也是帮助其重新梳理问题对自身产生影响的过程。在这一过程中，社会工作者主要是抱着“不知”的态度引导案主思考“问题”是如何对其生活产生影响的。

在个案服务过程中，社会工作者发现，“焦虑情绪”对案主生活的影响是“温水煮青蛙”的过程，案主往往忽视“焦虑情绪”是如何一步步影响其生活的，只是看到了“焦虑情绪”对其造成的后果。而社会工作者在外化过程中发挥的作用应该是让案主认识到“焦虑情绪”是外在于其本身的客观存在，同时也要让案主认识到“焦虑情绪”是如何一步步对其生活产生影响的，从而引导案主更加坚信自己应对“焦虑情绪”是有力量的。

3. 寻找独特结果——急性脑卒中患者的支线故事

在后现代主义的影响下，叙事治疗理论认为，每个人的一生都会发生很多故事，案主的故事不是真实故事的全貌，只是符合案主主线故事形成的生命故事。社会工作者应该在与案主的谈话中寻找案主的支线故事，帮助案主寻找例外，从而发现新的可能性或希望。

案主：我和我老爸盖的300多平方米的房子被收走了，之后我们一家人都没地方住，只能挤在一起。现在拆迁之后，我们可以分到四套房、五套房。那时候什么也没有的，企业改革也让我们都下岗了。那时候也不愿让爸爸妈妈受苦，只能自己出去打拼，很累很苦的。不过这也是大势所趋，没办法的，只能说是运气不好。

社会工作者：叔叔，你们是为国家发展做出了贡献与牺牲的，您把自己这些辛苦的经历都理解为“运气不好”，那您印象中遇到了什么让您感觉自己运气比较好的事情吗？

案主：我想想啊。感觉我运气蛮好的——我退休金比别人高。本来退休金很少的，国家关注到我们这个群体了，在我们退休的时候(退休金)上去了很多。他们比我进厂早，工龄比我长，比我早退休，有的工资比我少，有的和我一样。这么一想，我的心理也就平衡了。

案主一直认为，自己的一生都是非常辛苦与非常劳累的，认为自己的生活是不幸的。社会工作者在与案主的几次谈话中发现案主给人一种硬汉形象，能够感受到案主的神经绷得很紧，情绪也比较焦虑。社会工作者在与案主进行谈话的时候，仿佛看到案主描述的世界都是黑灰色的，因此有意识地引导案主思考人生中比较“幸运”的事情，寻找积极乐观的正能量事件，寻找人生经历中的“幸运”，积极发展支线故事。

4. 由薄到厚——急性脑卒中患者的“闪光点”

由薄到厚是一个逐渐积累的过程，也是逐渐巩固案主支线故事的过程。在这个过程中，案主的支线故事逐渐牢固，案主也逐渐发现了生活中的正能量。

社会工作者：叔叔，那像您现在一直在陪着奶奶进行康复，这个过程是不是很辛苦啊？

案主：很苦的，不过我们兄弟姐妹是有分工的。我在这边陪着我妈做康复。我姐给我妈洗衣服擦身子。我们和别人相比也是很幸运的。你看邻床病友，她老公去世了，有一个儿子。她一会儿得这个病，一会儿得那个病，真的很苦的。和他们相比，我们还是很有运气的。

社会工作者：对啊，你们家庭还是很幸福的。叔叔，我感觉您一直有很坚定的信心，您的这份信心是来自对奶奶的爱吗？

案主：对啊，我们是有血缘关系的。我相信我妈妈一定会好的，我妈妈一直很坚强的，她的经历很传奇的。

社会工作者：传奇？可以具体和我们讲讲吗？

案主：我十多岁的时候，那时候很苦的。我妈妈生了三个孩子，身体不大好。她的肺出现了问题，就是肺炎，刚开始的时候我妈妈没在意，后来严重的时候去医院看病，医生说好不了了，我妈妈就自己去买药，自己给自己打针，后来她就这样挺过来了。

社会工作者：听您这么说，我特别佩服奶奶的坚强，也很心疼奶奶。其实您也是很幸运的，因为您有这样一位坚强伟大的妈妈呀。我一直认为，妈妈因为身份而伟大，但是奶奶的事情让我真的很佩服。

案主：对啊，我妈妈很好的，我也很幸运，妈妈挺过来了，还教育我们要踏踏实实做人，做个好人，对我影响很大的。

在案主认为自己的生活是“不幸的”“没有运气”之后，社会工作者在与案主进行交谈过程中积极挖掘案主正向的支线故事，并不断地挖掘其生活中的积极事件，发现更多“有运气”的故事，帮助案主巩固其支线故事，逐渐减少“不幸”故事对其情绪与生活的影响。

（二）叙事治疗在小组工作中的运用

1. 小组概况

在小组工作中，小组成员的招募是通过笔者在病房探望过程中发现的，此外还来自科室医护人员的转介。在单节次小组干预过程中，每一个单节小组的主题对应一种治疗技术（具体见表18-案-1）。

表 18 -案- 1　小组活动概况

小组主题	治疗技术	主要目的
“焦虑”晴雨表	/	引导急性脑卒中患者认识情绪以及情绪的重要性
我想对“你”说“不”	问题外化	找到焦虑产生的事件，重新解读“焦虑事件”；学会发泄焦虑情绪
“新新”向荣	寻找独特结果	为患者提供康复锻炼的机会与平台，寻找独特的结果
我的未来不是梦	由薄到厚	引导组员对人生事件进行回顾，发现、挖掘其他成功的故事，增强其对未来生活的信心

2. 介入过程

笔者在实习过程中发现，在病房中，急性脑卒中患者的情绪是会传染的，考虑到医院患者的流动性，将小组设计为单节次小组，但是每节小组又有一些连续性。笔者开展了四节单次小组服务，每次小组的活动人数为 6~10 人。

（1）问题外化——我想对“你”说“不”

单节次小组为支持性与教育性小组，有 9 个患者和 3 个家属参加，小组活动时间总计 60 分钟左右，活动安排见表 18 -案- 2。

表 18 -案- 2　第二节单次小组活动计划

环节	内容	目标
开场	回顾上次活动的内容，简要介绍本次活动	加深组员对活动的记忆，提高活动兴趣
手工坊	制作二十四节气贴画，感受春夏秋冬的变化，感受制作过程中的情绪	活跃小组氛围，引出本节小组的主题
情景剧	由 3 个志愿者分别扮演好情绪开心、坏情绪难过与患者，分别展示好情绪与坏情绪在患者的治疗过程中的作用与影响； 引导患者选择自己在治疗与康复过程中希望的情绪，并分析原因	以情景剧的方式帮助组员直观地感受到焦虑、抑郁等情绪对患者康复与治疗的影响，引导患者对自己的情绪进行反思
对坏情绪说“不”	向每一个组员发放纸、笔，引导组员将自己的烦恼、不开心、焦虑、抑郁等坏情绪写在纸上； 组织组员将代表自己的烦恼、不开心、焦虑、抑郁等情绪的纸撕碎，并丢弃在情绪垃圾箱中	引导组员将自己的消极情绪外化在纸上，并通过“丢弃”的方式帮助组员将消极的情绪发泄掉
交流环节	邀请小组成员交流自己令自己烦恼、焦虑的事件、情绪或感受； 交流将情绪纸片撕掉、扔掉之后的感受	组员学会倾诉与发泄
回顾总结	总结小组成员的交流情况与感受； 总结活动，结束小组	收集反馈信息，改进活动内容，动员持续参与

① 活动过程。

先到的病友们喜欢坐在门口，不愿向前靠近，并且相互之间距离较远，也不与旁边的病友交流，每个人都有些尴尬。社会工作者与病友们聊天，询问病友们的发病情况，病友们纷纷加入，讲述自己发病的状况，气氛逐渐活跃。

小组活动开始时，首先由社会工作者介绍小组活动开展的目的与本次小组的主要内容。在病友对小组有初步认识之后，由"手工坊"引入，活跃小组气氛。社会工作者请其他志愿者将"二十四节气"贴画摆件材料包分给每一个小组成员，并向组员介绍制作流程。之后，由志愿者向病友表演一段情景剧，向病友展示"开心""快乐"这些积极情绪与"焦虑""抑郁"这些负向情绪如何影响患者治疗与康复的过程。接下来是对坏情绪说"不"，引导组员将"焦虑""抑郁"的情绪和事件写在 A4 纸上，邀请组员交流这些情绪与事件，之后引导组员将纸张撕碎并丢弃在"情绪垃圾桶"中，将这些负面的情绪发泄掉。社会工作者引导组员交流丢掉"焦虑""抑郁"情绪的感受。最后由社会工作者对组员的感受进行总结并组织拍照合影。小组结束后，社会工作者向组员发放康复小器材。

② 成效评估。

在小组活动开展前，社会工作者对小组成员进行招募，并对招募的组员进行焦虑情绪量表测量，了解组员的焦虑状况。在小组活动结束之后，社会工作者对组员的焦虑情绪量表进行后测，通过 SPSS 数据分析，对比焦虑情绪评分变化状况，如表 18－案－3 所示。

表 18－案－3　第二节单次小组成员焦虑情绪前后测对比

配对样本		成对差分					t	df	Sig.（双侧）
		均值	标准差	均值的标准误差	差分的 95% 置信区间				
					下限	上限			
配对 1	焦虑前测－焦虑后测	0.778	1.641	0.547	−0.484	2.040	1.421	8	0.193

数据来源：根据参与者填写的测量量表和满意度问卷结果整理。

使用 SPSS 软件对该次小组干预前后测数据进行 t 检验，结果 Sig 值>0.05，所以从整体来看，该单次小组干预的结果是不显著的。这是因为：一方面可能是在干预群体中，轻、中、重各种焦虑水平的人都有，以轻度居多，前后测的变化焦虑水平有下降的，有上升的，还有保持不变的，整体来看干预效果不明显；另一方面可能是单次小组干预的时间较短。

小组满意度调查表（见表 18－案－4）是对病友参加过小组活动的反馈，从表中可以看出，小组成员对小组的满意度较高，大部分组员表示愿意再次参加类似小组。

表 18-案-4　小组满意度调查统计表　N=9

	极小值	极大值	均　值
B1 我满意小组内容的设计	4	5	4.78
B2 我满意小组时间的编排	2	5	4.56
B3 我满意小组开展的形式	4	5	4.89
B4 我满意社会工作者的服务态度	4	5	4.89
B5 我认为社会工作者组织的活动贴近我的需要	4	5	4.67
B6 我认为社会工作者组织的活动对我有帮助	4	5	4.78
B7 我愿意再参加类似的小组	4	5	4.89

数据来源：根据参与者填写的测量量表和满意度问卷结果整理。

③ 活动反思与总结。

首先，小组活动氛围一定程度上受场地环境客观条件的影响。该单次小组活动的场地是在神经内科病区的教研室。该场地时常会有医护人员前来看患者的检查影片、登记上传住院病人的情况与数据。基于第一节单次小组活动开展的经验，在第二节单次小组活动前，社会工作者与医护人员进行协商沟通，保证了小组在工作过程中不被打扰。相对独立、封闭的空间对小组活动的开展是非常必要的，否则医护人员多次进出会打断社会工作者的节奏和影响小组氛围。

其次，在对患者开展小组活动时，手工坊的设计与运用可以有效地调动患者的积极性：一方面，帮助小组成员将注意力集中在制作过程中，短暂地脱离了病房压抑的氛围；另一方面，可以起到思想放空的作用，能够让患者很好地跟上社会工作者的节奏，沉浸在小组活动中。

最后，笔者认为本次活动实现了帮助患者外化情绪的主要目的。在组员的反馈中，三个组员认为自己在丢掉情绪之后，就当成情绪没有了，整个人都处于一种非常轻松的状态。笔者认为，这三个组员达到理想效果的原因是多方面的：家属的陪同可以帮助患者紧跟社会工作者的节奏与思路；患者在参加小组活动时身体与精神状态比较好，表现得非常积极主动，沉浸在了小组活动中。因此，小组活动开展过程中，小组内容的设计要适合组员的身体条件，对组员有吸引力，让他们在小组活动开展过程中沉浸其中，可以有更好的效果。

（2）寻找独特结果——“新新”向荣

① 活动计划。

活动计划具体见表 18-案-5。

表 18-案-5　第三节单次小组活动计划

环　节	内　　容	目　　标
开场	回顾上次活动的内容，简要介绍本次活动	加深组员对活动的记忆，提高组员对活动的兴趣
专家讲座与答疑	邀请在脑卒中康复方面经验丰富的医护人员，向组员讲解卒中患者应该如何护理、康复以及出院后注意事项等； 针对患者的问题与疑惑进行解答	帮助组员了解未来生活中可能会出现的问题及应对的措施，对未来生活有一个心理预期
趣味运动会	乒乓球接力赛、纸飞机飞多远比拼赛、皮球投掷赛	以趣味的方式，带领组员脱离病房，营造轻松的游戏氛围，同时帮助组员进行肢体锻炼
颁发证书	为运动会中表现良好的组员颁奖	提高组员参与活动的积极性
交流环节	请小组成员交流参加此次小组活动的收获与感受	帮助小组成员寻找独特结果，建立支线故事
回顾与交流	社会工作者引导组员介绍参加此次活动的感受并听取其建议； 总结活动	收集反馈信息，丰富活动内容，动员持续参与

② 活动过程。

在活动即将开始时，社会工作者发现招募人员还没有到达，就去询问情况，因此活动现场就出现了冷落组员的情况。活动开始的时候，社会工作者对此次小组的活动内容与活动目的进行简单介绍，之后邀请康复老师向脑卒中患者进行知识宣讲，但是康复老师的知识宣讲没有很好地满足组员的需求。在老师讲解的过程中，组员们的状态逐渐游离，注意力分散，W 叔叔趴在桌子上睡着了。康复老师准备的内容非常丰富，讲座超时，一些组员出现烦躁、不愿继续听下去的状态。社会工作者及时与康复老师沟通控制时长、调整内容。

讲座结束之后，有三四个组员流失，未参加趣味运动会，剩下的 7 个组员参加了趣味运动会。由于人数减少，将三个运动项目移到一个运动场地上进行，每一个组员均参加 3 个项目，根据比赛成绩进行排名，最后发放比赛奖品与奖状。

③ 成效评估。

将组员的焦虑前后测数据录入 SPSS，进行 t 检验，在置信区间为 95%的情况下，发现 Sig 值 <0.05，即此次小组干预的结果具有显著性，如表 18-案-6 所示。

这个小组为大家提供了一个锻炼康复与机能检测的平台，帮助组员发展支线故事。组员们认为自己生病了，是“无用的、没有价值的”，而此次小组通过设计趣味运动会，让组员在趣味运动会上发挥了自己的潜能，从而发现自己的平衡力、手臂力量、精细操作能力并没有完全丢失，重新解读了自己的问题，自己虽然生病了但还是有用的，可以做很多事情，小组活动帮助他们进一步发展了支线故事。

表 18－案－6　第三节单次小组成员焦虑情绪前后测对比

配对样本		成对差分					t	df	Sig.（双侧）
		均　值	标准差	均值的标准误差	差分的 95% 置信区间				
					下限	上限			
配对 1	焦虑前测-焦虑后测	0.857	0.900	0.340	0.025	1.689	2.521	6	0.045

数据来源：根据参与者填写的测量量表和满意度问卷结果整理。

在小组满意度反馈表中（具体见表 18－案－7），每一个项目的平均分都大于 4，组员们对小组总体上比较满意。相比较而言，小组内容设计应该更加符合组员的特征，满足其需求。特别是康复小讲堂的内容与组员的需求契合度较低，因此要注意完善与修改之后的小组内容设计。

表 18－案－7　小组满意度调查统计表　　N＝7

	极小值	极大值	均　值
B1 我满意小组内容的设计	4	5	4.29
B2 我满意小组时间的编排	4	5	4.57
B3 我满意小组开展的形式	3	5	4.43
B4 我满意社会工作者的服务态度	4	5	4.57
B5 我认为社会工作者组织的活动贴近我的需要	4	5	4.43
B6 我认为社会工作者组织的活动对我有帮助	4	5	4.43
B7 我愿意再参加类似的小组	4	5	4.57

数据来源：根据参与者填写的测量量表和满意度问卷结果整理。

④ 活动反思与总结。

此次小组活动主要包括康复小讲堂和趣味运动会两个部分。首先，康复小讲堂没有达到预期效果。小讲堂请了一位专业的康复医生讲解一些康复、护理的知识，本来这个环节设计的目的主要是帮助患者了解康复知识，为他们赋能。但是在实际过程中，由于讲解的内容是偏瘫患者的康复和护理，而组员们的临床症状都比较轻，因而不能很好地贴近他们的需求，他们的兴趣与参与度降低。针对这一问题，我们应该在设计活动的时候与医院社会工作者多次沟通，了解讲课的情况，此外也应该与讲课老师进行沟通，确定讲课内容，并根据当天的受众群体随机应变。

其次，在趣味运动会开展过程中，组员流失，活动场面混乱。造成人员流失的原因，一是受康复小讲堂的影响，大家对趣味运动会的兴趣降低，不是特别愿意参加，二是趣味运动会项目在他们眼中过于简单。但是对于脑卒中患者来说，设置难度较大的游戏项目，他们没办法操作，无法获得成功的话可能会打击他们的积极性。因此，在项目设计的过程中，社会工作者要注重对游戏项目的包装，吸引组员们的兴趣，同时也可以适当地增加游戏难度，对游戏项目的难度进行分级，从而满足患者对难度的多样化需求。活动场面比较混乱的原因主要是分工不明确，社会工作者随机应变能力有待提高。在出现参加项目人数减少，或游戏规则与计划不同时，每个人的分工被打乱，社会工作者不能随机应变，迅速做出反应，耽误了活动的进行，容易让参加的组员产生倦怠感。

此外，在此次小组开展的过程中，负责主持的社会工作者对自身的定位不明确。因此，在今后小组活动开展过程中，主持人要明确自己的定位与责任，把控全场节奏，照顾组员的感受。

（3）由薄到厚——我的未来不是梦

① 活动安排。

活动计划如表 18 -案- 8 所示。

表 18 -案- 8　第四节单次小组活动计划

环　节	内　　容	目　　标
开场	回顾上次活动的内容，简要介绍本次活动	加深组员对活动的记忆，提高组员对活动的兴趣
嘉宾交流	邀请三个脑卒中愈后状态较好的病友介绍自己与疾病斗争的故事——坚持康复与保持良好心态的故事	与组员产生共鸣，引发组员思考
高光时刻	结合上述故事，组员回顾自己是否有过一些成功的经验，并介绍自己的心得	引导组员发现自己的“闪光点”，增强组员应对疾病的信心
颁发奖状	对组员积极的行为和成功的故事进行表彰，帮助组员看到自己的希望，通过现场发放奖状，坚定组员的信心	对组员的改变进行肯定与支持，巩固小组成果
“一句话”的鼓励	邀请一些志愿者、医护人员、病友录制一些鼓励病友的视频或写一些温暖的话语； 播放视频，发放卡片	用视频、语言的方式帮助组员增加面对疾病的勇气，给病友以支持与力量
总结展望	引导组员回顾参与小组的经历，鼓励组员讲述参与感受，巩固参与成果	为小组画上句号，鼓励组员间保持联系，社会工作者持续跟进
结束小组活动	请大家填写量表、小组评估表； 播放《我的未来不是梦》，结束小组活动	结束小组活动，处理分离情绪，方便后期总结

② 活动过程。

首先，由负责主持的社会工作者介绍本次小组的活动内容与活动目的，介绍小组成员需要遵循的规则。接下来，由三个来自康复科的脑卒中病友介绍他们与疾病斗争的故事。之后，社会工作者引导小组成员介绍自己的故事并回顾自己在与疾病对抗过程中做过的努力，寻找在与疾病对抗过程中的“闪光点”，社会工作者对这些“高光时刻”进行肯定与认可，并为每一个病友颁发“抗卒达人”的荣誉证书，病友之间相互见证这一仪式。接下来，社会工作者向病友播放医护人员为他们录制的鼓励视频，帮助病友坚定信心。最后，社会工作者邀请组员交流自己的收获与感受，大家集体合影留念。

③ 成效评估。

此次活动共有 10 个病友参加，他们在干预前后的焦虑得分被录入 SPSS。通过分析对比数据前后差异，如表 18－案－9 所示，对数据进行 t 检验，Sig 值<0.05，所以此次小组干预的效果是显著的。

表 18－案－9　第四节单次小组成员焦虑情绪前后测对比

<table>
<tr><th colspan="2" rowspan="3">配对样本</th><th colspan="5">成对差分</th><th rowspan="3">t</th><th rowspan="3">df</th><th rowspan="3">Sig.（双侧）</th></tr>
<tr><th rowspan="2">均值</th><th rowspan="2">标准差</th><th rowspan="2">均值的标准误差</th><th colspan="2">差分的 95% 置信区间</th></tr>
<tr><th>下限</th><th>上限</th></tr>
<tr><td>配对 1</td><td>焦虑前测－焦虑后测</td><td>0.700</td><td>0.823</td><td>0.260</td><td>0.111</td><td>1.289</td><td>2.689</td><td>9</td><td>0.025</td></tr>
</table>

数据来源：根据参与者填写的测量量表和满意度问卷结果整理。

小组活动结束之后，组员们发现了自己在对抗疾病过程中的“闪光点”，发展并巩固了自己的支线故事，坚定了自己对抗疾病的信心，从而更加积极地面对疾病。

如表 18－案－10 所示，相对于第二节和第三节的单次小组活动，第四节单次小组活动中参与者的满意度较高，每个项目的平均分都接近满分。绝大多数的组员表示，期待并愿意参加类似的小组活动。

表 18－案－10　小组满意度调查统计表　N＝10

	极小值	极大值	均　值
B1 我满意小组内容的设计	4	5	4.90
B2 我满意小组时间的编排	4	5	4.90
B3 我满意小组开展的形式	4	5	4.90

续　表

	极小值	极大值	均　值
B4 我满意社会工作者的服务态度	4	5	4.90
B5 我认为社会工作者组织的活动贴近我的需要	4	5	4.90
B6 我认为社会工作者组织的活动对我有帮助	5	5	5.00
B7 我愿意再参加类似的小组	5	5	5.00

数据来源：根据参与者填写的测量量表和满意度问卷结果整理。

④ 活动反思与总结。

第四节单次小组活动开展得相对来说比较顺利，小组成员的满意度比较高。社会工作者在反思后认为，主要有以下四点原因：一是在活动开始之前，医生开展了一个患教讲座，所以此次小组活动在组员招募方面就很方便，不需要再额外去招募组员。二是邀请的病友是在康复科康复的三个患者，康复科的护士跟护士长全程跟着小组，能够很好地理解社会工作者想引导的方向，并给予一些积极的回应。三是三个康复病友的心态特别积极，性格也很开朗，带有正能量，在小组活动过程中带动了整个小组的氛围，能够积极地与社会工作者配合并给予反馈。四是病友间仪式的见证。为患者颁发荣誉证书，帮助他们发现自己的"闪光点"，组员之间相互见证，增强了荣誉感和自豪感。在对小组活动进行反馈的时候，很多组员非常开心，认为自己得到了认可，他们的努力被看到了，也达到了开展这次小组活动的目的。病友的交流也取得了一定的效果，激励一些患病较轻的人更加注重自己的生活习惯，提高预防的意识，对那些比较严重的患者来说，他们看到了康复的希望，为病友链接了同辈支持群体。

四、社会工作专业服务总结与反思

叙事治疗模式是一个"舶来品"，自传入我国以后，学者们都在探索叙事治疗模式的本土化，探寻其本土化发展的路径与影响因素。叙事治疗模式的运用效果必然会受到我国社会文化背景的影响。同时，在实践过程中，叙事治疗模式是社会工作者为服务对象提供服务的治疗模式之一，其运用效果还受制于服务对象与社会工作者的主体因素。

（一）社会文化背景对叙事治疗模式运用效果的影响

叙事治疗模式在本土的运用效果受到社会文化大背景的影响。在中国语境中，国人大多存在着"随大流"的心理并在行为过程中逐渐内化。一些服务对象往往会压制自己的欲望与想法，根据角色思考应该做什么、什么是正确的。在社会文化与规范背景下，服务对象一旦发生与社会规范相冲突的故事，就会被定义为"问题"，因此服务对象为了避免社会异样的目光与标签，往往会忽视与社会规范相冲突的故事，接受社会规范对“问题”与标签的定义，并不断强化。在这样的背景下，服务对象很难或者需要很长的时间才能接受“自己不等同于问题”这一论调。然而，随着社会的包容性逐渐增强，社会文化呈现多样性，在法律范围内，对个人的行为有了更强的包容性。人们的思想也正在经历一个转变的过程，这为叙事治疗的尝试与发展提供了本土化的土壤。

（二）服务对象的个体差异对叙事治疗模式运用效果的影响

叙事治疗在实践过程中缺乏固定的干预模式，服务对象的年龄、受教育程度等因素都会对叙事治疗模式的运用效果产生不同的影响。

首先，不同年龄阶段的服务对象都会有“爱面子”的强自尊，叙事治疗模式在理论上能够很好地保护服务对象的自尊心。但是不同年龄阶段的服务对象由于人生阅历和生活故事积累程度不同，叙事治疗模式应用于不同年龄阶段的服务对象会有不同的干预过程与干预效果。例如，青少年的人生阅历较少，生活故事积累较少，没有丰富的故事资源，处于心智不成熟的阶段，其“问题故事”也没有牢固的根基，且青少年保持着较强的好奇心与求知欲，因此服务对象能够较为容易地接受叙事治疗模式。相反，对于急性脑卒中的患者而言，他们多为退休的老年人，拥有较为丰富的人生经验，形成了固定的思维方式，很难接受或者短时间内比较难接受叙事治疗模式的干预。但是，急性脑卒中患者丰富的人生经验与故事为叙事治疗模式的运用提供了寻找例外的基础，因此他们在接受干预的过程中，“寻找独特的结果”与“从薄到厚”的技术更加适用。在这个过程中，或许并没有形成或巩固新的支线故事替代原来的“问题故事”，而是为服务对象提供了更多的可能性。

其次，不同的受教育程度也会影响叙事治疗的干预效果。最初，国外叙事治疗模式主要是运用于中产阶级的心理治疗，在发展过程中，叙事治疗模式的应用群体不断扩大。在实践中，笔者发现，受过一定教育但是学历较低（初中、高中）的服务对象能够理解叙事治疗模式，又没有固有的思维方式，对叙事治疗模式的接受度更高。受教育程度较高（高中以上）的服务对象有着较为固定的思维方式，对叙事治疗模式的接受度相对较低。受教育程度较低（小学及以下）的服务对象无法了解叙事治疗的理念，对叙事治疗模式的接受度也比较低。例如，在实践中，有些服务对象的学历较高，他们在工作单位往往具有权威地位，虽然他们能够理解叙事治疗模式，但是他们在原有的思维模式与框架中无法认同叙事治疗模式的理念，其外化干预的效果较弱。而有部分老年人的受教育程度较低（小学及以下），无法理解叙事治疗模式中的外化技术，不能将问题与自身分开，因此干预效果较差。

（三）社会工作者的理论素养与实务能力对叙事治疗模式运用效果的影响

在实践中，叙事治疗模式没有固定的干预模式，因此需要社会工作者具体问题具体分析，这对社会工作者的能力与专业性有较高的要求。

首先,社会工作者要具有扎实的专业理论知识。叙事治疗模式需要社会工作者能够根据服务对象的个体差异,灵活地选择合适的干预技巧,从而更好地达到干预效果。

其次,社会工作者在与服务对象交谈的过程中要有敏锐的洞察力,及时准确地捕捉服务对象的问题。医院这一场域中,服务对象的流动性较大,而叙事治疗主要是通过叙事的方式不断地重新认识“问题”及其对自身生活的影响。由于每个人都是独一无二的个体,具有多元性与独特性,因而社会工作者在倾听案主讲述自身故事的过程中要及时有效地找到服务对象的问题所在,对案主自我能够调节的问题不过多干预,要尊重案主,不要在没有把握的情况下过分挖掘案主内心的痛苦经历,以防对案主造成二次伤害。

再次,社会工作者在服务过程中要善于引导,有快速反应的能力。叙事治疗在小组中的运用,更多的是注重组员之间的叙事共振与碰撞,需要社会工作者对小组的内容与主题有一个明确的方向引导。由于组员人数较多,每个人都具有不确定的因素,社会工作者在小组活动开展过程中要具有快速反应的能力,在发生突发事件时及时回归主题,让组员有一个较好的小组体验。

最后,社会工作者要具有良好的沟通与表达的能力,与患者建立专业关系,链接与维护资源,通过良好的沟通与表达,与患者、患者家属、医护人员、督导等主体保持良好的关系,通过良好的沟通获得患者及其家属的理解与信任,减少干预过程中的理解偏差,更好地达到干预效果。与医护人员保持良好的沟通,建立良好的合作关系,有助于社会工作者更加全面地理解服务对象的状况。叙事治疗的使用对小组环境有较高的要求,需要小组场地具有较高的安全性与保密性,但是在医院这一特殊场域中很难达到这一理想要求,因此社会工作者与医护人员的良好沟通与协调有助于小组开展过程中不被打扰。

参考文献

[1] 石丹,李铮,杨坚,等. 老年脑卒中病人症状负担与生活质量相关性研究[J]. 护理研究, 2019,33(6):925－929.

[2] 陈晓清. 试析问题馆员管理的叙事策略[J]. 图书馆工作与研究,2014(10):51－53.

[3] 詹文倩,张馨,黄宁源,等. 生命故事方法介入癌症患者的实践研究[J]. 中国社会工作, 2018(34):33－37.

[4] 陈景莲,王晓珍,梁燕秋,等. 一例青春期新发急性白血病患者的叙事护理[J]. 叙事医学, 2019,2(5):324－326,337.

[5] 赵兆. 叙事治疗在儿童情绪障碍中的应用研究[D]. 南京:南京中医药大学,2013.

[6] WHITE M. Maps of narrative practice[M]. New York: Norton, 2007.

[7] PHIPPS W D. Toward an integrative approach: refiguring essential developments in family

therapy[J]. Journal of Family Psychotherapy, 2019, 30(2): 116 - 140.

[8] GOODCASE E T, LOVE H A. From despair to integrity: using narrative therapy for older individuals in Erikson's last stage of identity development[J]. Clinical Social Work Journal, 2017, 45: 354 - 363.

[9] 魏宁玲. 概念整合理论的人文缺失：从叙事心理治疗的故事重建现象到整合理论[J]. 中国民航飞行学院学报,2013,24(3): 72 - 75.

后 记

本书的第一次出版得益于本人在香港理工大学应用社会科学系求学过程中几位老师的谆谆教导，他们的真知灼见以及在社会工作一线长期的亲身实践而获得的丰厚经验和感悟，深深地启发和引领了我对社会工作本质、知识构成和社会工作实践的思考。

此次本书的修订和扩充内容，是与本人自香港理工大学毕业后十几年投身社会工作教学、研究尤其是社会工作的实践活动所积累的经验分不开的。当然，本书能够顺利修改并出版，也衷心感谢华东理工大学出版社的刘军和牟小林老师，没有他们的支持，本书的再次修订与出版恐怕不是一件容易的事情。

感谢上海大学社会学院原院长张文宏教授和现任院长黄晓春教授的经费支持与办公室主任樊杰老师的经费安排，他们的大力支持使本书的出版有了充分的保障。

范明林对全书做了修订并补充了部分章节的内容，邓文龙增补了第十章和编纂了部分案例及修订全书的小结部分，并校对与修正了全书的参考文献，范舒云重点参与了本书的第二章、第四章、第十二章和第十五章的修改和完善，张芯桐制作了书中的所有图片，范明林和邓文龙对全书进行了统稿。国内社会工作教育和实践正在不断成长、发展，本土化的专业服务方法或服务模式也在不断出现，因此本书的总结和阐述难免挂一漏万甚至存在错误，还请社会工作同道不吝赐教。

2022 年 5 月于上海

范明林

内 容 提 要

本书分为上、中、下三编。上编是总论，主要探讨社会工作及其知识的本质、价值，社会工作者工作、理论，社会工作理论，以及社会工作理论与实践等的相互关系。中编是社会工作理论，主要介绍社会工作领域中的两大类理论：社会工作的解释性理论，如心理社会理论、系统及生态理论、女权主义理论等；社会工作的操作性理论，如认知行为理论、危机介入理论、社会支持理论等。下编是社会工作实务，主要阐述儿童、青少年、老年、残疾人、学校、家庭、医务等领域社会工作的基本知识、实务过程、方法技巧的运用和专业反思等，并配有相应的案例展示。